U0906465

How to Train
the Logical Brain

逻辑思维能力决定你的思考质量

如何培养
逻辑脑

青蛙王子　宫曙光◎编著

台海出版社

图书在版编目（CIP）数据

如何培养逻辑脑 / 青蛙王子, 宫曙光编著. -- 北京:
台海出版社, 2016.12

ISBN 978-7-5168-1250-1

Ⅰ. ①如… Ⅱ. ①青… ②宫… Ⅲ. ①逻辑思维 - 训练 Ⅳ. ①B80

中国版本图书馆CIP数据核字（2016）第291360号

如何培养逻辑脑

编　　著：青蛙王子　宫曙光

责任编辑：王　萍　　　　装帧设计：久品轩
版式设计：刘　艳　　　　责任印制：蔡　旭

出版发行：台海出版社
地　　址：北京市东城区景山东街20号　邮政编码：100009
电　　话：010 - 64041652（发行，邮购）
传　　真：010 - 84045799（总编室）
网　　址：www.taimeng.org.cn/thcbs/default.htm
E － mail：thcbs@126.com

经　　销：全国各地新华书店
印　　刷：北京楠萍印刷有限公司
本书如有破损、缺页、装订错误，请与本社联系调换

开　　本：710 × 960　1/16
字　　数：533千字　　　　印　张：25.5
版　　次：2017年3月第1版　　印　次：2017年3月第1次印刷
书　　号：ISBN 978-7-5168-1250-1

定　　价：39.80元

前言 PREFACE

逻辑是专门研究思维的学科，生活中，逻辑无处不在。无论我们是有意还是无意，逻辑无时不在服务于我们的生活。只要懂得基本的规则与技巧，再加上适当的科学训练，每个人的逻辑能力都能获得极大的提升。

一个人智商的高低主要体现在他的逻辑思维能力上，逻辑思维能力强的人在日常的学习、生活和工作中，能迅速、准确地把握住问题的实质，尤其是在面对纷繁复杂的事情时，更可以发挥突出的作用。

逻辑学是一切学科和知识的基础，它的主题是清晰高效的思考。它既是一门科学，也是一门艺术。无论你想学习哪一门专业，要想学得好，学得快，都要有较强的逻辑思维能力。其实，逻辑推理训练对我们来说并不是什么新鲜的东西，从我们呱呱坠地、牙牙学语开始就在接受着各种各样、门类繁多的逻辑推理命题。家长和老师的教导、书籍的启发教育，都在告诉我们什么事情该做，什么事情不能做，什么事情要做到什么程度等等。

从小培养逻辑推理能力也是素质教育的重要内容。但是，由于没有系统的学习方法，许多人在遇到措手不及的难题时常常会感到无所适从。有时，生活中的我们也会面临左右两难的境地，并烦闷于找不到合适的出口，无法做出抉择。其实，这也是逻辑推理能力不够强的表现。

学习逻辑，无疑可以帮助人们认识和把握思维规律，提高思维效率，培养正确的思维习惯，从而解决工作和生活中的诸多实际问题。

本书介绍了七种常用的逻辑思维方法，配合精挑细选的近800个世界经典思维训练题目，为全方位培养和训练你的逻辑思维能力专门设计，激发推理潜能、扩展想象空间、活跃思维，帮你掌握正确的逻辑思维方法，提升逻辑思维能力。让大家冲破思维定式，从不同的角度看问题，并养成用逻辑思维去思考问题的习惯。

本书适读人群包括：广大青少年、学生，尤其是对数理化缺乏兴趣的孩子；想要改变思维方式，提高逻辑思维能力的年轻人；参加世界五百强企业面试，或者报考公务员、MBA的应试者；渴望提高创新思维，给头脑充电的上班族、白领。

希望读者在阅读本书的过程中，既能够领略到逻辑推理的重要性和魅力，又能够从中获益，点亮智慧的火花。

目录 CONTENTS

第 1 篇　玩概念逻辑游戏，掌握最精准的定义

001 物质过剩的世界 002
002 交通肇事罪 002
003 预言 003
004 皮格马利翁效应 003
005 快乐是什么 003
006 选举 004
007 不劳动者不得食 004
008 投机范畴 004
009 议论中的错误 005
010 替代效应 005
011 相对反义 005
012 回避条件 006
013 生物问答 006
014 癌细胞的存活 006
015 心理暗示 007
016 哮喘病 007
017 隐性广告 007
018 酸雨 008
019 哲学 008
020 可能的安排 009
021 耐高温的深海间歇泉的生物 009
022 市场效果 009
023 意外事件 010
024 大嘴鲈鱼 010
025 从众型思维枷锁 010
026 幽默与人类健康心理 011
027 环境影响评价 011
028 人工智能 012
029 赏花的秘密 012
030 残暴的国王和机智的小伙子 012
031 聪明的老渔翁 013
032 彦一巧计抓强盗 013
033 农夫智斗检查员 014
034 阿凡提妙计退强盗 014
035 国王的问题 014
036 宝剑引起的风波 015
037 念祭文 015
038 工程师妙计运钢管 016
039 吃枣 016
040 用总统做广告的书商 016
041 歌星的策略 017
042 华佗巧计拜师 017
043 反应迅速的演员 018
044 随机应变的首相 018
045 门的故事 018
046 反应迅速的经理 019

047 孙元觉机智救祖父......019
048 不可信的广告......020
049 铜币和猴子......020
050 智脱险境......020
051 瘦子和胖子......021
052 爱因斯坦的旧大衣......021
053 谁是傻瓜......021
054 铁桶江山......022
055 李世民机智救父......022
056 庞振坤智惩店老板......023
057 投河不死的纪晓岚......023
058 李光弼智收战马......024
059 方腊巧计退宋军......024
060 智退假珍珠......024
061 智取皮包......025
062 聪明的小丞相甘罗......025
063 吕叔湘巧回读者来信......026
064 巧分袜子......026
065 死里逃生的农夫......026
066 商人和他的帽子试题......027
067 参谋长的妙计......027
068 放牛娃拦路考秀才......028
069 解人之困的小姑娘......028
070 珍珠的故事......028
071 巧答怪题......029
072 巧计救父的小女儿......029
073 勇敢而机智的新娘子......030
074 韩信以画儿求兵......030
075 巧改电文......030
076 给傻子让路......031
077 巧计自救的流浪汉......031
078 巧摘帽子......031
079 达尔文巧答问题......032
080 巧找借口......032
081 冒充爱因斯坦去讲学的司机......033
082 幽默而又机智的大仲马......033
083 找戒指......034
084 神秘的约定......034
085 珍贵的壶......034
086 水果的分法......034
087 响铃......034
088 告示牌的秘密......035
089 怪盗用了什么方法......035
090 找磅秤......035
091 够点心......035
092 保卫装置......035
093 辨别双胞胎......036
094 酒吧的烦恼......036
095 分辨盐和糖......036
096 餐厅的促销价值......036

第 2 篇　玩数理逻辑游戏，舞一曲数学华尔兹

097 长长楼梯台阶数......038
098 最大数......038
099 简单的抽屉原理......038
100 不见的差额......038
101 相乘的结果......038
102 打赌......039
103 合乎规律......039
104 奇偶数字算式题......040
105 巧锯木料......040
106 电视机的价格......041
107 日食时间......041
108 赌注......041
109 竞争奖项......042
110 价值顺序......042

111 淘气的蜜蜂……042
112 阿基米德分牛……043
113 难题……043
114 失落的数字……044
115 线穿四数和相等……044
116 猫捉老鼠……045
117 线装古书……045
118 路程……045
119 阿基里斯追不上乌龟……045
120 攀亲……046
121CEO 大卫的选择……046
122 猜科克雪花曲线……047
123 购买食品……047
124 过河……048
125 提前到达……048
126 特定数目的递推……048
127 割草人数……048
128 没收钱币……048
129 纸牌……049
130 奇偶相同……049
131 分配……049
132 赔钱……050
133 令人困惑的概率论……050
134 投镖……051
135 难写的箱子……051
136 拉格朗日定理说……052
137 带给家人的礼物……052
138 盖火印……052
139 按劳分配……053
140 谁说得对……053
141 破译字母算式题……053
142 数字魔术……054
143 果商上当……054
144 旅馆安排……054
145 不会出现……055
146 设计图……055
147 杰克逊的失误……056
148 分工资……056
149 荒蛮之地的旅行……056
150 生日是几号……057
151 付款方法……057
152 孩子的年龄……057
153 老太太买手帕……058
154 雇员的薪水建议……058
155 检票的学问……058
156 数字砖块的规律……059
157 岌岌可危的国家……059
158 跨越铁轨……059
159 存水的脸盆……060
160 巧取卫生纸……060
161 穿越沙漠……060
162 倒硫酸……061
163 农夫过桥……061
164 量水……061
165 找次品……061
166 一次解决……061
167 最佳称法……062
168 辨别真伪……062
169 逃离洞穴……062
170 巧过山涧……063
171 加油……063
172 如何脱离魔爪……063
173 测量果汁……065
174 金字塔的测量……065
175 拉车过桥……065
176 洒水车……066
177 铁球入杯……066
178 巧过独木桥……067
179 管中取球……067
180 比枪法……068
181 洞中取球……068
182 佛像……068
183 挽救公司……068
184 发牌的方法……069

185 将军的计策……069
186 聪明人……069
187 分苹果……069
188 分豆子……070
189 木块下沉……070
190 球与方格……070
191 戚继光布阵……071
192 扑克游戏……071
193 乡下人过河……071
194 找出不同的球……071
195 巧装苹果……072
196 军车怎样顺利通过……072
197 掉入杯中的壶塞……072
198 公主择夫……072
199 小船过桥洞……073
200 巧分苹果……073
201 橘子水怎么喝……073
202 空桶取水……073
203 农民过河……073
204 分 8 斤油……074
205 狼驴过河……074
206 鸡蛋与瓶子……074
207 小瓶大桶……074
208 打结……075
209 三人过河……075
210 卖粮……075
211 星条旗……076
212 巧解绳子……076
213 聪明的工匠……076
214 不落地的杯子……077
215 师徒斗智……077
216 怎样才能喝到好酒……078
217 拿鸡蛋……078
218 巧得氧气……078
219 河马与金币……078
220 从西边出来的太阳……079
221 怎么分……079

第 3 篇　玩类比逻辑游戏，培养举一反三的能力

222 类比推理……082
223 组合转换……082
224 串门……082
225 合理延续……083
226 七巧板拼运动员……084
227 找出没有从属关系的一对……085
228 反省与人生价值……085
229 简易风车……085
230 变化规律……086
231 伪造者早晚被揭穿……086
232 灰与黑……087
233 异类字母……087
234 开办自己的公司……088
235 类似图形……088
236 死亡密码请找出……089
237 三角替代……089
238 特异字母……090
239 填补符号……090
240 哪项意思最为接近……091
241 糊涂法官……091
242 独具特色……091
243 边角料成方形桌……092
244 洞的形状……092
245 单词的隐身之处……093
246 错误与避免……094
247 类同变化……094

248 形单影只……094
249 演绎推理……095
250 网格……095
251 指挥棒巧组直角……096
252 “9·11”恐怖袭击后美国的政策.097
253 旋转就相符……097
254 检查宇宙飞船图……097
255 最佳选择……098
256 恐怖分子密码信息……099
257 线条转换……099
258 棋盘正分平平坐……099
259 别致的蝴蝶结……100
260 说外文与国际人……101
261 电子表时……101
262 对称棋盘摆棋子……102
263 盒子的花饰问题……102
264 转换……102
265 金字塔……103
266 英文单词……104
267 逻辑填图……104
268 直线型飞行计划……104
269 缺失的方块……105
270 单词大碰撞……106
271 正六边形的演变……107
272 有问题的立方体……107
273 儿童溜冰……108
274 两句话……109
275 怎样修路最好呢……109
276 俯视布篷……109
277 填方格……110
278 六种礼物……111
279 特殊卡片……111
280 填数……111
281 二维自生增长式……112
282 同类……112
283 数学家和编程专家……113
284《狂人日记》……113
285 高跟鞋和西装……114
286 谁考上了大学……114
287 智取情报……114
288 红裙子、花裙子……115
289 几个球……115
290 巧分钥匙……115
291 什么关系……115
292 九张纸牌……115
293 五朵金花……116
294 找到藏宝箱……116
295 谁点了牛排……117
296 狙击手绰号……117
297 奇怪的姐妹……118
298 公寓的住客……118
299 五人的关系……119
300 鲍西亚的宝盒……119
301 四位古希腊少女……120
302 今天星期几……120
303 人和头发的数量……121
304 错拿雨伞……121
305 诸葛亮问数……122
306 足球赛……122
307 刘墉的计谋……122
308 天上落西红柿汁……123
309 谁在说谎……123
310 超市失窃案……123
311 你能分辨吗……123
312 作案时间……124
313 顾客点菜……124
314 性别问题……124
315 打铁罐……125
316 记错的价钱……125
317 平分猎物……126
318 苹果的个数……126
319 家庭人员……127
320 住房号码……127
321 田径比赛……127

322 队形转换......128
323 球赛结果......128
324 年龄的谎言......129
325 聪明的售货员......129
326 一网打尽......129
327 首次值班......129
328 顺利晋升......130
329 难解的遗嘱......130
330 谁男谁女......130
331 吃饭难题......131
332 四片果树林......131
333 推算生日......131
334 智猜姓氏......132
335 哥哥是谁......132
336 度假......132
337 是男是女......133
338 卖弄的老板......133
339 父亲与儿子......133
340 两张牌的花色......133
341 过生日......134

第 4 篇 玩判断逻辑游戏，掌握正确的思维规律

342 是真是假......136
343 煤矿事故......136
344 石头的历史......136
345 三种牌......137
346 高射炮......137
347 最高明的骗子......138
348 地球之外有没有生命......138
349 新手表调时间......138
350 数学家与长子......139
351 土地价格......139
352 火车错车的距离......140
353 大采购......140
354 牛郎织女......140
355 全国足球联赛......140
356 丰收......141
357 压力与疲劳......141
358 热胀冷缩......142
359 教授的谜题......142
360 保护组织保护蝙蝠......142
361 走秀......143
362 马拉松选手......143
363 语言不通......144
364 室外音乐会......144
365 家谱......145
366 完美岛上的不完美......146
367 特殊的微量元素......147
368 奇怪的法令......147
369 地震毁灭人类......148
370 欧拉图巧解题......148
371 青少年与开车技巧......149
372 化肥产品......149
373 气候与衣着......149
374 学习国粹......150
375 经济增长......150
376 俱乐部成员......151
377 酸雨损害......151
378 会计工作......151
379 非典时期......152
380 恐龙......152
381 挽救熊猫的方法......153
382 谎言也能推理名次......153
383 互联网狂躁症......153
384 偏头痛......154
385 节能灯泡......154

386 情侣杯子......155
387 载誉归来......155
388 丹尼斯教授的观点......156
389 遥远的星球上人的种族......156
390 呼伦贝尔的牧民......156
391 真假路标......157
392 报销单据......157
393 多米诺骨牌效应......158
394 神秘消失的古滇王城......158
395 吹牛？没吹牛？......159
396 电脑产品......159
397 四位朋友都是“家”......160
398 影视放映场的策略......160
399 猫和老鼠......160
400 玻璃瓶和铅球......161
401 算年龄......161
402 聪明的小弟......161
403 猎人......162
404 天气预测......162
405 三个聪明人......162
406 需要多少只猫......162
407 零用钱怎么少了......163
408 破绽在哪里......163
409 细菌分裂......163
410 他们是什么关系......163
411 不是双胞胎又是什么......163
412 从 4 楼爬到 8 楼需要多少时间......164
413 猫和狗谁能赢......164
414 第几天水溢出来......164
415 律师怎么了......164
416 这可能吗......164
417 居民拿了哪个时钟......165
418 园艺讲座......165
419 子弹怎么没有痕迹......165
420 被弄脏的女士为何无动于衷......165
421 火灾如何......165
422 血缘关系......166
423 爱情算术式......166
424 笨蛋的做法......166
425 如此搬家......166
426 如何领钱......167
427 这样合理吗......167
428 她说谎了吗......167
429 这个地方是哪里......167
430 电话的速度......168
431 明确的证据......168
432 玻璃鞋......168
433 讨价还价......168
434 特异功能......168
435 猜猜漏掉的字......169
436 怎么一回事......169
437 歪打正着......169
438 巨人说谎......169
439 哪一个存款最多......169
440 窃取隐私的孩子......170
441 小偷是谁......170
442 多少点......170
443 爱笑的人......171
444 一半的时间在吸烟的人......171
445 机器没有问题......171
446 国王吹牛皮......171
447 谁丢的钱币......171
448 赚钱的商店......172
449 有医生怎么还会死......172
450 紧急试演会......172
451 鹦鹉的尴尬......172
452 谁拿了冠军......173
453 吃泡面的最好方法......173
454 找出不合理......173
455 刑警的破案秘诀......173
456 为何没有回程......173
457 什么人有两个心脏......174
458 怎么吃不到妈妈的菜......174
459 理发店的故事......174
460 幸存者......174

第5篇 玩博弈逻辑游戏，做出最有利的决策

461 一句救命话......176
462 商业谈判......176
463 拉练......176
464 转危为安......177
465 正常国与反常国......177
466 争论......177
467 王子之语......178
468 小偷的选择......178
469 秦孝公处罚爱将......178
470 智擒盗贼......179
471 超级时速......179
472 爱情决斗......179
473 林则徐智斗富绅......180
474 欧米加研究人类的大脑......180
475 正确率......181
476 闯迷宫......181
477 预算资金......181
478 农夫遇无赖......182
479 成功概率......182
480 篮球比赛的技巧......182
481 轮盘赌局......183
482 战利品......183
483 商人在盛产美女的神秘小岛......184
484100 个乒乓球......184
485 巧置硬币......184
486 魔法......185
487 贝壳游戏......185
488 搬家......186
489 验证......186
490 甘罗说赵王......186
491 决斗......187
492 玩乒乓球......187
493 罗斯福精明的对策......187
494 如何赢得国王的奖赏......188
495 聪明的马丁......188
496 分粥博弈......189
497 获胜......189
498 报数......189
499 小气鬼......190
500 “抢 30”游戏......190
501 万元彩票竞拍价......190
502 交换......191
503 点数......191
504 存活保证......191
505 房地产垄断......192
506 寿辰......192
507 一共几只猫......192
508 猜个数字......193
509 到达的时间......193
510 还剩下几根蜡烛......193
511 自杀的人......193
512 谁有可能是犯人......193
513 到底是什么......194
514 有可能吗......194
515 看眼睛的人......194
516 男人怎么进去的......194
517 吵架的夫妻......194
518 什么问句......194
519 头发怎么没湿......195
520 罐头惹的祸......195
521 谁在求婚......195
522 辨别孪生兄弟......195
523 没有新闻的新闻......195
524 赛车手与人行道......196
525 可恶的畜生......196
526 戒指在哪里......196
527 怎样写出红色和蓝色......196
528 有几个面包......196
529 热水呢......197
530 错误在哪......197

531 时钟怎么没停......197
532 车怎么跑了......197
533 又是外语的故事......197
534 奇异的报道......198
535 何必那么麻烦......198
536 涂鸦怕什么......198
537 语言不通也没事......198
538 刘大爷孙子呢......198
539 有一件事......199
540 游泳池......199
541 存钱罐......199
542 病人的怒色......199
543 世界说谎大赛......199
544 我看到名人了......200
545 绝对优等生......200
546 妹妹怎么快了......200
547 到底是什么书......200
548 不肯让座......201
549 触摸车体......201
550 不贴邮票的信......201
551 观众怎么了......201
552 遗失的困惑......201
553 怎么推车走......201
554 有那么一件事......202
555 捡钱还不快乐......202
556 究竟发生了什么......202
557 小马做什么......202
558 小克怎么知道的......202
559 洞穴的秘密......203
560 别看我......203
561 为什么不跑了......203
562 阿艺勇敢吗......203
563 年纪越轻则越旧的东西......204
564 踢开的礼物......204
565 增加的体重......204
566 医生怎么了......204
567 没有保险的名画......204
568 奇怪的节目......204
569 白熊抓不到企鹅的奥秘......205
570 老鼠的生殖......205
571 赢得冠军的选手......205
572 有一种东西......205
573 没什么变化......205
574 什么东西扔了还高兴......205
575 什么事情会那样......206
576 伞怎么不见了......206
577 小美怎么了......206
578 美梦成真......206
579 假日悲剧......206
580 暗礁在哪里......206
581 20 块钱的名车......207
582 人们都认识的庞振坤......207

第 6 篇　玩诡辩逻辑游戏，洞悉混淆黑白的言论

583 百里挑一......210
584 狡辩......210
585 “白吃”先生......210
586 理发师悖论......211
587 律师与医生......211
588 见人......211
589 辩论是“辩无胜”......212
590 快车......212
591 龟兔赛跑......212
592 一根手指......213
593 两人的矛盾......213
594 吸烟的辩证法......213

595 人人都自私......214
596 消灭物质......214
597 饭钱......214
598 父子谁聪明......215
599 先生......215
600 他比你更有理（礼）......215
601 不用你操心......216
602 你也在讲话......216
603 失去和拥有......216
604 爱情诗选......216
605 不认识孙中山......217
606 一个人有三个头......217
607 人民的一员......217
608 你想学什么......217
609 不曾亏待......219
610 爸爸和儿子......219
611 空酒瓶和装满酒的瓶......219
612 爱情价更高......220
613 “立场坚定”与“头脑僵化”......220
614 丢失的珍珠......220
615 巧取火柴棒......221
616 满杯空杯互换......221
617 分图形......222
618 移动火柴棒变三角形......222
619 制作香烟......222
620 卡片上的数字游戏......223
621 测量名片长度......223
622 移动火柴变图形......223
623 画平行线......224
624 从未来世界寄来的信......224
625 灯泡开关替代......224
626 非法建筑......225
627 聪明的作家......225
628 快速点点法......225
629 成功之道......226
630 猴兔斗智......226
631 骗师出门......226
632 画大树......227
633 接力故事......227
634 李方膺画风......228
635 五星级酒店的“半瓶酒”......228
636 战胜冠军的人......228
637 哥伦布竖鸡蛋......229
638 3 个 9 表示 2......229
639 吝啬的严监生......229
640 走出房间......229
641 切木板......230
642 7 颗星......230
643 印字妙招......230
644 老爷爷报时的秘密......230
645 分割图片......231
646 查理的收入来源......231
647 移动火柴游戏......231
648 紧急联络网......232
649 馒头协议......232
650 数字绕口令......233
651 火柴算式......233
652 长方形变正方形......233
653 “E”字火柴棒......234
654 制作一半面积的正方形......234
655 “V”字火柴棒......234
656 连点游戏......235
657 火柴棒与算式......235
658 切圆柱游戏......236
659 两支手电筒......236
660 冲马桶的方法......236
661 石头排字......236
662 火柴棒游戏......237
663 字母与价格......237
664 拓宽思维......238

第7篇　玩推理逻辑游戏，跟着福尔摩斯去探案

665 问两个问题......240
666 讲外语的人......240
667 没用的名犬......240
668 离婚不可能......240
669 长短不一的指头......241
670 预言......241
671 天下第一味......241
672 爱国画师巧戏西太后......241
673 过年关......242
674 杨修猜谜分酥糖......242
675 穷人的妙计......243
676 纪晓岚题字“竹苞堂”......243
677 牧童指路......243
678 秀才吃诗......244
679 三位谜林高手......244
680 物中谜，谜中物......244
681 唐伯虎卖画......245
682 出谜劝学......245
683 关公和楚霸王......246
684 雪夜送礼......246
685 王安石考书童......246
686 齐白石题字喻客......247
687 谜能吃谜......247
688 师徒俩姓什么......248
689 井水喝不得......248
690 苏东坡借鱼破谜......248
691 谜话三国......249
692 郑板桥题匾......249
693 谜破谜......249
694 孔子的名字......250
695 才女卓文君......250
696 四才子灯谜交友......251
697 丞相出谜招女婿......251
698 观雪景兄弟对谜......251
699 画画报平安......252
700 伍子胥智斗老相国......252
701 包拯试儿......253
702 杏花村里的姑娘......253
703 曹雪芹解谜助人......253
704 我的谜捉你的谜......254
705 老药农深山指路......254
706 冯梦龙宴客......255
707 孩童难倒铁拐李......255
708 口渴吃杏难......255
709 鲁迅答对......256
710 财主的诡计......256
711 神童妙对......257
712 请木工干啥......257
713 实为一道......257
714 谁是凶手......258
715《兰亭集序》的传说......258
716 缺边的牡丹......259
717 三块招牌......259
718 画信......259
719 神秘的字条......260
720 萧伯纳的回信......260
721 巧妙用标点......260
722 评价菜肴......261
723 李先生高兴什么......261
724 两个士兵的对话......261
725 烟民的待遇......261
726 什么情况发生......262
727 鱼的差别......262
728 硬币知多少......262
729 遗产的合理分配......262
730 悄悄话......263
731 最初带了多少......263
732 面积的误差......263
733 怎么回事......263
734 钱怎么多了......263

735 烟总数没有变……264
736 什么道理……264
737 怎么一样多……264
738 怎么搭下楼的梯……264
739 吉他怎么换成了口琴……264
740 为什么会突然快了……265
741 D 代表什么……265
742 有这样的事吗……265
743 怎么知道他赢了……266
744 此为何物……266
745 正常发车可能吗……266
746 成功率越办越低的案件……267
747 怎么会来不及……267
748 希腊妇女的琥珀首饰……267
749 为什么吹不出效果……267
750 蟑螂怎么爬出来的……267
751 为什么水量变少了呢……268
752 黄先生用的什么办法……268
753 最好的方法……268
754 炮弹没有落下来……268
755 这样搭车有意义吗……269
756 爸爸正在工作吗……269
757 怎样量出的体重……269
758 莎莎怎么了……269
759 钟表的秘密……270
760 这件东西到底是什么……270
761 为什么要转杯子……270
762 怎么能猜到名字……270
763 比赛的结果……270
764 回答题目……271
765 没有秘密捷径……271
766 上面究竟写了什么……271
767 壶里到底装了什么……271
768 为什么人们不用它……272
769 什么情况……272
770 可能吗……272
771 什么东西……272
772 展示了什么……272
773 到底为什么……273
774 什么玩意儿……273
775 怎么看的电影……273
776 黑点的连接……274
777 袋子里是什么……274

答案……275

第 1 篇

玩概念逻辑游戏，掌握最精准的定义

概念逻辑，是指辩证思维即辩证意义上的逻辑，是辩证地把握现实概念思维形式的逻辑。阐明概念逻辑，目的在于揭示思维自身的逻辑机制，阐明思维在把握客观真理过程中的种种步骤和方法。人类的思维是建立在概念上的。任何一个符号、一个名称、一个概念，都是对所有被指代对象的抽象和概括。

001 物质过剩的世界

在一个物质过剩的世界里却有人因为物质短缺而死去，这种道德上令人厌恶和智力上的荒谬愚蠢，令我感到震惊和羞耻。

下面哪一项是上面这句话的明显含义？

A. 在一个物质过剩的世界里，有人因为物质短缺而死去，是因为他过于懒惰。

B. 在一个物质过剩的世界里，有人因为物质短缺而死去，是因为他愚蠢。

C. 从道德和智力这两个层面而言，我们本来应该设计出一种分配制度，以便让每个社会成员都过上体面而有尊严的生活。

D. 在一个物质过剩的世界里，有人因为物质短缺而死去，是因为他在性格上有缺陷。

002 交通肇事罪

交通肇事罪指违反交通管理法规，因而发生重大事故，致人重伤、死亡或者使公私则产遭受重大损失的行为。

下列不能定为交通肇事罪的是：

A. 一天，陈某驾驶桑塔纳轿车回老家，路况很好，车辆也不多，当车逆行来到某酒店路口时，迎面撞上一轮摩托车，造成1死2伤。

B. 某日夜晚，李某开着卡车往市区运送蔬菜，后返回郊区。由于喝了点白酒，加之连夜开车睡眠不足，途经岔路口时，不慎将路边一个骑自行车的人撞成重伤。

C. 某汽车出租公司小丁驾驶一辆载有3名乘客的红色桑塔纳轿车超速行驶到一十字路口，不料一行人横穿马路，小丁紧急刹车，3名乘客前仰后翻，虽未受伤，但事后3名乘客拒交乘车费50元。

D. 某日，丹东某公司司机驾驶“金刚石”牌大客车，载客31人，由沈阳开往宽甸满族自治县，由于弯路超速行驶，致使车辆横向冲向公路左侧桥下，造成车内乘客18人死亡。

003 预言

自我实现预言是指我们对他人的期望会影响到对方的行为，使得对方按照我们对他的期望行事。根据定义，判断下列属于自我实现预言的是：

A. 小张本来是一个很普通的孩子，但他的父母望子成龙，于是不惜重金让他读市里最好的高中，但最终小张也只上了一所普通大学。

B. 小张是李老师班上一名普通的学生，可是，有一天一位智力测量专家告诉李老师，小张很有数学天分，于是以后数学课上李老师对小张格外关注，终于在半年后的考试中小张的数学成绩有了很大的提高。

C. 今天是小红的生日，她希望爸爸下班时能买生日蛋糕回来，果然爸爸在下班的时候买了一大盒生日蛋糕。

D. 小李从小就希望自己能成为一个工程师，当他大学毕业后他终于到一家公司当上了软件工程师。

004 皮格马利翁效应

皮格马利翁效应：一种心理学现象，指当一个人获得另一个人期望和信任时，他便感觉到获得了支持，从而变得自信和自尊，获得一种积极向上的动力，希望达到对方的期望。

下列属于皮格马利翁效应的一项是（ ）

A. 罗杰·罗尔斯在校长“你会成为纽约州州长”的激励下，从嬉皮顽童成长为纽约第一个黑人州长。

B. 王教授在教学过程中采用多媒体等现代教学手段，提高了学生掌握知识的效率。

C. 郎老太太在 60 岁时不顾别人的看法，学习法律，顺利通过司法考试。

D. 西方有句俗语，你的未来基于你的梦想，对于人生有良好规划，有远大理想的人，其工作往往更有动力，生活也是丰富多彩的。

005 快乐是什么

快乐是人们主观感受到的愉悦的身心状态。也是一种由对存在世界认知与体验形成的幸福感、满意状态带来的多个层次的体验过程。

根据以上定义，下面不称其为快乐的是（ ）

A. 一个人从优质的食物、洁净的环境、宽敞的居所感受到的东西。

B. 一个人对生活、社会、员工、收入、职业、社会和自然环境有最大的满足度。

C. 一个人对健康、亲情、收入、职业、社会和自然环境有最大的满足度。

D. 一个人享有最多的福利，经济的任务就是致力于福利。

006 选举

选举是指享有选举权的人，按照一定的程序活动方式，选定代议机关的代表和某些国家公职人员的行为。具体办法通常由国家法律加以规定，其常见的方式有投票、举手、起立、鼓掌、口头表达等，它区别于世袭、任命等。请你判断下列方式属于选举的是：

A. 张龙参加公务员资格考试，被录用到财政局当秘书。

B. 省委组织部任命赵伟为市委副书记。

C. 县人大代表选举莫斐等 10 名代表参加省人大。

D. 按照约定，由李复夫接任村小学理事会的工作。

007 不劳动者不得食

甲、乙、丙三人在讨论“不劳动者不得食”这一原则所包含的意义。

甲说：“不劳动者不得食”意味着“得食者可以不劳动”。

乙说：“不劳动者不得食”意味着“得食者必须是劳动者”。

丙说：“不劳动者不得食”意味着“得食者可能是劳动者”。

A. 甲的意见正确，乙和丙的意见不正确。

B. 乙和丙的意见正确，甲的意见不正确。

C. 乙的意见正确，甲和丙的意见不正确。

D. 丙的意见正确，甲和乙的意见不正确。

008 投机范畴

投机是为了以后再销售（或暂时售出）商品而购买，以期从其价格变

化中获利。根据上述定义，判断下列哪个属于投机范畴：

A. 10 年前老张承包了村里无人要的 15 亩果园，如今依靠果树发家致富。

B. 小刘最近买了一双皮鞋，因不喜欢样式又转卖给朋友。

C. 老杨以 10.03 元的价格买入 2000 股股票，以 11.00 元的价格卖出。

D. 王老师买了住房自住，后房价上涨，王老师卖出房屋从中获利。

009 议论中的错误

东方日出，西方日落，社会是发展的，生物是进化的，都反映了不依赖人的意志为转移的客观规律。某甲对此不以为然。他说，有的规律是可以改造的。人能改造一切，当然也能改造某些客观规律。比如，价值规律不是乖乖地为精明的经营者服务了吗？人不是把肆虐的洪水制住而变害为利了吗？

以下哪项最为精确地揭示了某甲上述议论中的错误：

A. 他过高地估计了人的力量。

B. 他认为“人能改造一切”是武断的。

C. 他混淆了“运用”与“改造”这两个概念。

D. 价值规律若被改造就不叫价值规律了。

010 替代效应

替代效应：当某一物品的价格上升时，消费者倾向于用其他物品来替代变得昂贵的该种物品，从而最大限度地获得满足，下列哪项最不属于替代效应。

A. 咖啡涨价，喝茶的人多起来。

B. 电子邮件比邮政发信便宜，所以更多的人使用电子邮件。

C. 某股票升值，很多人争买该股票。

D. 某纺织厂的麻原料价格上升，改用较便宜的棉来生产。

011 相对反义

相对反义词，也称极性反义词。这类反义词在意义上互相对立，肯定甲必否定乙，肯定乙必否定甲；但是，否定甲不一定就是肯定乙，否定乙也不一定就是肯定甲。

根据上述定义，下列属于相对反义词的一组是：

A. 生——死　B. 曲——直　C. 多——少　D. 有——无

012 回避条件

回避条件作用：当厌恶刺激或不愉快情境出现，个体做出某种反应，从而逃避了厌恶刺激或不愉快情境，则该反应在以后的类似情境中发生的概率增加。

下列不属于回避条件作用的是（ ）

A. 看见路上的垃圾后绕道走开

B. 碰到烫的东西，赶紧缩回手来

C. 感觉屋内人声嘈杂时暂时离去

D. 害怕见生人不敢上街

013 生物问答

生物课上老师提问小明："什么是生命？"小明答："生命是有机体的新陈代谢。"

"那么，什么是有机体？""有机体是有生命的个体。"

老师说小明的回答犯了一个严重的逻辑错误。你知道是什么错误吗？

014 癌细胞的存活

宾夕法尼亚大学的研究人员已经确定，癌细胞的存活可以归结为一种称作 pim-2 的关键酶。这项即将刊登在《基因和发展》杂志上的发现意味着研究人员对于理解癌细胞在形成肿瘤以前为什么能在人体内存活（对抗体内自然的免疫系统）取得重要进展。在许多肿瘤中，这种酶的浓度都非常高。

从这段文字中可以推出下列哪一结论：

A. 发现了一种被称作 pim-2 的关键酶。

B. 这项发现即将刊登在《基因和发育》杂志上。

C. 在许多肿瘤中，这种酶的浓度都非常高。

D. pim-2 对癌细胞的存活起着关键的作用。

015 心理暗示

心理暗示是指用含蓄、间接的方式，对别人的心理和行为产生影响。暗示作用往往会使别人不自觉地按照一定的方式行动，或者不加批判地接受一定的意见或信念。

以下哪些对话没有心理暗示：

A. “你怎么这么憔悴？是不是病了？”

B. “你能行，待会儿的比赛你一定能跑第一名的。”

C. “请勿在教室里吸烟。”

D. “这道菜是著名的厨师做的，非常好吃，你尝尝！”

016 哮喘病

某些媒体分子通过使环绕肺气管的骨肉细胞收缩来抵御有毒气体对肺部的损害。这使得肺部部分封闭起来。当这些媒体分子被不必要的激活时，对某些无害的像花粉或家庭粉尘作出反应，就出现了哮喘病。

有一项计划是开发一种药物通过阻碍接收由上文所说的媒体分子发出的信息来防止哮喘病的发生。以下哪一项，如果是正确的，将指出这项计划的最严重的缺陷：

A. 研究人员仍不知身体是如何产生这种引发哮喘病的媒体分子的。

B. 研究人员仍不知是什么使一个人的媒体分子比其他人的更易激活。

C. 很多年内无法获得这样的药物，因为开发和生产这种药物都需要很长的时间。

D. 这样的药物无法区分由花粉和家庭粉尘引发的信息与由有毒气体引发的信息。

E. 这样的药物只能是预防性的，一旦得上哮喘，它无法减轻哮喘的程度。

017 隐性广告

隐性广告是指将产品或品牌及其他代表性的视觉符号，甚至服务性内容策略性地融入电影、电视剧或其他电视节目及其他传播内容中（隐藏于载体并与载体融为一体），使观众在接受传播内容的同时，不自觉地接受商品或品牌信息，继而达到广告主所期望的传播目的。

根据上述定义，下列属于隐性广告的是：

A. 电视台的转播世界杯足球赛中场休息时播放的某知名饮品的广告。

B. 某电子产品生产商赞助拍摄电影，电影播放前播放该产品广告。

C. 某知名运动品牌赞助奥运会某国体育代表团运动员的领奖服。

D. 某电视台知名女主播穿着某品牌提供的服装参加亲戚的婚礼。

018 酸雨

二氧化硫是造成酸雨的重要原因，某地区饱受酸雨困扰，为改善这一状况，该地区 1～6 月份累计减排 11.8 万吨二氧化硫，同比下降 9.1%。根据监测，虽然本地区空气中的二氧化硫含量降低，但是酸雨的频率却上升了 7.1%。

以下最能解释这一现象的是：

A. 该地区空气中的部分二氧化硫是从周围地区飘移过来的。

B. 虽然二氧化硫的排放得到控制，但其效果要经过一段时间才能显现。

C. 尽管二氧化硫的排放总量减少，但二氧化硫在污染物中所占的比例没有变。

D. 机动车的大量增加加剧了氮氧化物的排放，而氮氧化物也是造成酸雨的重要原因。

019 哲学

有位学哲学的人毕业后回家乡去，父亲杀鸡打酒招待他。吃饭时，父亲问他：

“你学的什么？”

“哲学。”

“学这个有什么用？”

“学习哲学，看问题和别人就不一样。比如，拿咱们桌子上的这只鸡来说，看起来是一只，实际上是两只。除了一只具体的鸡以外，还有一只

是抽象的鸡。”

请问：他犯了什么错误？

020 可能的安排

有一个“狄利克雷房间分配法”的故事：

有一家旅店，共有 12 个房间，依次为 1 号、2 号、3 号……12 号。一天，来了 13 位客人，要求各自单独住一间房间。旅店老板思索了一番，想出一个满足大家要求的办法：他先让两个客人暂时住进 1 号房间里，然后把其余的客人按顺序依次分配。于是 1 号房间住进了两个人；3 号客人住在 2 号房间；4 号客人住在 3 号房间；5 号客人住在 4 号房间……12 号客人住在 11 号房间。最后，再把最先安排的 13 号客人从 1 号房间转到还空着的 12 号房间里。于是皆大欢喜，13 位客人都满意地单独住进了 12 个房间里了。

这样的安排可能吗？

021 耐高温的深海间歇泉的生物

有一种虾常游弋于高温的深海间歇泉附近，在那里生长有它爱吃的细菌类生物。由于间歇泉发射一种暗淡的光线，因此，科学家们认为这种虾背部的感光器官是用来寻找间歇泉，从而找到食物的。

下列哪项对科学家的结论提出质疑？

A. 实验表明，这种虾的感光器官对间歇泉发出的光并不敏感。

B. 间歇泉的光线十分暗淡，人类肉眼难以觉察。

C. 间歇泉的高温足以杀死这附近的细菌。

D. 大多数其他品种的虾的眼睛都位于眼柄的末端。

E. 其他虾身上的感热器官同样能起到发现间歇泉的作用。

022 市场效果

市场效果是指在一定的市场结构下，通过一定的市场行为使某一产业在价格、产量、费用、利润、产品质量和品种以及在技术进步等方面所达到的某种状况。请你根据定义判断下列不属于市场效果的一项是（ ）

A. 产业的利润是否合理。

B. 消费者个人口味如何。

C. 在销售费用及产品改型上是否存在浪费。

D. 产业生产能力的扩大是否与市场需求的增长相适应。

023 意外事件

意外事件是指因当事人故意或过失以外的偶然因素而发生的事故。根据上述定义，请判断下列属于意外事件的是（ ）

A. 医院未给聂某进行过敏皮试就为其注射了青霉素，结果造成其死亡。

B. 两个学生在课间打闹玩耍时，一学生用铅笔把另一学生的眼睛戳伤。

C. 某仓库保管员酒后昏睡，结果仓库失窃，造成经济损失达数十万元。

D. 黄某私自驾驶一报废车辆进行长途运输，途中发生车祸，车毁人亡。

024 大嘴鲈鱼

大嘴鲈鱼只在有鲦鱼出现的河中长有浮藻的水域里生活。漠亚河中没有大嘴鲈鱼。

从上述断定能得出以下哪项结论？

Ⅰ. 鲦鱼只在长有浮藻的河中才能发现。

Ⅱ. 漠亚河中既没有浮藻，又发现不了鲦鱼。

Ⅲ. 如果在漠亚河中发现了鲦鱼，则其中肯定不会有浮藻。

A. 只有Ⅰ　　B. 只有Ⅱ　　C. 只有Ⅲ

D. 只有Ⅰ和Ⅱ　　E. Ⅰ、Ⅱ、Ⅲ都不是

025 从众型思维枷锁

从众型思维枷锁是指在认知判断、解决问题时，附和多数，人云亦云，缺乏独立思考，无主见，无创新意识的一种不良思维定势。以下表现不属于“从众型思维枷锁”的一项是（ ）

A. 专家的意见值得信赖，以专家的意见为办事的依据。

B. 前面许多行人闯了红灯，自己也紧跟着冲了过去。

C. 大人往往把自己孩子“左撇子”习惯硬性扭转过来。

D. 艾伦参照某明星的标准，将征婚“有意者”的身高精确到两位小数。

026 幽默与人类健康心理

从现象上看幽默是对事物一般逻辑的某种扭曲，但必须是一种有意识的理性的倒错，它离不开人的正常思维和健康心理，所以幽默是人类健康心理的一种反映。

根据上面陈述，可以推出下列哪一结论？

A. 幽默的本质即是将毫不相干的事物联系起来，使之产生逻辑混乱而产生喜剧效果。

B. 幽默所包含的逻辑性往往与正常逻辑有不同之处。

C. 幽默必须有丰富的联想力。

D. 人的正常思维和健康心理构成了幽默的充分条件。

027 环境影响评价

环境影响评价是指拟订开发计划或建设项目时，事前对该计划或项目将给大气、水体、土壤、生物以及由它们组成的环境系统造成什么影响，这些影响的结果又将对人类的健康和生活环境以及自然环境和经济、文化、历史环境造成什么影响所进行的调查、预测与评价，以及据此制定出防止或减少环境污染和破坏的对策与措施。

根据上述定义，下列属于环境影响评价的行为是：

A. 某市在建设污水处理厂之前，请专家根据城市规模对该厂日处理污水能力进行调查、预测与评价。

B. 某市建高架桥后，附近几栋楼的居民反映该桥严重影响了采光，市政府组织相关部门进行评估以决定如何处理。

C. 某市在治理一条古老的河道前，请专家考证该河道的历史，以开发旅游资源。

D. 某市在建设飞机场前，预测飞机噪声并提出机场周围土地利用控制性建议。

028 人工智能

人工智能是指能够模仿人类智能和行为，在复杂多变的环境中能够感知环境和决策规划，从而自动地执行任务或者完成设定的目标。

按照定义，下列属于人工智能范畴的是哪个？

A. 全自动洗衣机在使用者把衣服放进之后，能够自动地完成注水、洗衣、换水和甩干等一系列洗衣流程。

B. 性格测试软件能够根据测试者的各种输入参数，按照设计好的算法进行计算，从而给出被测试者的性格描述。

C. 某公司新研制的机器狗，能够根据人的穿着和外貌特征识别出男女，分别用“先生您好”和“小姐您好”与不同的人打招呼。

D. 装配线机器人能够根据工程师预先设定的参数，完成不同机器设备的不同零部件的装配工作。

029 赏花的秘密

城中的庭院里有开着红花的花圃和开着蓝花的花圃。然而公主却不满意地表示：“真无趣。这个国家里竟只有红、蓝两色的花圃而已。难道没有其他颜色的花圃吗？”家臣听后回答：“交给老臣好了，明天我就想办法改善，但请公主从城堡上的窗口眺望好吗？”家臣自然不会在花朵上面着色，但他打算怎么做呢？

030 残暴的国王和机智的小伙子

从前，有一个性情残暴的国王，很想了解老百姓对于他的统治到底有着怎样的看法，所以就在某天换上了一套寻常百姓的服装，来到京城以外的某个小村庄微服私访。刚好，迎面走来了一个小伙子。于是国王就假装外地人请他谈谈对本国国王的看法，小伙子看看四周没有人，才小声地说：“实话告诉你，我国的国王根本就是个暴君！”

闻听此言，残暴的国王立刻露出了真实身份，并告诉那个小伙子自己一定要严厉地惩罚他。但机智的小伙子很快就想到了应付的办法。所以不等残暴的国王再说些什么，他立刻又对国王做出了自己的解释。而等他说

完以后，不但使得国王没有治他的罪，相反，倒是得到了奖赏。

请问，小伙子到底对国王说了几句什么样的话呢?

031 聪明的老渔翁

很久很久以前，有个很讲究饮食的皇帝，有一次，他召见了所有的大臣和御医们，大家一致认为皇帝应该多吃黄鱼才对。

可对于黄鱼的哪部分最有营养，大臣们却有着不同的看法和建议。

第一个大臣认为皇帝应该多吃黄鱼的头；而第二个大臣则坚持说鱼身是最有营养的部分；到了第三个大臣，他却认为鱼鳔的滋补益处远远胜过鱼头和鱼身；可最后一个大臣却坚持说皇帝应多吃鱼尾。

几个大臣各执己见，最后只好找来一位老渔翁来作个判断。聪明的老渔翁当然不想得罪几位大臣，于是当着皇帝的面，他不紧不慢地说了一番话，不但让皇帝很满意，也使得四位大臣的脸上都露出了笑容。

你能猜到聪明的老渔翁究竟说了怎样的一番话吗?

032 彦一巧计抓强盗

从前，在日本有个十分聪明的孩子，他的名字叫做彦一。一次，他和父亲出门，在外地住在一家旅店里。可到了半夜的时候，却有一个强盗手持钢刀闯进了他们的房间，并用刀逼迫彦一和他的父亲交出财物，否则就要对他们行凶。

这时，打更的梆子声由远而近地传来，心虚的强盗就催促假装在找东西的彦一赶快交出财物。可彦一却告诉强盗，如果着急的话就必须允许自己点亮灯盏来找。于是，就在打更的梆子声在房间的门外响起的时候，彦一点亮了灯盏，并把父亲藏在枕头下面的钱交给了强盗。可就在这个时候，门外的更夫却突然大声地发出了“抓强盗”的喊叫声，很快地，人们就冲进了房间，抓住了还来不及跑掉的强盗。

你能想到彦一是怎样为走在门外的更夫做出屋子里有强盗的暗示的吗?

033 农夫智斗检查员

有一天，一个城里来的检查员问农夫："你用什么东西喂猪？"

农夫不明白检查员这样问的意思，就回答说："用吃剩下的东西和不要的菜帮菜叶呀。"

于是检查员就以虐待动物的名义罚了农夫1000块钱。

不久，又有一个检查员来问农夫究竟用什么东西来喂猪。这一次，农夫吸取了教训，就回答说："我用粮食或是海鲜来喂猪。"

可这个检查员却以浪费粮食的名义又罚了农夫1000块钱。

又过了几个月，当第三个检查员又来问农夫相同的问题时，急中生智的农夫想到了一个巧妙的回答方法，当他说出了自己的答案以后，检查员再也找不到任何理由来对他罚款了。

那么，农夫究竟是怎样回答检查员问题的呢？

034 阿凡提妙计退强盗

有一次，聪明的阿凡提骑着小毛驴，手里拿着礼物去看一位住家在很远的朋友。当他走到一个偏僻的地方时，突然被两个身带弓箭的强盗拦住了。原来是他们看见阿凡提骑着毛驴，而且驴背上的皮包里又装得满满的，所以就打算抢劫阿凡提的驴子和礼物。

本来阿凡提对于这两个强盗也没有什么办法，可当他们为了分赃而争吵起来的时候，阿凡提突然想到了一个主意，于是就笑眯眯地对那两个强盗说："干脆我来想个办法，为你们分配驴子和礼物吧！"

愚蠢的强盗竟然答应听从阿凡提提出的建议，希望他能给出一个公正的分配方法。可结果呢？阿凡提却利用这个机会巧妙地得以脱身，而那两个强盗却什么也没得到。

你能猜出阿凡提给出的分配办法是怎样的吗？

035 国王的问题

从前，有兄弟二人合种一块麦田。等到麦子成熟的时候，贪心的哥哥竟把大部分收成据为己有。就在兄弟二人为这件事情争得面红耳赤的时候，

国王刚好从这里路过。于是，国王为兄弟二人出了三个问题，并宣布：如果谁能够把这三个问题回答得好，那么他就会把全部的麦子都裁决给谁。他的三个问题是：在这个世界上，什么最肥？什么最快？什么最可亲？国王让他们第二天把答案告诉自己。

第二天，再次见到国王时，做哥哥的给出的答案是：最肥的是自家养的猪，最快的是自家跑的马，而最可亲的则是自己的老婆。而做弟弟的给出的答案却让国王很满意，最终国王裁决把所有的麦子都给了他。

你知道做弟弟的是怎样回答这三个问题的吗？

036 宝剑引起的风波

魏晋南北朝时期，有一位名叫谢希逸的人曾在孝武帝时做过御史大夫，并获得了一柄由皇帝亲自赐给他的宝剑。因为谢希逸同当时的朝中大臣鲁爽的关系不错，所以就把孝武帝赐给自己的宝剑转送给了鲁爽。

可后来鲁爽却背叛了孝武帝。这可把谢希逸吓坏了，因为自己把皇上赐予的宝剑送给了他，这事情一旦被孝武帝知道，可是杀头的罪过呀。

可偏偏就有一天，孝武帝突然想起了宝剑的事儿，就问谢希逸那把宝剑现在在哪里。谢希逸不敢欺骗皇帝，所以只好坦白自己把宝剑送给了鲁爽。可他很快就想到了一个为自己开脱罪名的方法，不仅保住了自己的性命，还重新获得了孝武帝的信任。

请你猜猜谢希逸说的是怎样的一番话呢？

037 念祭文

宋朝真宗年间，郭皇后患病而终。而一直对大宋虎视眈眈的辽国在得知这一消息后，就想趁机发兵攻打大宋。但苦于师出无名，便专门派使者送来了一封哀悼郭皇后的祭文。按照当时的外交礼节，这篇祭文是要由宋国大臣当众在大殿上宣读的。而这个任务，自然就交给了一向以才思敏捷、学识渊博而著称的大臣杨亿。

可是，当杨亿在大殿上拆开祭文打算当众宣读时，才发现那上面竟然连一个字也没有。聪慧过人的杨亿立刻就明白了辽国此举的目的，这是在故意侮辱宋朝的君臣，并想借此挑起事端，为攻打大宋制造理由。想到这里，杨亿不慌不乱想出一个办法，既维护了国家的尊严，又避免了一场即将爆发的战争。

那么，杨亿究竟想到了一个什么样的办法呢？

038 工程师妙计运钢管

一次，一位工程师到国外去考察，回国时随身带了一根由特殊工艺制成的钢管，因为它正是国内的研究和试验所必需的东西。可直到工程师即将登上飞机的时候，才发觉该国航空公司规定随身携带的货物其长、宽、高都不准超过1米，而这根钢管直径虽然只有2厘米，但它的长度却有1.7米，是不允许被带到飞机上的物品。这可怎么办呢？工程师着急了。眼看着飞机就要起飞了，工程师突然想到了一条妙计，并很快顺利地把这根钢管带到飞机上，而且既没有损坏钢管，又没有违反航空公司的有关规定。

那么，这位工程师想到了一条什么样的妙计呢？

039 吃枣

从前，有个穷人家的孩子在城里的一家食品店里做学徒，好不容易熬过了三年的学徒期，他终于成了店里的一名正式杂工。这一天，店里来了一位要买红枣的老太太。这个孩子把红枣称好后，却趁着老太太不注意的时候，偷吃了一颗红枣。虽然老太太并没发觉，可老板却把这一切都看在了眼里。

于是，一向就对杂工很苛刻的老板立刻让他马上离开食品店，因为偷吃顾客食品的做法是绝对不被容许的。眼看着好不容易才盼来的工作就这么没了，这个孩子当然很不情愿，他急中生智想到了一个为自己辩解的主意，而当他说出自己之所以要偷吃那颗红枣的原因后，老板不但没有开除他，反而还一个劲地夸他聪明能干。

你知道这个孩子对老板说了些什么话吗？

040 用总统做广告的书商

在国外，有位书商的手中存有一批滞销书。有一次，他在电视里看到了一个节目，里面介绍本国的总统很爱读书。这个消息使书商立刻想到了

一个快速卖书的办法。他先是给总统送去了这批滞销书中的一本，然后又多次打电话给总统，询问他对这本书的看法。总统当然很不耐烦，便随便地说了一句“不错”。于是，书商就利用总统的这句话为自己的书做起了广告。结果书很快就销售一空。

接下来，书商又想用这个办法来推销他的另一批滞销书。可总统再也不肯轻易对书做出任何的评价了。然而聪明的书商还是很快卖光了自己的书。

你能想到这一次书商是如何利用总统来为自己的滞销书做广告的吗？

041 歌星的策略

一位国外的著名歌星在郊区给自己购买了一座非常豪华气派的庄园。可由于庄园的面积实在太大，所以总是有人趁管理员不备进入其中散步或是玩乐，弄得庄园里常常是一片肮脏混乱的样子。为此，管理员们想了很多办法，可就是无法阻止这些人。

于是，当这位歌星再次来到自己的庄园时，管理员只好把事情的实际情况原原本本地告诉了她。聪明的歌星只是思考片刻，就想到了一个应付的办法。管理员们照着她的主意去做，果然很快就再也没有人私自潜入到庄园里去胡作非为了。

你能想到歌星究竟是用了一个什么样的办法吗？

042 华佗巧计拜师

华佗是中国历史上极负盛名的名医，可他的童年却很不幸。在华佗 7 岁的时候，他的父亲死了，家中生活因此而变得非常贫困。无奈之下，小华佗只得找到了城里的蔡郎中，要求拜师学艺，以便将来可以谋生。

可蔡郎中却并不想收下华佗作为徒弟。于是就故意为难他，让他把自家院子里的那棵桑树上最高处的桑叶采集下来，否则，自己决不会收他为徒。

可让蔡郎中想不到的是，小华佗只是抬头看了看那棵桑树，然后竟站在树下毫不费力地把桑叶采集到了自己的手里。没办法，蔡郎中只好按照事先的约定收下了华佗这个徒弟。

请你想一想，小华佗是用什么样的办法采集到了高高在上的桑叶呢？

043 反应迅速的演员

曾经，某个村子搞了一次文娱演出，并由两个人来饰演剧中的一对邻居。

由于这两个演员之间最近刚刚闹了一点儿矛盾，所以第一个人就想趁着演出的时候让第二个人出丑。于是当他应该按照剧情将一份写有台词的纸交给第二个人来念的时候，就偷偷地将这张纸换成了一张白纸，并在演出时假模假样地交给了第二个人。这样一来，当第二个人发现了这件事情的时候就已经来不及了，因为台下不了解情况的观众还在等着他来念这张纸呢。这可怎么办呢？急中生智的他用最快的时间就想出了对策，不仅使自己摆脱了窘境，还惩罚了那个试图让自己出丑的人。

请你想一想，他到底用了什么办法呢？

044 随机应变的首相

第二次世界大战期间，当时的英国首相丘吉尔为了取得美国政府的支持和帮助，就亲赴美国去见总统罗斯福。于是，他被安排在白宫住宿。

而第二天早晨，因为有些急事必须立刻找到丘吉尔面谈，所以罗斯福就直接来到丘吉尔的住处。不想却在无意中看到了刚刚从浴室里走出的丘吉尔的裸体。

当时的罗斯福顿感无比唐突，竟站在那里不知道该说什么好。而非常善于随机应变的丘吉尔，却只用一句话就化解了这种尴尬的局面。

那么，你能想到丘吉尔是如何使自己和罗斯福都从这种尴尬的局面中摆脱出来的吗？

045 门的故事

从前，有位高官，他的妻子为他生了一个男孩儿。可算命的先生却说这孩子有克父之相，还说一旦这个男孩儿将来长得跟门一样高的时候，也就是他的父亲失去生命的日子。

算命先生的一席话当然使得做官的父亲很担心。于是，他把孩子送到了外地的一座寺庙里寄养，再也不打算与其相见了。

几年以后，孩子终于长大。他很想回到家里。可眼看着自己已经长得

快要和门一样高了，迷信的父亲又怎么会允许他再出现在家里呢？

一位长老想到了一个巧妙的方法，终于使一家人得以团聚。

那么，你能猜到长老想到的是一个怎样的方法吗？

046 反应迅速的经理

在国外的一家大型百货公司的门前，立着这样一块大牌子，上面写着："本店百货，一应俱全，如有缺货，愿罚 10 万。"有个法国人看到这则广告很不服气，就找到这家百货公司的经理，说自己想要买一艘潜水艇。于是这位经理把他领到了百货公司的地下第三层，那儿果真有一艘潜水艇。接着法国人又说他还想看看直升机，于是经理又把他领到了第二十一层楼，一架直升机真的就停在那里。

最后，法国人突然要求要看看肚脐生在脚下面的人，并且以为这样一定会难住这位经理。可谁知道经理只是对着身边的一位店员耳语了几句，于是一个肚脐生在脚下面的人便很快地出现在了法国人的面前。

请你猜猜这位经理对店员说了些什么呢？

047 孙元觉机智救祖父

古时候，有个孩子叫孙元觉，他不仅聪明伶俐，而且从小就知道尊敬长辈孝顺父母。可让孙元觉很失望的是，自己的父亲却对祖父极不孝顺。

一天，当孙元觉和父亲以及祖父一起路过深山里的一个悬崖时，父亲竟突然要把祖父装在随身携带的大筐里，然后再推下悬崖。孝顺的孙元觉跪着哭求父亲，可父亲却一定要这样做。

就在这危急的时刻，孙元觉突然停止了哭泣，接着又说了一句话。虽然只有短短一句，可他的父亲听了这话以后却突然取消了自己原来的打算。不仅如此，他还把孙元觉的祖父恭恭敬敬地背回家中，从此以后就变得很孝顺。

现在请你猜猜孙元觉到底说了一句什么话，才让他的父亲变得孝顺起来了呢？

048 不可信的广告

一个叫迈克的人，在一家报纸的广告里看到了一款很时尚的自行车的广告，而且每辆自行车的价格也只有 50 英镑，于是他就找到了那家商店，想要买下一辆自行车。

可当售货员推出一辆自行车给迈克看时，他却发现这辆自行车上少了车灯。售货员告诉他，车灯并不包含在这辆车的价格里，必须另付一些钱才可以。

汤姆认为这是一种欺骗行为，可这时的售货员只是简单地又说了一句话，便让迈克无话可说了。

你能猜到售货员对迈克说了一句什么样的话吗？

049 铜币和猴子

从前，有个生意人因为要去外地处理一些事情，所以就把自己的一口袋金币托付给一位朋友代为保管。几个星期后，当这个生意人回来后，朋友就把口袋还给了他，可当他回到家里打开口袋后，却发现金币都变成了铜币。

半年以后，那位朋友因为一些事情而要出门一天，就把自己 3 岁大的孩子托付给生意人照看。可朋友走后，生意人就买来了一只猴子，把小孩儿身上的衣服和饰物穿戴在猴子的身上。等到朋友晚上回来时，生意人一脸真诚地说："孩子已经变成了猴子。"

朋友当然不肯相信，于是大声地冲生意人喊道："人怎么能变成猴子？你快把我的孩子还给我！"

可这时的生意人却只说了一句话，就使得朋友乖乖地交还了那袋金币。

那么，他到底说了一句什么样的话呢？

050 智脱险境

一次，在驶往另一座城市去的客船上，有位十分富有的商人在一言不发地低头看书。就在他偶尔抬起头来的时候，却发现有个年轻貌美的女人正在看着自己。这个女人总是时不时地流露出对商人的好感，并终于将禁不住诱惑的商人骗进了自己的房间。谁知刚一进门，这个女人就露出了她

的本来面目，威胁商人如果不给她一笔数量可观的钱，那么就要大喊大叫，说商人竟敢对自己欲行不轨。

这时的商人才明白自己遇上了一个女诈骗犯，可既然自己在她的房间里，那么不管怎么解释这件事情，又有谁会相信呢？情急之下，商人突然想到了一个对策，并很快就摆脱了这个可恶的女诈骗犯。

请问，商人到底是如何使自己巧妙脱身的呢？

051 瘦子和胖子

在一辆飞速行驶的火车上，一胖一瘦两个旅客为了开不开车窗的事而吵了起来。周围的旅客被他们的争吵弄得心烦意乱，就更别提什么休息不休息的了。就在他们两个人越吵越凶的时候，列车长走了过来。在多次规劝无效后，这位列车长只是说了一句话，就让两个人都哑口无言、不再争吵了。

那么，你能猜到这位列车长对这两名旅客说了一句什么样的话吗？

052 爱因斯坦的旧大衣

世界著名物理学家爱因斯坦在成名之前一直过着清贫的生活。有一次，当一位反对他的理论的同行在街上遇到他的时候，爱因斯坦正穿着他的那件破旧的大衣。这个人嘲笑他为什么穿了这样的一件衣服。爱因斯坦满不在乎地回答说：“反正这里的人都不认识我。”

等到爱因斯坦因为他的相对论而享誉物理学界的时候，这个人又一次在街上遇到了他。而此时的爱因斯坦还是穿着那件破旧的大衣。于是这个人便又假惺惺地问爱因斯坦为何还穿得这么寒酸。聪明的爱因斯坦稍加思索，便用一句话再次驳倒了那个人。

那么，爱因斯坦到底是如何对自己的旧大衣做出解释的呢？

053 谁是傻瓜

林肯因为著名的解放黑奴运动而成为美国历史上最受人尊敬的一位总统。可在当时的社会背景下，那些传统意识浓重的白人，根本无法接受林肯的新政策和新主张。所以，他们总是在各种时间、各种场合来刁难和羞辱林肯。

有一次，正当林肯在一所大学里为自己的解放黑奴主张作演讲的时候，忽然接到了一封由下面的人递上来的匿名信，信里只写了“傻瓜”两个字。显然，这又是那些反对解放黑奴主张的人对自己所作的一次恶毒攻击。就在大家都以为林肯会勃然大怒的时候，林肯却用自己突然想到的另外一种方式很冷静地处理了这件事情，既无情地回击了试图侮辱自己的人，又很好地保持了总统的形象和风度。

那么，你是否能够猜出林肯到底是以何种方式来面对和处理这件事情的呢?

054 铁桶江山

有一年，乾隆皇帝为了庆贺即将到来的生日，就发给每个大臣千两黄金，让他们为自己准备寿礼。为了讨皇帝欢心，大臣们各自都搜集了大量的奇珍异宝。

而刚正的老臣刘统勋却没有这样做。虽然他也领到了黄金，可他却把这些黄金发放给了那些镇守边疆的官兵，并告诉他们说这是皇上犒赏的。然后，他又在一个铁桶里装满了很多的姜，把它作为礼物献给了乾隆皇帝。

到了乾隆生日的那天，当刘统勋把自己这份寿礼中的含义说出来以后，乾隆不仅没有生气，还连声说这是自己今年收到的最好的礼物。

那么，你能想到这份礼物中究竟有着怎样的含义吗?

055 李世民机智救父

唐太宗李世民早在十几岁时，就凭着聪明才智从隋炀帝的手里救过父亲的命。

原来隋炀帝的手下有个得宠的奸臣与李渊不和，于是，就在隋炀帝要兴建宫殿的时候建议应该责成李渊在百日之内修建一座颇具规模的宫殿。

为了能在100天的时间里修好一座宫殿，李渊父子花费了很多心血。可等到宫殿建成后，那个奸臣却说李渊根本不可能在如此短暂的时间内建成这么一座宫殿，一定是他早就在暗中偷偷建好了，所以李渊必有谋反篡

位的野心。

关键时刻，正是李世民用几个从宫殿的连接处拔下的钉子证明了父亲的忠心，救下了父亲的生命。

那么李世民到底用的是怎样的办法呢?

056 庞振坤智惩店老板

庞振坤是历史上很有名气的一位智者。

有一年，他和几个朋友一起进京去赶考，途中暂住在一家饭店里。当时饭店的大门上写着“明天吃饭不要钱”几个大字。朋友都觉得很有意思，就故意在第二天吃饭的时候点了很多的菜。可等吃完了饭，店老板还是要收饭钱。当有人就门上的那些字问这位店老板时，他竟狡辩说：“我说的只是明天，却没说是从哪一天算起的明天啊！”

聪明的庞振坤觉得店老板的这种做法应该受到惩罚。所以等到下次吃饭的时候，当店老板来结账时，庞振坤却对他说：“明天再给。”连续几天他都这样说。店老板终于沉不住气了。这时，庞振坤只说了一句话，就让店老板无言以对了。

请问，庞振坤究竟对店老板说了什么呢?

057 投河不死的纪晓岚

身为皇帝的乾隆总是喜欢给翰林学士纪晓岚出各种各样的难题，而才华横溢、足智多谋的纪晓岚却总是能够把这些难题一一化解。

有一次，乾隆和纪晓岚走过宫廷里的湖边，乾隆突然说：“纪爱卿，既然你总是以忠心耿耿而自居，那么我让你现在就去死！如果你不肯的话，就是不忠，那么不忠的臣子也就应该处死才对。”

纪晓岚也明白乾隆在刁难自己，可事已至此，他只好假意领旨，只见他快速地向湖边跑去，可只是一会的工夫就又跑了回来。接着纪晓岚对乾隆说出了自己不能投河而死的理由，让乾隆既觉得好笑，又不得不佩服纪晓岚确实是个智谋过人的好臣子。

可纪晓岚是怎样解释自己投河不死的原因的呢?

058 李光弼智收战马

唐朝末年爆发了历史上著名的“安史之乱”，多亏了一些智勇双全的文武百官，才使得天下重新恢复了太平景象。在这些官员中，李光弼就因为对抗最大的叛将之一史思明而为后人所景仰。

当时，在双方即将展开大战之前，狡猾的史思明先是采取了攻心战术，试图摧垮唐朝军队的信心。为此，他每天都派人在河的对岸放养数千匹高大的战马，故意要让唐兵看到自己军队的雄厚实力。对此，李光弼当然也很着急，可他突然想到了一个破解敌军这一战术的方法。于是，他立刻吩咐手下将士四处搜集那些刚刚产过马驹的母马，而且是越多越好。等到数百匹母马被搜集而来后，李光弼很快就用它们破解了叛军史思明的战术。不仅如此，还用敌军的那些战马增强了自己军队的实力。

你可知道李光弼是如何做到这一点的吗?

059 方腊巧计退宋军

方腊是宋朝年间最为著名的农民起义军领袖。朝廷对他自然是恨之入骨，于是就调集了大量的军队将方腊起义军困在了离睦州 70 余里的铜官镇。当时的宋朝军队有数万人之多，而方腊的起义军只有几千人。危急时刻，方腊终于想到了一个方法。

于是，当第二天早晨，宋军主将登高察看起义军具体情况的时候，竟然发现漫山遍野都插着起义军的旗帜，而且很多的人马不停地在军营里进行军事演练，看上去有几万人之多。见此情景，宋兵主将急忙下令撤军到几十里地以外的地方再做打算。而方腊率领的起义军，正是利用了这个难得的机会快速撤离了铜官镇，从而摆脱了被宋军包围的危险境地。

那么，请你猜一猜，方腊究竟用了什么样的办法，才在一夜之间借来了那几万人呢?

060 智退假珍珠

从前，一家当铺里有个聪明的小伙计，总是能为老板解决一些问题。

一次，老板因为一时疏忽，竟用 200 两纹银收购了一颗假珍珠。虽然

当票上规定一个月后那个人就会拿240两纹银来赎这颗珍珠，可既然是假货，人家又怎么可能再回来赎它呢？

就在这时，小伙计却想到了一个可以拿回当银的办法。他跟老板要了20两的银子在当地最大的饭馆里订了几桌酒席，宴请城里所有的同行。并当着所有人的面把那颗假货砸了个粉碎。

几天后，小伙计的办法就成功了。那个当了这颗假珍珠的人果然自投罗网，送回了骗走的钱。

那么，小伙计的办法是如何成功的呢？

061 智取皮包

几年前，有个黑龙江来的旅客因为要赶乘从南京去上海的火车，在匆忙之中将自己放有5000元现金的皮包落在了南京的一家旅社里。等到他坐上火车后才发觉了这件事情，就立刻向列车长申请援助，请他务必想办法帮忙找到自己的皮包。

可此时火车已经开动了很久，又怎样去找落在始发地的东西呢？急中生智的列车长突然想到了一个办法，并且在火车仍旧正常行驶的情况下帮助这位旅客找回了他装着5000元现金的皮包。

那么，列车长到底想了一个什么样的办法，帮助旅客找到了他遗失的皮包呢？

062 聪明的小丞相甘罗

12岁就当上了丞相的甘罗，是战国时期秦国最有名的人物。在他还是一个5岁的孩子时，曾随秦王去看秦国军队的演练。当秦王看到操场上密密麻麻的士兵，以及他们身后摆放着的无数的兵器后，就对文官武将说，如果谁能够在自己击掌十次的时间里查出到底是士兵多、还是武器多，那么他将重重地奖赏这个人。

所有的大臣都认为这是不可能的事情，而甘罗听到这件事后，很快就想到了一个办法。于是，他对秦王说根本就不用击掌十次，只需要三次的时间就足够了。秦王当然不信，可事实证明，甘罗并没有吹牛，他真的只在秦王击掌三次后就给出了自己的正确答案。

那么，甘罗到底是怎样做的呢？

063 吕叔湘巧回读者来信

一次，著名的语言学家吕叔湘先生打算将一封回信寄给某位在来信中向自己询问了一些有关语言方面问题的读者。可就在信的内容已经写好、即将装入信封寄出的时候，他却被如何填写收信人的地址这个问题给难住了。原来这位读者在来信时就把自己的地址写得乱七八糟，而且字迹也潦草得根本无法辨认。可既然事已至此，又该怎么办呢？情急之下的吕叔湘先生总算想出了一个办法，并顺利地把信寄了出去。

那么请问，吕叔湘先生究竟是如何填写收信人的地址的呢？

064 巧分袜子

有两个人在批发市场上凑钱买了一箱袜子，其中黑色和白色的袜子各50双。可等到人们把装有袜子的箱子抬回家中后，天已经完全地暗了下来。而这个时候又恰巧赶上家里停电，所以两个人只好在一片黑暗之中考虑着如何将这些袜子各自平分。因为黑、白两种袜子的质地没有任何区别，这就给袜子的分配工作增加了难度。到底怎样做才能使每个人分到的袜子都是黑、白两种各25双呢？这时，他们中的一个人突然对另一个人说自己已经想到分袜子的方法，并且很快地照原来的要求分好了这些袜子。等到重又来电时，他们看到袜子的分配果然没有一点儿的差错。

你能想到这个分袜子的方法是怎样的吗？

065 死里逃生的农夫

某个国王，曾经利用抽签的形式对死囚做出最后的判决，如果死囚抽到了写有“死”字的签，那么他就只能被处死，如果死囚抽到了写有“生”字的签，那么他就可以得到赦免。

一次，有个农夫在仇人的陷害下被官府判了死罪。仇人为了不让他得到赦免，就偷偷地把那个写着“生”字的签也换成了写有“死”的签。这样，当他最后抽签的时候，就无论怎样都难逃死罪了。可仇人的这种

做法却被一位狱卒发现了，于是他就趁别人不注意的时候把这件事情告诉给了农夫。

农夫虽然也很愤怒，但一切为时已晚。就在这十万火急的时候，农夫却猛地想起了一个办法。于是，当最后抽签开始的时候，农夫竟然用这个办法拯救了自己。

那么，农夫到底是如何使自己起死回生的呢？

066 商人和他的帽子试题

商人需要一个助手，就为前来面试的两个年轻人出了一道试题。他先把他们领进了一个黑暗得看不见任何东西的小屋里，接着又说现在在屋子中央的桌子上共有 5 顶帽子，其中两顶是红色的，3 顶是黑色的。而他要求两个年轻人和他一起随便摸起一顶帽子戴在头上。这样，当他把灯打开时，两个年轻人谁能以最快的速度根据其他两个人所戴帽子的颜色准确地说出戴在自己头上的帽子是什么颜色的，那么谁将赢得这次考核的胜利。

于是，当商人把屋子里的灯打开时，那两个年轻人首先看到的是商人头上戴着的红色帽子。紧接着，其中的一个年轻人很快就正确地说出了自己头上戴的帽子的颜色。他因此成了商人的助手。

那么，这个年轻人到底是如何成功的呢？

067 参谋长的妙计

战场上，双方激战正酣。其中的一方为了能够尽快地取得最后的胜利，就派出了威力强大的炮兵来协助作战。可当炮车队要通过一座桥梁时，却发现桥头立着的一块石碑上醒目地写着这座桥的最大载重量是 25 吨，可每辆炮车的重量都是 10 吨，再加上 20 吨重的大炮，其重量明显超过了桥的载重量。到底应该怎么办呢？就在所有人都一筹莫展的时候，参谋长却突然想到了一个可行性方案。按照他的这个想法，炮车队竟然很快就开过了这座桥，并协助自己的军队取得了最后的胜利。

请问，参谋长是如何使炮车和大炮顺利地通过桥梁的呢？

068 放牛娃拦路考秀才

很久以前，在每年一度的秋考之际，从朝廷派遣而来的主考官员亲自到州府里做秀才的主考官。当主考官的轿子路经一个村庄的时候，却被一个自称要考秀才的穷困放牛娃拦住了去路。

好奇的主考官也很想试试这个放牛娃的能力，于是就故意吩咐手下给了放牛娃一张很小的纸和一枝笔，让他在这张纸上写下一万个字，如果能够写出来，就可以点他为秀才，可要是写不出来，那就只能被一顿棍棒赶走了。

放牛娃只是稍稍犹豫了一下，就提笔在纸上写了起来，而且片刻的工夫就交了自己的“试卷”。主考官为他的聪明才智所叹服，自然也就只好点他为秀才了。

那么，放牛娃究竟是怎样把一万个字写在那张很小的纸上的呢?

069 解人之困的小姑娘

从前，有一位老人家，很爱给别人出各种各样的难题。一次，他的三个儿媳妇都要回娘家去住上一段时间，而老人家在答应她们请求的同时，也要求她们在回来的时候为自己带回三件礼物：大儿媳妇要带回的是“骨头肉包”，二媳妇要带回的是“纸包火”，而三媳妇带回的则是“河里的柳叶沤不烂”。

这可难住了三个儿媳妇。

就在她们为此而发愁时，一个小姑娘却很轻易地帮她们找到了问题的答案。

于是，等三个儿媳妇回来的时候，都带回了老人家所要的东西，而且完全符合他的要求。

那么，小姑娘的答案又都是什么呢?

070 珍珠的故事

有三个人共同得到了一颗价值连城的大珍珠。他们决定共同保管，谁都不许单独地拿走它。

后来，三个人来到了一家旅店投宿。他们把装有珍珠的皮包交给了店主，

还嘱咐说只有三个人同时来取它的时候，店主才能够交回皮包。

等吃过晚饭以后，三个人中的一个来到柜台前，要店主把他们的那个皮包交给自己，还说这是他们三个人的共同决定，店主听他这样说，就把皮包交给了他。

等两个同伴发现这个人已经拿着珍珠跑掉以后，就找到店主要求赔偿。急中生智的店主只好对那两个人说了一句话，使他们最终毫无办法地走开了。

那么，店主究竟说了一句什么样的话呢？

071 巧答怪题

从前，有个国王十分喜欢给自己的大臣出各种各样的难题，而且也视难倒所有人为最大的快乐。一次，他又向大臣们问了这样的一道题：如果一间屋子里总共有 10 个健康正常的人，那么把一根点亮的蜡烛放在什么地方，才能让屋子里的 9 个人都看得见，而 1 个人却看不见呢？国王的这个问题又一次难倒了所有的大臣，眼看着大家又要受到国王的嘲笑，一个小太监却突然想到了问题的答案，就偷偷地告诉给了一位老臣。接着，老臣就把这个答案说给了国王，而蒙在鼓里的国王还高兴地奖赏了这位老臣呢。

那么，你能猜到这个问题的答案吗？

072 巧计救父的小女儿

从前，有个性情残暴的国王，总是喜欢用一些无法做到的难题来为难自己手下的大臣。有一次，他把一位老臣召进宫里，让他第二天把 2000 只羊牵到市场上去卖，不仅要拿回卖羊的钱，而且还必须把全部的羊都带回来，否则就要杀掉他。

可既然要把卖掉羊的钱拿回来，又怎么能够再把一只不少的羊全带回呢？这位老臣回到家后，就把国王的这个难题说给了小女儿。可他的小女儿却很快就想到了解决问题的办法。第二天，这位老臣照着女儿的办法到市场上去卖羊，不仅把卖羊的钱交给了国王，而且还带回了所有的羊，这样也就保住了自己的性命。

那么请问，老臣的小女儿究竟想到了什么样的办法，解救了自己的父亲呢？

073 勇敢而机智的新娘子

有一天深夜，一位刚刚结婚才几天的新娘子从厂里下晚班回家，整个家属楼一片寂静。于是她也轻声地走进了自己的家，并且看到丈夫早已睡得很熟了。就在她对着穿衣镜卸妆的时候，却突然发现床底下有四只脚露了出来。机警的新娘子立刻意识到这是两个潜入自己家里的盗贼。可此时屋子里只有自己和丈夫两个人，而且丈夫又在熟睡。到底怎样才能抓住这两个盗贼呢？十分紧张的新娘子突然灵机一动，想到了一个很好的主意，并最终在邻居们的帮助下抓住了那两个盗贼。

现在就请你来猜一猜，这位新娘子到底是怎样用自己的主意抓住盗贼的呢？

074 韩信以画儿求兵

秦朝末年，群雄逐鹿。后来建立了汉朝的刘邦，便是其中最为著名的一个。当时，刘邦的大臣萧何向他推荐了智勇双全的韩信。刘邦见韩信很年轻，就总想找个机会试试他的才能。一次，刘邦将韩信叫到自己的身边，然后交给他一块5寸见方的布帛，要求韩信必须在一天的时间内尽可能多地在这块布帛上画出士兵来，而他所能够画的士兵的数量就是自己将会交给他的士兵的数量。

第二天，当韩信将布帛交给刘邦的时候，刘邦只是看了一眼，就很高兴地称赞韩信确实是个难得的将才，并且让他做了自己军队的元帅。

请你猜一猜，韩信到底在布帛上画了多少士兵，才使得刘邦高兴地封他做元帅呢？

075 巧改电文

就在解放战争即将结束的1949年，蒋介石秘密命令大特务沈醉在昆明逮捕了近百位爱国民主人士，而且打算将他们全部处死。云南省主席卢汉得知此事后，立刻致电蒋介石为他们说情。可主意已定的蒋介石却只在回电中写了八个字：情有可原，罪无可恕。

这可急坏了卢汉，无奈的他只好求助于一向善于谋略的李根源先生。

李根源在反复地看了蒋介石的回电后，很快就找到了一个既很简单、又可以让那些爱国民主人士免于受到迫害的方法。

你能想到那到底是一个什么样的办法吗？

076 给傻子让路

伟大的德国诗人歌德，有个很好的习惯，那就是每天都要到郊外去散步。

有一天，他又像往常一样，到一条小河边去散步。可当他走上横跨小河的独木桥时，却从对面走来了一个年轻人。因为这个年轻人很没有礼貌，又把衣着随便的歌德当成了一个最普通不过的人，就示意歌德给他让路，嘴里还说着什么“我从来不给傻子让路”一类的很粗的话。

对此，歌德当然也很气愤，可他很快就想到了回击这个年轻人的方法。于是先是让开了路，接着又对年轻人说了一句话，立刻就把对方弄得无话可说了。

你能想到歌德对那个年轻人说了什么吗？

077 巧计自救的流浪汉

在沙俄统治时期，任何人都不能在公开场合表达对沙皇不满，否则就会受到严厉的惩罚。

一天早晨，一个无家可归的流浪者却因为自己不小心而掉进了湍急的河水里，因为他不会游泳，所以只好向刚好路过这里的两个警察大声地呼救。然而，不负责任的警察见是个流浪汉落入水中，就根本没把这件事放在心上。眼看着他们就要转身离去，急中生智的流浪汉只有用尽全力地反复喊着同一句话。虽然他的声音已经越来越小，可两个警察却急忙跑了过来，并最终从河里救起了他。

那么，流浪汉到底喊了一句什么样的话，才让原本并不理睬他的警察立刻就来救他呢？

078 巧摘帽子

在很久以前的国外，曾经有过一段时间，女人们在外出的时候都习惯戴上一顶很高的帽子，而且这种行为渐渐地成为了当时的一种时尚。即使是在电影院里，那些年轻的小姐和太太们也不肯摘下她们的帽子。这显然就给坐在后面的观众带来了极大的不便。就是因为这个原因，电影院里的观众变得越来越少，甚至有一些电影院已经面临倒闭的危机了。

有家电影院也面临着同样的问题。眼看着自己的生意就要破产，忧心忡忡的经理终于决定用最后一个办法来试试看。

令人惊讶的是，自从经理用了这个办法以后，电影院里就再也没有女人戴着高高的帽子看电影了。于是，电影院的生意又慢慢地好了起来。

那么，经理所用的这个办法究竟是怎样的呢?

079 达尔文巧答问题

英国科学家达尔文经过多年的潜心研究，奠定和创立了生物进化论的基础。可在当时他的理论是不被接受的，常常有人在各种时间、各种场合刁难他。

一次，达尔文参加了一个宴会，并和一位长相甜美的妙龄小姐交谈起来。可这位小姐却突然问他："达尔文先生，既然你的理论说人是由猴子变来的，那么我也是这样吗？"

这个问题让达尔文感到很为难。因为这位小姐在宴会上是众人关注的重点，如果达尔文坚持她也是由猿进化而来的，那么势必就会激起所有人的不满；如果自己说不是呢？那又违背了自己的理论。在这种情况下，达尔文突然想到了一个两全其美的答案，既使这位小姐很满意，又捍卫了自己的学术尊严。

那么，你猜达尔文是怎么回答小姐的问题的呢?

080 巧找借口

从前，有个刚刚入伍的新兵总是分不清左右。这样一来，每当带队的班长领着他们操练的时候，他就总是因为这个原因而受到批评。

一次，上级首长前来视察新兵的操练情况。尽管班长反复叮嘱了他，可到了真正为首长做汇报表演的时候，他却再次出现了失误。当班长喊出"向右看"的口令时，只有他一个人把头扭向了左边。于是，首长也注意到了

这个“与众不同”的小伙子，就把他叫到自己的跟前，问他为什么会错误地执行了口令。可灵机一动的他，竟然脱口而出地说出了一个理由。等他说完以后，首长不仅没有批评他，反而夸他是一个反应很机敏的好士兵呢？

那么，你能猜出这个新兵是如何回答问题的吗？

081 冒充爱因斯坦去讲学的司机

爱因斯坦是全世界最为著名的物理学家之一，每天都会有人请他前去讲课。有一次，在爱因斯坦赶往一所高校前去讲课的路上，当他的司机夸口说自己也能像他一样为学生们讲课时，爱因斯坦就一本正经地提出两个人可以互换一下位置，反正那所学校里也没有人认识自己。

于是，当司机真的站在了讲台上的时候，竟然同样讲得头头是道。可就在司机结束了正常讲学，打算离去的时候，突然这所学校里的一位教授向他提出了一个爱因斯坦从未讲过的问题。这可把台下的爱因斯坦急坏了，因为自己的司机肯定无法回答这个问题，而如果学校知道了事情的真相，那么就显得自己太没礼貌了。可谁知台上的司机却在稍稍想了一会儿以后，就灵机一动解决了这个可能会很尴尬的问题。

那么，你能猜到司机是如何摆脱窘境的吗？

082 幽默而又机智的大仲马

有天晚上，法国著名文学家大仲马同另一位作家一起到剧院去观看由这位朋友所创作的悲剧。在这个过程中，大仲马看到观众席上有很多人都昏昏欲睡，就半开玩笑地对他的朋友说：“难道这就是你所创作的悲剧能够带给观众的唯一的感动方式吗？”

第二天剧院里上演由大仲马创作的《基督山恩仇记》时，他们又一起前往观看。当朋友也在剧院里发现了一个正在呼呼大睡的观众的时候，就立刻指着那个人问大仲马说：“看来你的剧作也很有威力嘛，要不人家怎么能够睡得这么香甜呢？”大仲马知道这是他在报复自己昨天对他开的那个玩笑，就很快想到了一个回答问题的办法。听了大仲马的回答后，他的那位朋友就立刻哑口无言了。

那么，大仲马又是如何回答他朋友的问题的呢？

083 找戒指

某天晚上，老张从外面喝了酒回来，想到厨房倒杯水来喝，却不巧把戒指掉到地板上。倒霉的是，当天厨房的灯不亮，家中又没有手电筒，你能替老张想个好方法，让他早点找到戒指吗？

084 神秘的约定

在 A 车站负责剪票的大东想在下班后和在 B 车站剪票的小军一起去喝个小酒，因此他问了小军，小军也回答了。可是，在这期间，两个人始终和平常一样继续在做事，既没有打电话，也没有托人转告。他们是怎么做到的？

085 珍贵的壶

有一个老头子在古董店里发现了一只非常珍贵的壶，他向店老板询问价钱，不料老板却说那是非卖品，估不出价钱。很想知道价钱的老头子想到了一着妙招，于是立刻采取行动。他使用了什么方法呢？

086 水果的分法

小奇和小希两兄弟从学校放学回来都会吃零食。今天，妈妈准备了一根香蕉（果肉 150 克）、一个苹果（280 克）和 8 颗草莓，想要平分给两兄弟，不料兄弟俩却带了一名同学回家，于是变成三个人平分。能不能把水果等分成三份，让每个人分到的分量和形状都相同，而不至于发生争吵呢？

087 响铃

有一个人的闹钟是便宜货，只能设定从凌晨 0 时开始的每个整点才会响铃。但是，据这个人表示，他能够使闹钟在三分或十七分之类的中途时刻响铃，所以并没有什么不便之处。究竟他是用什么方法使闹钟在他想要的时刻响铃呢？

088 告示牌的秘密

火车站附近有一家医院的停车场放满了脚踏车，影响汽车出入。后来医院院长在停车场立了一块告示牌之后，没多久那些脚踏车全都不见了。院长究竟立了什么告示牌呢？

089 怪盗用了什么方法

有个大富翁在藏了很多宝石的金库入口，安装一扇用十公斤炸药也炸不坏的门。但是，有一天大富翁不在家，一个怪盗却只用一公斤炸药，就成功进入上了锁的金库。这个怪盗到底用什么方法办到的呢？

090 找磅秤

这儿有五个相同的磅秤，其中只有一个指针部分是纯金打造。如何不用其他秤，而用最简单的方法找出这个指针由纯金制的磅秤呢？

五个磅秤除了一个有纯金之外，其他部分的材质全都相同，也不可拆开研究。

091 够点心

读幼儿园的小丹非常喜欢吃点心。有一天，他发现高高的柜子上有点心。他想办法要吃到那些点心，可是没有椅子也没有长棍子可以够到那些东西。不过，费了九牛二虎之力，最后他硬是拿到了那些点心。他是怎么办到的呢？

092 保卫装置

有一个国家的治安很差，白天走在马路上，也会有人持枪要你举起双手把你洗劫一空。居民不得已只好采取各种方式来保护自己。有一个人被抢过好多次，最后他灵机一动，发明了一种可以击退抢匪的有效装置。这个装置从外表上看不出来，但是在适当时机就可以发挥功效。这究竟是什么装置呢？

093 辨别双胞胎

有一对双胞胎兄弟都成家了。他们无论在发型、穿着或动作上都十分相似。在外面相遇时，就连自己的太太都经常认错人。最后，双方做了一项很简单的决定，从此再也不会弄错了。

他们究竟做了什么决定呢？

094 酒吧的烦恼

吴先生经营的小酒吧只能容纳十位客人，但是有二百多位客人在店里寄放威士忌。吴先生的店里面这么小，他是如何处理这些酒瓶的呢？

095 分辨盐和糖

桌上有一堆盐和一堆砂糖。分不清哪堆是盐？哪堆是砂糖？如果规定不能用舌头舔，也不能使用工具，您有办法分辨出来吗？

096 餐厅的促销价值

有一家餐厅的生意越来越不景气。店长打算调高大部分菜价，但是精明干练的副店长反而建议将某些菜价打对折。按照副店长的建议试行一段时间后，客人人数渐渐增加，营业额也大幅提升。副店长究竟是建议将哪些菜价格打对折呢？

第 2 篇

玩数理逻辑游戏，舞一曲数学华尔兹

数理逻辑又称符号逻辑、理论逻辑，是用数学方法去研究逻辑。数理逻辑就是精确化、数学化的形式逻辑。它是现代计算机技术的基础。新的时代将是数学大发展的时代，而数理逻辑在其中将会起到很关键的作用。

097 长长楼梯台阶数

一条长长的楼梯，若每次跨2阶，最后剩1阶；每次跨3阶，最后剩2阶；每次跨4阶，最后剩3阶；每次跨5阶，最后剩4阶；每次跨6次，最后剩5阶；每次跨7阶，恰好到梯顶。问这条楼梯最少是多少阶？

098 最大数

如果让你用2、3、4来组成数字，你能组出的最大数字是多少？

099 简单的抽屉原理

抽屉原理是对事物的一种抽象数论，它是由德国数学家狄利克雷首先明确提出来的，因此也称狄利克雷原理。它是组合数学中一个重要的原理。它一般可以这样理解，如果每个抽屉代表一个集合，抽屉中的每一个个体就可以代表一个元素，假如有n + 1或多于n + 1个元素放到n个集合中去，其中必定至少有一个集合里至少有两个元素。现在，我们变换主角，拿一副扑克牌（去掉两张王牌），每人随意摸两张牌，至少有多少人才能保证他们当中一定有两人所摸两张牌的花色情况是相同的？很明显，这用的也是抽屉原理。

100 不见的差额

3个朋友住进了一家宾馆。结账时，账单总计3000美元。3个朋友每人分摊1000美元，并把这3000美元如数交给了服务员，委托他到总台交账。但在交账时，正逢宾馆实施价格优惠，总台退还给服务员500美元，实收2500美元，服务员从这500美元退款中扣下了200美元，只退还客人300美元。3个客人平分了这300美元，每人取回了100美元。这样，3个客人每人实际支付900美元，共支付2700美元，加上服务员扣的200美元，共计2900美元，那么100美元的差额到哪里去了？

101 相乘的结果

当塞・科恩克利伯核对自己的补给品时，他在面布袋上发现了一些有

趣的东西。面布袋每 3 个放在一层，共有 9 个布袋，上面分别标有从 1 ～ 9 这几个数字。在第一层和第三层，都是一个布袋与另外两个布袋分开放；而中间那层的 3 个布袋则被放在一起。如果他将第一层单个布袋的数字 7 乘以与之相邻的两个布袋的数 28，得到 196，也就是中间 3 个布袋上的数字：然而，如果他将第三层单个布袋的数字 5 与之相邻的两个布袋的数 34 相乘。则得到 170。

于是，当塞想出来一道题：你能否尽可能少地移动布袋，使得上、下两层上的每一对布袋上的数字与各自单个布袋上的数字相乘的结果都等于中间 3 个布袋上的数字呢？

102 打赌

两人打赌，其中一个对另一个说：“我向空中扔 3 枚硬币。如果它们落地后全是正面朝上，我就给你 10 元。如果它们全是反面朝上我也给你 10 元。但是如果它们落地时是其他情况，你得给我 5 元。”

你认为接受这样的打赌是明智的吗？

103 合乎规律

你能从下边 A、B、C、D4 个数字中选取一个放入左边问号处，使左边的数字和字母的列合乎某种规律吗？

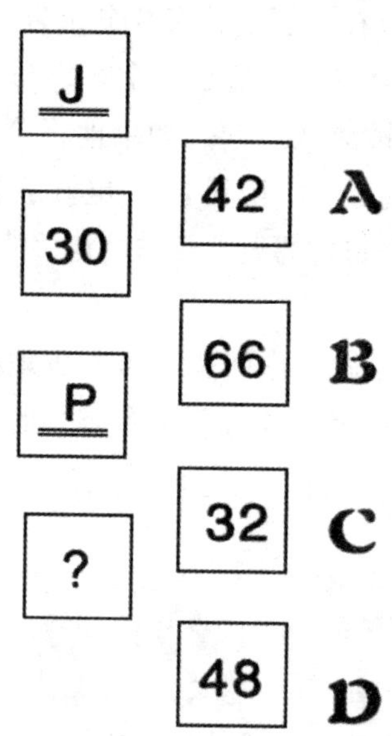

104 奇偶数字算式题

下面竖式中每个“奇”字代表1、3、5、7、9中的一个，每个“偶”字代表0、2、4、6、8中的一个，求：当他们表示几时，竖式成立。

（1）

		偶	偶
×		偶	偶
	偶	偶	偶
	奇	偶	
奇	偶	偶	偶

（2）

		偶	偶	奇
×			奇	奇
	偶	奇	偶	奇
	偶	奇	奇	
奇	奇	奇	奇	奇

105 巧锯木料

有一个木匠用锯子把一个边长3分米的立方体锯成27个1立方分米的小立方体（如下图所示）。显然，他只要锯6次，就可以很容易做到这一点。有一天，他突发奇想：能否把锯下的木头巧妙地叠放在一起锯，而减少锯的次数呢？木匠的奇思妙想能实现吗？

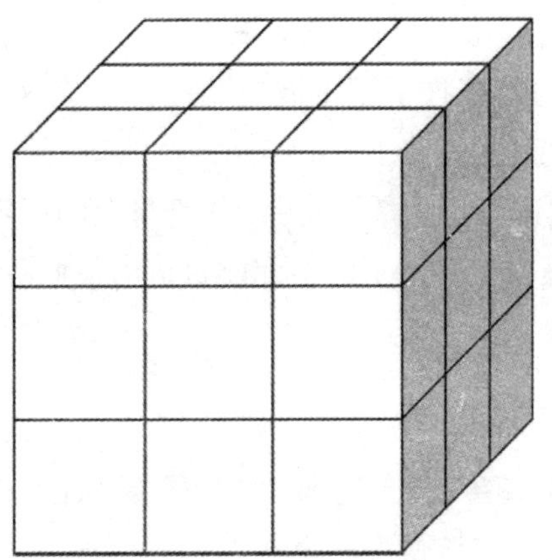

106 电视机的价格

麦克因工作繁忙，决定临时请尼克来协助他工作。规定以一年为期限，一年的报酬为 600 美元与一台电视机。可是尼克做了 7 个月后，因急事必须离开麦克，并要求麦克付给他应得的钱和电视机。由于电视机不能拆散付给他，结果尼克得到了 150 美元和一台电视机。

现在请你想一想：这台电视机值多少钱？

107 日食时间

四个人在谈论昨天的日食时间，一个说：“我看到日食时是 12 点零 8 分。”“不，是 11 点 40 分。”‘我记得是 12 点 15 分。”“我的表是 11 点 53 分。”四个人说的时间都不一样，因为他们的手表都不准。其中有两只表比准确时间慢，一只慢表与一只快表到准确时间的差为 9 分钟，而另两只一只比另一只慢 35 分钟，那么，你知道日食发生的准确时间吗？

108 赌注

林肯和罗杰身上带着同样多的钱，打算在赛马中采用罗斯林勋爵赌博法，即把赌注压在最劣的马身上，而且押下的赌金等于赌博公司开出的这匹马对 1 美元的赔率。

林肯把赌注压在劣马D身上，赌它赢得第一，而罗杰则认为它可得第二，于是他们根据不同的赔率押下了不同的赌注，尽管这两笔赌注相加起来花去了他们所带赌金之和的一半。

结果，他们居然都赢了。赢了钱后，林肯身上的钱现在是罗杰的2倍了。

注意赌注必须是以整美元下的，你能否猜出他们各赢了多少钱?

109 竞争奖项

在一次评奖会上，A、B、C、D、E、F、G、H八个人竞争一项金奖。由一个专家小组投票，票数最多的将获胜。

如果A的票数多于B，并且C的票数多于D，那么E将获得金奖；

如果B的票数多于A，或者F的票数多于G，那么H将获得金奖；

如果D的票数多于C，那么F将获得金奖。

如果上述断定都是真的，并且事实上C的票数多于D，并且E并没有获得金奖，以下哪项一定是真的?

A. H获金奖　　B. F的票数多于G

C. A的票数不比B多　　D. B的票数不比F多

110 价值顺序

有A、B、C、D、E五枚邮票，其价值大小不同。已知：

（1）A是B的两倍价值。

（2）B是C的四倍半价值。

（3）C是D的一半价值。

（4）D是E的一半价值。

问：这五枚邮票的价值顺序由大到小是怎样排列的？为什么?

111 淘气的蜜蜂

有两个自行车运动员同一时间从甲乙两地出发相对骑行。

当他们相距300千米的时候，有一只淘气的蜜蜂，在两个运动员之间不停地飞来飞去。一直到他们两个相遇了，它才安心地在一个运动员的鼻

子上停下来。

蜜蜂是以每小时 100 千米的速度在两个运动员之间飞了 3 个小时，在这段时间里两个自行车运动员的行驶速度都是每小时 50 千米。

蜜蜂一共飞了多少千米?

112 阿基米德分牛

1773 年，有人发现了一册宝贵的古希腊文献的手抄本，上面记载了所谓“阿基米德分牛问题”：阿基米德把这一问题送给古希腊亚力山大城的天文学家厄拉多塞尼，向这位亚力山大的名人挑战。他问道：西西里岛的草地上，太阳神的牛群中有公牛也有母牛，公牛母牛都是白、黑、花、棕四种毛色；白色公牛多于棕色公牛，多出的头数是黑色公牛的（1/2+1/3）；黑色公牛多于棕色公牛，多出的头数是花公牛的（1/4+1/5）；花公牛多于棕色公牛，多出的头数是白色公牛的（1/6+1/7）；白色母牛是黑牛的（1/3+1/4）；黑色母牛是花牛的（1/4+1/5）；花母牛是棕色牛的（1/5+1/6）；棕色母牛是白色牛的（1/6+1/7）。

你能替这位天文学家分一下牛吗?

113 难题

这道计算机题曾让有的人花费了好几个小时仍不得其解。问题是将 1～9 这几个数字排列成 3 行，并使第 2 行的 3 个数字相加的和比第 1 行的 3 个数字之和大 3，而且使第 3 行的 3 个数字之和比第一行的 3 个数字之和大 6。那么，请你试试看能否找到答案！（提示：至少有两种解法）

114 失落的数字

仔细思考，请将竖式中失落的数字找回来，并说明为什么？

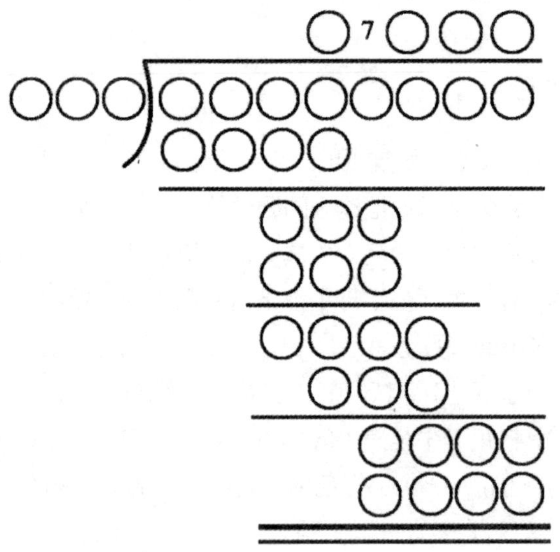

115 线穿四数和相等

在折纸艺术中，直线和对角线往往是应用得最多的一项成形元素。下面，我们便用这行列直线和对角线做一道幻方题。

请将 1～16 十六个数依次填入下图的空格内（如下左图），然后，请把上下、左右的八个数交换位置，重新排列后填入右图，使每行、每列、每条对角线上的和都相等。你能填出吗？如果填出，请算出这个和是多少。

1	2	3	4
5	6	7	8
9	10	11	12
13	14	15	16

116 猫捉老鼠

如果 3 只猫在三分钟内捉住了 3 只老鼠，那么请问：多少只猫将在 100 分钟内捉住 100 只老鼠？

117 线装古书

书架上并排放着两本线装古书，这两本书的厚度都是 2.5 厘米，封面和封底的厚度也都是 1.5 毫米。有一只书虫钻进了书中，它从上册的封面开始啃书，一直啃到下册的封底。你能计算出这只书虫啃了多少厚度的书吗？

118 路程

在一次远征北极的旅行中，探险团的一名成员打算为自己找一位新娘。这一地区的土著居民都睡在熊皮做的睡袋里，求婚的风俗习惯是要让害着相思病的情郎偷偷摸进屋去，把他梦寐以求的新娘连同睡袋一起背走。

这位情郎需要走完一段相当长的路程。他空身前去时的速度为每小时 5 英里，负重返回时的速度为每小时 3 英里，往返一共花去整整 7 小时。当他打开睡袋，向同船的伙伴们出示他的战利品时，却发现自己犯了一个致命的错误：背回来的竟是那位姑娘的外公。

现在你是否能计算出，在这次值得纪念的旅行中，这位冒险的情郎究竟走了多少路？

119 阿基里斯追不上乌龟

古希腊哲学家芝诺为了证明运动不存在，曾提出这样一个观点：“阿基里斯追不上乌龟。”

阿基里斯是当时跑得最快的人，芝诺说他追不上乌龟的分析是这样的：他首先必须到达乌龟出发的地点，这时候乌龟会向前走了一段路，于是阿基里斯又必须赶上这段路，而乌龟又会向前走了一段路。他总是越追越近，就是始终追不上乌龟。

芝诺所说的对吗？

120 攀亲

莉莉和母亲一起上街为弟弟的生日 party 购买糖果和小礼品。莉莉的母亲专卖小礼品，莉莉专买糖果。关于她们所买糖果和小礼品的数量以及她们所花的钱款，情况如下：

（1）莉莉身上只带了十三枚硬币，而且面值只有三种：1 美分、5 美分和 25 美分。她把它们全部都用来买了糖果。

（2）莉莉为亚丁买的糖果每块 2 美分，她为丁丁买的糖果每块 3 美分，她为波波买的糖果每块 6 美分。

（3）莉莉为这三个男孩买的糖果的块数是不相同的，并且每个男孩所得到的糖果都不止一块。

（4）莉莉在付钱时，有两种糖果所付的钱款金额相同。

（5）莉莉母亲还买了一些精美的小礼品，而且每一种小礼品的单价都是相同的。母亲买这些小礼品一共花去了 4.8 美元的。

（6）莉莉买的糖果的块数跟她母亲所买的纪念品的件数是一样多的。

（7）莉莉为她弟弟买的糖果的块数是她买的所有礼品中最多的。

请问，在这三个男孩中到底谁才是莉莉的弟弟呢？为什么？

121 CEO 大卫的选择

大卫是一位资深 CEO，他打定主意去一家待遇最好的公司。惠众公司和康拓公司有意聘用他，这两个公司在其他方面的待遇均相同，只有工资待遇略有差别。惠众公司提供的条件是：半年工资 50 万美元，工资每半年增加 5 万美元。康拓公司的条件是：年工资 100 万美元，每年加薪 20 万美元。

请问下面哪一项正确地描述了大卫的选择？

A. 大卫将去康拓公司，因为他两年将多得 15 万美元。

B. 大卫将去惠众公司，因为他每年将多得 5 万美元。

C. 大卫将去康拓公司，因为他每年将多得 5 万美元。

D. 大卫将去惠众公司，因为他每年将多得 7 万美元。

122 猜科克雪花曲线

画一个等边三角形，把每一边三等分，去掉中间的 1/3，在被去掉线段处向外作出两边为此线段 1/3 的尖角，再用同样的方法代替每一条线段的中间的 1/3，这样趋向于无穷的就是一条魅力无穷的雪花曲线，它是数学家赫尔奇 · 冯 · 科克在 1904 年创造的，因此也称科克曲线。它是一条连续的、封闭的、长度无限的，却拥有有限区域的曲线，它是一种分形图案（分形是 1975 年诞生的一个新的数学分支——“分形几何学”——中的概念，分形可以产生无穷多的形象）。雪花曲线的长度既然是无穷大的，那么，为什么它“却拥有有限区域”呢？请试着比较一下雪花曲线的面积与其母体三角形的面积的关系吧。

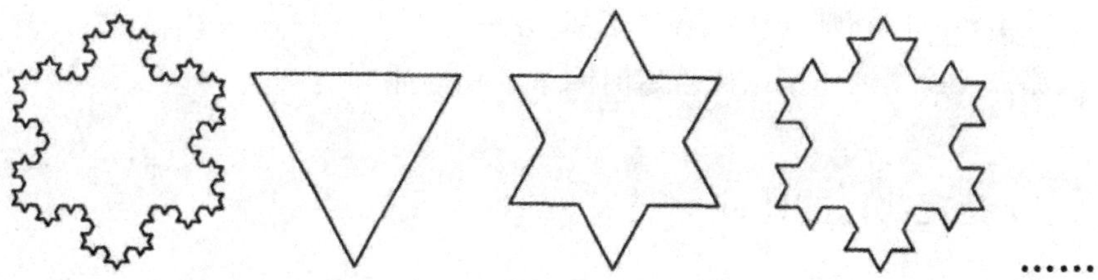

123 购买食品

在休息时间，孩子们可以到商店里买薯条、糖果和苏打水。只买糖果的孩子比只买薯条的孩子多 2 个。37 个孩子没买任何糖果。买薯条和苏打水但没买糖果的孩子比只买糖果的孩子多 2 个。一共有 60 个孩子买了苏打水，但其中 9 个孩子只买了苏打水。有 12 个孩子只买了薯条。只买糖果的孩子比买糖果和苏打水的孩子多 1 个人。买了薯条和糖果但没买苏打水的孩子，比买了薯条和苏打水但没买糖果的孩子多 3 个人。

（1）有多少孩子三种食品都买了？

（2）有多少孩子买了薯条和糖果但没有买苏打水？

（3）有多少孩子买了薯条和苏打水但没有买糖果？

（4）有多少孩子去了商店？

（5）有多少孩子没有买薯条？

（6）有多少孩子只买了糖果？

124 过河

有37名战士要渡河，只有一只小船，每船能载5人，需要几次才能渡完？

提示：这道题可不能按习惯用37÷5来计算，因为有一个人要划船回来，只有最后一次是渡5个人。

125 提前到达

一列装有邮件的火车将要到达车站，邮局派出一辆汽车到车站去。这天火车到得比规定的时间早，运来的邮件就派人骑摩托车送到邮局去了。摩托车手走了半小时路程，遇见了汽车司机，汽车司机接过邮件，一点不耽搁就调头回去。

汽车司机回到邮局比往常早了20分钟。

那么，火车到达车站比规定时间早了几分钟？

126 特定数目的递推

数列10，9，60，90，70，66中的下一个数是什么？

127 割草人数

一组割草人要把两块草地的草割完。大的一块比小的一块大一倍，上午全部人都在大的一块草地割草。下午一半人仍留在大草地上，到傍晚时把草割完。另一半人去割小草地的草，到傍晚还剩下一块，这一块由一个割草人再用一天时间刚好割完。问这组割草人共有多少人？（假设每个割草人的割草速度都相同。）

128 没收钱币

某个地方有这样一个规定：商人带着商品每经过一个关口，就要被没收一半的钱币，再退还一个。有一个商人，在经过10个关口之后，只剩下两个钱币了，你知道这个商人最初共有多少个钱币吗？

129 纸牌

有 9 张纸牌，分别为 1～9。A、B、C、D4 人取牌，每人取两张。现已知 A 取的两张牌之和是 10；B 取的两张牌之差是 1；C 取的两张牌之积是 24；D 取的两张牌之商是 3。请问他们 4 人各拿了哪两张纸牌？剩下的一张又是什么牌？

130 奇偶相同

活动课上，黑熊老师笑着对大家说："我们来做个游戏好不好？"

"好！"小动物们齐声回答。

"请你们每位准备两张小纸条。"黑熊老师清了清嗓子说。

小动物们不知道黑熊老师要他们做什么游戏，一个个兴奋得眼睛发亮，很快都把小纸条准备好了。

黑熊老师环视了一下全班同学，说："请你们在两张小纸条上分别写一个奇数和一个偶数，写好后，两手各握一张。不要给我也不要给你身边的同学看。"

小动物们不久前刚学过关于奇数和偶数的知识，不一会儿，大家都完成了黑熊老师提出的要求。

"听着，"黑熊老师一字一句清晰地说道："你们各位都请将右手中的数乘 2，左手中的数乘 3，再把乘积相加。不要算出声音来。"

等小动物们一个个都算好了，黑熊老师又叫算出得数是奇数的小动物们排成一队；得数是偶数的排成一队。小动物们都站好了，一个个感兴趣地看着黑熊老师，猜测着老师下一步要它们做什么。"好了！"黑熊老师指着得数是奇数的那排小动物说："你们左手握的都是奇数。"它又指着另一排小动物说："你们左手握的都是偶数。"

两排小动物们摊开手掌一看，都惊奇不已，黑熊老师猜得完全正确。

你知道这是什么原因吗？

131 分配

一个人把一群牛分给他的儿子们。给长子的是 1 头牛又牛群余数的

1/7，给次子的是 2 头牛又牛群余数的 1/7，给第三个儿子的是 3 头牛又牛群余数的 1/7，给第四个儿子的是 4 头牛又牛群余数的 1/7，如此类推。他就这样，把整个牛群一头不剩地分配给了他的儿子们。他有几个儿子？有多少头牛？

132 赔钱

张小姐的鞋店里来了一位十分挑剔的顾客，他挑选了好一阵才选中了两只靴子，并拿出一张 100 元面额的钞票。张小姐找不开，只好到隔壁水果店兑换零钱。顾客接过了张小姐找回的 24 元零钱并装好了靴子后便匆匆离去。张小姐突然发现那位顾客选剩的竟然是两只同一侧的靴子，而顾客早已消失在人来人往的人流中了。正在张小姐恼火的时候，水果店的伙计拿着那张百元钞票走了进来，他说刚才张小姐在他那儿兑换的是张伪钞，张小姐只好赔偿了水果店的损失。

请问：在这笔生意中张小姐共损失了多少钱？

133 令人困惑的概率论

吉姆是概率论专业的大一新生，他所在的大学靠近市中心的地铁站。城市的西边有一个游泳中心，城市的东边有一排球中心。吉姆既爱好游泳，又爱好排球。每逢周末，他总站在地铁的月台上面临着选择：去游泳，还是去打排球呢？最后他决定，如果朝西开的地铁先到，他就去游泳；如果朝东开的地铁先到，他就去打排球。

吉姆在周末到达地铁站的时间完全是任意的、随机的，例如，有时是周六上午 9:16，有时是周日下午 1:37 等，没有任何确定的规律；而无论是朝东开的地铁，还是朝西开的地铁，都是每 10 分钟一班，即运行的时间间隔都是 10 分钟。因此，吉姆认为，每次他去游泳还是去打排球，可能性的程度应该完全是一样的，正像扔一枚硬币，国徽面朝上和币值面朝上的可能性程度完全一样。一年下来，令吉姆百思不得其解的是：用上述方式选择的结果，他去游泳的次数占了 90%以上，而去打排球的次数还不到 10%！

你能对上述结果作出一个合理的解释吗？

134 投镖

有一枚飞镖和一张靶纸（下图）。靶纸上的 1、3、5、7、9 表示该靶区的得分数。甲、乙、丙、丁 4 人各投 6 次镖，每次镖都中了靶。最后他们是这样说的：

甲说：“我只得了 8 分。”

乙说：“我共得了 56 分。”

丙说：“我共得了 28 分。”

丁说：“我得了 27 分。”

请想一想，他们所讲的得分数可能吗？若可能的话，请说出他们每次投镖的得分数；若不可能，请说明理由。

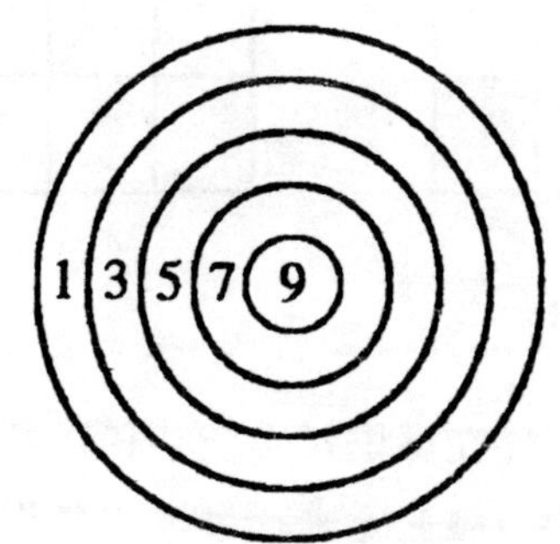

135 难写的箱子

杨先生准备搬家，打包了 20 个纸箱，堆在一起。他想在箱子外面写上里面的物品的名称，但是为了避免箱子倒塌，有些箱子写不到。一共有几个箱子写不到呢？

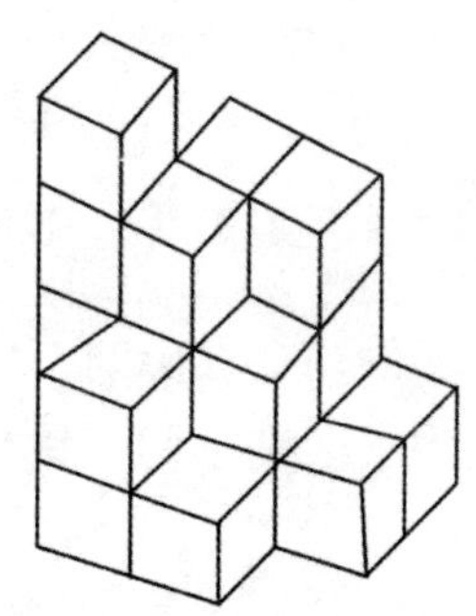

136 拉格朗日定理说

法国数学家、物理学家约瑟夫·拉格朗日 1736 年 1 月 25 日生于意大利都灵，在数学、力学和天文学三个学科领域中都有历史性的贡献，其中尤以数学方面的成就最为突出。他对费马提出的许多问题作出了解答。

拉格朗日定理说是数论中的一个著名定理说，它是拉格朗日 1770 年证得的，即每个整数可以由最多 4 个完全平方数的和来表示。这可以用图形来说明：看下面这两个矩形，一个由 12 个单位正方形组成，另一个由 15 个单位正方形组成。你能指出这两个矩形是怎样由 4 个更小的正方形组成的吗？

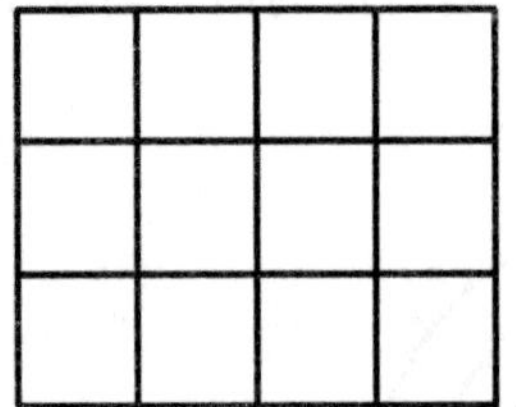

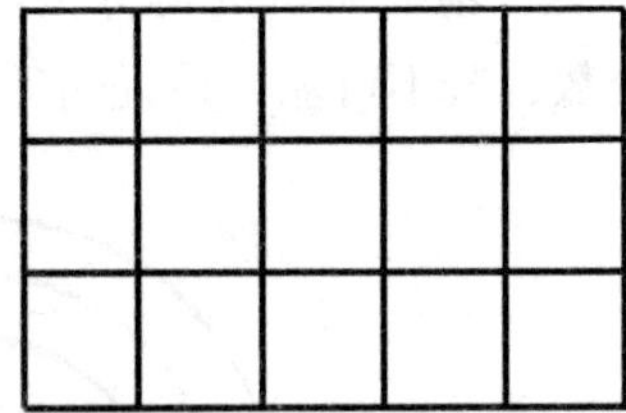

137 带给家人的礼物

甲、乙、丙三个好伙伴在城里打工，年底合买了一堆苹果准备给家人带回去，刚上车三人都躺下睡起觉来。过了一会儿甲先醒来，看看另两人还在睡觉，便自作主张将地上的苹果分成 3 份，发现还多一个，就把那个苹果吃了，然后拿着自己的那份走了。乙第二个醒来，说道："怎么大明没拿苹果就走了？不管他，我把苹果分一下。"于是也将苹果分成 3 份，发现也多一个，也把多的那个给吃了，拿着自己那份走了。丙最后一个醒来，奇怪两个伙伴怎么都没拿苹果就走了，于是又将剩下的苹果分成 3 份，发现也多一个，便也把它吃了，拿着自己那份回家了。

请问：一开始最少有多少个苹果？

138 盖火印

有一个商队，通常把体弱的马夹在中间，强壮的马走在两头，马队排成一行，顺序前进。但商人为了区别它们，就在每一匹马身上盖上火印，

标记顺序。在给马打火印时，它们都会痛得叫喊 5 分钟。

请问，现这个商队共有 10 匹马，盖火印时的叫喊声最少要听几分钟，假设叫声是不重叠在一起的。

139 按劳分配

教堂的西面有一个房主造了一些庭院。其中有一处是准备 3 家共用的，院内的卫生间由住进去的 3 家女主人共同负责。于是，A 夫人清理了 5 天，B 夫人清理了 4 天，就全部清理干净了。因 C 夫人正在怀孕，就只好出了 9 块钱顶了她的劳动。请问，如果这笔钱按劳动量由 A、B 两个夫人来分，那么，怎样分才合理呢？

140 谁说得对

汤姆和杰瑞在一块儿看一本漫画书，汤姆指着书的页码说：“我们现在看的这页，左右两页页码的和是 132。”杰瑞说：“你错了，左右两页页码的和是 133。”请你仔细想一想，他们俩谁说得对呢？为什么？

141 破译字母算式题

以下的数字密码中，每个字母代表一个独一无二的数字，而且符合下列条件：

（1）任何一列中，最左边的数字不可为“0”。

（2）字母与数字是一一对应的。即假设 M 代表“3”，则所有的 M 都为“3”，而且其他字母皆不可为“3”。

译码后，DSMOND 代表什么数字？

```
   S E N D
+  M O R E
----------
 M O N E Y
```

142 数字魔术

新年联欢会上，同学们一致要求数学老师出一个节目。王老师微笑着走到讲台前说："我给你们表演一个数字魔术吧！"说完，数学老师拿出一沓纸条，发给每人一张，并神秘地说："由于我教你们数学，所以你们脑子里的数也听我的话。不信，你们每人独立地在纸条上写上任意4个自然数（不重复写），我保证能从你们写的4个数中找出两个数，它们的差能被3整除。"

王老师的话音一落，同学们就活跃起来。有的同学还说："我写的数最调皮，就不听老师的话。"不一会儿，同学们都把数写好了，但是当同学们一个个念起自己写的4个数时，奇怪的事果真发生了。同学们写的数还真听老师的话，竟没有一个同学写的数例外，都让数学老师找出了差能被3整除的两个数。

你知道这一数字小魔术的秘密吗？

143 果商上当

一果商有两筐各30千克的苹果要卖。其中，一筐大苹果每2千克卖6元，另一筐小苹果每3千克卖6元。有个人过来说："这样分开卖，还不如搭配着卖。2千克大苹果搭配3千克小苹果，一共卖12元。"果商也觉得这个建议合理，就开始搭配着卖。于是，这个人又说："那我就全买了。5千克搭配苹果12元，60千克为12×12=144元。

卖完苹果后，果商发现自己上当了。

请问：你知道他是怎么上当的吗？

144 旅馆安排

A、B、C、D四人，上个月分别在不同的时间入住海边的休闲旅馆，又分别在不同的时间退了房，他们四人滞留时间之和是20天。

根据以下条件提示，你能知道四人分别是哪天入住又是哪天离开的吗？

（1）滞留时间最短的是A，最长的是D，而且，B和C的滞留时间相同。

（2）D不是8日离开的。

（3）D 入住的那天，C 已经住在那里了。

入住时间：1 日、2 日、3 日、4 日。

离开时间：5 日、6 日、7 日、8 日。

	入住	离开
A		
B		
C		
D		

145 不会出现

下列算式中，每个字母代号 0～9 的一个数字，而且不同的字母代表不同的数字。你知道 0～9 这十个数字有哪一个数字不会出现在下面的算式中？

AB+CD+EF+GH=III

146 设计图

一家木质地板制造厂为了使其产品更为多样化，决定增加如图 1 所示的两种崭新形状的设计。

每一种形状都可以看成是由 4 个单位正方形所组成，而拼在一起的方式可以有许多种。如果使用 4 块 B 形状的产品，很容易就能组合出如图 2 所示的 4×4 正方形。

是否可以用这两种产品拼出更小的正方形？

请说明如何拼出面积为 5×4、6×4、7×4、8×4 与 9×4，而且须包含 A、B 两种形状的长方形。

为什么无法用这两种形状拼出 5×3 或 6×5 的长方形？你能用这两形状拼出面积为 210 平方单位的正方形吗？请进一步研究还可以拼出以及无法拼出的长方形。

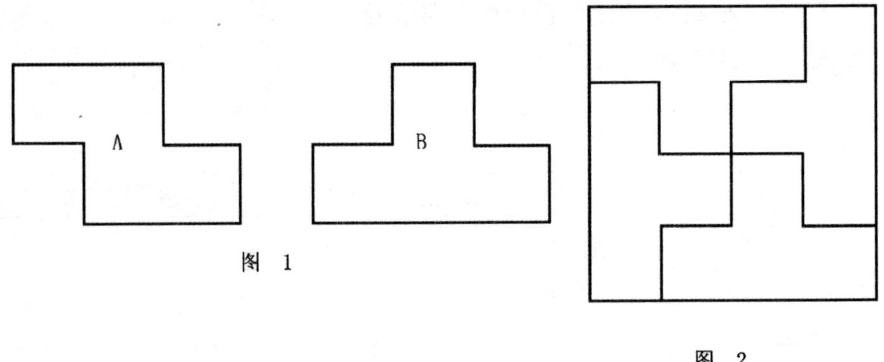

图 1
图 2

147 杰克逊的失误

某国情报部门接到了一个惊人消息：一辆满载炸药的火车，正在以 60 千米的时速飞速驶往市区的一所学校，以进行一次恐怖活动。为了阻止这一活动，情报局派出精干的特工杰克逊，命令他在火车必经的一条 500 米长的隧道中，安装黄色远程遥控炸弹。因为火车通过隧道的时间仅为 30 秒，所以，杰克逊把遥控定时装置设置为 30 秒。火车一旦进入隧道，就会立即触动装置计时，炸药会在 30 秒后自动爆炸。

当火车进入隧道时，铁轨上的高强度准时炸药将铁轨炸毁了，但火车却依然在失去铁轨的路面上疯狂地继续前进，最后停在一个树林里，引发了一场大火，造成了极大的损失。消息传来，上司处分了杰克逊，理由是计算失误。

你知道杰克逊的失误在哪里吗？

148 分工资

你让工人为你工作 7 天，给工人的回报是一根金条。金条平分成相连的 7 段，你必须在每天结束时给他们一段金条，如果只许你两次把金条弄断，你如何给你的工人付费？

149 荒蛮之地的旅行

有一位英国旅行家来到被称为“荒蛮之地”的美国西部，在一家旅馆

里住下。

一天，这位旅行家想离开旅馆去派克镇，于是就向人打听这条路怎么走。

旅馆里的人告诉他，如果他要从此地出发到派克镇去，那只有一条道路可走。但顺着这条路，他既可以乘坐马车，也可以步行，也可以将两者结合进行。综合起来，有以下四种不同的方案可以采用。

（1）他可以全程乘坐马车。但马车要在某个途中小屋停留 30 分钟。

（2）他可以全程步行。如果他在马车驶离旅馆的同时开始出发步行，那么当马车到达派克镇的时候，他还有 1 千米的路程要走。

（3）他可以先步行到达那个途中小屋，然后再乘坐马车。如果他与马车同时离开旅馆，那么当他步行了 4 千米的路程时，马车已经到达那途中小屋。但是因为马车要停留 30 分钟，所以当马车正要离开小屋时他刚好赶上，于是。他就可以坐车前往派克镇。

（4）他可以先乘坐马车，到达那途中小屋之后，其余的路程再步行。这是最快的方案，他可以比马车提前一刻钟到达派克镇。

根据以上信息，你是否能说出，从那家旅馆到派克镇究竟有多少路程？

150 生日是几号

琳达的生日是在一月的第一个星期四。现在知道一月份所有星期四的日期之和为 80。请问她的生日是在几号？

151 付款方法

易琳钱包中共有人民币 14 元 8 角，其中 1 角、2 角、5 角币各有 1 张，1 元币 4 张，5 元币 2 张。在不用商店找钱的情况下，易琳用钱包中的这些人民币任意付款，问可以付出多少种不同金额的款？

152 孩子的年龄

一位主管有 3 个儿子，3 个儿子的年龄加起来等于 13，3 个儿子的年龄乘起来等于主管的年龄。有一个下属知道主管的年龄是 36 岁，但仍不能确定经理 3 个儿子的年龄。主管说有两个儿子参加滑冰学习了，这个下属就知道了主管3个儿子的年龄。请问：主管3个儿子的年龄分别是多少？

153 老太太买手帕

售货员萨姆的账目混乱得一塌糊涂。这都归咎于一个古怪老太婆的奇特购货行为。她先是买了副鞋带，接着又买了等于鞋带副数4倍的针线包，最后又买了等于鞋带副数8倍的手帕。一共花费了3.24美元，买进每件东西所花的美分数正巧等于她买进这种东西的件数。现在萨姆在计算这位老太婆究竟买了多少块手帕。你知道老太婆买了多少块手帕吗？

154 雇员的薪水建议

有一天，老板心情特别好，就对他的速记员说："现在，我已经决定把你的薪金每年提高100美元。从今天开始的一年中，将以一年600美元的标准每周付给你薪金；下一年的标准是700美元，再下一年是800美元，如此下去，总是每年增加100美元。""因为我的心理承受力很脆弱，"这位感激的年轻雇员回答说，"我提议让变化不要过于突然，这样保险些。薪金从今天开始是一年600美元的标准，正如已经提出的那样。但是，在6个月之后把年薪提高25美元，并且只要我的服务能令人满意，以每6个月给我增加25美元年薪的方式继续下去。"老板对他微微一笑，表示接受这一修正。结果，老板因为接受雇员的建议而占了一个小便宜。

你能说出其中的道理吗？

155 检票的学问

在一间火车站的候车室里，旅客们正在等候检票。已知排队检票的旅客按照一定的速度在增加，检票的速度则保持不变。如果车站开放一个检票口，那么需要半小时才能让等待检票的旅客全部检票进站；如果同时开放两个检票口，那么就只需要10分钟便可让等待检票的旅客全部检票进站。现在有一班增开的列车很快就要离开了，必须在5分钟内让全部旅客都检票进站。

请问：这个火车站至少需要同时开放几个检票口？

156 数字砖块的规律

娱乐节目上常常会有很多好玩的题要嘉宾回答，用以测验嘉宾的反应力，在一期节目上，主持人为一位当红的女明星设计了这样一道枯燥而有规律可循的数学题。请你试着观察观察，能否发现其中的奥秘，猜出问号处的数字来。

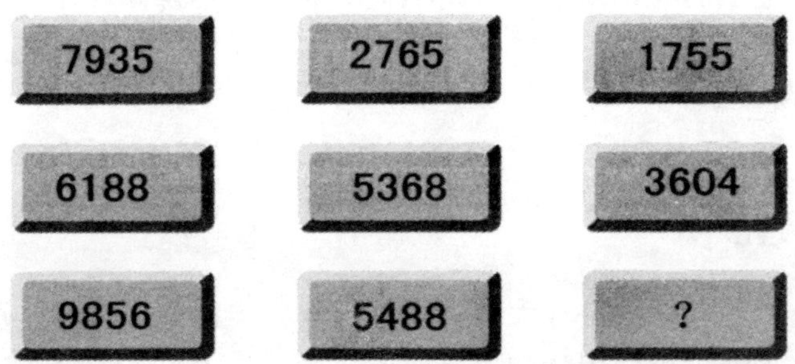

157 岌岌可危的国家

当一个国王拥有可以信赖的大臣，那么这个国家政权就会稳固，反之，这个国家则岌岌可危。国王里德维克就不信任自己的某些大臣，为了巩固自己的政权，他开列了全部大臣的名单，命令他们中的每一个都要监视其余大臣中的一个，他安排第一个大臣监视第二个大臣的监视者，第二个大臣监视第三个大臣的监视者，如此等等，倒数第二个大臣则监视最后一个大臣的监视者，最后一个大臣则监视第一个大臣的监视者。如果有奇数个大臣是国王的反对者的话，请问，这位国王可信任的大臣是奇数还是偶数个？

158 跨越铁轨

杰克最恨爬楼梯，但为了搭乘北上的火车，他必须经过天桥到对面的月台上车。最后，他想出了一个办法，既不用爬楼梯，也不必冒着生命危险跨越铁轨。现在，请你猜一猜，他用了什么方法解决了这个难题？

159 存水的脸盆

在圆凳子上摆一个脸盆接从天花板上滴下的雨水。可是，当水装满时，就溢了一地。请问，你有什么办法不必动用脸盆，就能轻松地把雨水处理掉，而且雨水还能使用？

160 巧取卫生纸

卷筒卫生纸的卷轴断了，可是小气的老板却不肯修理，任它摆在桌上一扯就滚来滚去。请问，你有什么办法，不用其他辅助物就能很方便地抽取使用卫生纸？

161 穿越沙漠

有一位考察者来到一片大沙漠前，当地人告诉他，穿越这片大沙漠需要六天，而当地可供租用的脚夫也像他一样，每人只能携带供一个人使用四天的干粮和饮水。

请问，根据这些条件，这个考察者有办法穿越大沙漠吗？他需要多少个脚夫帮忙？

162 倒硫酸

一个不规则的透明玻璃瓶，上面只刻着 5 升、10 升两个刻度，而里面装了 8 升硫酸。现在需要从中倒出 5 升，别的瓶子上都没有刻度，硫酸的腐蚀性又大，请你帮助想想，用什么办法一次就能准确地倒出需要的量？

163 农夫过桥

有一个果农挑着两筐桃子去集市上卖，途中要经过一座独木桥，但是桥的重量有限。果农加上桃子的重量要超过桥载重量 30 斤，又没有别的路可走，你知道应该怎样才能安全过桥吗？

164 量水

有一长方形的升斗，它的容积是 1 升。也有人称之为立升或公升。现在要求你只使用这个升斗，准确地量出 0.5 升的水。请问，怎样才能做到这一点呢？

165 找次品

一家玩具公司生产的一盒玩具球中有四个小球，每个小球都是按照一定标准的重量制造的。在质检过程中，工作人员发现其中一个小球是次品。现在知道那个次品的重量要比其他合格品重一些。如果让你用天平只称量一次，你知道如何判断哪个小球是次品吗？

166 一次解决

某制药厂最近新生产了一批感冒药，每 100 粒装在一个瓶子里，6 个瓶子为一箱。在推向市场之前，制药厂必须把这些药丸送到药物质检局检验。一天，制药厂收到紧急通知：这一箱药丸里，有几个瓶子里的每一粒都超重 1 毫克。

如果每一瓶都取出一粒药丸来称量，那么一共需要称量 6 次才能得出结果。能不能想出一个最好的办法称一次就能把问题解决呢？

167 最佳称法

李医生刚刚申请开了一家小药店，手头只有一架天平、一只 5 克的砝码和一只 30 克的砝码。一天，店里来了一位顾客，要购买 100 克某贵重药粉。如果用 30 克砝码称 3 次，再用 5 克砝码称两次，共 5 次称出 100 克药粉。可是，药店生意繁忙，顾客又希望越快越好，称一次无论如何也无法称出 100 克。那么，你能想一个又快又好的办法吗？

168 辨别真伪

制笔厂发出 10 箱铱金笔，其中有一箱是用不锈钢材料做的替代品。10 个箱子外形和颜色都一样，只是重量有差别：铱金笔每支重 100 克，不锈钢替代品每支重 90 克。

要求用一个天平只称一次，把这些替代品检查出来。你知道怎样称吗？

169 逃离洞穴

皮克和杰克用软梯下到一个深谷，准备探寻谷底的洞穴。刚到达谷底，走了几米，忽然谷底的泉水大量涌出，不一会儿，水位就到了腰部，并不断上涨。两人没想到谷底会发大水，既不会游泳，又没带救生用具的他们，只能立刻攀软梯出谷。但他们所用软梯的负重是 250 千克，攀下时是一个一个下来的，因为他们的体重都是 140 千克左右，如果两个同时攀梯，势必将软梯踩断；若依次先后攀梯而上，水势很急，时间上来不及。你能帮助他们想一个办法安全脱险吗？

170 巧过山涧

有一个山涧宽 4 米，下面是万丈深渊。山涧上没有桥，来往的人都是带着木板过桥。一次，一个人有 3.9 米长的木板。另一人有 3.1 米长的木板，两个人的木板都太短了，搭不了桥。他们应该用什么方法才能够过山涧呢？

171 加油

A 城与 B 城之间相断距 3000 千米，中间没有加油站，有辆汽车装满油时可跑 1000 千米，这辆汽车还可最多带 4 个油桶，它们又可以使它再跑 1000 千米。如果在 A、B 两城之间不修新的加油站，请问有没有办法将这辆汽车从 A 城开到 B 城？

172 如何脱离魔爪

有一年夏天，一伙人去某地旅行，大家经常想出各式各样的古代传说来消遣。

一天，他们来到一座古老的孤塔时，大家游览了一会儿后，便坐下来休息。其中有个人，他在休息的时候，想出了一个有趣的题目：

“大约在300年前，在这里有个很傲慢凶暴的公爵，他有个女儿，名叫达里娜。达里娜已经到了结婚年龄，公爵把做许配给一个富邻做妻子。可是达里娜却爱着一个平民——年轻的铁匠乔赫。于是，达里娜和乔赫不得已只好冒着危险逃到山里去了。可是又给公爵的手下人抓了回来。

“公爵非常恼火，决定第二天就把他们两个处死，并命令当天夜里把他们暂时关在这座没有完工的、阴森荒凉的高塔里。和他们关在一起的还有达里娜的一个年轻的女仆，因为是她帮助他们逃走的。

“乔赫关在塔里心里一点不慌张，这边看看，那边瞧瞧。顺着梯级走到了最高的一层。他望望窗外，不能跳。跳下去就会摔死，他无意中发现建筑工人遗落了一根绳子在窗边，绳子搭在一个生锈的滑车上，滑车是装在比窗稍高一点的地方。绳子两头系着空筐子，一头一只。乔赫知道这只筐子是泥水匠吊砖头上来和送碎砖头下去用的。同时他想到，假使一只筐子装的重量比另一只筐子装的重量重5～6千克的话，那么一只筐子就能平稳地降到地面上，而另一只筐子则能上升到窗口。

“乔赫在心里估量了一下，达里娜大约50千克重，那个女仆最多40千克重。乔赫知道自己的体重是90千克左右。另外他在塔里找到了一条30千克重的铁链。因为每只筐子可以装一个人和那条铁链，或者装两个人，所以他们三个人都顺利地降到了地面；他们在下降时，装着人的筐子下降的重量一次也没有超过上升筐子的重量10千克。”

请问，他们是怎样逃出塔来的呢?

173 测量果汁

商店老板有一个圆柱状的果汁桶，容量是 30 斤，他已经卖了 8 斤给客人。小华和小力是他的老顾客，今天也来买果汁。小华带来的瓶子的容量是 4 斤的，小力的则是 5 斤的。然而小力只想买 4 斤的果汁。小华只想买 3 斤的果汁。但今天商店老板的电子秤坏了，他应该怎么做才能使这两个老顾客得到各自想要的重量，而且又能使果汁不溢出容器？

174 金字塔的测量

埃及金字塔是世界七大奇迹之一，其中最高的是胡夫金字塔，它的神秘和壮观倾倒了无数人。它的底长 230.6 米，塔身由 230 万块每块重达 2.5 吨的巨石堆砌而成。金字塔塔身是斜的，即使人爬到塔顶上去，也无法测量其高度。后来有一个数学家解决了这个难题，你知道他是怎么做的吗？

175 拉车过桥

有一座小木桥只能承受 100 千克的重量。一个 80 千克重的人拉着一辆 90 千克重的木板车要过该桥。他应该怎么做才能安全地把车子拉过去呢？

176 洒水车

有一处公路需要洒水，可是没有洒水车了。只好派了一辆普通车去洒水。这辆车装了 8 个水桶，为了均匀洒水，必须 3 个桶的水一起洒。车的速度是匀速的。水的流速也是匀速。按照车的速度，每一桶水可以使用 2 里路，现在要用这 8 桶洒 5 里路，该怎么样安排才能做到呢？

177 铁球入杯

在一个办公室里，小强给小刚出了个难题。他在一只杯子上盖上一张硬纸片，在硬纸片上放着一个小铁球。不许小刚用手去拿铁球和纸片，要使铁球掉进杯子里去。小刚想了一下，果然办到了。你能知道小刚是怎样做的吗？

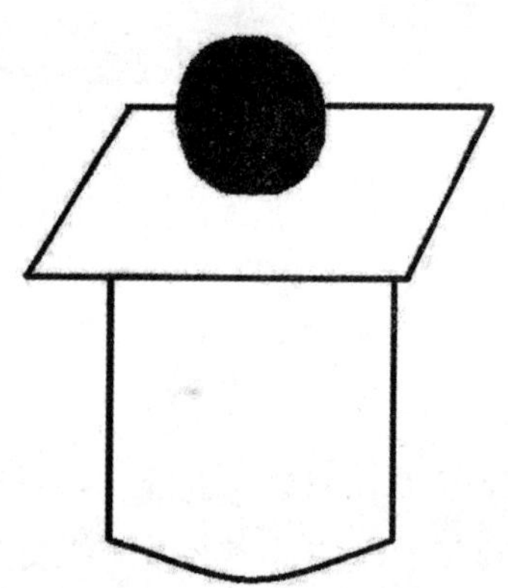

178 巧过独木桥

小河上用一块弧形木板架成一座独木桥。它的载重量是 120 斤，可是河边两个人的体重都是 125 斤，然而他们没有借助其他任何工具，都顺利地过了桥。你知道他们想出的是什么办法吗？

179 管中取球

一段透明的软塑料管，两端开口，内有九个大小相同的圆球。其中有三个是黑色的，六个是白色的，它们在管中的位置如下图所示。整段塑料管内径均匀，只能容一个球勉强通过。如果不先取出白球，又不切断塑料管，那么你有什么好办法把黑球取出来？

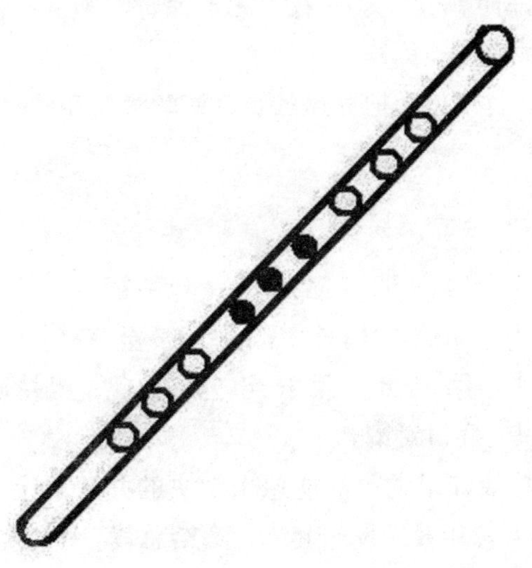

180 比枪法

一天，一个小酒店里闯进三个粗鲁的人。他们喝了几杯酒后，其中一个人指着桌子上的四个瓶子，说他用三枪就能把它们打碎。另一个人说他两枪就可以打碎四个瓶子。第三个人说他只打一枪就可以。请问，他们三个人各打算怎样击碎瓶子？

181 洞中取球

网球比赛中，网球落入地面上的一个坑洞里。这个坑洞不仅弯弯曲曲，而且也不大，其直径只有 20 厘米左右。手不能伸进去把球取出，地面土质又硬又黏也不好挖掘。你说在不损坏网球的前提下，怎样取出才好？

182 佛像

有一年，竹禅和尚云游北京，被召到宫里去作画。那时，宫里画家很多，他们各有所长。

一天，一名宦官向画家们宣布："这里有一张 5 尺宣纸，慈禧太后要画一幅 9 尺高的观音菩萨像。谁来接旨？"画家中无一人敢应命，5 尺宣纸怎么能画出 9 尺高的佛像呢？这时竹禅想了想，说："我来接。"说完，他磨墨展纸，一挥而就。大家一看，无不惊奇叹绝，心悦诚服。此画传到慈禧太后手中，她也连连称奇。

请你猜猜看，竹禅怎么把 9 尺的观音菩萨画到 5 尺的宣纸上的呢？

183 挽救公司

有一家生产牙膏的公司，产品优良，包装精美，很受消费者喜爱，营业额连续 10 年递增，每年的增长率都在 10% 至 20%。可是到了第 11 年，企业业绩停滞下来，第 12 年、第 13 年也是如此，维持同样的数字，公司经理召开高级会议，商讨对策。

会上，公司总裁许诺说：谁能想出解决的办法，让公司业绩增长，就给 10 万元重奖。有位年轻经理站起来，递给总裁一张纸条，总裁打开纸条，看完，马上签了一张 10 万元的支票给这位经理。

第 14 年，公司立即开始改革，公司的营业额增长了 32%。

咦，真是很奇怪啊，什么办法能让总裁一下给了 10 万元支票，还那么有效地挽救了公司呢？

184 发牌的方法

四个人在玩一副 54 张的扑克牌，牌发到一半的时候电话突然响了，有人接了电话，然后发现不知道刚才发到谁了。这时需要数一下每个人手中牌的张数，然后确定轮到谁了，再继续发下去。除此之外，还有一种方法能正确地把牌发到每个人的手中，你能想到这种方法吗？

185 将军的计策

在古代的一次城市保卫战中，一位将军带领 360 个将士守护一座城池。这位将军将 360 个将士分派在四面城墙上，并使四周敌人都能看到每边城墙上有 100 个将士守卫。战斗异常激烈，守城将士不断阵亡，兵员逐渐减少至 340、320、300、280、260、240、220。但在这位将军的巧妙安排下，每边城墙上的守卫将士始终都能让敌人看到有 100 名。敌人以为是天神帮助，便惊慌地后撤了。

这位将军是怎样巧妙安排的呢？

186 聪明人

大河上有一座东西向横跨江面的桥，人通过需要五分钟。桥中间有一个亭子，亭子里有一个看守者，他每隔三分钟出来一次。看到有人通过，就叫他回去，不准通过。有一个从东向西过桥的聪明人，想了一个巧妙的办法，终于通过了大桥。

请问，这个聪明人想了什么办法通过这座大桥？

187 分苹果

盒子里有 16 个苹果，要分给 16 个人，使每个人得到 1 个苹果。但同时纸盒子里仍留 1 个。该怎么分呢？猜猜看。

188 分豆子

有个人一不小心，把 5 斤红豆和 5 斤黄豆混到一起，他叫来 3 个人来帮忙拣豆子，怎样最快地分开这两种豆子呢？这个人想了一个主意，于是速度大大提高了。

你知道这个人的主意是什么吗？

189 木块下沉

一个半径为10厘米的圆柱形容器中装了2/3的水，水上漂浮着一块木头，你能不能想办法既不从上面往下按，又不放上重物，而使木块沉下去呢？

190 球与方格

在一场智力竞赛中，王亮和刘光在前几轮的比赛中得分一样高。但冠军的奖品只有一份。他们两个人中只能有一个人夺冠。于是在最后一道题面前，两个人都暗下决心胜过对方。最后一题是这样的。在一个方格里有四个小球，要求在这四个球的横、竖、斜三个方向上不能同时有两个球。如图所示，图中的球因为在点线所示的斜线上有两个球，不能算是合格，王亮一看题，急得满头大汗也想不出来。刘光却保持冷静，最终想出了办法，拿到了冠军，你知道刘光用的什么方法吗？

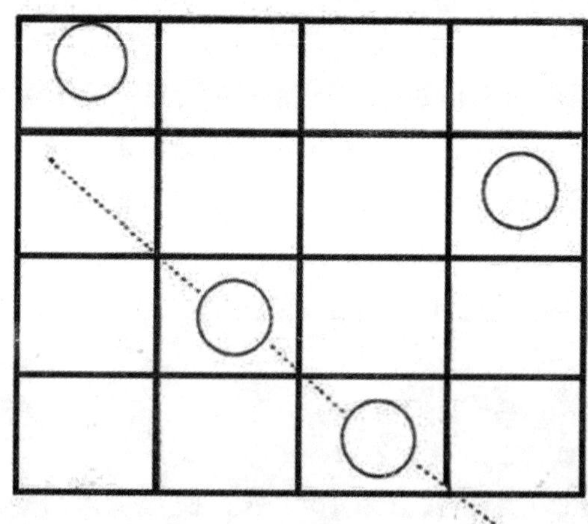

191 戚继光布阵

戚继光是古代著名的抗倭将领。一次，当倭寇前来袭击时，戚家军主力尚未到达，城里的兵力仅 360 人。戚继光部署了兵力，使敌人无论从哪一面察看，都有 100 名兵士在把守。经过思考，戚继光决定抽调 100 人去绕道袭击敌人的粮草。有人担心城内兵力太少，戚继光却说："没关系，我会重新布阵。这 260 人在布置好后，敌人无论从哪一面察看，反而会认为士兵增加了 25 名。"并画了一张图让大家看。

你知道戚继光是怎样布置兵力的吗?

192 扑克游戏

黄大伟平时很爱玩扑克。一次，姐姐对黄大伟说："你能用 16 张牌摆成一个每边 4 张牌的方阵吗？"黄大伟一听，乐了："这还不简单！"姐姐说："我还有要求，要从 4 种不同花色的扑克牌中各取出 2、3、4、5 这 4 张牌，排成方阵，要求每一横行，每一竖行都不许有重复的花色，而且每一横行，每一竖行数字之和都等于 14。怎么样，你行吗？"黄大伟用牌排了半天，也没有得出正确答案，你能帮他一把吗?

193 乡下人过河

清早起来，勤快的乡下人带了一只山羊、两筐青草到城里去。路上有一条小河，没有小桥，他只能摆渡到对岸去。但船又太小，他每次只能带一样东西过河。聪明的朋友，请你替他想一个方法，把三样东西都带过河去，又不让山羊吃到青草。

194 找出不同的球

有个人手头有 13 个外观一模一样的小金属球，其中 12 个都是不锈钢制的，只有一个是合金制的，它的重量与其他 12 个略有不同，但是轻是重就说不清了。这个人想找出这枚合金球，但望着面前一架没有砝码的天平发了愁。你能不能帮他出个主意，怎样以简便方法用天平找出这个合金球?

195 巧装苹果

妻子下班时买了十个苹果回家。大明看见了拿起来就要吃。妻子说："先别动，我这有六个袋子，你得动脑筋将苹果装进袋里。每袋装的苹果都是偶数，苹果和袋子都不许剩下，我才给你吃。"大明抓耳挠腮了半天也想不出个所以然来，请你帮他出个好主意。

196 军车怎样顺利通过

五辆装满士兵的军车（右侧）要连夜开往前线去，因为怕暴露目标，一直没开车灯。然而司机突然发现迎面有五辆货车开来（左侧），急忙刹车。双方相距不过二三十米。因为是羊肠小道，车不能并行，不过路边有一块足够停一辆车的空地，军情紧急，请你想一个最简便的方法，让军车顺利通过。

197 掉入杯中的壶塞

朋朋想做一个爱做家务的好丈夫，于是什么家务活都抢着帮妻子干。这一天，朋朋帮妻子往玻璃杯中倒开水的时候，不小心把水壶塞掉到了玻璃杯中去了。朋朋刚找东西把它捞出来，妻子笑着说："让我来考考你，在不去碰玻璃杯和水壶塞的情况下，有没有什么方法让水壶塞停在玻璃杯的中央？"这时，玻璃杯中有一半的水，水壶塞停在贴近杯壁的地方。

朋朋果然是个聪明人，很快就想到了办法。你知道他是怎么做到的吗？

198 公主择夫

古代有一位美丽的公主，她决心要找一个聪明的年轻人做丈夫。于是她想了一个办法，谁能答对她出的难题，她就嫁给谁。

她对所有跃跃欲试的年轻人说："这儿有两个刚好可装 10 升酒的容器。一个是我的，里面有 10 升酒，另一个是你的，里面有 7 升酒。如果你能够只使用一次容量 1 升的量器，让你的容器装的酒比我的多，我就嫁给你。不过，

你可不能移动容器，也不能碰触容器或使用其他工具。”

这个题目看起来难度非常大，在所有的人都在冥思苦想的时候，有个小伙子说：“这不难，我能做到。”最后他果然做到了，而且娶到了美丽的公主。你知道他是怎么做到的吗？

199 小船过桥洞

古时候，有一个商人划着一只装了货物的小船在河道中航行。途经一座小桥时，因为有一件货物高出了桥洞几厘米。那件货物很大并且不能移动，所以小船不能通过桥洞。这时有很多人在桥上看热闹。你有什么好办法能尽快让这条船穿过这个桥洞吗？

200 巧分苹果

妻子要丈夫把 100 个苹果分装在 6 只篮子里。每只篮子里所装的苹果数，都要是含有数字“6”的数，丈夫该怎样装呢？

201 橘子水怎么喝

有半瓶橘子水，瓶口用软木塞塞住。不准碎瓶，不准拔去塞子，不准在塞子上钻孔，怎样才能将瓶内的橘子水喝光。

202 空桶取水

植树需要 6 斤水，周科长拿来两只空桶，一只可装 7 斤水，一只可装 5 斤水。他让王军去小河取 6 斤水来。现在请你想一想，王军用什么方法才能用这两只空桶取回 6 斤水来？

203 农民过河

有一个智慧老人给小贝出了一个古代的难题：一个农民带了一只狗、一只鸡和一袋米过一条河。但是船很小，每次他只能带一样东西过去，伤脑筋的是，农民不在场时，狗要吃鸡，鸡要吃米，该怎样把这三样东西都带过河去，并且一样都不受损失？小贝想了好长时间，也没有想出一个好方法。现在请你帮助小贝想出一个好方法来。

204 分 8 斤油

李杰家里有一个装满 8 斤油的油坛，另外还有两个瓶子，一个装满刚好是 5 斤，一个装满是 3 斤。他的妻子要用这两个瓶子作为量器，把油坛里的 8 斤油平分为两个 4 斤，你能帮李杰的妻子分吗？

205 狼驴过河

三头驴和三只狼要渡过河去。只有一条小船，每次只能运两者过河。但不能空船回来。为了防止狼吃驴子，在一边岸上的驴子数不能少于狼数。请你想一想，应该如何解决这个难题？

206 鸡蛋与瓶子

将一个煮熟的鸡蛋去掉壳以后，搁在一个瓶颈略小的瓶子上，若不许将鸡蛋搞破，也不许将瓶子搞破，你能将它弄进瓶子里去吗？

207 小瓶大桶

两个小瓶子装满了水，请问有没有办法将水全部装进一个大桶里去，同时又使得两个瓶子的水能区别开？

208 打结

两只手各拿住一条绳子的一端，你能不能在不撒手的前提下将绳子打个结？

209 三人过河

有三个人进城购物，丁磊购了价值 8000 元的货物，王明购了价值 5000 元的货物，田丰购了约 3000 元的货物。在回去的途中有一条河，且只有一条船。这只船一次只能载两个人或一个人和一份货物。但大家约定某人单独留在岸上或船上时，他身边的货物价值不得超过他自己那份货物的价值。两个人一起时，他们身边的货物可以超过他们自己的货物价值。现在，请你猜一猜，他们三人是如何渡过河的呢？

210 卖粮

一个农民去集市上卖米和黄豆，因只有一条口袋，他把米先装进口袋里，正好半口袋，他捆牢后又在上半截装上黄豆。一个人要买米不要黄豆，他也只有一个布袋。这可怎么办呢，既不能把黄豆倒在地上，又不能剪破米袋，两人不能交换布袋。农民想了想，终于把米倒进了顾客的布袋里，黄豆留在了自己的布袋里。请问，这位农民是怎么倒的呢？

211 星条旗

“星条旗”是对美国国旗的简称。美国于 1776 年 7 月 4 日宣布独立。国旗上有 13 颗星和 13 条红白相间的横条，象征着脱离英国殖民统治的 13 个北美殖民地。以后随着领土的扩大，星条旗上的星星变多了，星星的排列也随之不断变化。1912 年星星总数为 48 颗，排成 6 行，每行 8 颗；1959 年阿拉斯加成为美国的第 49 个州，国旗上星星为 49 颗，排成 7 行，每行 7 颗；1960 年，夏威夷成为美国的第 50 个州，星星在国旗上的排列成为一个难题，既要疏密合适，又需要美观。你知道它们是怎么排列的吗？

212 巧解绳子

高架上的两个环系着两根绳子，杂技团团长要求杂技演员爬上去把两根绳子都解下来，但是不许借用梯子或其他任何工具。杂技演员想了想，就把这个难题解决了，现在，请你猜一猜，杂技演员是如何解下的绳子？（如图）

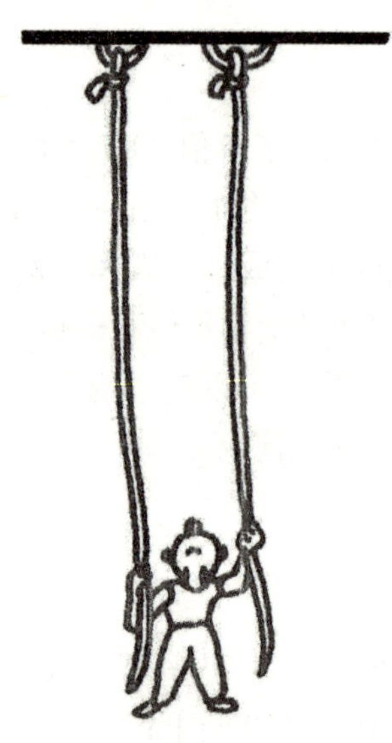

213 聪明的工匠

一个工匠给贵族打造银器，说好了干七个月。狡猾的贵族拿出一条七

个银环组成的链子说:“看,这是你七个月的工钱,一个月可以领走一个银环,不过有言在先，只准你锯开一个环，如果再锯第二个你就别想拿工钱了。”

工匠在心里盘算了一下，答应了，而且做到了每月拿一环又不据坏第二个环，他采用了什么方法呢？

214 不落地的杯子

把一根 2 米左右长的绳子的一端缚在一只杯子柄上，另一端系在天花板的吊钩上，使杯子悬挂起来，要求剪断绳中央，杯子却不会落下，应该如何办？

215 师徒斗智

老木匠的学徒已拜师三年，理应离开师傅、自立门户了。但自私而固执的老木匠想留下这个勤快的学徒，使自己多一个廉价的劳动力。老木匠不好强留学徒，于是想出一道难题，待学徒答不上来时就不让他出师。老木匠拿着一个长方形木窗框，对学徒说“这个窗框太大，我想让它小一半。但绝不允许裁剪窗框，也不许把窗子遮半边。”学徒用心一想，解决了这个难题，老木匠只好让他出师。

你知道学徒是怎么解决这个难题的吗？

216 怎样才能喝到好酒

有一家稀奇的饭店，卖的酒也是稀奇古怪。客人无不感到新鲜有趣，虽然每每阴差阳错，但还是有人乐此不疲。这家酒店平时只卖两种酒，一种好的，一种不好的。怪就怪在它居然还有一条奇特的规定：想喝好酒的人必须从 4 米多高的竹竿上，将装满好酒的酒瓶拿下来，而且不准用梯子。也不许把竹竿砍断或放倒，而且还不能爬。许多人只能望着酒瓶垂涎。

有一天，来了一个客人，在众人的注视下，他巧妙地喝到了好酒。请你猜猜，他是用的什么方法解决了这个难题？

217 拿鸡蛋

有一个人打完球，穿着背心、短裤，捧着篮球回家。路上遇到一个小贩在卖鸡蛋："买吧，3 元钱共 15 个鸡蛋。"这个人觉得合算，就买下了。可是，15 个鸡蛋该怎么拿回家呢？现在，请你帮这个人想一个办法，来化解这个难题。

218 巧得氧气

冬季，车间接到大批的紧急焊接任务，但干到最后一件活时，没有氧气了。这时候，怎样能立即弄到一点氧气，以便把活干完呢？

219 河马与金币

很多年以前，在一个生活富裕的部落里，部落首领对该部落的一头神河马照料得十分周到。

首领每逢生日，他就和他的收税官带着这头畜生一起乘上华丽的彩船，沿河游览收税营房。当地的习惯是，交给首领的金币的重量必须同这头神河马的体重相等。在收税营房的边上有一台大天平，它的一边可以载上河马，而另一边则以金币来平衡。

首领把神河马喂养得很好，以致河马越长越肥壮，有一年竟然把天平的杠杆给压断了。而这根杠杆需花几天才能修好。

首领顿时变了脸色。他对收税官说：“我今天就要把金币收上来，而且一定要如数收齐。如果你在太阳落山之前还想不出办法，我就砍你的头。”

可怜的收税官一时没了主意了。

但是，他经过苦苦思索，终于灵感闪现，想出了一个好主意。你能猜出他想的是什么办法吗?

220 从西边出来的太阳

中国人喜用“太阳从西边出来”比喻不可能发生的事情。据说有一位亿万富翁为此一直耿耿于怀，他对自己的儿孙们说：“我虽有家财万贯，却没看见过一次从西边出来的太阳，真是太遗憾了。你们谁有本事满足我的这一愿望，我就将财产全留给他。不过我要亲眼看见这一奇景，不能用镜子或电视反映太阳的图像。”富翁最小的孙子出了个好主意使爷爷看到了从西边出来的太阳。他是怎么做到的呢?

221 怎么分

两个朋友去集上买了一桶大米，划船回家时才想起应该把大米平均分开。可是船上没有秤，只有一只和装米的桶一模一样的桶。请问，他们该怎样将米分开?

第 3 篇

玩类比逻辑游戏，培养举一反三的能力

类比逻辑是根据两个或两类对象在同一系列属性上相同，推断出它们在其他属性上也可能相同的一种逻辑推理方式。类比逻辑能启迪人的思维，促进人的联想，从而扩大人们的视野，开拓人们的认识。

222 类比推理

类比推理指根据两个对象在一系列属性上是相同的，而且已知其中一个还具有其他属性，由此推出另一个对象也具有相同的其他属性的结论。根据上述定义，下列属于类比推理的是：

A. 水星、金星、地球、火星、木星都是沿椭圆形轨道绕太阳运行的，所以所有的太阳系大行星都是沿椭圆轨道绕太阳运行的。

B. 美国加利福尼亚州与我国南方地区的自然环境相似，我国南方地区适合种植柑橘，所以美国加利福尼亚州也适合种植柑橘。

C. 只有建立必要的规章制度，生产才能顺利进行。A 工厂的生产没有顺利进行，所以该工厂一定没有建立起必要的规章制度。

D. 我们反对一切不正之风，以权谋私是不正之风，所以，我们反对以权谋私。

223 组合转换

观察图形，找出变化规律，选出转换后的图形。

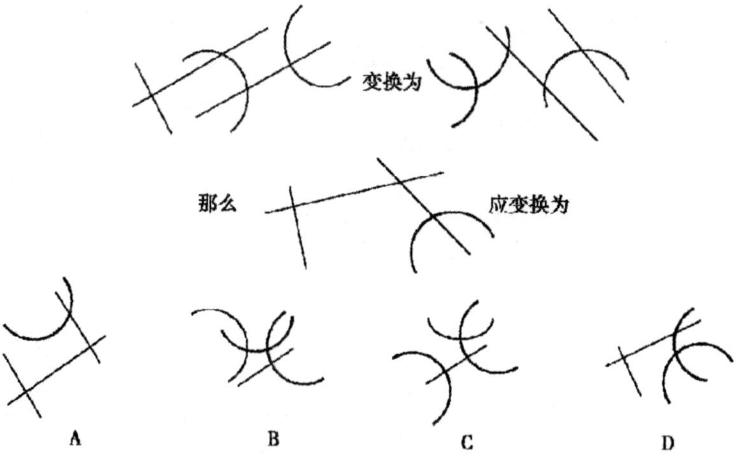

变换为

那么　应变换为

A　B　C　D

224 串门

小张、小王、小李、小赵这四位推销员都住在吉祥镇。

（1）四人的住宅都位于两条或多条街道的交叉路口，如下面的该镇局部地图所示：

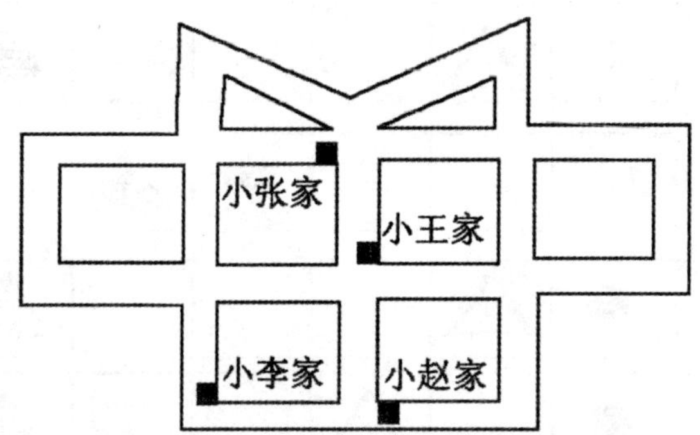

（2）一天，在同一时间，小张去拜访他的朋友小王，小王去拜访他的朋友小李，小李去拜访他的朋友小赵，小赵去拜访他的朋友小张。

（3）每位推销员都从自己住宅出发，向朋友的住宅走去。如果每个人要在每条街道的每所住宅都作短暂的停留（每条街道沿街都是住宅），那么四人中能够做到每一条街道只走过一次的只有一人。

这四位推销员中，谁沿着全部街道不重复地走了一遍？

225 合理延续

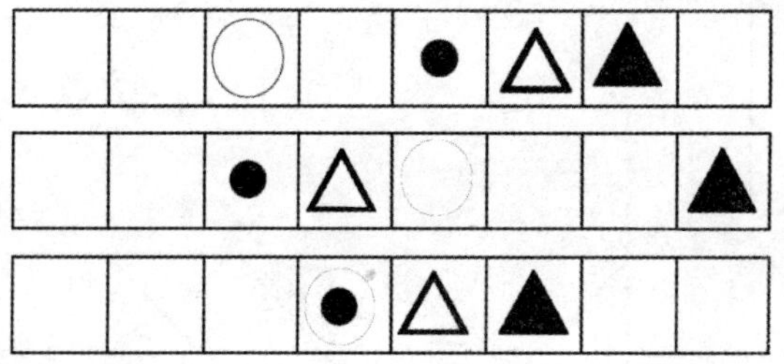

A～E 中哪组图形能延续上面的图形序列？

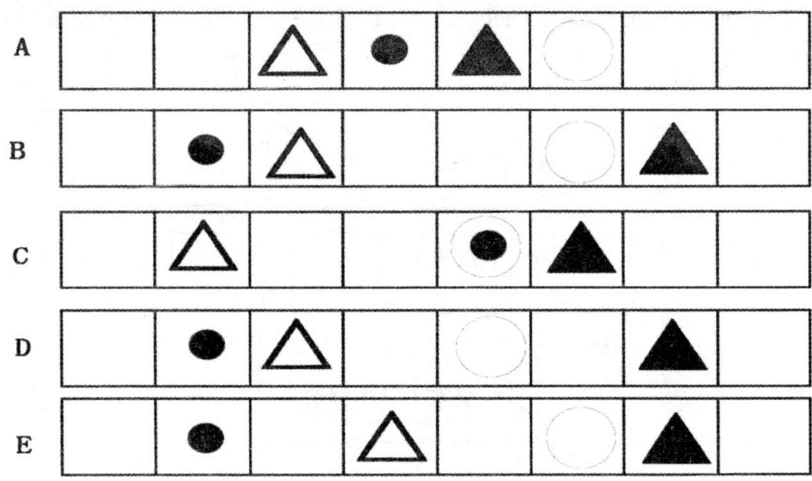

226 七巧板拼运动员

七巧板是一种用七块板组成的拼图游戏。结构是用正方形分成 16 个小正方形，然后截取（见下图）。七巧板的玩法就是用它来拼图案。

例如，下面两幅拼图可供大家参考。请你试着拼一拼。

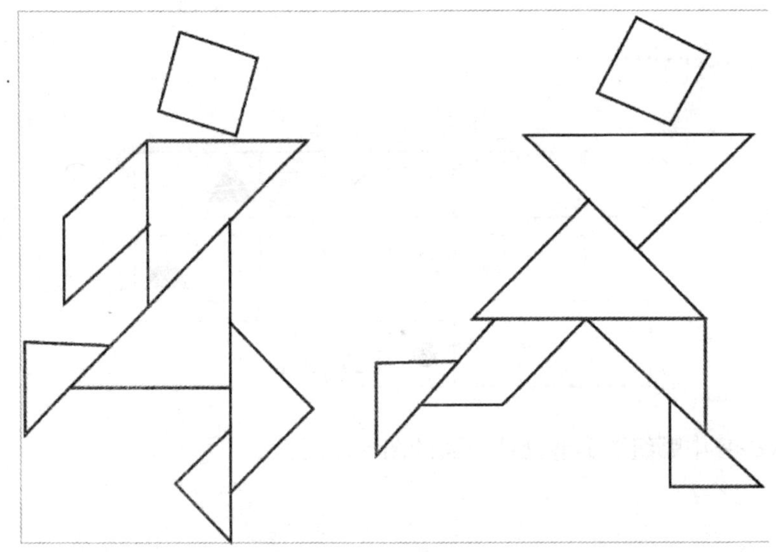

227 找出没有从属关系的一对

A. 熊猫：哺乳动物　　B. 鲤鱼：两栖动物

C. 阳光：紫外线　　D. 小说：文学作品

228 反省与人生价值

古希腊哲人说，未经反省的人生是没有价值的。

下面哪一个选项与这句格言的意思最不接近？

A. 只有经过反省，人生才有价值。

B. 要想人生有价值，就要不时地对人生进行反省。

C. 糊涂一世，快活一生。

D. 人应该活得明白一点。

229 简易风车

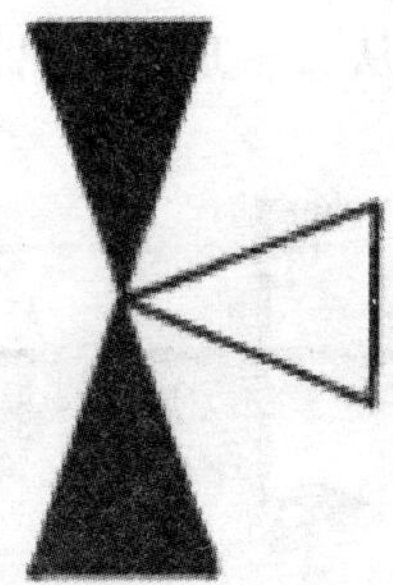

根据上面这些图形的规律，接下来的应该是哪个图形呢？

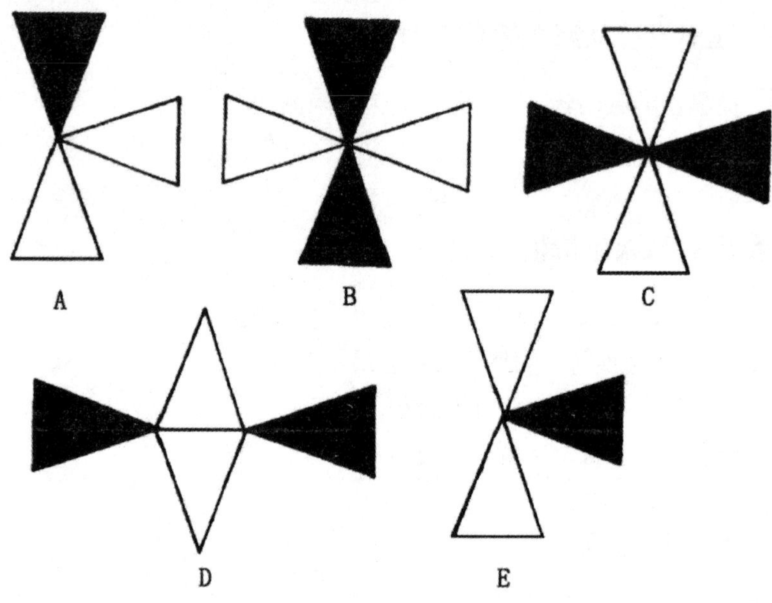

230 变化规律

你能从 A～E 中找出符合第 1 排图形变化规律的一项吗？

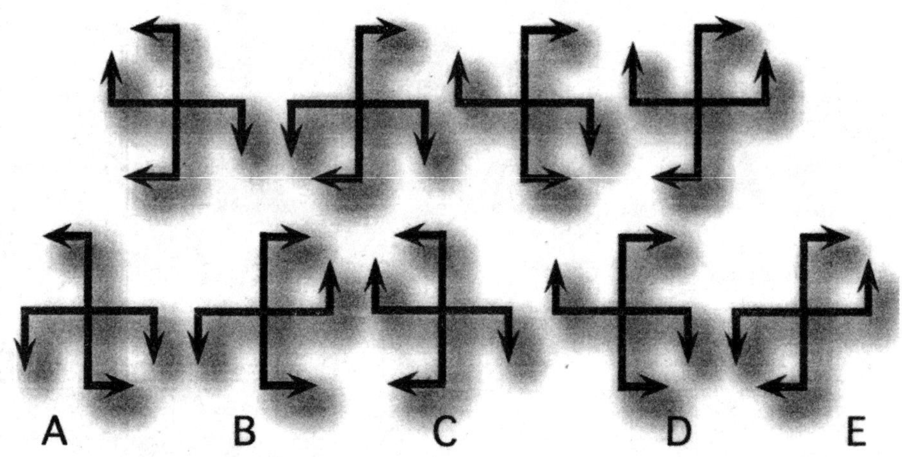

231 伪造者早晚被揭穿

真正高明地制造的钞票从不会被发现，所以一旦他的作品被认出是伪

造的，则伪造者不是位高明的伪造者，真正的伪造者从不会被抓到。

下列哪种推理方式与这段话类似？

A. 田壮是一个玩魔术专家，他的魔术总能掩人耳目，从未被揭穿，所以他是一个高明的魔术师

B. 王伟是一个玩魔术的人，他的魔术一般不会被揭穿，偶尔有一两次被人看穿，但这不妨碍他是一名优秀魔术师

C. 岗村是一个玩魔术的人，他的魔术一般不会被人看穿，偶尔有一二次被人看穿，说明他并不是一个高明的魔术师，因为高明的魔术师不会被人看穿

D. 小马的魔术很好，从不会被揭穿，所以他是一个优秀魔术师

232 灰与黑

灰色字母有什么共同点？黑色字母有什么共同点？

233 异类字母

你能找出那个与众不同的字母吗？

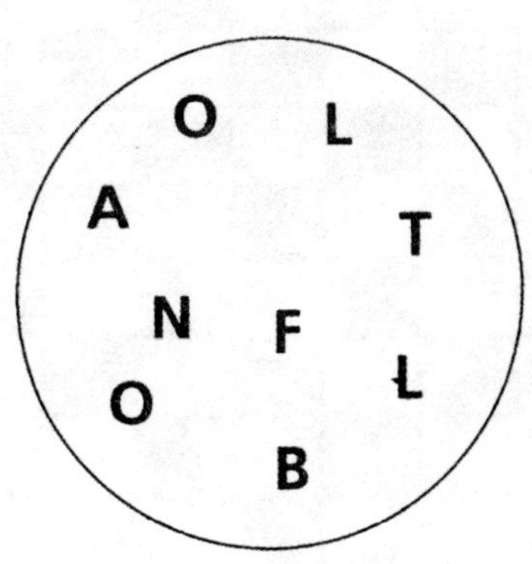

234 开办自己的公司

如果你必须在一件事情上，让人知道你很棒，比如你的产品比别人做得好；别人也做得一样好时；你比别人快；别人也同样快时，你比别人成本低；别人的成本也一样低时，你比别人附加值高。下面哪一项最不接近上面这段话的意思？

A. 只有至少在一件事情上做得最好，你的公司才能够在市场竞争中站稳脚跟。

B. 如果你的公司在任何事情上都不是最好，它就很可能在市场竞争中败下阵来。

C. 如果你的公司至少在一件事情上做得最好，它就一定能获得巨额利润。

D. 除非你的公司至少在一件事情上做得最好，否则，它就不能在市场竞争中获得成功。

235 类似图形

如下图所示，用 41 块咖啡色和白色相间的瓷砖可摆成对角线各为 9 块瓷砖的图形。如果要摆成一个类似的图形，使对角线有 19 块瓷砖，总共需要多少块瓷砖？

236 死亡密码请找出

此图中 DEAD（死亡密码）一词完整地出现了两次，它们的排列横竖、斜正、正倒都有可能。你能找出来吗？

E	A	E	D	E	A	A	D	E	D	E	E	A	D	E	A
A	E	D	E	D	A	D	D	A	D	E	E	A	A	D	E
D	D	A	E	E	D	A	A	D	A	A	D	E	A	E	D
E	D	D	E	A	E	A	A	A	E	D	A	D	D	A	D
A	D	A	D	E	A	E	D	A	A	D	A	A	D	E	A
E	D	D	A	D	A	D	E	D	A	A	D	A	E	A	D
D	A	E	E	E	E	A	A	D	D	E	D	A	D	E	A
A	D	E	A	A	D	A	A	A	D	E	A	A	E	A	D
A	D	A	D	A	A	D	A	A	D	D	A	D	D	A	E
E	D	A	A	D	E	D	A	A	D	D	A	A	D	A	E
A	D	D	A	D	A	D	A	A	A	D	E	D	E	A	E
D	A	D	D	A	D	A	D	A	D	A	D	A	D	A	D
E	D	D	A	D	D	E	D	E	A	D	D	A	A	D	A
A	E	A	D	A	A	A	E	A	D	D	A	E	A	A	D
E	A	D	A	A	A	D	D	E	A	E	A	D	D	E	D
D	E	D	A	D	D	A	E	A	D	A	E	E	A	E	A

237 三角替代

哪组图形——A，B，C 还是 D——可以代替问号？

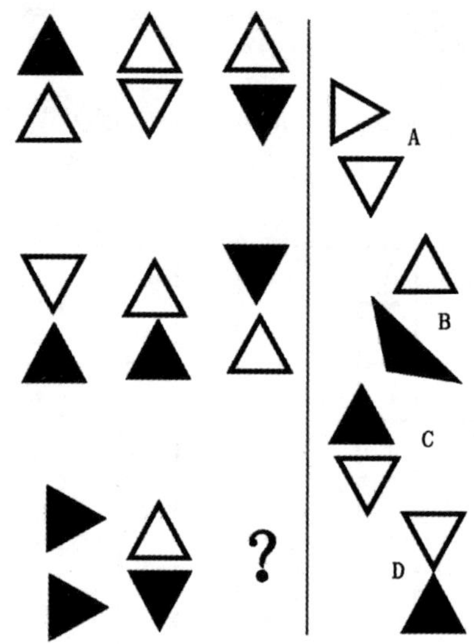

238 特异字母

在下列五个字母中，哪个与其余四个差别最大，是其中异己呢？

239 填补符号

请问第三块正方形右下角应是什么符号？

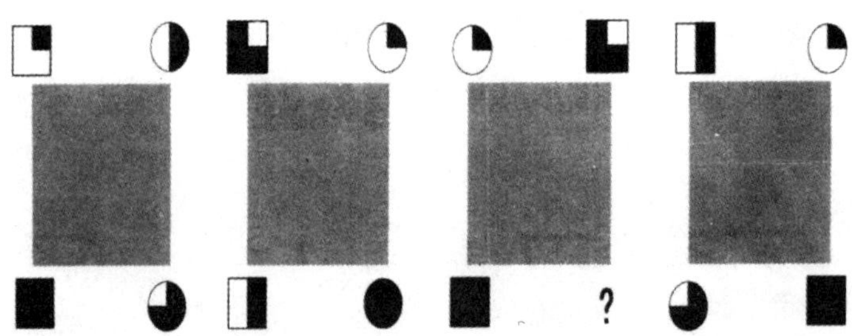

240 哪项意思最为接近

有一道逻辑题：以下哪项断定“明天不必然地震”的意思最为接近？（选自 MBA 联考考题）

A. 明天必然不地震。　　　　B. 明天可能地震。

C. 明天可能不地震。　　　　D. 明天不可能地震。

E. 明天不可能不地震。

241 糊涂法官

有一糊涂法官坚持要判某人有罪，其理由是该人不能证明自己无罪。

以下诸项中，哪一项的论证手法与该法官的做法最为类似？

A. 哥德巴赫猜想是成立的，即每个大于 6 的偶数都可表示为两个素数之和。理由是：没有人能够使我们信服这样的偶数不能表示为两个素数之和。

B. 有人坚持托勒密的“地心说”，理由是：亚里士多德就是这么认为的。

C. 有人认为，天上星星的精确数目是 9×101000 颗，他对不同意这种说法的人说：“据说这是爱因斯坦说的，难道你比爱因斯坦还高明吗？那你为什么没有发明相对论？为什么你没有爱因斯坦那么大的名声？”

D. 有人说小李是个品行不端的人，理由是：他的爸爸不是个好东西，爱拈花惹草。

242 独具特色

下列两套图形具有某种相似性，也存在某种差异。从四个选项中选择你认为最适合的一个取代问号。正确的答案应不仅使两套图形表现出最大的相似性，而且使第二套图形也表现出自己的特征。

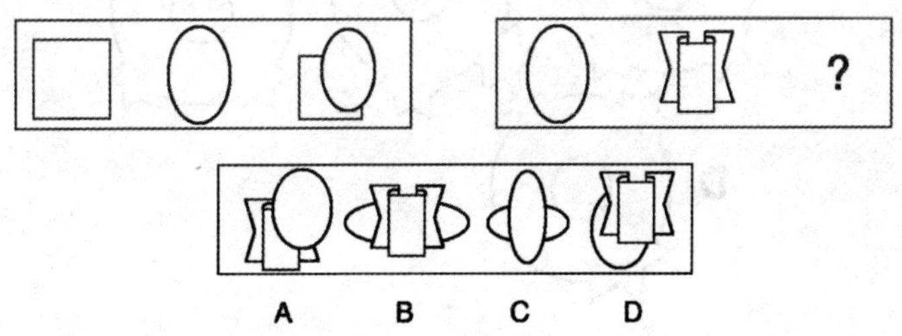

243 边角料成方形桌

下面是一块边角料，小花想把它做成一张方形桌面，请你帮她设计一下，怎样剪和拼，才能完成呢？

244 洞的形状

下面哪个图形和图中的洞的形状是吻合的——A，B，C还是D？

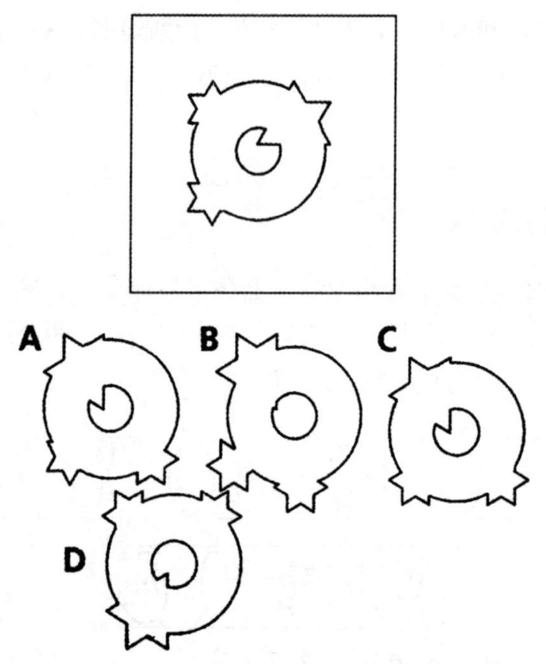

245 单词的隐身之处

哈佛大学是一个举世瞩目的世界性大学，其教授团中总共产生了 34 名诺贝尔奖得主。在美国历史上，迄今为止共有 8 位哈佛大学的毕业生曾当选为美国总统，哈佛大学的能力由此可见一斑。那么，怎样才能进入哈佛大学接受这精英教育呢？阿伦监事告诉我们，哈佛大学一定会看学生的学业成绩，但哈佛绝不会完全凭这些分数来决定是否录取学生。哈佛要培养的，是具有创造能力，能够为人类社会的发展作出贡献的人才，而不是一个只会考试的人。所以，不要做一个被考试压着喘不过气来的人吧，适当地培养自己的观察能力、思考能力和创造能力吧。拥有目标，加紧努力，梦想才能实现。下面这道题，就是一个寓教于乐的综合性能力测试，请记住关键词SERPENTINE，因为，这个单词只能在表格中发现一次（字母必须相连）。你能把它找出来吗？这可需要你耐心观察哦。

S	E	R	E	P	E	N	S	T	I	N	E	R	E	S	E
E	E	S	E	N	R	P	E	N	S	E	R	P	E	N	T
R	S	R	S	E	I	S	R	T	E	R	P	E	N	T	I
P	E	P	P	S	E	T	P	I	N	E	N	E	S	S	S
E	R	E	S	N	T	N	N	N	E	R	I	N	N	N	E
N	P	N	E	R	T	E	T	E	P	N	S	E	E	I	R
T	E	T	R	P	S	I	I	T	P	T	P	T	P	T	P
N	N	I	P	E	E	N	N	T	R	R	S	E	P	N	E
E	T	N	E	N	T	E	E	E	E	S	E	T	E	E	N
I	N	E	N	T	R	S	E	S	R	E	T	S	N	P	T
S	E	R	T	P	E	N	T	I	N	E	T	S	T	R	I
S	E	R	N	P	E	N	T	I	N	E	E	N	I	E	T
E	S	R	E	I	S	E	R	P	E	N	T	I	N	S	E
S	E	T	E	N	N	I	T	N	E	P	R	E	S	T	E
R	S	E	N	E	I	T	N	I	P	R	E	S	E	S	T
S	E	R	P	E	N	S	N	I	T	N	E	P	R	E	S

246 错误与避免

不可能所有的错误都能避免。

以下哪项最接近于上述断定的含义？

A. 所有的错误必然都不能避免。

B. 所有的错误可能都不能避免。

C. 有的错误可能不能避免。

D. 有的错误必然能避免。

E. 有的错误必然不能避免。

247 类同变化

从 A 到 B 的变化，类同于从 C 到哪一项的变化？

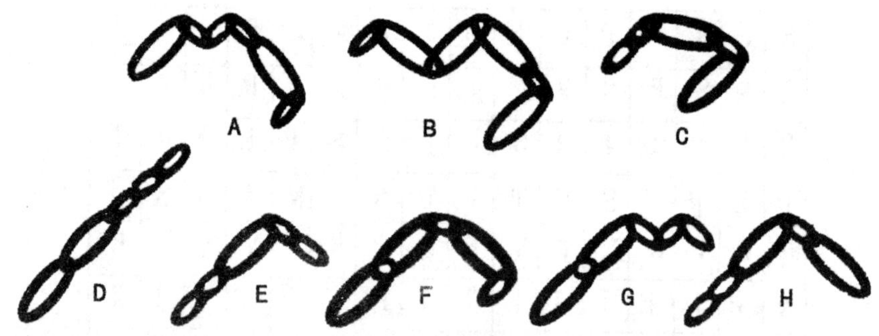

248 形单影只

下列图形中哪一个是与众不同的？

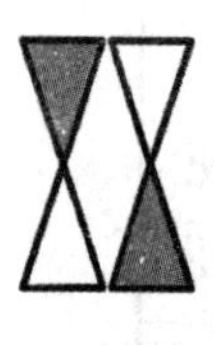
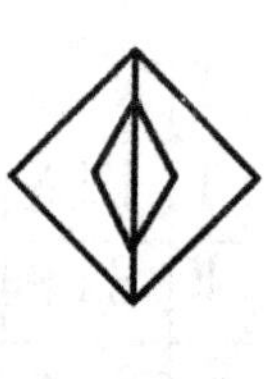
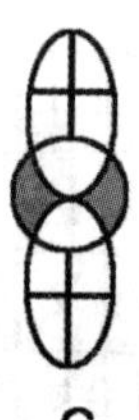

A B C D E

249 演绎推理

运用你的演绎推理，从格子的“开始”处到“结束”处画出一条路线。路线可以是水平的，也可以是垂直的（但不能是斜线）。每一行或每一列开头的数字恰好表明路线在该行或该列中必须经过的格子数。小图是用来说明操作方法的示例图。

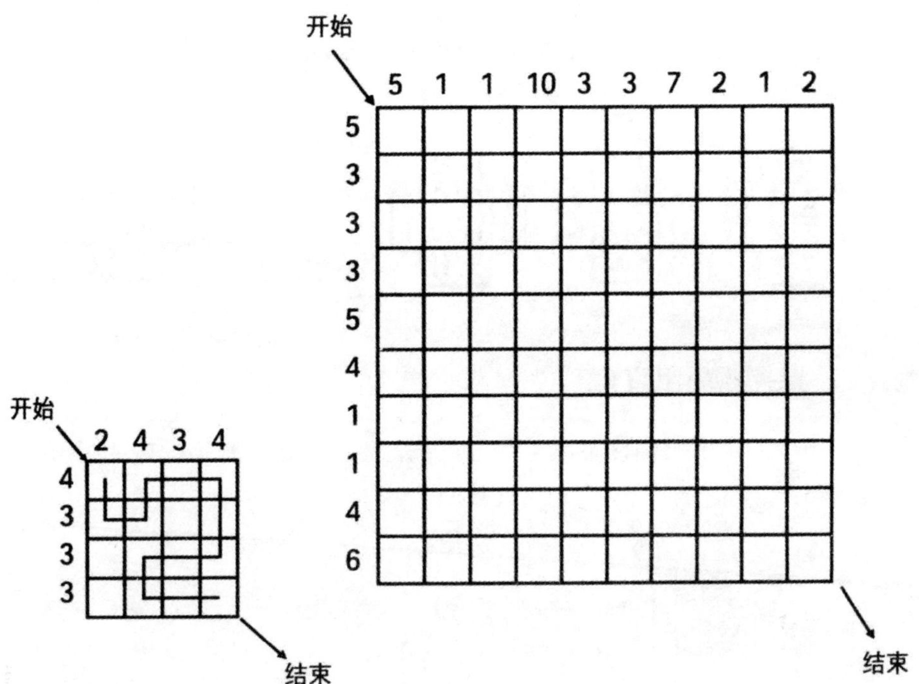

250 网格

A、B、C、D、E 选项中，哪一个可以放在网格图片的中间？

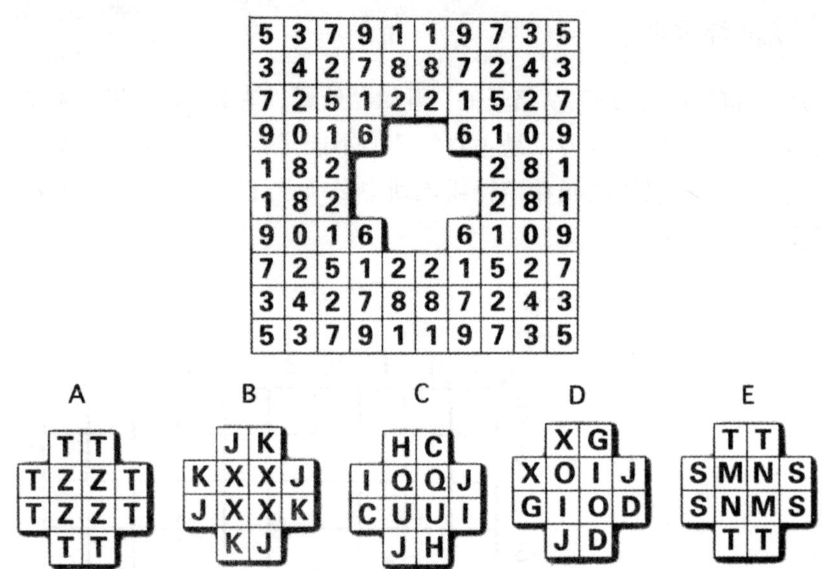

251 指挥棒巧组直角

下图中的三根指挥棒组成了 5 个直角，想一想这 3 根指挥棒能组成 12 个直角吗？

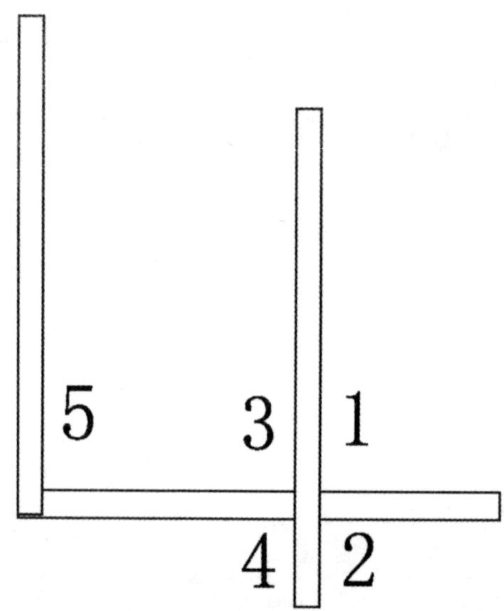

252 “9·11”恐怖袭击后美国的政策

美国在遭受“9·11”恐怖袭击后采取了这样的政策：“要么与我们站在一起去反对恐怖主义，那你是我们的朋友；要么不与我们站在一起，那你是我们的敌人。”下面哪一项与题干中的表达方式不相同?

A. 有一则汽车广告：“或者你开凯迪拉克，那么你是富人；或者你根本不开车，那么你是穷人！”

B. 以足球为职业的人只有两种命运：要么赢，那你是英雄，面对鲜花、欢呼、金钱、美女；要么输，那你是孬种、笨蛋，面对责难、愤怒、谩骂，打落牙齿往肚里吞。

C. 如果一位教授有足够的能耐，他甚至能够把笨学生培养合格；因此，如果他不能把笨学生培养合格，就说明他的能耐不够大。

D. 要么你做一个道德高尚的人，那你就无私地贡献自己的一切；要么你做一个卑鄙的人，那你就不择手段地谋私利。

253 旋转就相符

请在下列 A、B、C、D 四个图形中，找出一个与最左边那个图相符（旋转一定角度或方向）的图形。

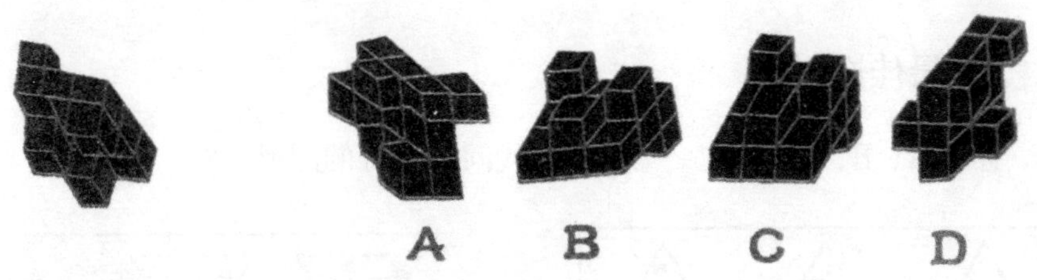

254 检查宇宙飞船图

这艘飞船正从月球飞回地球。下图所示的就是前进舱指挥舰板的平面图。伯肯舰长每个小时都会巡视飞船。他将检查从 A 到 M 的每一个走廊，而且只检查一次。但是，通过外走廊 N 的次数不限。同时，进入 4 个指挥中心（1 号、2 号、3 号和 4 号）的次数也不受限制。最后，他总是在 1 号指挥中心结束检查。请你把舰长的检查路线展示出来（起点可以从任一指挥中心开始）。

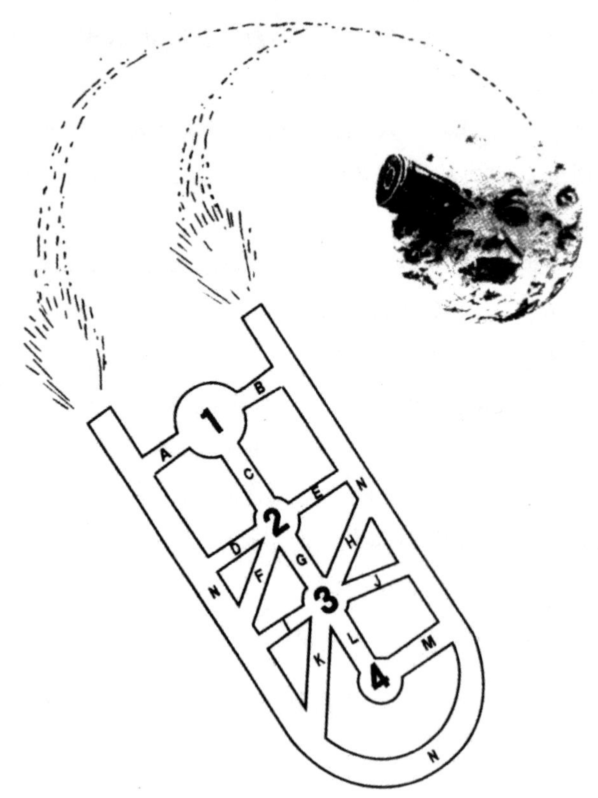

255 最佳选择

你能 A、B、C、D 选一个最能取代问号位置的图形吗？

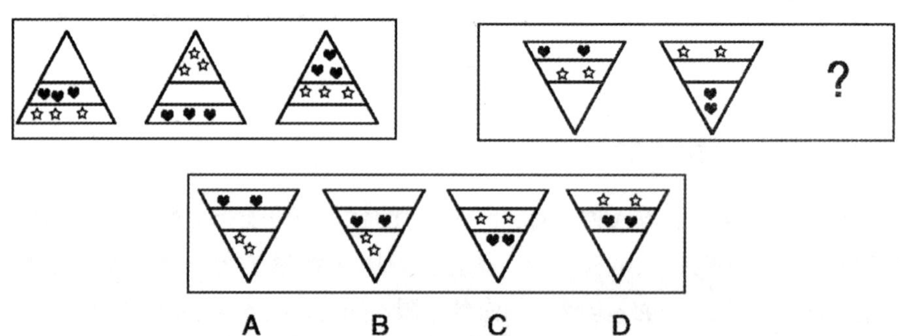

256 恐怖分子密码信息

情报部门截获恐怖分子发送的三条密码信息，经密码破译员分析，“Alingoits Doximayo Makasey”意思是“绑架学生（做）人质”，而“Huholikaso Makasey Mugbudengs”意思是“押着人质（见）记者”，“Mugbudengs Ftoufgke Alingoits”意思是“绑架记者离开”。

关于有关词语在该密码语言中的意思，下面哪一项陈述可能是真的？

A.“Doximayo”意指“人质”。　　B.“Doximayo”意指“学生”。

C.“Mugbudengs”意指“绑架”。　D. 不知道它们是什么意思。

257 线条转换

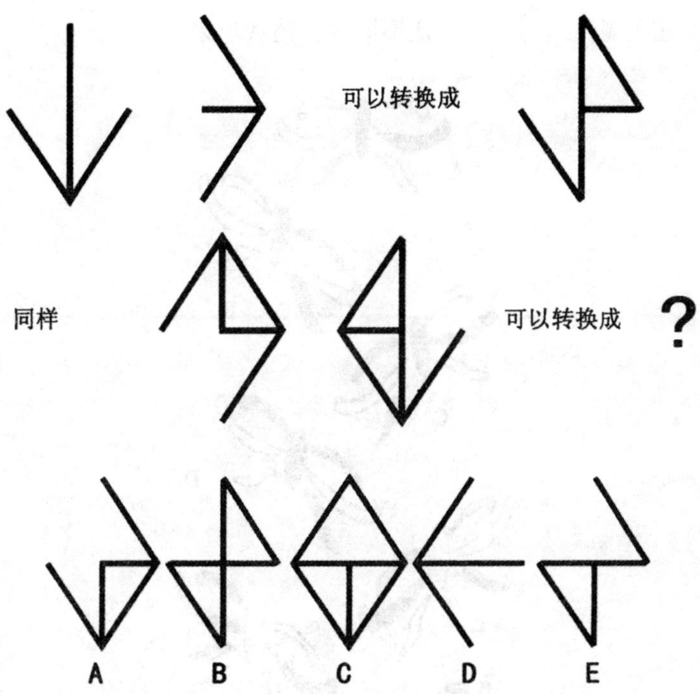

258 棋盘正分平平坐

请将如下图所示的 6×6 棋盘分成两块，使得两块的形状和大小都相同，并且每一块中都含有 A、B、C、D、E 五个字母。

E					
		B	B		D
D		E		C	
A	A			C	

259 别致的蝴蝶结

下面几幅蝴蝶结哪一个与众不同呢？请找出来。

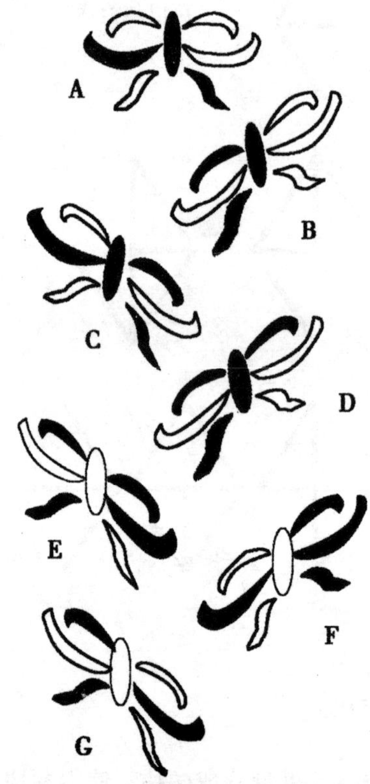

260 说外文与国际人

只是会说外文，不代表就是国际人。

下面所有选项中的句子，哪句话和上面那句话的意思相符？

A. 因为会说外文廉洁可以称得上是国际人了。

B. 不会说外文就不算是国际人。

C. 一个国际人只会说外文是不够的。

D. 一个国际人一定要会说外文。

261 电子表时

A～E 五块手表中哪块表的时间能接续已有的时间序列？

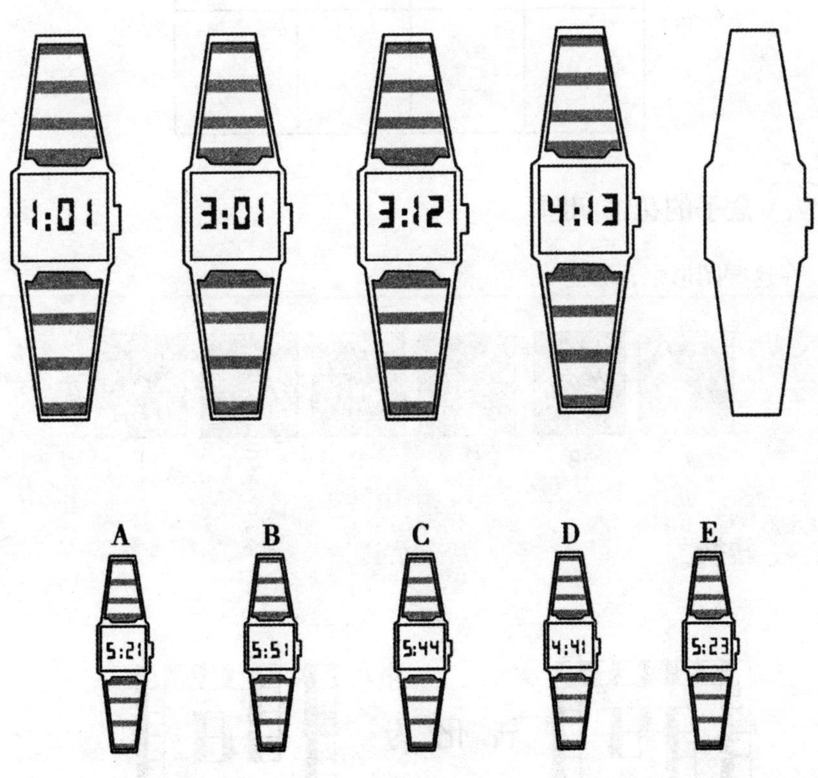

262 对称棋盘摆棋子

下图是围棋图的一角，上面已摆下 5 枚棋子。如果要将它变成一个上下左右都对称的图形，最少要摆几枚棋子？

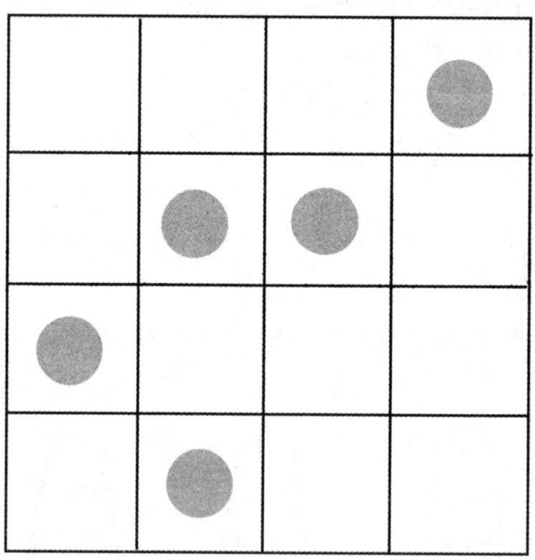

263 盒子的花饰问题

在这些图形中，哪一个与其他不同？

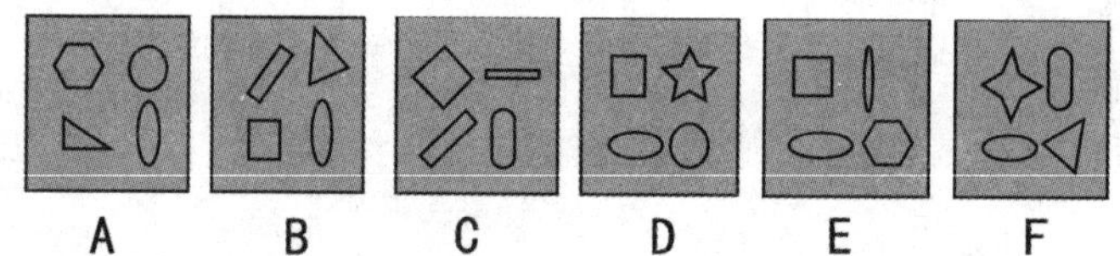

264 转换

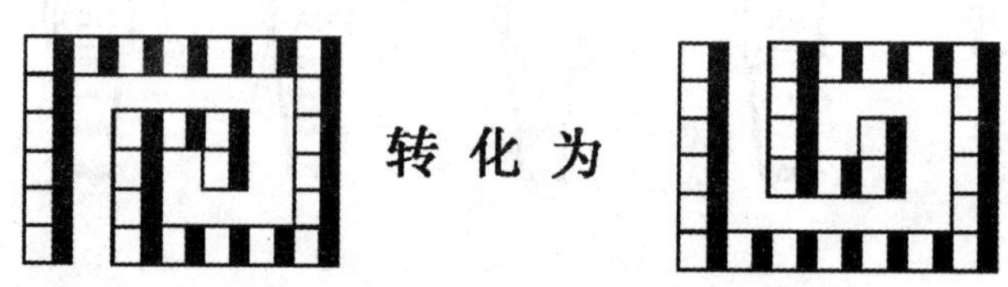

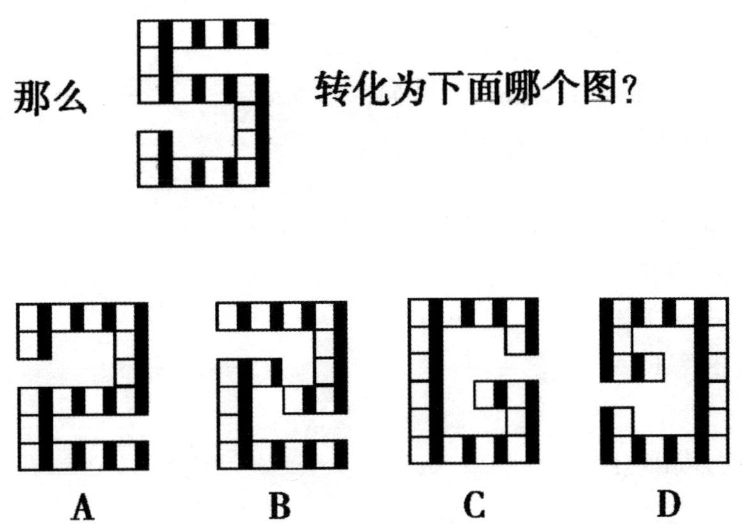

265 金字塔

根据“金字塔”内符号的描述规律，完成谜题。

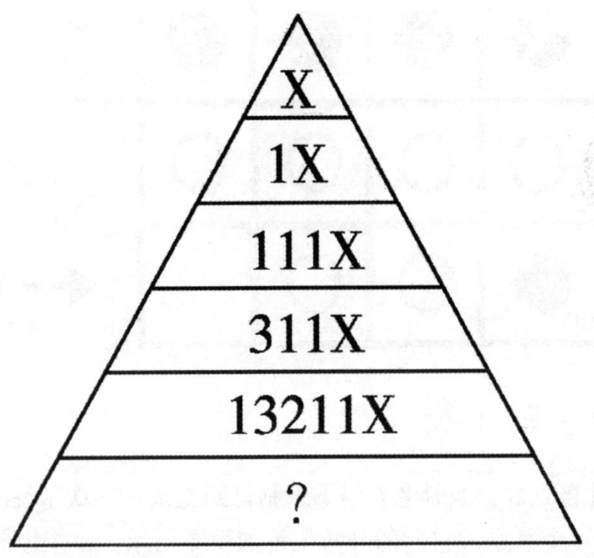

266 英文单词

下面哪一个词与其他词都不相同？

A. ARTIST

B. ISTART

C. TRAITS

D. STAIRS

E. STRAIT

F. ITSTAR

267 逻辑填图

你能不能合乎逻辑地把这张方格表填满？

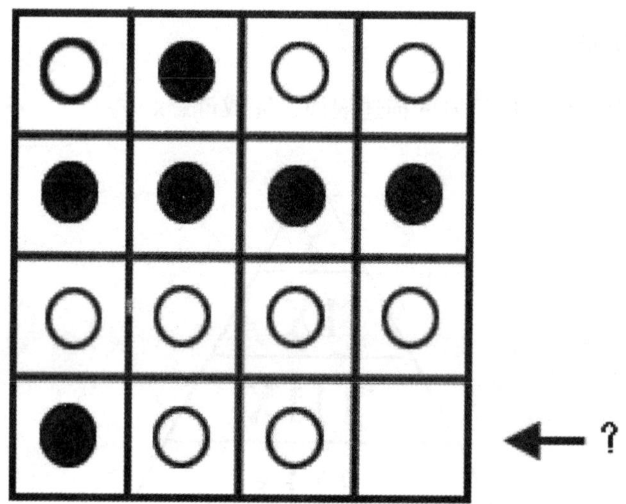

268 直线型飞行计划

在离开北极之前，圣诞老人停下来制订到城镇——欢乐谷的飞行计划。欢乐谷共有 64 个家庭，它们的分布位置如下图所示。每个家庭都在他的计划名单上。圣诞老人想从塔克家开始，到维卡家结束。在这个过程中，他的前进路线需要保持直线，按照水平或者垂直方向在家与家之间飞行；但是，

不能重复走过的路线。那么，你能否只用 21 条直线帮助圣诞老人把飞行计划画出来呢？

塔克家

维卡家

269 缺失的方块

顺着水平方向看，然后顺着每条线垂直向下看，找出下面哪一个图在逻辑上应该是所缺失的方块？并说明为什么。

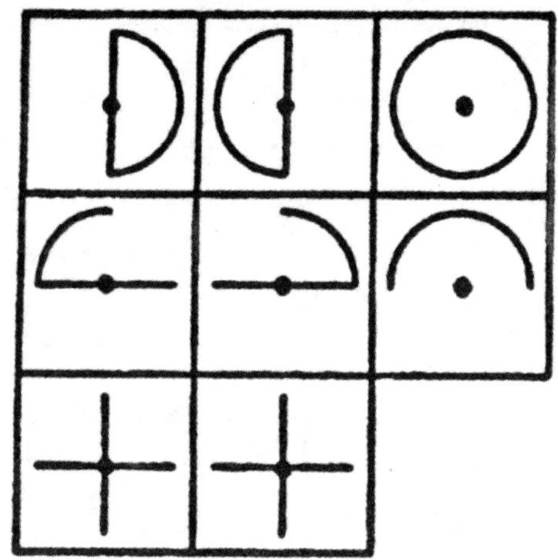

从下面图中选出：

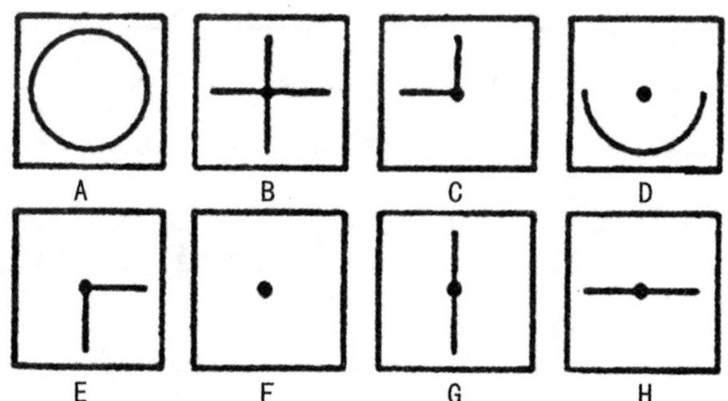

270 单词大碰撞

这些单词是按照一种合乎逻辑的顺序排列的：

P H I I O S O P H I C O S O E I O L O C I C A L L Y

Z O O

C H R O N O G R A M M A T I C A L

Q U O T E

E A G L E

E N T E R T A I N E D

K I S S

D I S E N T A N G L E M E N T

O C C U L T I S M

接下来应该是下列单词中的哪一个？

S　C　A　L　P
I　N　C　E　S　T
T　A　W　D　R　Y
V　A　L　E　T　U　D　I　N　A　R　I　A　N　I　S　M

271 正六边形的演变

观察三个六边形，下面四个选项中哪一个属于这一排列顺序中的下一个图形？

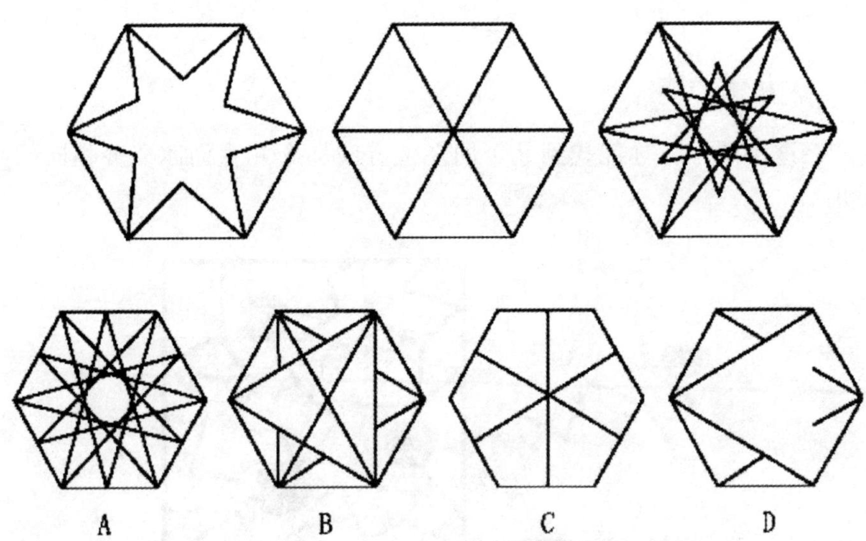

272 有问题的立方体

这是一个观察立方体的问题。左面的图形和面图五个图形中的哪一个相同？

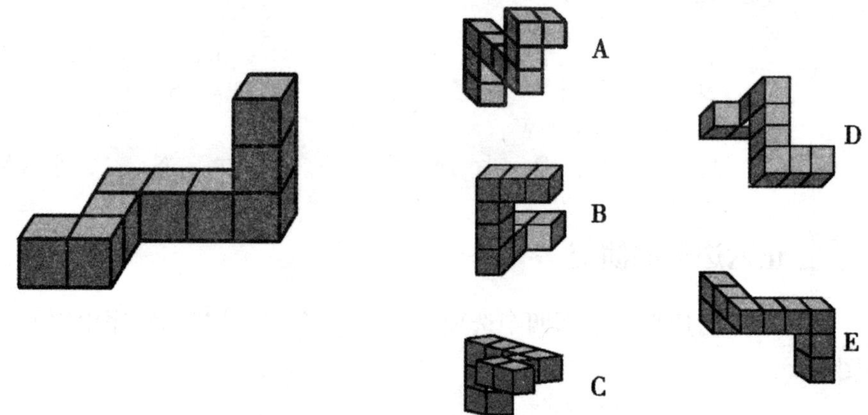

273 儿童溜冰

在这张图中，你能找到几个同左上方向那个儿童溜冰姿势相同的小人儿？

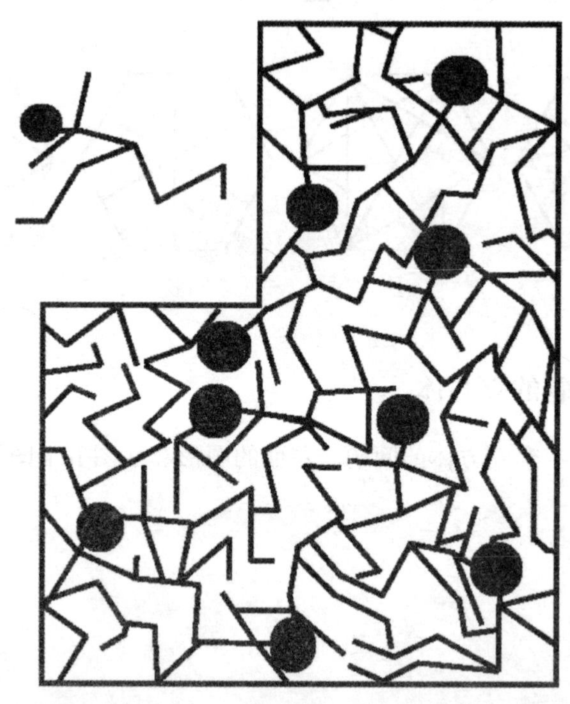

274 两句话

有这样两句话：她是 12 岁；她不是 12 岁。

假如其中有一句正确，那另一句就一定不正确——可是我还遇到两句话，它们的形式是：

是○○○

不是○○○

这两句话中，彼此相同，○○○也相同，并且两句话都是正确的。这是两句什么话呢？

275 怎样修路最好呢

现在有些人常为一些鸡毛蒜皮的小事闹得不可开交，以致互不往来，但愿你的心胸能豁达些、谦让些，能很好地与朋友、邻居相处。这不，住在同一个大院里的 4 户人家 A、B、C、D，就因为牛在院里的进出问题产生了矛盾，搞得大家彼此不相往来，结果只好各修了一条通往牛栏的路，两两还不能相交，以免见面发生摩擦。你知道他们是怎样修路的吗？

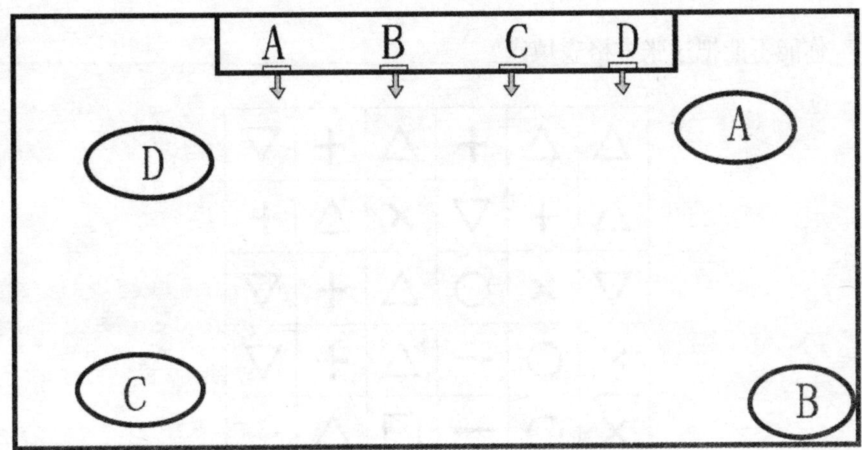

276 俯视布篷

四张布篷安在这个支架上。从它的正上方俯视，将看到什么图案？

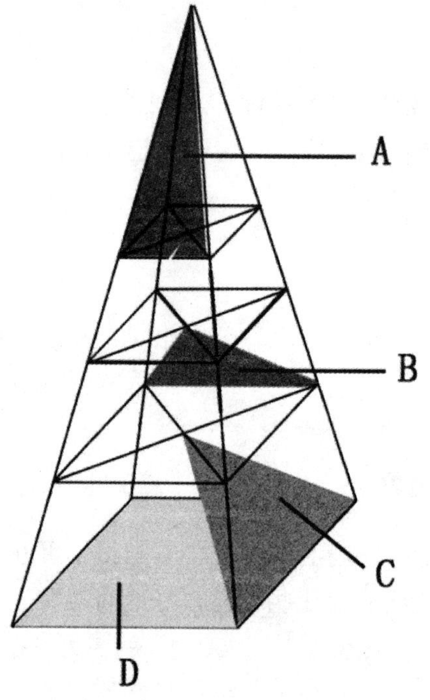

277 填方格

你能不能把这张方格表填满?

△	△	+	△	+	▽
△	+	▽	×	△	+
▽	×	○	△	+	▽
×	○	−	△	+	▽
×	○	−	□	△	+
▽		○	−	□	|
	↑ ?				

278 六种礼物

有 A～F 六种不同的礼物，都装在大小相同的盒子里。经理表示："你们可以随意选择喜欢的一个。A 的礼物最贵重，依序为 B、C、D、E、F 的盒子。只是不能碰触自己不要的盒子。"就这样，大家虽然可以清楚看到盒子上的代号，但却一直没有人选择代号为 A 的盒子。为什么呢？

279 特殊卡片

A～E 五张卡片中，哪张卡片是特殊的？

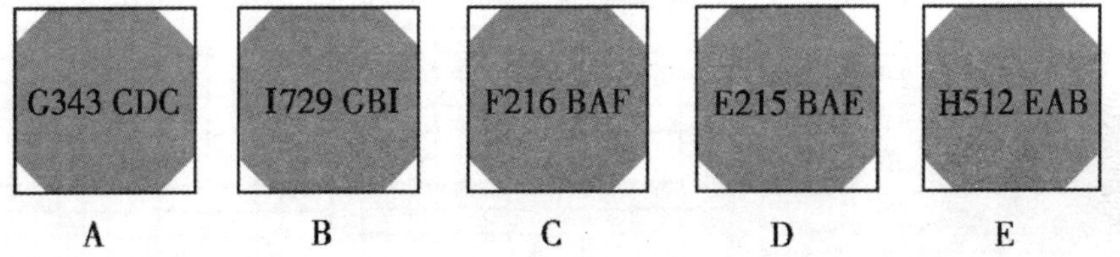

280 填数

请观察各图形与它下面各数间的关系，然后在问号处填上一个适当的数。

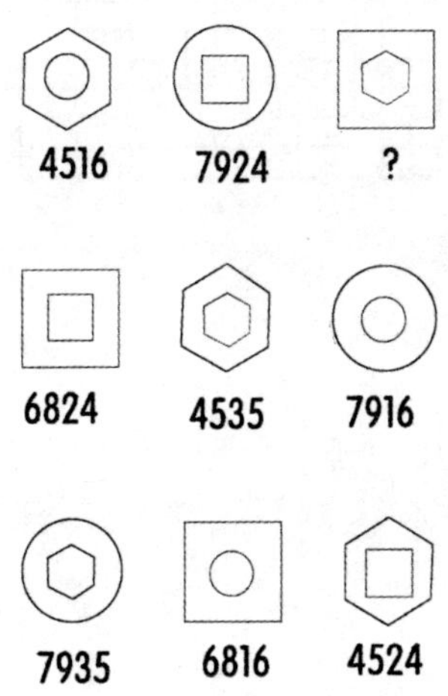

281 二维自生增长式

在方格 1 中有 5 个红色格子，每个后继的方格都会有根据一个简单的规则加减所产生的新格子：如果与格子水平或垂直相邻的红色格子数目是偶数，那么新产生的格子是白色的；如果相邻的红色格子数目是奇数，那么新产生的格子是红色的。

你能实现超过五代的增长模式吗？如果能，你将会看到一个让人惊奇的结果的。

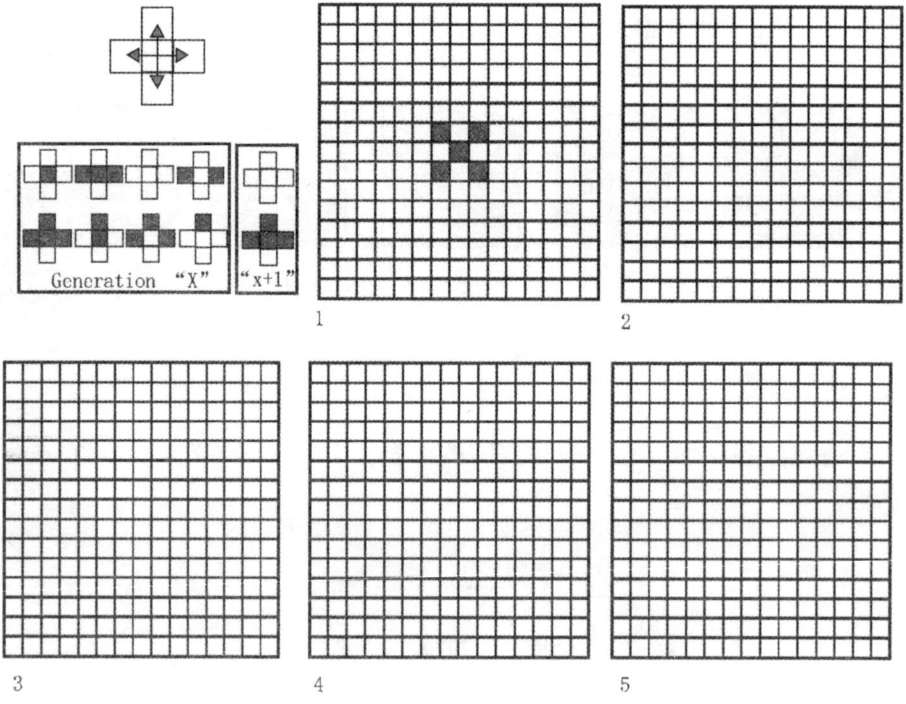

282 同类

下面 A～D 四个选项中，哪一个图形与第一行的图形类似？

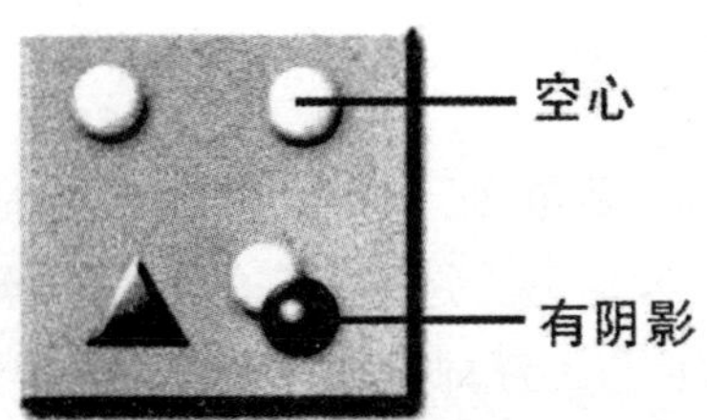

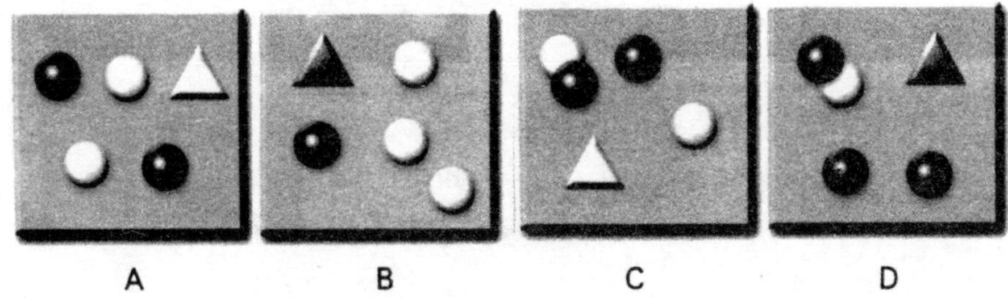

283 数学家和编程专家

根据陈述，推理出哪个答案是正确的：彭平是一个计算机编程专家，姚欣是一位数学家。其实，所有的计算机编程专家都是数学家。我们知道，今天国内大多数综合性大学都在培养计算机编程专家。请判断，以下哪个正确？

A. 彭平由综合性大学所培养的。

B. 大多数计算机编程专家是由综合性大学所培养的。

C. 姚欣并不是毕业于综合性大学。

D. 有些数学家是计算机编程专家。

284《狂人日记》

鲁迅的多数著作篇幅都很长，不是一天能读完的，《狂人日记》是鲁迅的众多著作中的一本作品集，所以《狂人日记》不是一天可以读完的。这句话：（1）正确；（2）错误。

285 高跟鞋和西装

根据以下陈述，哪句话是正确的：有一段时间，满街的女人都穿着一种高跟皮鞋，但这种鞋不美是男人们的共识。不久这种皮鞋越来越少见。如今，在男士的衣柜里，双排扣西装可能已落满了灰尘。

这种西装气派、庄重，但有拒女人千里之外的感觉。以此可见，以下结论哪个最正确？

A. 女人都爱赶潮流。

B. 市场上已经没有高跟皮鞋和双排扣西装销售了。

C. 穿高跟皮鞋没有女人味，穿双排扣西装男人味太浓。

D. 男人和女人流行哪种服饰，很大程度上取决于异性是否认同。

286 谁考上了大学

小王、小刘、小张参加了今年的高考，考完后在一起议论。

小王说："我肯定能考上重点大学。"

小刘说："重点大学我是考不上了。"

小张说："要是不论重点不重点，我考上一般大学肯定是没问题。"

发榜结果表明，三人中考取重点大学、一般大学和没考上大学的各有一个，并且他们三个人的预言只有一个人是对的，另外两个人的预言都与事实恰好相反。那么，三人中谁考上重点大学，谁考上一般大学，谁没考上呢？

287 智取情报

在围剿贩毒分子的战斗中，我边防人员一举抓获了一个犯罪团伙。在罪犯的身上，边防人员搜到一张纸条，上写："× 日下午 6 时，货在 13 区云杉树顶。"

边防人员迅速赶到现场查看，这棵云杉高数丈，直插云霄，货物是不可能放在树顶上的。

于是他们认真推理这句话的意思，果真在纸条所指定的时间里将货物取出。你知道边防人员是从哪里取到"货"的吗？

288 红裙子、花裙子

某次舞会有 87 个姑娘参加。参加舞会的每个姑娘可能穿花裙子，也可能穿红裙子。此外，还知道下面两个事实：

（1）这 87 个姑娘中，有人是穿花裙子的。

（2）任何两个姑娘中，至少有一个姑娘是穿红裙子的。

请问，有几个姑娘穿花裙子，几个姑娘穿红裙子？

289 几个球

某人手中有若干个球。除了两个球不是红的，其余都是红的；除了两个球不是绿的，其余都是绿的；除了两个球不是黄的，其余都是黄的。从上面的条件中，你能知道他手中有几个球吗？

290 巧分钥匙

有家工厂的技术科有三个资料橱，每个橱子各有两把钥匙，科里三个工程师随时都需要打开这三个橱子。请问，在不增加钥匙的情况下，怎样才能使每人随时都可以打开这三个橱子的任何一个？

291 什么关系

小张、小李、小王三个人住在一个宿舍。说来也巧，他们三人每个人都只有一个妹妹，并且他们都比自己的妹妹大 11 岁。三个人的妹妹名字分别叫小瑞、小丽和小梅，已知小张比小瑞大九岁，小张与小丽年龄之和是 52，小李与小丽年龄之和是 54。请你猜猜，他们分别谁和谁是兄妹。

292 九张纸牌

有九张纸牌，分别为 1～9。A、B、C、D 四人取牌，每人取两张。现已知 A 取的两张牌之和是 10；B 取的两张牌之差是 1；C 取的两张牌之积是 24；D 取的两张牌之商是 3。请说出他们四人各拿了哪两张纸牌，剩下的一张又是什么牌。

293 五朵金花

有五姊妹，由于个个长得美若天仙、沉鱼落雁，所以外人根本难以看出谁是姐姐，谁是妹妹。

假若您想开口询问，她们只会这样回答你：

“丽莉比卫平年轻。丽颖和桂花差一岁。伟宁比丽莉年长但不是长女。桂花比丽莉年少但不是幺女。”

根据她们的说法，你能将这五朵姊妹花的长幼顺序排列出来吗？

294 找到藏宝箱

阿不拉不仅是个专业小偷，更是一名胆大妄为的冒险分子。有一次，他到德国旅行，途中意外拾获一张藏宝图。于是，在藏宝图的指引下，他来到了海德堡，并且如其所愿地闯入一个古老而神秘的地窖中。地窖内有两个奇怪的大箱子，以及一张布满灰尘的字条。

字条上面清楚地写道：我生前所掠夺的宝物都放在其中某个箱子里，但我希望将这些宝贝传给真正有智慧的人——换句话说，阁下若开对箱子，自可满载而归，万一开错了，就得跟我一样，永远长眠于地底之下。哈——

哈——哈——

阿不拉紧接着发现，两个箱子上也分别贴有字条。

甲箱："乙箱的字条属实，而且所有金银财富都在甲箱内。"

乙箱："甲箱的字条是骗人的，而且所有金银财宝都在甲箱内。"

阿不拉愣在原地，百思不得其解。然而，问题真有那么严重吗？真有想象中那么困难吗？你可否帮阿不拉决定打开哪个箱子呢？

295 谁点了牛排

四个好朋友前往一家西餐厅用餐，他们选了个圆桌，依 A、B、C、D 的顺序坐下，并在看过菜单之后，彼此接续点了主菜、汤及饮料。

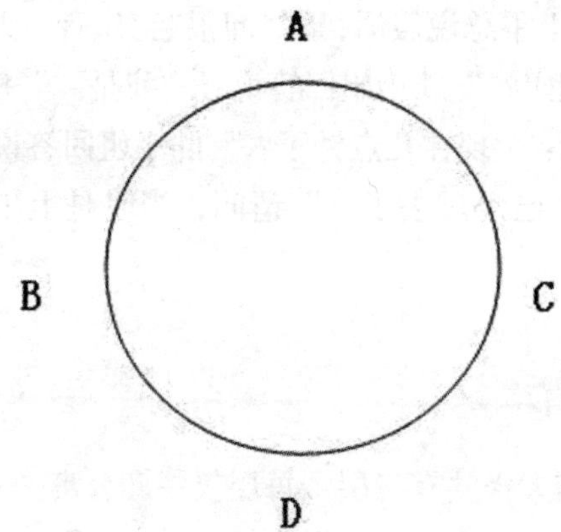

在主菜方面，李先生点了一份鸡排，连先生点了一份羊排，而坐在 B 的人则点了一份猪排，另一位先生点了牛排。点汤方面，萧先生及王先生都点了玉米浓汤，李先生点了洋葱汤，另一个则点了罗宋汤。至于饮料方面，萧先生点了热红茶，李先生和连先生点了冰咖啡，而另一个则点了果汁。

当大伙儿点完之后，这才发现：邻座的人都点了不一样的东西。如果李先生是坐在 A 的位置，试问，坐在哪里的哪位先生点了牛排？

296 狙击手绰号

刑事局干事历经千辛万苦，总算取得有关 A、B、C、D、E 这五名狙击手的部分情报，通过仔细分析，旋即知道了各个狙击手的绰号。其资料如下：

（1）大牛的体型比 E 狙击手壮硕。

（2）D 狙击手是白猴、黑狗的前辈。

（3）B 狙击手总是和白猴一起犯案。

（4）小马哥和大牛是 A 狙击手的徒弟。

（5）白猴的枪法远比 A 狙击手、E 狙击手神准。

（6）虎爷和小马哥都不曾动过 E 狙击手身边的女人。

请问，你知道 B 狙击手的绰号是什么吗？

297 奇怪的姐妹

有姐妹二人，一个胖一个瘦。姐姐上午很老实，一到下午就说假话；而她的妹妹则相反，上午总说假话，下午却很老实。有一天，一个人去看她俩，问：“那位小姐是姐姐？”胖小姐回答说：“我是。”瘦小姐也回答：“是我呀！”这个人又问：“现在几点钟了？”胖小姐回答说：“快到中午了。”瘦小姐却说：“中午已经过去了。”请问，当时是上午还是下午，她俩哪一个是姐姐呢？

298 公寓的住客

刚刚落成的公寓大楼共有三层，每层仅一套公寓。

最先搬进来的沃伦夫妇住进了顶层的一套房子。莫顿夫妇和刘易斯夫妇则根据抽签的结果，分别住进了下面两层。

莫顿夫妇感到非常满意，他们没有什么怨言。事实上，整幢楼里唯一有意见的是珀西，他希望住在他楼上的那对夫妇不要过早地洗澡，因为这影响他睡眠。

除此之外，这三家房客之间的关系一直很融洽。罗杰每天早上下楼路过吉姆的门前时，总要进去坐一会儿，然后两个人一起去上班。到了 11 点时，凯瑟琳总要上楼去和刘易斯夫人一起喝茶。

丢三落四的诺玛觉得住这种公寓非常方便，因为每当她忘了从商店买回什么东西的话，她总可以下楼向多丽丝家去借。

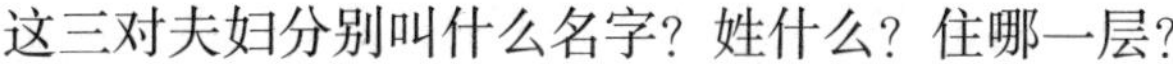
这三对夫妇分别叫什么名字？姓什么？住哪一层？

299 五人的关系

约翰、詹姆斯、南希、露西和帕米拉陈述了以下各种情况：

约翰：南希是我的妻子；詹姆斯是我的儿子；帕米拉是我的姑姑。

詹姆斯：露西是我的姐妹；帕米拉是我的母亲；帕米拉是约翰的姐妹。

南希：我没有兄弟姐妹；约翰是我的儿子；约翰有一个儿子。

露西：我没有儿女；南希是我的姐妹；约翰是我的兄弟。

帕米拉：约翰是我的侄子；露西是我的侄女；南希是我的女儿。

假定：

（1）凡有一个以上兄弟姐妹的人，以及有一个以上儿女的人总是讲实话的。

（2）凡有一个以上兄弟姐妹或有一个以上儿女的人，所说的情况是真、假交替的。

（3）凡没有兄弟姐妹，也没有儿女的人，都不讲真话。

请从以上情况中，找出哪几种是真实的，以及这五个人彼此之间的关系。

300 鲍西亚的宝盒

在莎士比亚的《威尼斯商人》一剧中，鲍西亚有三个珠宝盒，一个是金的，一个银的，一是铜的。在这三个盒子的某一个中，藏有鲍西亚的画像。鲍西亚的追求者要在这三个盒子中选择一个。如果他有足够的运气，或者足够的智慧，挑出的那个盒子藏有鲍西亚的画像，他就能宣布娶鲍西亚为妻子。如下表所示，在每个盒子的外面，写有一段话，内容都是有关本盒子是否装有画像的。

鲍西亚告诉追求者，上述三句话中，最多只有一句是真的。这个追求者有可能成为幸运者吗？要想成为幸运者的话，他应该选择哪个盒子呢？

金盒子	银盒子	铜盒子
画像在此盒中	画像不在此盒中	画像不在金盒中

301 四位古希腊少女

阿尔法、贝塔、伽玛和欧米伽四位古希腊少女正在接受训练，以便将来能当个预言家。实际上，她们之中只有一个后来当了预言家，并在特尔斐城谋得一个职位；其余三个人，一个当了职业舞蹈家，一个当了宫廷侍女，另一个当了竖琴演奏家。

一天，她们四个人在练习讲预言。

阿尔法预言：“贝塔无论如何也成不了职业舞蹈家。”

贝塔预言：“伽玛终将成为特尔斐城的预言家。”

伽玛预言：“欧米伽不会成为竖琴演奏家。”

而欧米伽预言她自己将嫁给一个叫阿特克赛克斯的男人。

可是，事实上她们四个人当中，只有一个人的预言是正确的，而正是这个人后来当上了特尔斐城的预言家。

她们四个人各自当了什么？欧米伽和阿特克赛克斯结婚了吗？

302 今天星期几

A、B、C、D、E、F 和 G 正在争论：

A：后天是星期三。

B：不对，今天是星期三。

C：你们都错了，明天是星期三。

D：胡说！今天既不是星期一，也不是星期二，也不是星期三。

E：我确信昨天是星期四。

F：不对，你弄颠倒了，明天是星期四。

G：不管怎么说，反正昨天不是星期六。

实际上，这七个人当中只有一个人讲对了。请问：讲对的是谁？今天是星期几？

303 人和头发的数量

在A城，假设以下关于该城居民的断定都是事实：

（1）没有两个居民的头发的数量正好一样多。

（2）没有一个居民的头发正好是518根。

（3）居民的总数比任何一个居民头上的头发的总数要多。

那么，A城居民的总数最多不可能超过多少人？

304 错拿雨伞

李莉、王璜、冯洪、何和、方芳在一起参加会议。由于天下雨，他们都带了一把伞。散会时正逢停电，结果都错拿了别人的伞。

李莉拿的伞不是何和的，也不是王璜的；王璜拿的伞不是何和的，也不是冯洪的；冯洪拿的伞不是方芳的，也不是王璜的；何和拿的伞不是冯洪的，也不是方芳的；方芳拿的伞不是何和的，也不是李莉的。

另外，也没有两人相互拿错了对方的伞的情况。

请问冯洪拿了谁的伞？他的伞又让谁错拿走了？

305 诸葛亮问数

相传有一天，诸葛亮把将士们召集在一起，说："你们中间不论谁，从1～1024中任意选出一个整数，记在心里，我提十个问题，只要求回答'是'或'不是'。十个问题全答完以后，我就会算出你心里记的那个数。"诸葛亮刚说完，一个谋士站起来说，他已经选好了一个数。诸葛亮问道："你选的数大于512？"谋士答："不是。"诸葛亮又接连向这位谋士提了九个问题，谋士都一一作了回答。诸葛亮最后说："你记的那个数是1。"谋士听了极为惊奇，因为他选的那个数正好是1。

你知道诸葛是怎样算出来的吗？

306 足球赛

公元2500年，国际足联为了鼓励球员在足球比赛中进更多的球，试行了新的竞赛规则，即赢一场球得10分，平局各得5分，不论输赢踢进一球即得1分。在一次实行循环制的国际足球邀请赛中，几场比赛过后各队的得分如下：日本队3分；意大利队7分；巴西队21分。请问每场比赛的比分是多少？

307 刘墉的计谋

和珅是个大奸臣，经常设计害人。清官刘墉一心为国，助人救人。一次，和珅抓住一个被冤枉的人，对他说："我要制裁你。在行刑前，你先预言一下，不久要发生什么事，说对了，就让你自缢身亡，说错了，就要凌迟处死。"被冤枉的人六神无主，不知怎么办。刘墉知道后，派人悄悄告诉这人一句话。

于是第二天行刑时，这人说了这句话，终于让和珅无法处决他，从而死里逃生。请问，刘墉告诉这人的是什么话？

308 天上落西红柿汁

在澳大利亚的一个农场里，有一位马虎先生，他家里自制了很多西红柿汁。有一天，他的小儿子约翰站在窗下，可是淘气的哥哥汤姆却把西红柿汁朝弟弟的头上倒下去了。西红柿汁正好呈一条线。马虎先生急忙赶到窗户边一看，真奇怪！约翰的头上一滴西红柿汁也没有，地上也没有痕迹。请问，这是为什么？

309 谁在说谎

传说古代有一个“说谎国”和一个“老实国”。有一天，两个说谎国的人混在老实国人中间，想偷偷进入老实国。他们俩和一个老实国的人进城的时候，哨兵喝问他们三人：“你们是哪个国家的人？”甲回答说：“我是老实国人。”乙的声音很轻，哨兵没有听清楚，于是指着乙问丙：“他是哪一国人，你又是哪一国人？”丙回答道：“他说他是老实国人，我也是老实国人。”哨兵得到消息说三个人中间只有一个是老实国的人，可不知道是谁。他面对这样的回答，应该如何分析？

310 超市失窃案

某超级市场失窃，大量的商品在夜间被罪犯用汽车运走。三个嫌疑犯被警察局传讯。警察局已经掌握了以下事实：

（1）罪犯不在 A、B、C 三人之外；（2）C 作案时总得有 A 作从犯；（3）B 不会开车。

A 是否卷入了此案？

311 你能分辨吗

一棵大松树上住着松鼠一家十口，有雄有雌，雄鼠说假话，雌鼠说真话。

一天，一只麻雀与它们攀谈起来："你们家有几只雄鼠？"

第一只松鼠说："有一只雄鼠。"

第二只松鼠说："有两只雄鼠。"

……

第十只松鼠说："有十只雄鼠。"

究竟有多少只雄鼠呢？

312 作案时间

一天夜里，邻居听到一声惨烈的尖叫。早上醒来发现原来昨晚的尖叫是受害者最后的声音。警察向邻居们了解案件发生的确切时间。一位邻居说是12:08，另一位老太太说11:40，杂货店老板说他清楚地记得是12:15，还有一位绅士说是11:53。但这四个人的表都不准确，在这些手表里，一个慢25分钟，一个快20分钟，还有一个快3分钟，最后一个慢12分钟。你能帮警察确定作案时间吗？

313 顾客点菜

一个服务员正在给餐厅里的51位客人上蔬菜，蔬菜有胡萝卜、豌豆和花菜。要胡萝卜和豌豆的人比只要豌豆的人多两位，只要豌豆的人是只要花菜的人的两倍。有25位客人不要花菜，18位客人不要胡萝卜，13位客人不要豌豆，6位客人要花菜和豌豆而不要胡萝卜。请问：

（1）多少客人三种菜都要？

（2）多少客人只要花菜？

（3）多少客人只要其中两种菜？

（4）多少客人只要胡萝卜？

（5）多少客人只要豌豆？

314 性别问题

小丽家的猫刚生下来四只小猫。小丽和同事小华在讨论小猫的性别情况。小丽说："四只猫每一只都可能是公的，也可能是母的。所以出现的

情况可能是：四只全都是公的；四只全都是母的；有三只是公的，一只是母的；有三只是母的，一只是公的；有两只是公的，两只是母的。”小华说：“它们两公两母的概率是 50%，因为每一只是公是母的概率都是 50%。”小华的说法对吗？如果你认为它是错误的，你能找出反驳的方法吗？

315 打铁罐

集市上的“办得到”货摊上摆着九个铁罐，每个上面都标有一个数字。三个三个地垒在一起：

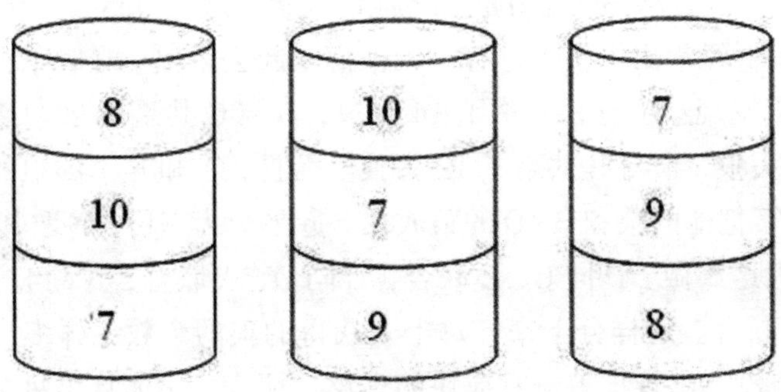

比赛者每人只许打三枪，每枪只许打落一个铁罐，如果一枪打掉了两个或两个以上的铁罐，就算失败了。比赛者打掉第一只铁罐后，这个被打掉的铁罐上的数字就是他所得的分数；打掉第二个铁罐，他得到的分数是被打掉的第二只铁罐上的数字的两倍；第三个铁罐被打掉后，他所得分数是这个铁罐上的数字的三倍。三枪所得分数之和必须正好是 50 分——一分不多，一分不少，才能得奖。

比赛者应该打掉哪三个铁罐？按什么顺序打？

316 记错的价钱

一位农夫建了一个三角形的鸡圈。鸡圈是用铁丝网绑在插入地里的桩子上而围成的。这位农民在笔记本上作了如下的记录：

（1）沿鸡圈各边的桩子之间的距离相等。

（2）等宽的铁丝网绑在等高的桩子上。

（3）面对仓库那一边的铁丝网的价钱为 10 美元；面对水池那一边的铁丝网的价钱是 20 美元；面对住宅那一边的铁丝网的价钱是 30 美元。

（4）他买铁丝网时用的全是 10 美元面额的钞票，而且不用找零。

（5）他为鸡圈各边的铁丝网所付的 10 美元钞票的数目各不相同。

（6）在他记录的三个价钱中，有一个记错了。

根据以上线索，推断一下这三个价钱中哪一个记错了？

317 平分猎物

有五个猎人，从小就是好朋友，他们经常一起去打猎。在秋天的时候，山谷里的狼群经常出来伤人，有一天他们一起去杀狼。在晚上整理猎物的时候，他们发现：A 与 B 共杀了 14 头狼，B 与 C 共杀了 20 头狼，C 与 D 共杀了 18 头狼，D 与 E 共杀了 12 头狼。而且，A 和 E 杀的狼的数量一样多。然后，C 把他的狼和 B、D 的狼放在一起平分为三份，各取其一。然后，其他的人也这么做。D 同 C、E 联合，E 同 D、A 联合，A 同 E、B 联合，B 同 A、C 联合。这样分下来，每个人获得的狼的个数一样多，并且在分的过程中，没有出现把狼分割成块的现象。那么，你能算出每个人各打了多少头狼吗？

318 苹果的个数

莉莉、沙沙、贝贝、可可都有一定数量的苹果。虽然她们每个人所有的苹果的数量不同，但都在 4～7 个之间。四个人都吃掉了一个或两个苹果，结果每个人剩下的苹果数量还是各不相同。

四人吃过苹果后，说了如下的话。其中，吃了两个苹果的人撒谎了，吃了一个苹果的人说了实话。

莉莉："我吃过银色的苹果。"

沙沙："莉莉现在手里有四个苹果。"

贝贝："我和库拉一共吃了三个苹果。"

可可："安娜吃了两个苹果。贝贝现在拿着的苹果数量不是三个。"

最初每个人有几个苹果，吃了几个，最后又剩下几个？

319 家庭人员

小杰很喜欢去舅舅家玩，因为舅舅家人特别多，大家对小杰都很亲切和疼爱。

有一天，小杰的同事问她："你舅舅家到底有多少人呀？"小杰告诉她："舅舅家有三代人，有一个人是祖父，有一个人是祖母，有两个人是爸爸，有两个人是儿子，有两个人是妈妈，有两个人是女儿，有一个人是哥哥，有两个人是妹妹，有四个人是孩子，有三个人是孙子或孙女。"根据这些，你能推断出舅舅家到底有多少人吗？

320 住房号码

康德住在幸福大街，这条大街上的房子的编号是从 13 号到 1300 号。罗斯想知道康德所住的房子的号码。

罗斯问道：它小于 500 吗？康德作了答复，但他讲了谎话。

罗斯问道：它是个平方数吗？康德作了答复，但没有说真话。

罗斯问道：它是个立方数吗？康德回答了并讲了真话。

罗斯说道：如果我知道第二位数是否是 1，我就能告诉你那所房子的号码。

康德告诉了他第二位数是否是 1，罗斯也讲了他所认为的号码。但是，罗斯说错了。

康德住的房子是几号？

321 田径比赛

安东尼、伯纳德和查尔斯三人参加了三项田径比赛。对于比赛的情况，我们获得了如下的信息：

（1）每项比赛只取前三名，第一名、第二名、第三名分别得 3 分、2 分、1 分。

（2）并列为同一名次者，都得到与该名次相应的分数。

（3）把每人在撑竿跳、跳远和跳高比赛中的得分加起来得到一个个人总分，结果这三人的个人总分都一样。

把这三人在某项比赛中的得分加起来得到一个团体分，结果三个项目的团体分都一样，而且这个团体分与上述的个人总分相等。

（4）在撑竿跳比赛中没有出现得分相同的情况。

（5）安东尼和查尔斯在跳远比赛中得分相同。

（6）安东尼和伯纳德在跳高比赛中得分相同。

（7）在这三项比赛中，伯纳德有一项没有得分，查尔斯也有一项没有得分。

请问：在撑竿跳比赛中，安东尼得了第几名？

322 队形转换

在国庆 50 周年仪仗队的训练营地，某连队一百多名战士在练习不同队形的转换。如果他们排成五列人数相等的横队，只剩下连长在队伍前面喊口令；如果他们排成七列这样的横队，只有连长仍然可以在前面领队；如果他们排成八列，就可以有两人作为领队了。在全营排练时，营长要求他们排成三列横队。

请问：以下哪项是最可能出现的情况？

A. 该连队官兵正好排成三列横队。

B. 除了连长外，正好排成三列横队。

C. 排成了整齐的三列横队，另有两人作为全营的领队。

D. 排成了整齐的三列横队，其中有一人是其他连队的。

323 球赛结果

有很多球迷在讨论一场比赛：

（1）选手们体力真棒，比赛中双方都没有换过人。

（2）双方技术都很高，得分最多的一个队员独得 30 分；有三名队员得分不满 20 分，并且他们所得的分数各不相同。

（3）客队的个人技术相当接近，得分最多的和最少的只差 3 分。

（4）全场比赛中只有三名队员得分同是 22 分，他们不全在一个队。

（5）主队的个人得分正好是一组等差数列。

请根据以上信息，推算出这场球赛的具体结果。

324 年龄的谎言

女人们总是不希望公开自己的年龄，因此当谈到年龄问题时总是遮遮掩掩，或者绕来绕去，可是她们又喜欢探讨别人的年龄。这有四个女人，她们分别是 41 岁、42 岁、43 岁、44 岁。她们中的两个正在讨论年龄问题，无论谁说话，如果说的是关于比她大的人的话，都是假话；如果说的是关于比她小的人的话，都是真话。甲说："乙 43 岁。"丙说："甲不是 41 岁。"你知道她们都是多大吗？

325 聪明的售货员

小朋友莉莉去买巧克力，售货员说："白巧克力 9 角钱，黑巧克力 1 元钱。"于是，她买了一颗白巧克力，并将 1 元钱放在柜台上。这时，另一位小朋友露西也把 1 元钱放在柜台上，说："给我一颗巧克力。"于是，售货员给了她一颗黑巧克力。请问，售货员是怎么知道露西是想要黑巧克力的呢？

326 一网打尽

国际反恐组织得到消息，制造了多起恐怖事件的"黑鹰"组织首领伯德和另外一些核心成员，一年前躲避到 A 国来了。现在他们频繁接触，似乎在酝酿新的恐怖计划。经过缜密的调查发现，该组织的成员碰面形式很奇怪：第一名恐怖分子隔一天去头目那里一次，协助他处理事情；第二名恐怖分子隔两天去一次，第三名恐怖分子隔三天去一次，第四名恐怖分子隔四天去一次……第七名恐怖分子要每隔七天才去一次。为了避免打草惊蛇，把恐怖分子们一网打尽，反恐组织决定等到七名罪犯都碰面的那天再行动。那么这七名恐怖分子什么时候才会一起碰面呢？

327 首次值班

科洛克是某商场保安，关于值班情况，现在知道了如下一些条件：

（1）值班是按轮流制进行的。从科洛克首次值班至今，还不到 100 天。

（2）科洛克首次值班和最近一次值班的日期间仅有两个星期日。

（3）科洛克首次值班和最近一次值班是在不同月份的同一日子。

（4）科洛克首次值班和最近一次值班的月份天数相同。

请问：科洛克首次值班是在一年的 12 个月中的哪个月？

328 顺利晋升

有一个小勤务兵，在给上司端茶水的时候听到了一个消息，就是将军要从 36 个表现突出的中尉中提升 6 个人为上尉，但是将军并没有很好地分辨优劣的方法，所以决定让 36 个人站成一个圆圈，然后从第一个人报数，从 1 数到 10，报 10 的人就是能升职的人。这个小勤务兵正好有 6 个好朋友在名单之中，为了私心，他应该告诉他的好朋友站在什么位置上才能顺利升为上尉呢？

329 难解的遗嘱

一个守财奴生前积累了很多的金条，可他到临死的时候也舍不得分给儿子们。为此，他写了一份难解的遗嘱，要是解开了这个遗嘱，就把金条分给他们，要是没有解开，金条就永远被藏在无人知晓的地方。他的遗嘱是这样写的：我所有的金条，分给长子 1 根又余数的 1/7，分给次子 2 根又余数的 1/7，分给第三个儿子 3 根又余数的 1/7……以此类推，一直到不需要切割地分完。聪明的读者，你能算出守财奴一共有多少根金条，多少个儿子吗？

330 谁男谁女

有一家人家共有兄弟姐妹七人，但只知道如下情况：

（1）A 有三个姐妹。

（2）B 有一个哥哥。

（3）C 是女的，她有两个妹妹。

（4）D 有两个弟弟。

（5）E 有两个姐姐。

（6）F 也是女的，但她和 G 没有妹妹。

请问：这七个人中谁是男性，谁是女性？

331 吃饭难题

一家四口人要一起吃晚饭，他们的晚饭是小黄鱼和炸土豆丝，其中父亲要吃 7 条炸 6 分钟的鱼和炸 2 分钟的土豆丝；母亲要吃 4 条炸 10 分钟的鱼和炸 4 分钟的土豆丝；姐姐要吃 3 条炸 12 分钟的鱼和炸 5 分钟的土豆丝；弟弟要吃 5 条炸 14 分钟的鱼和炸 4 分钟的土豆丝。如果这家人只有一个炸锅，那么，做这顿饭至少需要多长时间？

332 四片果树林

有四片果树林，分别种了苹果树、柠檬树、柑橘树和桃树。已知：

（1）果树林的果树都成行排列，每片果树林中各行果树的棵数相等。

（2）苹果林的行数最少，柠檬林比苹果林多一行。柑橘林比柠檬林多一行，桃树林又比柑橘林多一行。

（3）有三片果树林，每片果树林四周边界上的果树与其内部的果树棵数相等。

在这四片果树林中，哪一片边界上的果树与其内部的果树棵数不相等？

333 推算生日

A、B、C、D、E 五个朋友的生日是挨着的，但并非按上述次序排列：

A的生日比C的生日早的天数，正好等于B的生日比E的生日晚的天数；D比E大两天。C今年的生日是星期三，那么其他四个人今年的生日都在星期几？

334 智猜姓氏

8个孩子分32个机器人，分法如下：燕妮得到1个机器人，玫利得到2个，培拉得到3个，米奇得到4个，男孩凯德·史密斯得到的机器人和他的妹妹一样多，汤米·安德鲁得到的是他妹妹的2倍，比利·琼斯分得的机器人是他妹妹的3倍，洛克·哈文得到的是他妹妹的4倍。请你猜猜上面4个女孩的姓名。

提示：在西方人名中，如汤米·安德鲁，姓氏居后，即安德鲁。

335 哥哥是谁

美美的哥哥有四个好朋友，他们五个人中每个人要么是工程师，要么是教师，而且有三个人的年龄小于25岁，两个人的年龄大于25岁。如果知道：

（1）五个人中有两个人是工程师，有三个人是教师。

（2）甲和丙是同一年出生的，丁和戊的年龄的平均数正好是25。

（3）乙和戊的职业相同，丙和丁的职业不同。

（4）美美的哥哥是一位年龄大于25岁的工程师。

你能推算出谁是美美的哥哥吗？

336 度假

A到B家度假。早上起来，他们一起去跑步；晚上一起去打网球。由于这些活动很消耗体力，所以他们每天顶多只进行其中的一项活动。也就是说，他们或者跑步或者打网球。不过，也有几天他们整天待在家里，没有进行任何活动。到A离开B家时，他们共有8个早上什么也没做，有12个晚上待在家里，去跑步或者去打网球的日子总共有12天。

请问：A在B家一共住了几天？

337 是男是女

一个班有 90 个人，排成一队去植物园。他们的排列顺序是这样的：男、女、男、男、男、女、男、男、男、女、男、男、男、女……那么，最后一个学生是男还是女呢？

338 卖弄的老板

饭店老板说他有三个孩子，于是，客人就问他：“你的小孩几岁了？”老板：“他们三个人的年龄乘起来等于72。”客人摇了摇头。老板笑着说：“你出去看一下我们的门牌号码，就是他们三个小孩年龄的总和。”客人出去看了一下，回来还是摇摇头。老板微笑着说：“那好吧！我的大孩子有一只猫，这只猫有一只脚是用木头做的。”这个人于是笑着说：“我现在知道他们的年龄了！”

请问：三个小孩的年龄各是多少？

339 父亲与儿子

阿诺德、巴顿、克劳德和丹尼斯都是股票经纪人，其中有一人是其余三人中某一人的父亲。一天，他们在证券交易所购买了一些股票，具体情况是：

（1）阿诺德购买的都是每股 3 美元的股票，巴顿购买的都是每股 4 美元的股票，克劳德购买的都是每股 6 美元的股票，丹尼斯购买的都是每股 8 美元的股票。

（2）父亲所购的股数最多，他花了 72 美元。

（3）儿子所购的股数最少，他花了 24 美元。

（4）这四个人买股票总共花了 161 美元。

请问在这四个人中，到底哪两个人才是父子？

340 两张牌的花色

吴先生正和他生意上的朋友一起玩扑克牌。吴先生手上拿到了 13 张牌。

黑桃、红桃、梅花、方块这四种图案都至少有一张以上，但是，每种图案的张数都不一样。黑桃跟红桃的张数一共是六张。黑桃跟方块的张数一共是五张。吴先生手中有一种相同花色的扑克牌是两张。

请问：有两张牌的花色是什么？

341 过生日

有一对夫妻在屋子里闲聊，妻子说："亲爱的，这周六是儿子的生日，我们要去给他过生日的，但是，今天星期几了？是周三还是周四啊？"丈夫说："我只知道，当后天变成昨天的时候，那么'今天'距离星期天的日子，将和当前天变成明天时的那个'今天'距离星期天的日子相同。"你知道今天到底是星期几了吗？他们几天后要给儿子过生日呢？

第4篇

玩判断逻辑游戏，掌握正确的思维规律

逻辑判断是可以从前提的已知事实中，必然地推出结论的一种思维方式，又称从规律到现象的推理，往往从普通回到特殊再回到个别。逻辑判断正确的条件是：若前提正确，则结论正确；若前提错误，则结论错误。因此，“如果前提为真，则结论必然为真”是逻辑判断区别于其他逻辑思维模式最重要的特点。真假判断型逻辑题属于国家公务员考试逻辑推理中常见的题型，这类题目常用的解题技巧有代入法和假设法。

342 是真是假

桌子上有 4 个杯子，每个杯子上写着一句话：

第一个杯子：所有的杯子中都有水果糖。

第二个杯子：本杯中有苹果。

第三个杯子：本杯中没有巧克力。

第四个杯子：有些杯子中没有水果糖。

如果其中只有一句真话，那么以下哪项为真话？

A. 所有的杯子中都有水果糖。

B. 所有的杯子中都没有水果糖。

C. 所有的杯子中都没有苹果。

D. 第三个杯子中有巧克力。

343 煤矿事故

某煤矿发生了一起事故，现场的矿工有以下断定：

矿工 1：发生事故的原因是设备问题。

矿工 2：确实是有人违反了操作规范，发生事故的原因不是设备问题。

矿工 3：如果发生事故的原因是设备问题，则有人违反了操作规范。

矿工 4：发生事故的原因是设备问题，并没有人违反操作规范。

如果上述断定中只有一个人的断定为真，则以下哪项可能为真？

A. 矿工 1 的断定为真。

B. 矿工 2 的断定为真。

C. 矿工 3 的断定为真，有人违反了操作规范。

D. 矿工 3 的断定为真，没有人违反操作规范。

344 石头的历史

一块石头被石匠修整后，暴露于自然环境中时，一层泥土和其他的矿物便逐渐地开始在刚修整过的石头的表面聚集。这层泥土和矿物被称为岩石覆盖层。在一个安迪斯纪念碑的石头的覆盖层下面，发现了被埋藏一千多年的有机物质。因为那些有机物质肯定是在石头被修理后不久就生长到

它上面的，也就是说，那个纪念碑是在 1492 年欧洲人到达美洲之前很早建造的。

下面哪一点，如果正确，能最严重地削弱上述论述？

A. 岩石覆盖层自身就含有有机物质。

B. 在安迪斯，1492 年前后重新使用古人修理过的石头的现象非常普遍。

C. 安迪斯纪念碑与在西亚古代遗址发现的纪念碑极为相似。

D. 最早的关于安迪斯纪念碑的书面资料始于 1778 年。

E. 贮存在干燥和封闭地方的修理过的石头表面，倘若能形成岩石覆盖层的话，形成的速度也会非常慢。

345 三种牌

桌上放着红桃、黑桃和梅花三种牌，共 20 张。

甲说：桌上至少有一种花色的牌少于 6 张。

乙说：桌上至少有一种花色的牌多于 6 张。

丙说：桌上任意两种牌的总数将不超过 19 张。

那么，你认为他们三人谁说得正确呢？

346 高射炮

第二次世界大战期间，海洋上航行的商船常常遭到轰炸机的袭击，许多商船都先后在船上架设了高射炮。但是，商船在海上摇晃得比较厉害，用高射炮射击天上的飞机是很难命中的。战争结束后，研究人员发现，从整个战争期间架设过高射炮的商船的统计资料看，击落敌机的命中率只有 4%。因此，研究人员认为，商船上架设高射炮是得不偿失的。

以下哪个如果为真，最能削弱上述研究人员的结论？

A. 在战争期间，没架设高射炮的商船，被击沉的比例高达 25%；而架设了高射炮的商船，被击沉的比例只有不到 10%。

B. 架设了高射炮的商船，即使不能将敌机击中，在某些情况下也可能将敌机吓跑。

C. 架设高射炮的费用是一笔不小的投入，而且在战争结束后，为了运行的效率，还要花费资金将高射炮拆除。

D. 一般来说，上述商船用于高射炮的费用，只占整个商船总价值的极少部分。

347 最高明的骗子

美国前总统林肯曾经说过：“最高明的骗子，可能在某个时刻欺骗所有的人，也可能在所有的时刻欺骗某些人，但不可能在所有的时刻欺骗所有的人。”

如果林肯的上述断定是真的，那么，下述哪项断定是假的？

A. 林肯可能在某个时候受骗。

B. 林肯可能在任何时候都不受骗。

C. 骗子也可能在某个时刻受骗。

D. 不存在某个时刻所有的人都必然不受骗。

E. 不存在某一时刻有人可能不受骗。

348 地球之外有没有生命

地球之外有没有生命是科学家长期探索的课题。1996 年美国国家航空航天局研究人员对火星陨石的研究中，正式提出了表明火星上 36 亿年前存在生命的证据，并向全世界的科学家提出挑战，欢迎他们证明这一论点是错误的。科学界对这一问题反映不一。以下是一些专家的论述。

在下面的几点意见中，哪个是对美国国家航空航天局的挑战？

A. 这是能证明地球外生命的最令人深思和浮想联翩的事情。

B. 德国一研究员说，36 亿年前在太阳系中有众多的陨石，很难确切断定哪一块真正来自火星。

C. 对陨石上取下一小片金色样品进行的化学、显微和组织检查表明，36 亿年前这里有过原始生命、微生物生命的存在。

D. 如果已经发现36亿年前火星上有生命的存在，我不会特别感到意外。

E. 我们不能排除这种可能性：生命从火星来到了我们所在的这颗行星。

349 新手表调时间

皮皮买了一个新手表。他与家中的大挂钟的时间作了一个对照，发现新手表每天比大挂钟慢 3 分钟。后来，他又将大挂钟与电视的标准时间作了一个对照，刚好大挂钟每天比电视快 3 分钟。于是，他认为新手表的时间是标准的。下面几个评价中，哪一个是正确的？

A. 由于新手表比大挂钟慢 3 分钟，而大挂钟又比标准钟快 3 分钟，所以，皮皮的推断是正确的，他的手表上的时间是标准的。

B. 新手表当然是标准的，因此，皮皮的推断是正确的。

C. 皮皮不应该拿他的手表与大挂钟对照，而应该直接与电视上的标准钟对照。所以，皮皮的推断是错误的。

D. 皮皮的新手表比大挂钟慢 3 分钟，是不标准的 3 分钟；而大挂钟比标准钟快 3 分钟，是标准的 3 分钟。这两种“三分钟”不是一样的，因此，皮皮的推断是错误的。

E. 无法判断皮皮的推断正确与否。

350 数学家与长子

人们经过长时间的统计研究，发现了一个极为有趣的现象：大部分的数学家都是长子。可见，长子天生的数学才华相对而言更强些。

以下哪项如果为真，能有效地削弱上述推论？

Ⅰ. 女性才能普遍受到压抑，很难表现出她们的数学才华。

Ⅱ. 长子的人数比起次子的人数要多得多。

Ⅲ. 长子能够接受更多的来自父母的数学能力的遗传。

A. 仅Ⅰ　B. 仅Ⅱ　C. 仅Ⅰ和Ⅱ　D. 仅Ⅱ和Ⅲ　E. Ⅰ、Ⅱ和Ⅲ。

351 土地价格

近期土地价格的下跌已经使许多在房地产上大量投资的机构受到了损害。去年，在这次价格下跌尚未开始的时候，一所地方大学的资产增加了 200 英亩的土地。当然，这所大学并未购买这块土地，而是作为馈赠接受的。所以价格下降并没有影响到该大学。

下面哪个，如果正确，对以上的结论提出了最严重的质疑？

A. 去年给予这所大学的 200 亩土地与该所大学处于同一社区。

B. 与房地产馈赠相比，这所大学经常接受更多的资金捐赠。

C. 这所大学所处地区目前的土地价格要高于全国的平均水平。

D. 去年，这所大学预算用来进行翻修的资金包括今年出售一些土地的预期收入。

E. 去年，这所大学没有缴纳学校建筑物所占土地的地产税，相反却付费补偿地方政府所提供的服务。

352 火车错车的距离

从A到B铁路线长达9000千米。从A开往B的特快和从B开往A的快车是同时发往对方的。不管哪趟火车，要跑的距离都相同，但是特快的速度为每小时150千米，快车的速度为每小时100千米。

请问，当两趟列车正好要错车时，哪一趟车离A的距离远些呢？

353 大采购

四个同学一起去商场，他们每个人买了一样东西，分别是：一个随身听，一双鞋，一条裤子，一件上衣。这四件商品正好是在一个商场的四层中分别购买的。已经知道：甲去了一楼；随身听在四层出售；乙买了一双鞋；丙在二楼购物；甲没有买上衣。那么，你能判断他们分别在几楼买了什么东西吗？

354 牛郎织女

没有人爱每一个人；牛郎爱织女；织女爱每一个爱牛郎的人。如果上述为真，则下列哪项不可能为真？（即一定为假）

（1）每一个人都爱牛郎。

（2）每一个人都爱一些人。

（3）织女不爱牛郎。

A. 仅（1）　B. 仅（2）　C. 仅（3）　D. 仅（1）和（2）

355 全国足球联赛

在本届全国足球联赛的多轮比赛中，参赛的青年足球队先后有六个前

锋，七个后卫，五个中卫，两个守门员。比赛规则规定：在一场比赛中同一个球员不允许改变位置身份，当然也不允许一个以上的位置身份，同时，在任一场比赛中，任一球员必须比赛到终场，除非受伤。由此可得出结论：联赛中青年足球上场的共有球员 20 名。

以下哪项为真，最能削弱以上结论？

A. 比赛中若有球员受伤，可由其他球员替补。

B. 在本届全国足球联赛中，青年足球队中有些球员在各场球赛中都没有上场。

C. 青年足球队中有些队员同时是国家队队员。

D. 青年足球队的某个球员可能在不同的比赛中处于不同的位置。

E. 根据比赛规则，只允许 11 个球员上场。

356 丰收

粮食可以在收割前在期货市场进行交易。如果预测谷物产量不足，谷物期货价格就会上升；如果预测谷物丰收，谷物期货价格就会下降。今天早上，气象学家们预测从明天开始谷物产区里会有非常重要的降雨。因为充分的潮湿对目前谷物的存活非常重要，所以今天的谷物期货价格会大幅下降。

下面哪项，如果正确，严重地削弱了以上的观点？

A. 在关键的授粉阶段没有接受足够潮湿的谷物不会取得丰收。

B. 本季度谷物期货价格的波动比上季度更加剧烈。

C. 气象学家们预测的明天的降雨估计很可能会延伸到谷物产区以外。

D. 农业专家们今天宣布，一种已经毁坏一些谷物作物的病菌在生长季节结束前会更广泛地传播。

E. 许多在谷物期货市场交易的人很少实际拥有他们所交易的谷物。

357 压力与疲劳

有的人即便长时间处于高强度的压力下，也不会感到疲劳，而有的人哪怕干一点活也会觉得累，这除了体质或者习惯不同之外，还可能与基因不同有关。英国格拉斯哥大学的研究小组通过对 50 名慢性疲劳综合征患者基因组的观察，发现这些患者的某些基因与同年龄、同性别健康人的基因是有差别的。

以下哪项，如果为真，最能支持该研究成果应用于慢性疲劳综合征的诊断和治疗？

A. 基因鉴别已在一些疾病的诊断中得到应用。

B. 目前尚无诊断和治疗慢性疲劳综合征的方法。

C. 在慢性疲劳综合征患者身上有一种独特的基因。

D. 科学家们鉴别出了导致慢性疲劳综合征的基因。

358 热胀冷缩

接在电路上的整根铁丝已经热了。这时冷水滴在铁丝的左端，那么，铁丝右端的温度和刚才相比，会有什么变化？甲说：“右端的比刚才要冷！”

乙说：“哪里的话，右端比刚才更热！”

丙说：“右端温度始终不变。”

你认为谁说得对呢？

359 教授的谜题

教授在一张纸条上写了甲、乙、丙、丁四个人中的一个人的名字，然后握在手里让这四个人猜一猜是谁的名字。

甲说：是丙的名字。

乙说：不是我的名字。

丙说：不是我的名字。

丁说：是甲的名字。

教授听完后又说：“只有一个人说对了。其他人都说错了。请再猜一遍。”

这次他们很快就猜出了这张纸条上写的是谁的名字了。

你知道纸条上写的是谁的名字吗？他们又是怎么猜出的呢？

360 保护组织保护蝙蝠

美国的一个动物保护组织试图改变蝙蝠在人们心目中一直存在的恐怖

形象。这个组织认为，蝙蝠之所以让人觉得可怕和遭到捕杀，仅仅是因为这些羞怯的动物在夜间表现出特别的活跃。

以下哪项，如果为真，将对上述动物保护组织的观点构成最严重的质疑？

A. 蝙蝠之所以能在夜间特别活跃，是由于它们具有在夜间感知各种射线和声波的特殊能力。

B. 蝙蝠是夜间飞行昆虫的主要捕食者。在这样的夜间飞行昆虫中，有很多是危害人类健康的。

C. 蝙蝠在中国及其他许多国家同样被认为是一种恐怖的飞禽。

D. 美国人熟知的浣熊和中国人熟知的食蚊雀，都是些在夜间特别活跃的羞怯动物，但在大众的印象中一般并没有恐怖的印象。

E. 许多视觉艺术品，特别是动画片丑化了蝙蝠的形象。

361 走秀

三个好朋友小红、小绿和小蓝穿着红色、绿色和蓝色的时装走秀。

“真奇怪，”小蓝说，“我们的名字是红、绿、蓝，穿的衣服也是红、绿、蓝，可没人穿的衣服和她的名字相符！”

“真是个巧合！”穿绿色衣服的说。

从她们的谈话中，你能判断出谁穿了红衣服吗？

362 马拉松选手

世界级的马拉松选手每天跑步不少于两小时，除非是元旦、星期天或得了较严重的疾病。

若以上论述为真，以下哪项所描述的人不可能是世界级马拉松选手？

A. 某人连续三天每天跑步仅一个半小时，并且没有任何身体不适。

B. 某运动员几乎每天都要练习吊环。

C. 某人在脚伤痊愈的一周里每天跑至多一小时。

D. 某运动员在某个星期三没有跑步。

E. 某运动员身体瘦高，别人都说他像跳高运动员，他的跳高成绩相当不错。

363 语言不通

一个晴朗的中午，船上的水喝光了，船长领着几个人来到海中的一个小岛上想找水喝。

岛上有两个民族，一个民族诚实，从不说谎；另一个民族一开口就说谎。但是从外表上你根本看不出他们是哪个民族的人。他们能听懂船员的话，但只说岛上的土语，问答船员问话时，也只答岛上的土语“是”或“不是”。

船员们登上岛后，发现有一眼泉水，但不知道能不能喝。就在这时，来了一个土人，船长问他：“今天天气好吗？”

“拉谷娃。”土人回答。

船长又问：“这水能喝吗？”

“拉谷娃。”土人仍然那样回答。

现在，你能确定泉水是否可以喝吗？

364 室外音乐会

室外音乐会的组织者宣布，明天的音乐会将如期举行，除非预报坏天气或预售票卖得太少了。如果音乐会被取消，那么将给已买票的人退款。尽管预售票已卖得足够多，但仍有一些已买了票的人得到了退款，这一定是因为预报了坏天气的缘故。

下列哪一项是该论述中含有的推理错误？

A. 该推理认为如果一个原因自身足以导致其一结果，那么导致这个结果的原因只能是它。

B. 该推理将已知需要两个前提条件才能成立的结论建立在仅与这两个条件中的一个有关系的论据基础之上。

C. 该推理仍解释说其中一事件是由另一事件引起的，即使这两件事都是由第三件未知的事件引起的。

D. 该推理把缺少某一事件会发生的一项条件的证据当做该事件不会发生的结论性证据。

E. 试图证明该结论的证据实际上削弱了该结论。

365 家谱

安娜在查家谱时，了解到关于她的四个祖先的一些情况：

①罗伊生于约翰之前；

②斯特拉死于罗伊之前；

③海泽尔死于约翰、罗伊和斯特拉之后。

根据已知条件回答如下问题：

题 1：下列哪个判断是正确的？

A. 约翰生于海泽尔之前

B. 斯特拉死于约翰之前

C. 斯特拉生于海泽尔、约翰和罗伊之前

D. 海泽尔生于约翰、罗伊和斯特拉之后

E. 斯特拉生于罗伊死之前

题 2：如果海泽尔生于罗伊之前，下列哪个判断肯定正确？

①海泽尔比罗伊寿命长；②海泽尔比约翰寿命长；③海泽尔比斯特拉寿命长。

A. 只有①是正确的　　　　B. 只有②是正确的

C. 只有③是正确的　　　　D. 只有①和②是正确的；

E. ①、②和③都正确

题 3：如果约翰死于罗伊之前，并且罗伊死于海泽尔出生之前，那么，下列哪个判断肯定正确？

A. 斯特拉不是生活在罗伊的有生之年

B. 约翰不是生活在海泽尔的有生之年

C. 斯特拉不是生活在约翰的有生之年

D. 约翰生于并死于斯特拉的有生之年

E. 斯特拉生于并死于罗伊的有生之年

题 4：如果海泽尔生于罗伊死后，那么下列哪个判断有可能正确？

A. 约翰是罗伊的父亲　　　　B. 罗伊是斯特拉的父亲

C. 海泽尔是斯特拉的母亲　　D. 海泽尔是罗伊的妻子

E. 斯特拉是海泽尔的孙女

366 完美岛上的不完美

完美岛上有两个部落，其中一个叫诚实部落（总讲真话），另一个叫说谎部落（从不讲真话）。一个诚实部落的人同一个说谎部落的人结了婚，这段婚姻非常美满，夫妻双方在多年的生活中受到了对方性格的影响。诚实部落的人已习惯于每讲3句真话就讲1句假话，而说谎部落的人，则已习惯于每讲3句假话就要讲1句真话。他们生下了一个儿子，这个孩子当然具有两个部落的性格（真话假话交替着讲）。

另外，这一对家长同他们的儿子每人都有个部落号，号码各不相同。他们的名字分别叫阿尔法、贝塔、伽马。

三个人各说了4句话，但不知道是谁说的。诚实部落的人讲的是1句假话，3句真话；说谎部落的人讲的是1句真话，3句假话；孩子讲的是真、假话各两句，并且真假话交替。

他们讲的话如下：

A：

（1）阿尔法的号码是三人中最大的；

（2）我过去是诚实部落的；

（3）B是我的妻子；

（4）我的部落号比B的大22。

B：

（1）A是我的儿子；

（2）我的名字是阿尔法；

（3）C的部落号是54或78或81；

（4）C过去是说谎部落的。

C：

（1）贝塔的部落号比伽马的大10；

（2）A是我的父亲；

（3）A的部落号是66或68或103；

（4）B过去是诚实部落的。

找出A、B、C三个人中谁是父亲，谁是母亲，谁是儿子，以及他们各自的名字和部落号。

367 特殊的微量元素

据《科学日报》消息，1998 年 5 月，瑞典科学家在有关领域的研究中首次提出，一种对防治老年痴呆症有特殊功效的微量元素，只有在未经加工的加勒比椰果中才能提取。如果《科学日报》的上述消息是真实的，那么，以下哪项不可能是真实的？

A. 1997 年 4 月，芬兰科学家在相关领域的研究中提出过，对防治老年痴呆症有特殊功效的微量元素，除了未经加工的加勒比椰果，不可能在其他对象中提取。

B. 荷兰科学家在相关领域的研究中证明，在未经加工的加勒比椰果中，并不能提取对防治老年痴呆症有特殊功效的微量元素，这种微量元素可以在某些深海微生物中提取。

C. 著名的苏格兰医生查理博士在相关的研究领域中证明，该微量元素对防治老年痴呆症并没有特殊功效。

368 奇怪的法令

大西洋的娃娃岛是一座实行女性解放的小岛，因此，女人也分君子、小人、凡夫。

话说公前 1001 年，刚继位的维达女皇一时忽发奇想，批准了一条非常奇怪的法令：君子必须跟小人通婚，小人必须跟君子通婚，凡夫只准跟凡夫通婚。这么一来，不管是哪一对夫妻，要么双方都是凡夫，要么一方是君子，一方是小人。

某一年的“咖啡节”和“可可节”，娃娃岛上发生了两个故事。

（1）“咖啡节”的故事：

舞会上，有一对夫妻：A 先生和 A 夫人。他们站在小舞台上说了如下的两句话：

A 先生：我丈夫不是凡夫。

A 夫人：我丈夫也不是凡夫。

你能断定 A 先生和 A 夫人是何种人？

（2）“可可节”的故事：

有 A 先生和 A 夫人、B 先生和 B 夫人 4 个人，在“可可节”的舞会上，同坐在一张圆桌上喝酒。微醉时，4个人中有3个人说了如下的三句话：

A先生：B先生是君子。

A夫人：我丈夫说得对，B先生是君子。

B夫人：你们说得对极了，我丈夫的确是君子。

你能断定这4个人各是何种人？这3句话中，哪几句是真的？

369 地震毁灭人类

古时候的一场大地震几乎毁灭了整个人类，只有两个部落死里逃生。最初在这两个部落中，神帝部落所有的人都坚信人性本恶，圣地部落所有的人都坚信人性本善，并且没有既相信人性本善又相信人性本恶的人存在。后来两个部落繁衍生息，信仰追随和部落划分也遵循着一定的规律。部落内通婚，所生的孩子追随父母的信仰，归属原来的部落；部落间通婚，所生孩子追随母亲的信仰，归属母亲的部落。

我们发现神圣子是相信人性本善的。

在以下各项对神圣子身份的判断中，不可能为真的是：

A. 神圣子的父亲是神帝部落的人。

B. 神圣子的母亲是神帝部落的人。

C. 神圣子的父母都是圣地部落的人。

D. 神圣子的母亲是圣地部落的人。

E. 神圣子的姥姥是圣地部落的人。

370 欧拉图巧解题

所有的张庄人穿白衣服，所有的王庄人穿黑衣服。没有既穿白衣服又穿黑衣服的人。王伟穿黑衣服。

如果上述是真的，以下哪项一定是真的？

A. 王伟是王庄人。

B. 王伟不是王庄人。

C. 王伟是张庄人。

D. 王伟不是张庄人。

371 青少年与开车技巧

因为青少年缺乏基本的开车技巧，所以应给予青少年的驾驶执照附加限制。尽管 19 岁和再小一点的司机只占注册司机的 7%，但是他们却是超过 14%的交通死亡事故的肇事者。

下面每一项，如果正确，都能削弱青少年缺乏基本的开车技巧的论述，除了：

A. 与其他人开的车相比，青少年开的车较旧，且稳定性也差。

B. 青少年司机和他们的乘客使用座带和肩带的可能性不如其他人大。

C. 青少年司机平均每年开车的距离超过其他司机的两倍。

D. 青少年引起的交通事故比其他人引起的交通事故严重。

E. 青少年开车时的乘客人数很有可能比一般的司机多。

372 化肥产品

某国家先后四次提高化肥产品出口关税以抑制化肥产品出口。但是，该国化肥产品的出口仍在增加，在国际市场上仍然具有很强的竞争力。

以下不能解释这一情况的是：

A. 该国化肥产品的产量仍在不断增加

B. 国际市场上化肥产品处于供不应求的状态

C. 该国化肥产品的质量在国际市场上口碑很好

D. 该国化肥产品的价格在关税提高后仍然比其他国家低

373 气候与衣着

只要天上有太阳并且在零度以下，街上总有很多人穿着皮夹克。只要天下着雨并且气温在零度以上，街上总有人穿着雨衣。有时，天上有太阳但却同时下着雨。

如果上述断定为真，则以下哪项一定为真？

A. 有时街上会有人在皮夹克外面套着雨衣。

B. 如果街上有很多人穿着皮夹克但天没下雨，则天上一定有太阳。

C. 如果气温在零度以下，并且街上没有多少人穿着皮夹克，则天一定下着雨。

D. 如果气温在零度以上，并且街上有人穿着雨衣，则天一定下着雨。

E. 如果气温在零度以上，但街上没人穿雨衣，则天一定没下雨。

374 学习国粹

目前的大学生普遍缺乏中国传统文化的学习和积累。据国家教委有关部门及部分高等院校最近做的一次调查表明，大学生中喜欢京剧艺术的只占被调查人数的14%。

下列陈述中，哪一个最能削弱上述观点：

A. 大学生缺少对京剧艺术欣赏方面的指导，不懂得怎样去欣赏。

B. 喜欢京剧艺术与学习中国传统文化不是一回事，不能以偏概全。

C. 14%的比例正说明培养大学生对传统文化的学习大有潜力可挖。

D. 有一些大学生既喜欢京剧，又对中国传统文化的其他方面有兴趣。

E. 调查的比例太小，不能反映当代大学生的真实情况。

375 经济增长

政治家：现在进入劳动力市场的人比以前少了。如果经济增长，对于人才的需求就会大大超过其供给。一些公司已经开始对这种劳动力市场的状况做出了反应，它们在寻找留住现有雇员的方法。它们关注的是经济正在增长的明确指标。

下面哪项最有力地批评了该政治家的推理过程。

A. 公司为可能的将来的发展进行谨慎的准备，并不意味着这种发展已经发生了。

B. 一些公司现在更努力地留住其雇员的事实，并不意味着其以前对员工士气毫不关心。

C. 需求会超过供给的事实并不表明一点供给都没有了。

D. 新进入劳动力市场的人员数量存在下降的事实，并不表明新进入的人数低于以往任何时期。

E. 对一些公司来讲，现有的雇员更具价值的事实，并不表明这些雇员

干的会比以前好。

376 俱乐部成员

在一个俱乐部里，有老实人和骗子两类成员，老实人永远说真话，骗子永远说假话。一次一个人和俱乐部的四个成员聊天，他便问这四个成员："你们是什么人，是老实人？还是骗子？"这四个人的回答如下：

第一个人说："我们四个人全都是骗子。"第二个人说："我们当中只有一个人是骗子。"第三个人说："我们四个人中有两个人是骗子。"第四个人说："我是老实人。"请判断一下，第四个人是老实人吗？

377 酸雨损害

一份关于酸雨的报告总结道："加拿大的大多数森林没有被酸雨损害。"这份报告的批评者坚持认为这一结论必须改变为："加拿大的大多数森林没有显示出明显的被酸雨损害的症状，如不正常的落叶、生长速度的减慢或者更高的死亡率。"

下面哪项，如果正确，为批评者坚持要改变报告结论提供了逻辑上最强有力的正当理由？

A. 加拿大的一些森林正在被酸雨损害。

B. 酸雨可能正在造成症状尚未明显的损害。

C. 报告没有把酸雨对加拿大森林的损害与酸雨对其他国家森林的损害进行比较。

D. 过去的 15 年内，加拿大所有森林都下过酸雨。

E. 酸雨造成的损害程度在不同森林之间具有差异。

378 会计工作

所有想从事会计工作的人都想获得注册会计师证书。某甲也想获得注册会计师证书，所以，某甲一定想从事会计工作。

以下哪项，如果为真，最能加强上述推论？

A. 目前越来越多的从事会计工作的人具有注册会计师证书。

B. 不想获得注册会计师证书，就不是一个好的会计工作者。

C. 只有想获得注册会计师证书的人，才有资格从事会计工作。

D. 只有想从事会计工作的人，才想获得注册会计师证书。

E. 想要获得注册会计师证书，一定要对会计理论非常熟悉。

379 非典时期

所有与非典患者接触的人都被隔离了，所有被隔离的人都与小张接触过。

如果上述命题是真的，以下哪项命题也是真的？

A. 小张是非典患者。

B. 小张不是非典患者。

C. 可能有人没有接触过非典患者，但接触过小张。

D. 所有的非典患者都与小张接触过。

E. 所有与小张接触过的人都被隔离了。

380 恐龙

所有的恐龙都是腿部直立的“站在”地面上的，这不同于冷血爬行动物四肢趴伏在地面上；恐龙的骨组织构造与温血动物的骨组织构造相似；恐龙的肺部结构与温血动物非常相近；在现代的生态系统中（例如非洲草原），温血的捕食者（例如狮子）与被捕食者（例如羚羊）之间的比值是一个常数，对北美洲恐龙动物群的统计显示其中捕食者和被捕食者之间的比例与这个常数近似。这些都说明恐龙不是呆头呆脑、行动迟缓的冷血动物，而是新陈代谢率高、动作敏捷的温血动物。

以下哪项，如果为真，最不能反驳上述推理？

A. 鲸类等海生哺乳动物并不是直立的，却是温血动物。

B. 有些海龟骨组织构造与哺乳动物类似，却是冷血动物。

C. 关于北美洲恐龙动物群捕食者和被捕食者比例的统计有随意性。

D. 冷血动物和温血动物生理结构上的主要差别在于心脏结构，而非肺部结构。

381 挽救熊猫的方法

为了挽救濒临灭绝的大熊猫，一种有效的方法是把它们都捕获到动物园进行人工饲养和繁殖，以下哪项如果为真，最能对上述结论提出质疑?

A. 近五年在全世界各动物园中出生的熊猫总数是 9 只，而在野生自然环境中出生的熊猫的数字，不可能准确地获得。

B. 只有在熊猫生活的自然环境中，才有它们足够吃的嫩竹，而嫩竹几乎是熊猫的唯一食物。

C. 动物学家警告,对野生动物的人工饲养将会改变它们的某些遗传特性。

D. 提出上述观点的是一个动物园主，他的提议带有明显的商业动机。

382 谎言也能推理名次

艾伦、巴特、克莱和迪克四人进行了一次赛跑，最后分出了高低。但这四个人都是出了名的撒谎者，他们所说的赛跑结果是:

艾伦:①我刚好在巴特之前到达终点。②我不是第一名。

巴特:③我刚好在克莱之前到达终点。④我不是第二名

克莱:⑤我刚好在迪克之前到达终点。⑥我不是第三名。

迪克:⑦我刚好在艾伦之前到达终点。⑧我不是最后一名。

A. 上面这些话中只有两句是真话。

B. 取得第一名的那个人至少说了一句真话。请问:你是否能从以上信息中判断出这四人中到底谁是第一名?

383 互联网狂躁症

英国研究各类精神紧张症的专家发现，越来越多的人在使用互联网之后都会出现不同程度的不适反应。根据一项对 1 万个经常上网的人的抽样调查，承认上网后感到烦躁和恼火的人数达到了 1/3；而 20 岁以下的网迷则有 44%承认上网后感到紧张和烦躁。有关专家认为，确实存在着某种“互联网狂躁症”。

根据上述材料，以下哪项最不可能成为导致“互联网狂躁症”的病因?

A. 由于上网者的人数剧增，通道拥挤，如果要访问比较繁忙的网址，

有时需要等待很长时间。

B. 上网者经常是在不知道网址的情况下搜寻所需的资料和信息，成功的概率很小，有时花费了工夫也得不到预想的结果。

C. 虽然在有些国家使用互联网是免费的，但在我国实行上网交费制，这对网络用户的上网时间起到了制约作用。

D. 在互联网上能够接触到各种各样的信息，但很多时候信息过量会使人们无所适从，失去自信，个人注意力丧失。

384 偏头痛

有确凿的证据显示，偏头痛（严重的周期性头痛）不是由于心理上的原因引起的，而是完全由生理上的原因所致。然而，数项研究结果表明，那些因为偏头痛受到专业化治疗的人患有标准心理尺度的焦虑症的比率比那些没经专业治疗的偏头痛患者的高。

下面哪一项，如果正确，有助于解决上面论述中的明显矛盾？

A. 那些患有偏头痛的人，倾向于有患偏头痛的亲戚。

B. 那些患偏头痛的人，在情绪紧张时经常头痛。

C. 那些患有标准心理尺度的焦虑症且发作率较高的人，寻求专业治疗的可能性要比那些在同样尺度上发作率较低的人大。

D. 在许多有关偏头痛起因的研究中，大多数认为偏头痛是由像焦虑这样的心理因素引起的研究已被广泛宣传。

E. 不管医生认为偏头痛的起因是心理方面的，还是生理方面的，大多数患有偏头痛且寻求专业治疗的人，在他们停止患有偏头痛后仍坚持治疗。

385 节能灯泡

高塔公司是一家拥有几栋办公楼的公司，它现在考虑在它所有的建筑内都安装节能灯泡，这种新灯泡与目前正在使用的传统灯泡发出同样亮的光，而所需的电量仅是传统灯泡的一半。这种新灯泡的寿命也大大加长，因此通过在旧灯泡坏掉的时候换上这种新灯泡，高塔公司可以大大地降低其总体照明的成本。

下列哪一项，如果正确，最能支持上面论述？

A. 如果广泛地采用这种新灯泡，这是非常可能的，那么新灯泡的产量就会大大增加，从而使其价格与那些传统灯泡相当。

B. 向高塔公司提供电力的公共事业公司向其最大的客户们提供折扣。

C. 高塔公司最近签订了一份合同，要再占用一栋小的办公楼。

D. 高塔公司发起了一项运动，鼓励其员工每次在离开房间时关灯。

E. 生产这种新灯泡的公司对灯泡中使用的革新技术取得了专利，因此它享有生产新灯泡的独家权利。

386 情侣杯子

批发小店的生意越来越好了，可是人手不够，难免出错。临近情人节，店员在忙碌中不小心将一家精品店订的三对形状相同的情侣杯混在一块后，装在 3 个盒子内，只在盒子上分别标有“男男”“女女”“男女”的标记，但是实际是装盒情况与盒子上的文字标记没有一个能对得上。现在精品店老板想从中只打开一个盒子，并只取出其中的一只杯子，确认它是“男”或是“女”，同时还能知道所有盒子内杯子的情况。请问，该打开哪个盒子检查呢？

387 载誉归来

一架飞机载着 5 位运动员从奥林匹克运动会归来。这 5 位运动员在某个项目中排名第一到第五，他们说了下面这些话：

A；“我不是最后一名。”

B：“C 是第三名。”

C：“A 的排名在 E 后面。”

D：“E 是第二名。”

E：“D 不是第一名。”

出于谦虚或其他什么原因，金牌和银牌的得主都说了谎。那三个成绩相对较差的运动员倒说了真话。

他们的排名到底怎样？

388 丹尼斯教授的观点

建筑历史学家丹尼斯教授对欧洲19世纪早期铺有木地板的房子进行了研究。结果发现较大的房间铺设的木板条比较小房间的木板条窄得多。丹尼斯教授认为，既然大房子的主人一般都比小房子的主人富有，那么，用窄木条铺地板很可能是当时有地位的象征，用以表明房主的富有。以下哪项，如果为真，最能加强丹尼斯教授的观点？

A. 欧洲19世纪晚期的大多数房子所铺设的木地板的宽度大致相同。

B. 丹尼斯教授的学术地位得到了国际建筑历史学界的公认。

C. 欧洲19世纪早期，木地板条的价格是以长度为标准计算的。

D. 欧洲19世纪早期，有些大房子铺设的是比木地板昂贵得多的大理石。

E. 在以欧洲19世纪市民生活为背景的小说《雾都十三夜》中，富商查理的别墅中铺设的就是有别于民间的细条胡桃木地板。

389 遥远的星球上人的种族

在一个遥远的星球上，生活着四种生命体：萨多人，帕格维人，卡胡人和辛萨格人。所有的萨多人都是帕格维人，有些帕格维人是卡胡人，而所有的卡胡人都是辛萨格人。

那么下面的陈述中哪句是正确的呢？为什么？

A. 有些萨多人是辛萨格人。

B. 有些卡胡人是萨多人。

C. 所有的卡胡人都是帕格维人。

D. 有些辛萨格人是帕格维人。

E. 所有的辛萨格人都是萨多人。

F. 有些萨多人是卡胡人。

390 呼伦贝尔的牧民

正是因为有了充足的奶制品作为食物来源，生活在呼伦贝尔大草原的牧民才能摄入足够的钙质。很明显，这种足够钙质的摄入，对呼伦贝尔大草原的牧民拥有健壮的体魄是必不可少的。

以下哪项情况，如果存在，最能削弱上述断定？

A. 有的呼伦贝尔大草原的牧民从食物中能摄入足够的钙质，并且有健壮的体魄。

B. 有的呼伦贝尔大草原的牧民不具有健壮的体魄，但从食物中摄入的钙质并不少。

C. 有的呼伦贝尔大草原的牧民有健壮的体魄，但没有充足的奶制品作为食物来源。

D. 有的呼伦贝尔大草原的牧民没有健壮的体魄，但有充足的奶制品作为食物来源。

391 真假路标

黄村、青浦和白集是某条公路沿线的三个村庄。一天，一个徒步旅行者来到了黄村，在这里他看到一个路标，上面写着："至青浦 4 千米至白集 7 千米。"他很受鼓舞，继续朝前走。但是，当他走到青浦时，发现这里的路标上写着："至黄村 2 千米 / 至白集 3 千米。"他知道肯定哪里出了问题，因为两个路标有矛盾的地方。他继续朝前走，不久到达白集，这里的路标上写着："至青浦 4 千米至黄村 7 千米。"

这个旅行者感到困惑不解，他就此询问一个过路的老人。老人告诉他，沿途的这三个路标，其中一个写的都是真话，另一个写的都是假话，剩下的那一个写的一半是真话，一半是假话。

你能指出哪块路标写的都是真话，哪块路标写的都是假话，哪块路标写的一半是真话，一半是假话吗？

392 报销单据

以下诸结论都是根据 2005 年某学校各院系收到教职员工报销单据综合得出的。在此项综合统计做出后，有的院系又收到了教职员工补交上来的报销单据。

以下哪项结论不可能被补交报销单据这一新的事实所推翻？

A. 哲学学院仅有 14 个教职员工交了报销单据，报销了至少 8700 元。

B. 历史学院最多只有 3 个教职员工交了报销单据，总额不多于 2600 元。

C. 文学学院至少有 4 个教职员工交了报销单据，报销了至少 2500 元。

D. 法学院至少有 7 个教职员工交了报销单据，报销额不比经济学院多。

393 多米诺骨牌效应

假如我们有 32 个多米诺骨牌，每一个多米诺骨牌可以占棋盘上的 2 个方格。把所有的多米诺骨牌放在棋盘上，它们会占满所有 64 个方格。现在，将棋盘对角上的 2 个方格切掉并去掉 1 个多米诺骨牌。那么，你能否将剩下的 31 个多米诺骨牌放在棋盘剩余的 62 个方格上呢？如果可以的话，请给予证明；如果不可以的话，请解释原因。

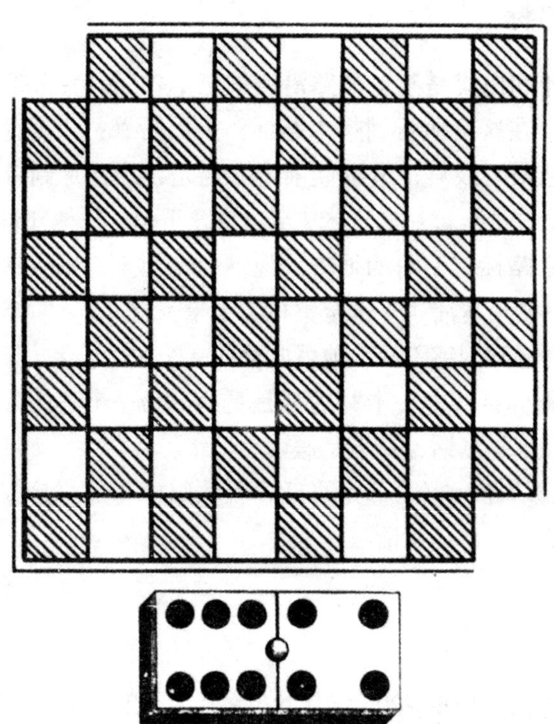

394 神秘消失的古滇王城

史书记载，春秋战国时期的古滇国历时五百余年，在云南历史上的地位颇为重要。古滇国的青铜文化吸收和融合了不同地区和民族的文化精华，

然而东汉以后，古滇国神秘消失了，唐代以后的史书上竟没留下任何记载。近年来，抚仙湖南岸江川县李家山墓葬群出土了数千件古滇青铜器，抚仙湖北岸相连的晋宁石寨山曾出土滇王印。据此，考古学家推测云南抚仙湖水下古城就是神秘消失的古滇王城。

以下哪项，如果为真，最能支持上述推测？

A. 在抚仙湖水下古城，也发现了大量青铜器。

B. 按考古常规看，王国都城附近都是墓葬群。

C. 抚仙湖水下古城与史料记载的古滇国都位于今云南省境内。

D. 据专家推测，抚仙湖水下古城与古滇国处于同一历史时期。

395 吹牛？没吹牛？

一天，凯恩收到了朋友布朗先生的一封信。

正在国外旅游的布朗先生在信中说：今天，是我来到以色列的第 5 天。我昨天去了以色列与约旦接壤的国界附近，在那里有一个湖泊，我在湖中痛痛快快地游了一次泳。以前，朋友们总嘲笑我是一只旱鸭子，但这次我的表现肯定会让你们大吃一惊！我既能游自由泳，又能游仰泳、蝶泳。我发现游泳真的是一种很棒的享受。当我伸张四肢，漂浮在湖面上，仰望着蓝天、白云的时候，我感觉简直像进了天堂般美妙。我还吸了一口气，潜入到水下。你肯定想不到我下潜得有多深。事后，我才知道我下潜的深度竟然已经达到了海平面以下 390 米，而且我没有使用任何的潜水工具。你一定认为我是在撒谎，但我可以保证我所说的是千真万确的，只不过在游完泳后，我的皮肤粗糙了很多……

看了信上的内容，凯恩确实认为他只不过在吹牛而已。

现在，请你判断一下，布朗先生到底有没有吹牛呢？

396 电脑产品

在我国生产的电脑产品中，大部分国内品牌的产品标称通过了 TC095 质量检查认证，所有的国外品牌的显示器都标称通过了 TC099 质量检查认证，而所有标称通过 TC095 质量检查认证的产品都没有办理 TC099 质量检查认证。

如果上述断定都是真的，以下哪项关于在我国生产的电脑产品的断定必定是真的？

A. 有些标称通过了TC095质量检查认证的电脑产品是国外品牌的显示器。

B. 有些标称通过了TC095质量检查认证的国内品牌产品没有办理TC099质量检查认证。

C. 所有国外品牌的显示器都不标称通过了TC095质量检查认证。

397 四位朋友都是“家”

有M、N、O、P四个朋友，他们分别是音乐家、科学家、天文学家和逻辑学家。在少年时代，他们曾经在一起对未来做过预测，当时，M预测说：N无论如何也成不了科学家。N预测说：O将来要做逻辑学家。O预测说：P不会成为音乐家。P预测说：N成不了天文学家。事实上，只有逻辑学家一个人预测对了。那么，这四位朋友都是什么“家”呢？

A. M是逻辑学家，N是天文学家，O是科学家，P是音乐家

B. N是逻辑学家，P是天文学家，M是科学家，O是音乐家

C. O是逻辑学家，M是天文学家，P是科学家，N是音乐家

D. P是逻辑学家，O是天文学家，N是科学家，M是音乐家

398 影视放映场的策略

许多影视放映场所为了增加其票房收入，把一些并不包含有关限制内容的影视片也标以“少儿不宜”。他们这样做是因为确信以下哪项断定？

Ⅰ. 成年观众在数量上要大大超过少儿观众。

Ⅱ. “少儿不宜”的影视片对成年人无害。

Ⅲ. 成年人普遍对标明“少儿不宜”的影视片感兴趣。

A. 仅Ⅰ　B. 仅Ⅱ　C. 仅Ⅰ、Ⅲ　D. 仅Ⅱ、Ⅲ

399 猫和老鼠

家有顽皮猫“笨笨”，一日酣睡，梦见有13只老鼠把它层层围住，其中12只为黑色，一只白色，13只老鼠吱吱喳喳地向它吼：“大笨猫，你可

以吃掉我们，但有个条件就是必须顺一个方向每数到第 13 只就把这只老鼠吃掉，而最后被吃掉的老鼠一定要是那只白色的老鼠。”

“笨笨”猫想得到这顿“大餐”，应该从哪一只老鼠数起呢？

400 玻璃瓶和铅球

用一个有刻度的半公升玻璃瓶，我们怎样才能量出装在玻璃瓶里的数个铅球的体积呢？

有人提出用求球体积的公式先求出一个铅球的体积，然后照铅球数加起来。但这样做太复杂，而且需要不少时间，再说铅球的大小也不一样。

这时，有个人只用了一种运算法——减法，很快地并且相当精确地求出了铅球的体积，这个人是怎样做的？

401 算年龄

猜猜甲乙丙三人的年龄。将甲的年龄数字的位置对调一下，就是乙的年龄；丙的年龄的两倍是甲与乙两个年龄的差数；而乙的年龄是丙的 10 倍。现在，你知道甲乙丙三个人的年龄是多少了吗？

402 聪明的小弟

三个兄弟收到了奶奶给他们寄的苹果。每人收到的苹果个数等于他三年前的岁数。三弟是个聪明的孩子，他向两个哥哥提出一个交换苹果的建议：

他说：“我只要留一半苹果，还有一半送给你们双方；然后要二哥也要留一半，把另一半让我和大哥平分；最后也要大哥留下一半，把另一半让我和二哥平分。”两个哥哥没有怀疑这建议有什么不妥当的地方，都同意三弟的要求。结果大家的苹果数都变成相等了，每人各分到 8 个苹果。

问三个兄弟每个人的年龄是多少岁？

403 猎人

三个朋友去森林里打猎。

在打猎的最后一天早晨，发生了一桩扫兴的事：在涉水渡一条小河时，两个朋友的子弹带浸了水。有一部分子弹不能再用了。于是三个朋友就把保存好的子弹拿出来平分。

在每个人打了 4 发子弹后，三个人总共只剩平分子弹时一人所得的子弹数了。

请问平分子弹时三人一共有几发可用的子弹？

404 天气预测

假定半夜 12 点钟下雨，那么再过 72 小时是否会出太阳？

405 三个聪明人

三个孩子在花园里玩，由于天气非常炎热，不久他们就感到疲倦了，于是就在园里的一棵树下躺下来想稍稍休息一会，结果都睡着了。在他们睡觉的时候，一个爱开玩笑的小孩用炭涂黑了他们的前额。三个人醒来时，发现其他俩人额上的炭黑，不禁觉得好笑，而且都笑出声来。但三人都以为是其他两人在相互取笑，而没有想过自己的额头也有黑色。

突然其中有一个不笑了，因为他知道自己的前额也给涂黑了。

他是怎么觉察到的？

406 需要多少只猫

如果 5 只猫在 5 分钟内可以抓 5 只老鼠。那么，100 分钟内要抓完 100

只老鼠，需要多少只猫？

407 零用钱怎么少了

有两个父亲给儿子零用钱。一个父亲给自己的儿子 2000 元，另一个父亲给自己的儿子 1000 元。但是，这两个儿子把钱放在一起数时，却一共只有 2000 元。请问为什么会出现这种情况呢？

408 破绽在哪里

桥边捞起一具年轻女子的尸体。警方闻讯问一个划着小木船经过现场的男子，他说："那名女子跳水前我正全速划向桥边，我亲眼看到她在桥上脱掉帽子后往下跳。"但是，办案经验丰富的刑警立即觉察到他供词中的破绽。请问破绽在哪里？

409 细菌分裂

某种细菌一分钟可以分裂成两个，再过一分钟各自分裂，合计共有 4 个。照此速度，一个这样的细菌要充满整个瓶子需要花一个小时的时间。请问，一开始有两个细菌，要花多少时间才能充满整个瓶子？

410 他们是什么关系

山坡上，有两个人汗流浃背地前拉后推着一部板车。有一个人问在前面拉车的人："在后面推车的是你的儿子吧！"拉车的人回答："是的！"他又问在后面推车的人："在前面拉车的是你爸爸吧。"他回答："才不是呢！"请问这两个人到底是什么关系？

411 不是双胞胎又是什么

有两位面貌相似，出生年月日相同，父母亲的名字也一样的小男生到学校入学。当有人问他们是不是双胞胎时，他们竟异口同声地回答"不是"，请问他们到底是什么关系呢？

412 从 4 楼爬到 8 楼需要多少时间

到一栋 10 层高的大厦 8 楼办事，可是很不巧碰上停电，所以没办法搭乘电梯。如果爬楼梯从 1 楼爬到 4 楼需要 48 秒，请问从 4 楼爬到 8 楼需要多少时间?

413 猫和狗谁能赢

狗和猫进行百米赛跑，当狗到达终点时，猫才跑了 90 公尺。如果把狗的起跑线往后延 10 公尺，可以让猫和狗同时到达终点吗?

414 第几天水溢出来

有一个深 25 公尺的空铁桶，每天凌晨 0 点开始到下午 6 点为止的 18 个小时中，加水到这个铁桶内，结果水增加了 6 公尺，接着到晚上 12 点为止的 6 个钟头内，水减少了两公尺，只剩下 4 公尺。照这种每天增加 4 公尺的比例继续下去，请问到第几天水会从水桶的边缘溢出来?

415 律师怎么了

有一个非常擅长处理离婚诉讼案件的律师，他总是站在妻子这一边，免费帮她们向先生争取高额的赡养费，因而声名大噪。没想到后来，这位律师自己也面临离婚问题，不过，他的原则仍没有改变，这次也是站在妻子这一边，免费替她辩护，帮她争取到高额的赡养费。可是奇怪的是，这个律师一毛钱也没损失。你觉得这种事情可能吗？注意，这位律师也没有从其他人身上拿到钱。

416 这可能吗

当你问某人年龄时，如果得到这样的答案：我后天就满 22 岁了，可是去年的年初一，我还是十几岁的少女。你觉得可能有这种事吗？年龄全部是以实岁来计算的。

417 居民拿了哪个时钟

有位探险家携带两个时钟送给住在沙漠的居民。可能是因为天气的原因，其中一个时钟一天慢一分钟，另一个时钟则完全停止不动。当地的这个居民说，请给我能告诉我较多次正确时间的那个时钟。

你知道最后那个居民拿了哪个时钟吗？

418 园艺讲座

园艺讲座的讲师说："桃子、栗子要 3 年成熟，柿子要 8 年，苹果要 15 年才能结出果实，因此，如果各位现在开始在家里培育种子的话，第 15 年开始，每一年都可以同时吃到四种水果了。"

听完讲师的话，观众中有人忍不住笑了起来。这是为什么呢？

419 子弹怎么没有痕迹

在一栋公寓里，深夜发生了一起枪杀事件，特别机动搜查队接到报案后急忙赶到现场，法医检查被害人的身体后发现，虽然子弹穿过心脏，但体内并未留下弹头，而背后也没有被子弹穿过的痕迹，按照一般常理，弹头应该留在体内才对。你认为会发生这种情况吗？

420 被弄脏的女士为何无动于衷

在早期的火车包厢里，有两位打扮入时的摩登女士相对而坐。她们看似相识却没有相互交谈。火车终于进入隧道。待火车驶出隧道后，看看她俩的脸，可能是因为风向的缘故，使其中一位女士的脸被煤烟弄脏了，另一位则没有。但是为什么去洗脸的是那位脸没脏的女士，而脸被弄脏的女士却无动于衷呢？

421 火灾如何

在一次火灾中某位死里逃生的男子因为失聪，所以消防员用白纸黑字以当地文字写出想问的问题，消防员写道："有多少人获救？火灾的程度如何？”

然而这位男子虽然看得到而且识字，但却没有写下只字片语。试问这位手部没有受伤，应该能写字的男子，为什么没写下什么呢？

422 血缘关系

某位孝子在购买新汽车之后，有一天带着父亲乘车出游。无奈厄运降临，发生了重大车祸。父亲当场死亡，而身为驾驶员的他也身负重伤，被送往医院急救。此时不知是否命运捉弄，当执行急救手术的外科医生进入手术室之后，发现伤者就是自己的儿子，惊讶之余迟迟不敢操刀，于是请其他医生代为进行手术工作。他们并非养父和养子的关系，那么他们真正的血缘关系是什么？

423 爱情算术式

这是个学校老师的故事。数学老师M收到女老师A和B热切的爱的告白。M教师对两位爱慕者说：“我希望你们清楚地用数量表示对我的爱。”于是，A老师说：“我的爱是B老师的100倍。”而B则说：“那我的爱是A教师的1000倍。”

M老师听完后回答：“那我知道了，你们对我没有一点爱意。”为什么M老师这样说呢？

424 笨蛋的做法

A先生在出差时接到太太打来的电话：“老公，你把家里的信箱钥匙带走了。”察觉自己把信箱钥匙带在身边的A先生，立刻以限时速递将钥匙寄回家。

一个人听到此举后说：“真笨啊！”请问这个人为什么这么说呢？

425 如此搬家

有个富翁的两边邻居都各养了一条狗，每到夜晚就互相吠叫，吵得富

翁不能成眠。忍无可忍之下，富翁各给两边邻居一大笔钱，请他们搬家。这两位邻居的确带着自己的狗搬了家，但是一到晚上，富翁又听到相同的狗叫声，为什么呢？

426 如何领钱

小刚和他心仪好久的娟娟要约会了！他们说好这个月的第二个星期天，要一起在一家高级饭店用餐的。偏偏临到约会前一天，小刚才想到自己存钱的这家银行，在每月的第二个星期六都公休。不得已，他急忙前去这家银行碰运气，却竟然光明正大地提了钱，顺利和娟娟约会。既然小刚不用提款卡或信用卡，也不向人借钱或上当铺典当，他到底用什么办法领到了这些钱呢？

427 这样合理吗

A 和 B 两人分别掏出同等的零用钱合买点心吃，A 对 B 说：“这些点心每个都是 10 块钱，你比我多吃两个无所谓，反正等会儿还我 20 元就对了！”

A 这么说看似十分合理，但事实果真如此吗？

428 她说谎了吗

露西到三利百货去购物，碰到两位老朋友，其中一位朋友说：“我足岁是 17 岁。”可是另外一位朋友却说：“才不呢！她已经满 18 岁了。”两个人都发誓绝对没有说谎，你们说，可能发生这种事吗？

429 这个地方是哪里

动物园里有一头狮子逃跑了，只要是活的动物，这头异常凶猛的狮子都会咬死它们，就算其他的狮子同伴也不例外。这头狮子是趁管理员忘了把栅栏上锁的空当逃出去的，虽然狮子仍潜伏在动物园内，但是不知道它确切躲藏的位置，管理员紧急联络相关的人员后，不慌不忙地到一个安全的地方去避难，请问这个地方是哪里？

430 电话的速度

华仔和伟仔两家隔着一条马路毗邻而居，他们是从小到大的玩伴，长大以后又同时喜欢上一个女孩子，于是他们就互相约定，在同一时间以同样的方式拨电话给女孩子，谁先拨通谁就跟这个女孩子约会，可是结果每次都是华仔得胜，伟仔电话的速度不比华仔慢，而且两人都没有使用快速拨号，电话机型也一样。到底是什么原因呢？

431 明确的证据

X 公司的总经理装聋作哑地说：“本公司不可能有问题的。”但职员却反驳他的话：“有问题，我有明确的证据。”到底他们有什么证据？

432 玻璃鞋

王子凭着一只玻璃鞋，寻找昨晚舞会中令他心仪的女孩，结果有三人合格。王子对她们说：“我要看看你们能不能穿得下这只鞋，把脚伸出来。”于是三名女性都伸出一只脚来。王子并没有让她们试穿，只是看她们的脚就找出了那名女孩，为什么王子会知道呢？

433 讨价还价

罗先生第一次乘坐直升机旅行，他正在跟飞行员就搭乘费讨价还价。飞行员坚持不打折，但当罗先生说：“你这次打折的话，下次我再搭乘就付双倍的钱。”飞行员一口气打了对折，还面带微笑地飞离了，为什么？

434 特异功能

小远的哥哥常在小远装睡时说：“小远，你别装睡了。我有特异功能，马上就会知道你在装睡。”诚然如此，小远的哥哥每次都猜中，准确率竟达百分之百，令人吃惊。究竟他哥哥是怎么辨别的呢？

435 猜猜漏掉的字

记者给某杂志编辑部的报告送到了。可是因为某部分的文字脱落而无法读出其意。请问这无法读出的部分写的是什么呢？

该报的部分内容是：

这里有十位男女围着圈坐。其中，只说实话的正直村的人似乎有□人，而只说谎话的说谎村的人似乎有□人。我试着听完他们所有的话之后，大家都对我说："坐在我右边的人是□□村的人。"

436 怎么一回事

阿军热衷划船，可是某天当他乘着小船划行时却越划越慢，而且用九牛二虎之力去划，小船竟然停住了。请问这是怎么一回事？

437 歪打正着

金先生买了东西，要到柜台付钱。店员问他："刚刚好吗？"金先生回答："刚刚好！"一边从皮夹掏出三千元付账，结果店主还找他七块零钱。

他们两人之间的对话并不奇怪，可是和实际动作却互相矛盾，这是为什么呢？

438 巨人说谎

出生以来，从没有离开过村子的张先生，身高两米三，是全村公认的巨人。

这天，村子里来了一位身高两米四的观光客，连张先生看了也自叹不如。他对这名观光客说："这可是我出生以来，头一次见到有人长得比我高呢！"

没想到这位观光客很肯定地对他说："不，你一定见过！"

这位游客为什么这样说呢？

439 哪一个存款最多

有 A、B、C 三个金库。一开始，三个金库里存放同样的存款。而在第一年，就从A金库取出一成的金额，并且在B金库里存入一成金额。第二年，我们在A金库里加存现有金额一成的存款，又从B金库里取现有金额一成的金额。而C金库则始终分文未动。

那么，经过两年以后，A、B、C三个金库里，哪一个存款最多？请你现在不假思索地立刻回答。

440 窃取隐私的孩子

阿丁是个喜欢写日记的小孩，而且他十分在意自己的隐私，特地用一把大头锁把日记牢牢锁住。奇怪的是，同班同学小米却很肯定地说："阿丁昨天在日记上写的第一句话是'今天的天空好美！'"

小米究竟是如何知道的呢？

441 小偷是谁

某珠宝店和保安公司签了契约，店里一旦有任何危险，街外的所有保安人员，最快能在五分钟赶来。

这一天，珠宝店的警铃响了，结果才三分钟时间，不但店里已经有保安人员在现场，而且该小偷已被逮住交付警察，这是怎么回事呢？

442 多少点

小毛有一颗骰子，下图是这颗骰子三个不同角度的三张照片，你能根据这几张照片，判断点数2的背面，是多少点数吗？

443 爱笑的人

阿光的女朋友是个爱笑的人，没事就见她笑得前仰后合。稍有一点小动作，也能逗得她咯咯笑，偏偏她和阿光去听相声，但见台下观众捧腹大笑，却只有她毫无反应，这究竟是为什么呢？

444 一半的时间在吸烟的人

郑先生是个老烟枪，不管什么时候看到他，嘴里总是叼着一根烟。有人跟郑先生说："我看啊！除了睡觉以外，你是一整天都在吸烟！"郑先生一听，立刻一本正经地反驳："哪有这回事？我醒着的时候充其量只有一半的时间在吸烟。"怎么会这样呢？

445 机器没有问题

老王向果汁自动贩卖机投入 10 元硬币，然后压下按钮，然而并没有果汁罐头出来。接着，老李在同一部机器的同一个地方投入 10 元硬币，然后压下和老王相同的按钮，这次果汁罐头出来了。这是怎么回事？这部机器并没有任何问题。

446 国王吹牛皮

被恐怖分子追杀的某国国王在逃亡的飞机上对同机的记者群发表谈话。"我这次逃亡的目的地，除了我以外全世界没有第二个人知道。抵达目的地的时候，各位一定也会吓一大跳。"但是，记者群中有一名记者却笑着说："那可不见得。"他为什么能够识破国王吹的牛皮？

447 谁丢的钱币

有一天，妈妈问两兄弟："我在你们房间里捡到 10 元硬币。是谁掉的？"弟弟抢着说："那是我刚才跌倒的时候从手里掉出去的。"但是，哥哥紧接着说："那明明是昨天晚上从我的钱包掉下去的。"妈妈听了就说："这应该是弟弟掉的。"妈妈怎么会知道呢？妈妈从昨天白天一直到刚刚发现

10元硬币为止，都没有进过小孩的房间。

448 赚钱的商店

某个小镇中有A和B两家商店。有一种批发价7000元的完全相同的商品，A店买入10个而以一个9000元卖出，B店买入10个而以一个10000元出售。除了售价之外，其他一切条件都相同，当然客户会先买比较便宜的，所以A店的这项商品还没卖完之前，不会有人买B店的这项商品。如果有一天，这个小镇来了16个客人，这一天B店可不可能在这种商品上头赚得比A店多呢？假设两家店的售价都不变，而且每个客人只能买一个。

449 有医生怎么还会死

50年来一直没有医生的某个海岛，有一天终于来了一位老练的医生。因此，邻近没有医生的小岛上也有许多人搬到这个小岛来住。但是，新的村民之中有一个男子却慨叹地说："就算有医生，万一我生了病，还不是一样会死。"他并不是在嫌弃医生，但是他为什么要这样说呢？

450 紧急试演会

某个戏院举办一个决定当天替角的紧急试演会，有位Y先生来应征。他独自进入举行试演的房间之后，评审委员说："请做个动作和台词的即兴表演，什么都可以。"Y先生当场做了一个表演，结果不必等到试演完毕就不得不采用Y先生了。Y先生做了什么表演？

451 鹦鹉的尴尬

有一位动物专家养了一只鹦鹉。不管是什么人向它说话，它都能够非常逼真地模仿这个人说出的话。动物专家带着这只鹦鹉环游巡回演出极受好评。若干年后，这位动物专家又养了另外一只鹦鹉。如果有人问这只鹦鹉："今天天气如何？"它会回答："晴天，不过下午恐怕会下雨。"也就是说，它不仅是单纯的模仿而已，而且还会回答简单的问题。动物专家同样地带这只鹦鹉环游世界巡回演出，但这次却不像上次那只受欢迎。为什么？当然，

并没有鹦鹉不表演之类的问题。

452 谁拿了冠军

秀秀是田径高手，有一天她参加运动会，经过一番激烈的角逐，终于进入决赛，准备夺取桂冠。在决赛的时候，她听到枪声响起立刻一马当先冲出起跑线，而且一路上都没有被其他任何选手超越。但是，第一个冲到终点线的人却不是她。这到底是怎么一回事？当然，秀秀并没有在半途弃权。

453 吃泡面的最好方法

大伟经常在住宿的地方泡速食碗面来吃。有加入热水后三分钟可以吃和加入热水四分钟可以吃两种碗面，但是他想快点吃的时候，一定选四分钟那一种来吃。为什么大伟会这样做？这两种都是立刻就可以买得到的。

454 找出不合理

小华帮助三个月的小婴儿洗澡，她紧紧按住婴儿的双耳防止水跑进去，同时安慰小婴儿："啊，别怕，别怕。"小华的行为有两点非常不合理，请问是哪两点？

455 刑警的破案秘诀

某国两名男子因为偷窃嫌疑被逮捕，并在不同的房间接受审讯。两人都知道这个国家的法律是罪犯只要招供就能减轻刑罚，但是无论刑警如何讯问，两人都一直保持沉默。

不过，当刑警对两人低声耳语一件事之后，两人突然开始招供，事件真相终于大白。

刑警到底说了什么呢？

456 为何没有回程

新婚夫妻李广王丰到亲戚家拜访。李广说："去的时候你开车，回程我来开。”但事实上来回都是李广开的车。王丰并没有不舒服，究竟是怎么回事呢？

457 什么人有两个心脏

人类的内脏器官有的是一对，像肺、肾脏；有的则只有一个，如心脏、胃。但是王芳的朋友中却有人有两个心脏、两个胃。这还不稀奇，有人甚至有三个或四个。到底怎么一回事呢？

458 怎么吃不到妈妈的菜

王妈妈做的菜越好吃，小王越吃不到妈妈做的菜。小王当然喜欢妈妈的美食，也没有贪得无厌的家人抢他的东西吃。到底怎么回事呢？

459 理发店的故事

一条街上只有两个理发师 A 先生和 B 先生。有一天，A 先生的理发店前大排长龙，客人陆续在 A 先生的理发店前排队，完全不到 B 先生的店前。但是过了一会儿，A 先生的理发店前的长龙开始移向 B 先生的店前。这两个人的营业时间和理发技术及价钱完全相同，而且两人都没有固定的客人。这究竟是怎么一回事呢？

460 幸存者

调查队利用直升机调查一座四周海流湍急，船只难以航行的无人岛时，发现三年前失踪的一艘船可能漂流到这座岛上。

调查队员从空中发现一个人，并没有询问对方任何事就以无线电报告：“这座岛上可能有一名幸存者。”到底是怎么回事呢？

第 5 篇

玩博弈逻辑游戏，做出最有利的决策

博弈逻辑，研究“理性的”行动者或参与者在互动过程中，如何合理选择策略或采取行动的逻辑。博弈逻辑有两个基本假定：第一，博弈参与者是理性的，即参与者努力使自己的得益最大化；第二，博弈参与者的利益不仅取决于自己的行动，同时取决于他人的行动。

461 一句救命话

有个国王，想处死一个囚犯，他决定让囚犯们自己选择是砍头还是绞刑。选择的方法是，囚犯可以任意说出一句话来，而且必须马上能判断出这句话的真假，如果是真话，就处绞刑，如果是假话，就砍头。

这个囚犯是极其聪明的人。他来到国王面前问："如果我说出了一句话，你们既不能绞死我，也不能砍我的头，怎么办？"

"如果真是那样的话，我就释放你。"国王说。

那个囚犯说了一句话，果然十分巧妙。国王听了左右为难，但又不能言而无信，只好把这位聪明的囚犯释放了。

你知道聪明的囚犯是怎么说的吗？

462 商业谈判

在一次商业谈判中，甲方总经理对乙方总经理说："根据以往贵公司履行合同的情况，有的产品不具备合同规定的要求，我公司蒙受了损失，希望以后不再出现类似的情况。"乙方总经理说："在履行合同中出现不符合要求的产品，按合同规定可以退回或要求赔偿，贵公司当时既不退回产品，又不要求赔偿，这究竟是怎么回事？"

乙方总经理问句的实质是什么？

463 拉练

"在下周四之前我们要进行一次拉练。希望大家做好准备。"教官说。

"教官，拉练是什么意思？"新兵杰克紧张地问。

"拉练就是在你们都不知道的时候拉你们出去训练，看看你们的反应能力。"

"可是这是不可能的，教官，"新兵杰克继续说道："如果下周一、周二没有进行拉练的话，周三就不能进行拉练了，因为大家都知道周三会进行拉练了。周二也不能进行拉练，因为周三不能进行拉练，周一不进行拉练的话，大家就知道周二肯定拉练。依此类推，任何一天都不能进行拉练。"

你觉得新兵杰克的推理正确吗？为什么？

464 转危为安

古时候，波斯帝国有一位年轻的太子，聪明过人。一次，他率波斯大军与阿拉伯帝国的倭马亚王的军队交战时，不幸兵败被俘。

军士们把他押送到倭马亚王的面前，国王二话没说便下令推出去杀头。太子一听，马上装出一副可怜相，说道：“慈悲的国王啊，我渴极了，您让我喝点水再走吧，那我也就死而无憾了。”

国王点点头，随后命令左右给太子递了一碗水。太子接过来却不喝，而是左顾右盼起来。

“快喝，看什么！”一名军士厉声喝道。

太子扑通跪在地上，说：“我担心，不到这碗水喝完你们就会举刀杀我啊！”

国王一听，不禁大笑起来，心想：堂堂的波斯国太子也不过如此，于是说道：“我从来都是说一不二的。你尽管喝好了，我向全能的真主起誓，在你喝完这碗水之前，肯定不会杀你。”

太子一听，迅速做出了一个动作，然后对国王说出了一句话。国王一听，顿时哑口无言，只好放了太子。设想一下，面对人头落地的危险情境，波斯王子如何才能转危为安？

465 正常国与反常国

阿凡提出去旅行时到了一个奇怪的地方，这个地方有两个国家，一个是正常国，一个是反常国。正常国没有什么，反常国却大不相同，他们只用点头或摇头来回答。而且外地人要问他们一件事必须给钱。阿凡提很想知道他所在是何国？他怎样才能提一个问题便判断出这是何国呢？

请问，你能想到阿凡提是怎样来判断的吗？

466 争论

有两个男孩为学习时可不可以喝酒争论了起来，两人各说各有理，谁也不让步。最后他们找到了一个正在校园里行走的老师。第一个男孩问：“老师，我们在学习的时候喝酒可以吗？”老师很郑重地说：“不行。”于是这个男孩的观点得到了承认。第二个男孩也对老师说了一句话，老师想了想说："可以。"于是他的观点也得到了肯定。你知道第二个男孩是怎么问的吗?

467 王子之语

在一条斯堪的纳维亚的"海盗"船上，国王对王子说："这儿有一个鱼块，假如你猜出是什么鱼就给你吃。用什么手段都可以，不过有一条，就是不许问鱼的名字。"

王子猜不出是什么鱼，但他说了一句话，使国王不得不让他吃了鱼。

猜一猜王子说了什么话?

468 小偷的选择

有两个小偷因偷窃被抓住并单独囚禁。警察分别告诉他们，如果不坦白自己与另一个小偷以前所做的违法之事，而另一个小偷坦白了，那么坦白的一方将被当场释放，而不坦白的一方将被判刑 10 年；如果都坦白了，则都从宽判刑 5 年。但小偷也知道，如果他们都不坦白，因警察找不到其他证明他们以前犯罪的证据，则只能对他们现在的偷窃行为进行惩罚，只能各判刑半年。

这两个小偷可不傻，他们将如何做出最好的选择?

469 秦孝公处罚爱将

战国时期，秦国实行商鞅变法，法度严明。秦孝公有一幕僚，号称"天下第一智者"，犯下过失，按律当斩。秦孝公惜才，想救他一命，但又不能破秦律。于是，他设计了一种特殊的行刑方式，希望智者能运用自己的智慧来拯救自己的生命。刑场上站着两个武士，手中各拿着一瓶酒。秦孝公告诉智者：第一，这两瓶外观上看不出区别的酒，一瓶是美酒，一瓶是毒酒；第二，两个武士有问必答，但一个只回答真话，另一个只回答假话，并且从外表上无法断定谁说真话，谁说假话；第三，两个武士彼此间都互知底细，即互相之间都知道谁说真话或假话，谁拿毒酒或美酒。现在只允许智者向两个武士中的任意一个提一个问题，然后根据得到的回答，判定哪瓶是美

酒并把它一饮而尽。智者略一思考，提出了一个巧妙的问题，并喝下了美酒。结果，他被免于一死。

如果你是智者，你将如何设计问题，并找出美酒呢？

470 智擒盗贼

华盛顿小时候就聪明过人，在他家乡威斯特摩兰至今还流传着他智捉盗马贼的故事。有一天，村里的一个孤老爷爷的马被人偷走了。村民们帮忙四处寻找，终于在牲口市场上找到了那匹马。可是，盗马贼死活不承认这是偷来的马。由于马的主人这时又拿不出有力的证据来，盗马贼反咬一口，说村民们诬陷他，说着骑上马就想溜。这时，华盛顿赶来了。他用双手分别蒙住马的眼睛，紧接着问了盗马贼几个问题，很快就诱使盗马贼在众人面前原形毕露，只好承认自己的丑行。那么，你知道他问了什么问题吗？

471 超级时速

在一个半径为 R 的圆形湖面上，一只兔子正在划小船，有一只跛脚的狼在岸上恶狠狠地盯住兔子，想抓住兔子吃掉。虽然兔子在岸上奔跑的速度比这只狼快，但在水里划船的速度只有狼在岸上速度的 1/4。狼不敢下水，但它可以沿着圆形湖的岸边奔跑，要抓住划船上岸的兔子。

兔子能否设法将船划到岸边，登岸逃掉而不致被狼吃掉？如何做？

472 爱情决斗

三个男人都疯狂地爱上了一个女人。这个女人同等地爱他们三个人。于是三个男人同意用手枪决斗。获胜者将和这个女人牵手，被征服者或失败者将死亡、受伤或失望。

同意决斗之后，情况很不利于一个人，对另两个人有利。由于从不失手，伯爵是一个专家，一个神射手。他在每次决斗中都是获胜者，即使是面对比他好的对手他也没有失手过。牛眼勋爵是一个好射手，一名军人。他每三发子弹就能够命中两发。上尉每三发子弹只能够命中一发。然而，他们都是君子，于是决定在决斗规则中给射得较差者一次机会。他们决定将面对面站在一个三角形的三点上。弹药没有限制，但是他们要依次向任何一个对手开枪：射得最差的第一个开枪，射得最好的最后一个开枪。

如果你是老失手上尉，那么如何你才能够在保持信誉的情况下使自己的生存机会最大化？你是第一个射击。你打算先向谁开枪？

473 林则徐智斗富绅

清朝末年，林则徐任江苏按察史，时值江苏一带普降暴雨，洪水泛滥。于是，林则徐发布告示："连日阴雨灾害，米行要即时卖米，以平市价。殷绅富户，也应出卖存粮，不许观望迁徙。"

告示贴出以后，百姓纷纷称赞说："林青天知民主心！"这时有一个叫潘世恩的富家屯粮万石，但却不肯救济灾民。潘世恩是朝廷大官，正在家里为父守孝，他认为一个小小按察史根本奈何不了他。林则徐亲自去潘家动员开仓赈济，潘世恩却一再拒绝。无奈之下，林则徐灵机一动，想到了一个办法，便想潘世恩不能再拒绝，只得主动来救济灾民。

你知道林则徐想到的是什么办法吗？

474 欧米加研究人类的大脑

一天，一个从外层空间来的超级生物欧米加在地球着陆。

欧米加搞出一个设备来研究人类的大脑。它可以十分准确地预言每一个人在二者择一时会选择哪一个。

欧米加用两个大箱子检验了很多人。箱子 A 是透明的，总是装着 1000 美元；箱子 B 不透明，它要么装着 100 万美元，要么空着。

欧米加告诉每一个受试者："你有两种选择，一种是你拿走两个箱子，可以获得其中的东西。可是，当我预计你这样做时，我就让箱子 B 空着。你就只能得到 1000 美元；另一种选择是只拿箱子 B。如果我预计你这样做时，我就往箱子 B 中放进 100 万美元。你能得到全部款项。"

说完，欧米加就离开了，留下了 2 个箱子供人选择。

一个男人决定只拿箱子 B。他的理由是——

我已看见欧米加尝试了几百次，每次他都预计对了。凡是拿两个箱子

的人，只能得到1000美元。所以我只拿箱子B，就会变成百万富翁。

一个女孩决定要拿两个箱子，她的理由是——

欧米加已经做完了他的预言，并已离开。箱子不会再变了。如果B是空的，那它还是空的；如果它是有钱的，它还是有钱。所以我要拿两个箱子，就可以得到里面所有的钱。

你认为谁的决定更好？两种看法不可能都对，哪一种错了？它为何错了？

475 正确率

有一个人十分迷信，在婚姻的问题上，左右为难，下不了决心，不知道何去何从，于是他想去听听算命先生的意见。街上有两个算命先生甲和乙，甲告诉他："我说的话，有60%是正确的。"乙告诉他："我说的话，只有20%是正确的。"这个人想了想，选择乙给他算命了。你知道这是为什么吗？

476 闯迷宫

三个小孩闯入一座迷宫，他们在里面走了很久，一直也没有找到出口，三个孩子吓坏了。这时，他们在一个三岔路口旁，发现每个路口上面都写了一句话，第一个路口上写着："这条路通向迷宫的出口"。第二条路口写着："这条路不通向迷宫的出口"。第三条路口上写着："另外两条路口写的话一句是真的，一句是假的，我们保证，我上述的话绝不会错。"那么，他们要选择哪一条路才能出去呢？

477 预算资金

A、B、C三个分公司的经理在总公司的年度预算会议上投票表决如何分配总额为4亿元的预算资金这个预算案……共有甲、乙、丙3个提案（如下表所示），分别决定了各分公司可以获得的预算资金。

首先甲、乙两案进行表决，胜出的再跟丙案进行表决。

如果你是A公司的经理，你该怎么投票？

议员（亿元）	甲案（亿元）	乙案（亿元）	丙案（亿元）
A	2	1	0
B	1	0	2
C	1	3	2

478 农夫遇无赖

一个农夫刚刚盖了一座新房子，一天，一个路人经过并想借宿几日，农夫答应了。结果路人一住就是半年。房子的主人催客人上路，不料这个人却说："这房子是我的，你怎么催我走啊？"于是房主人将其带到官府。可是，这个人坚持说这座新房子是他盖的，并且还一五一十地将房上盖有多少瓦，地下铺有多少砖。县官捻着胡须思考了一会儿，只问了这个人一句话，便戳穿了他的骗子嘴脸。如果你是县官，你应该问这个人一句什么话？

479 成功概率

国王对大臣说："这个瓦罐里面装有 101 个大小、质量、质地、触感都一样的石头。黑石头有 50 个，白石头有 51 个。现在我让你蒙上眼睛任意取出这瓦罐里的石头，数目不计，而且只要你拿出来的石头正好是黑白各半，我就赏你与拿出的石头数目相同的钻石。"

这时国王身边的随从便悄悄对大臣说："你也别费神了，只要拿两个便有50%的概率可以拿到钻石了。"可是除此之外，没有什么更好的方法吗？

480 篮球比赛的技巧

在一次欧洲篮球锦标赛上，保加利亚队的最后一场小组赛，必须净胜对手 5 分才能确保出线，在比赛即将结束时，对方投中，由他们开端线球，这时他们只领先对手 2 分，当时还没有 3 分球，时间显然不够了。这时，如果你是教练，你肯定不会甘心认输，如果允许你有一次叫停机会，你将给场上的队员出个什么主意，才有可能赢对手 5 分以上？

481 轮盘赌局

轮盘赌局到了最后决定胜负的关键时刻。在轮盘赌中，参与者可以下注选择任意一个数字，如果轮盘停止后，它的指针停在那个数字上，下注者就取胜。

现在占第一位的是木材商怀特先生，他非常幸运地赢了 700 个金币。占第二位的莎文小姐稍稍落后，她赢了 500 个金币。

其余的人都已经输了很多，所以这最后一局就只剩下怀特先生和莎文小姐一决胜负了。

怀特先生还在犹豫着，是将手上的部分筹码押在"奇数"还是"偶数"上？如果赢了，他的赌金就会变成现在的两倍。

另一边，莎文小姐已经把所有的筹码都押在了"3 的倍数"上，如果赢了，赌金就会变成现在的 3 倍，如果幸运的话，她就可以反败为胜了。

想想，怀特先生到底应该怎么下注才好呢？

482 战利品

10 名海盗抢得了窖藏的 100 块金子，并打算瓜分这些战利品。这是一些讲民主的海盗（当然是他们自己特有的民主），他们的习惯是按下面的方式进行分配：最厉害的一名海盗提出分配方案，然后所有的海盗（包括提出方案者本人）就此方案进行表决。如果 50% 或更多的海盗赞同此方案，此方案就获得通过并据此分配战利品。否则提出方案的海盗将被扔到海里，然后下一位提名最厉害的海盗又重复上述过程。

所有的海盗都乐于看到他们的一位同伙被扔进海里，不过，如果让他们选择的话，他们还是宁可得到一笔现金。他们当然也不愿意自己被扔到海里。所有的海盗都是有理性的，而且知道其他的海盗也是有理性的。此外，没有两名海盗是同等厉害的——这些海盗完全按照由上到下的等级排好了座次，并且每个人都清楚自己和其他所有人的等级。

这些金块不能再分，也不允许几名海盗共有金块，因为任何海盗都不相信他的同伙会遵守关于共享金块的安排。这是一伙每个人都只为自己打算的海盗。

最厉害的一名海盗应当提出什么样的分配方案才能使自己获得最多的金子呢?

为方便起见，我们按照这些海盗的怯懦程度来给他们编号。最怯懦的海盗为1号海盗，次怯懦的海盗为2号海盗，依此类推。这样最厉害的海盗就应当得到最大的编号，在这样的编号提示下大家开始思考吧。

483 商人在盛产美女的神秘小岛

一天，一位商人来到一个盛产美女的神秘小岛，他想在这里娶一位妻子。

岛上的居民被划分为三类：永远说真话的君子；永远说假话的小人；有时说真话、有时说假话的凡夫。按照岛上的成规：君子是第一等级，凡夫是第二等级，小人是第三等级。

商人决定从A、B、C3个美女中选一个做妻子。这3个美女中有一个是君子，一个是小人，一个是凡夫。凡夫是由一个狐狸变成的美女，但商人并不知道她们的真实身份。岛上的长老同意商人从这3个美女中任选一个做妻子，但规定只能向她们提一个问题，美女的回答只能用“是”或“不是”来回应。现在的问题是，商人应该提一个什么样的问题，才能保证不会娶到由狐狸变成的凡夫呢?

484 100个乒乓球

假设排列着100个乒乓球，由2个人轮流拿乒乓球装入口袋，能拿到第100个乒乓球的人为胜利者。条件是：每次拿球者至少要拿1个，但最多不能超过5个，问：“如果你是最先拿乒乓球的人，你该拿几个？以后怎么拿保证你能得到第100个乒乓球？”

485 巧置硬币

两人轮流将相同的硬币放在圆桌上。当桌子上不能再放上硬币而同时不遮住其他硬币时，将要放硬币的人就输了。你能否设计一个战略使得某个人总是赢，不管桌子有多大?

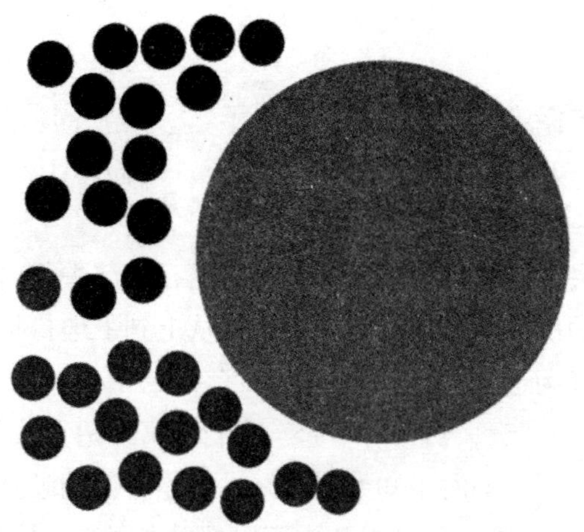

486 魔法

海地附近有座真言小岛，岛上半数居民中了邪恶的蛇王的魔法，变成了僵尸。这座岛上僵尸的举止跟流行观念并不一样，不是僵硬着蹦跳走，见人就咬，而是像活人似的四处走动、能说会道，不过没有心而已。所以，这座岛上的僵尸永远撒谎，活人永远讲真话。这座真言小岛上的人从来没有出来过，所以并不会讲任何外语，因此，不论你问他们是不是如何，他们总是回答“啊”或“嗒”。其一指是，其一指不。然而，哪个指是，哪个指不呢？问一句什么话就可以区分，你知道是哪句话吗？

487 贝壳游戏

为了尽力阻止孩子们玩漂来的海面浮油，玛姆博太太哄着她们收集了一堆相对干净的贝壳，并利用这些贝壳玩简单的游戏。两个孩子轮流从这堆贝壳上拿走 1 枚、2 枚或 3 枚贝壳，放到自己的贝壳堆上。当所有的贝壳都拿走后，贝壳数量为奇数的人为赢家。

后来，当她们注视着这个简单的假日游戏时，没有人记得下一个该轮到谁拿贝壳了。实际上，这无关紧要，无论下一个轮到谁，可以拿走的贝壳数量才是决定谁是赢家的关键。下一个孩子应该拿走多少枚贝壳——1 枚、2 枚还是 3 枚？

488 搬家

有一家人决定搬进城里，于是去找房子。

全家三口，夫妻两个和一个5岁的孩子。他们跑了一天，直到傍晚，好不容易才看到一张公寓出租的广告。

他们赶紧跑去，房子出乎意料的好。于是，就前去敲门询问。

这时，温和的房东出来，对这三位客人从上到下地打量了一番。

丈夫鼓起勇气问道："这房屋出租吗？"

房东遗憾地说："啊，实在对不起，我们公寓不招有孩子的住户。"

丈夫和妻子听了，一时不知如何是好，于是，他们默默地走开了。

那5岁的孩子，把事情的经过从头至尾都看在眼里。那可爱的心灵在想：真的就没办法了？他又去敲房东的大门。

这时，丈夫和妻子已走出很远，都回头望着。

门开了，房东又出来了。这孩子精神抖擞地说：……

房东听了之后，高声笑了起来，决定把房子租给他们住。

请问：这位5岁的小孩子说了什么话，终于说服了房东？

489 验证

人工智能专家发明了一个预测机，任何一个人都可以问它：一小时之中会不会发生某件事。如果预测机预知这件事会发生，就亮绿灯，表示"会"；如果亮红灯，就表示"不会"。这个机器一经推出受到很多人的欢迎，特别是警察局的警员，因为这样可以减轻他们的工作任务，只有局长不高兴，因为他知道预测机根本就不可靠，用一句话就可以验证。

那么，你知道局长想到了一句什么话吗？

490 甘罗说赵王

一次，秦王嬴政派12岁的甘罗去赵国游说。赵王一看，秦国竟派来一个小孩，不禁脱口而出："秦国难道没有人了吗？派个小孩出使？"小甘罗从容地说："秦国用人，因事而异，大事派大人，小事派小人。"赵王见这小孩出语不俗，这才产生了几分敬意。便问甘罗出使赵国有什么见教？

小甘罗胸有成竹，将秦王的意思完满地转达给了赵王，使赵王非常满意。

你知道甘罗是怎样说服赵王的吗？

491 决斗

三个绅士因发生了矛盾，决定用手枪决斗来解决问题。A的命中率是30%，B的命中率是50%，而C则可以称为专业枪手，他的命中率是100%。为公平起见，他们决定按这样的顺序：A先开枪，B第二，C最后。然后这样循环，直到他们只剩下一个人。那么，三名绅士中谁活下来的机会最大呢？为了能够活下来，他们各自应该采取什么样的策略呢？

492 玩乒乓球

丽丽一直吵着要强强陪她一起打乒乓球。强强被吵得实在受不了，于是想了一个妙计："丽丽，这袋子里放了两个乒乓球。如果你拿到黄色的，我陪你玩，但如果拿到白色的，你就要放弃了，而且不能再吵我！"

丽丽的眼睛顿时亮了起来，但此时却瞥见转过身的强强放了两个白色乒乓球进去。那么，不论她拿到哪一个都会是白色的。

请问，丽丽是不是玩不成乒乓球了？

493 罗斯福精明的对策

第二次世界大战期间，日本海军企图在中途岛与美国海军展开决战，将美军逐出太平洋，并拟订了作战计划。但是，美军情报机关截获并破译了日军的密码，制订了歼灭日本海军的行动计划。当双方海军都在紧锣密鼓地进行战争部署时，美国芝加哥的一家报纸不知通过什么途径获得了美国海军的行动计划，并把它当做独家新闻刊发在报纸上。这令两国的情报机关都大吃一惊。

罗斯福也大吃一惊，如此严重的泄密，其后果不堪设想。但他立刻冷静下来，他认为，如果对这家报纸兴师问罪，必然会惊动日本人，并立刻取消中途岛的作战计划。同时日本人会对他们自己的"密码"产生怀疑，倘若日本人"更新"他们的"密码"，美国情报机关只有从零开始……

于是，罗斯福采取了一个对策，令日军不敢盲目行事，从而使美军安然渡过了难关。

聪明的你知道罗斯福的对策是怎样的吗？

494 如何赢得国王的奖赏

苏丹国王一时不知何故，闷闷不乐，有时脾气上来，对宫里的人非打即骂。大臣急得团团转，想找一个能给国王宽心解闷的人。

卡拉高兹虽然是个穷人，但为人机智幽默，善解人意，经过大臣的引见来见国王。

“你有什么学问和本领来见我？”国王问。

“想必国王听说过，我是全世界最著名的撒谎专家。”卡拉高兹回答。

国王摇摇头，说道：“我不相信，世界上最能撒谎的人居然会是你？假如你能向我撒一个弥天大谎，使我不得不相信，我就送你100金币。”

“那好，您听着，”卡拉高兹说，“20年前，有一天晚上，你的父亲和我的父亲同朋友们在一起玩牌。你的父亲把钱输光了，向我的父亲借了100金币。遗憾的是，他们两人都相继去世了，可是这笔钱却一直没有还给我家。”

“你撒谎！这真是弥天大谎！谁相信你这套鬼话！”国王一听，顿时暴跳起来。但当国王冷静下来后，又不得不给了卡拉高兹100金币。

卡拉高兹依靠什么智慧得到了国王的奖赏？

495 聪明的马丁

矩阵博士的女儿艾娃小姐是他和日本夫人的独生女，是一位绝色美人。怪不得马丁先生对她动心了。不过，这位小姐生性羞怯，如果直截了当请她吃饭，会遭到谢绝。对此，马丁先生苦思对策。

突然间，他心血来潮，想起了哈佛大学数学家吉尔比·贝克教给他的锦囊妙计。

他找到艾娃小姐对他说：“亲爱的，我有两个问题要问您，而且都只能回答‘是’或‘不’，不准用其他语句。但在正式提问以前，我要同您预先讲好，您一定要听清楚之后再郑重回答，而且两个问题的答案都必须在逻辑上完全合理，不能自相矛盾。”艾娃感到非常有趣。于是，她爽朗

地说："好吧！那就请您发问吧！"请问：马丁先生怎样提问，才能达到请艾娃小姐吃饭的目的？

496 分粥博弈

有 7 个人组成了一个小团体共同生活，其中每个人都是平凡而平等的，没有什么凶险祸害之心，但不免自私自利。他们想用非暴力的方式，通过制定制度来解决每天的吃饭问题——要分食一锅粥，但并没有称量用具和有刻度的容器。

大家试验了不同的方法，发挥了聪明才智，多次博弈形成了日益完善的制度。大体说来主要有以下几种方法：

方法一：拟定一个人负责分粥事宜。

方法二：大家轮流主持分粥。

方法三：大家选举一个信得过的人主持分粥。

方法四：选举一个分粥委员会和一个监督委员会，形成监督和制约。

你认为这四种方法完善吗？你能想出更好的方法吗？

497 获胜

两个人拿着一朵有 13 片花瓣的玫瑰，然后轮流摘去花瓣，一个人可以摘去一片或者相邻的两片，谁摘去最后的花瓣就是赢者，他在这一天中将会有好的运气。其实，只要按照一种方式，就可以在这个游戏中一直获胜，那么，这个获胜的人是先摘的人还是后摘的人？用什么方法呢？

498 报数

有 600 名群众被恐怖组织绑架了，恐怖组织头目下令杀戮一部分人，于是让 600 名群众站成一排报数，每次报到奇数的人都被枪毙。有一个机智的群众站在了一个最安全的位置上，确保了自己在几轮报数中都报偶数，从而使自己没有被枪毙。

你知道他站的位置吗？

499 小气鬼

有两个很小气但非常爱喝酒的人，现在有两个形状不同的杯子，一杯装着酒，一杯空着，要让这两个人分这杯酒。如果想让两个人都不会有任何怨言，应该怎样做才好？

500 “抢 30”游戏

有一种叫“抢 30”的游戏。游戏规则很简单：两个人轮流报数，第一个人从 1 开始，按顺序报数，他可以只报 1，也可以报 1、2。第二个人接着第一个人报的数再报下去，但最多也只能报两个数，而且不能一个数都不报。例如，第一个人报的是 1，第二个人可报 2，也可报 2、3；若第一个人报了 1、2，则第二个人可报 3，也可报 3、4。接下来仍由第一个人接着报，如此轮流下去，谁先报到 30 谁胜。

甲很大度，每次都让乙先报，但每次都是甲胜。乙觉得其中肯定有问题，于是坚持要甲先报，结果几乎每次还是甲胜。

你知道甲必胜的策略是什么吗？

501 万元彩票竞拍价

法国人以其独特的幽默感对彩票打了一个形象的比喻：政府发行彩票是向公众推销机会和希望，公众认购彩票则是微笑纳税。从个人心理来说，在现实生活中，勤奋不一定能够得到相应回报，人们因此还存在幻想。人会有很多超出现实可能性的发展，人有很多东西都是超想象的，获利也一样，人们除了勤奋、实实在在、一分耕耘一分收获，另外也希望通过特殊的机缘获得幸福。

现有一张售价 1 万元的彩票，是两个人各出 5000 元买下来的。这两人决定互相拍卖这张彩票。两人各把自己的出价写在纸条上，然后给对方看。出价高的得到这张彩票，但要按对方的出价付给对方钱。如两人的出价相同，则两人平分这张彩票权。究竟什么样的出价最有利？

502 交换

财物主管将一些钱分别装进了两个信封，然后交给甲、乙两人。

甲、乙两人不知道信封里究竟装了多少钱，财物主管只告诉他们每个信封里的钱数为5、10元、20元、40元、80元、160元中的一个，并且其中一个信封的钱是另一个信封的一倍。也就是说，如果甲拿到的信封中是20元，那么乙拿到信封中的钱就应该是10元或者40元。

财物主管让甲、乙两人各自看自己信封中的钱的数额，然后对他们说："你们有一次选择交换的机会，愿意交换吗？"

甲、乙两人虽然看到了自己信封中钱的数额，但是没有看到对方信封中的钱的数额。请问，他们应当怎样判断交换与否呢？

503 点数

19个匪徒在沙漠中遇到困难了，必须扔下一个，于是狡猾的头目命令所有人排成一行，说："因为食物、饮水不足，所以在天黑前，凡点到第七名的人可以留在车上，数到最后第七名的那个人就必须留在沙漠中。"说完头目自己站到第六名匪徒后面（图中倒置的火柴是头目）。有个聪明的匪徒负责点数，他想让其他弟兄离开沙漠而让头目留在沙漠中。那么，他该如何点数？

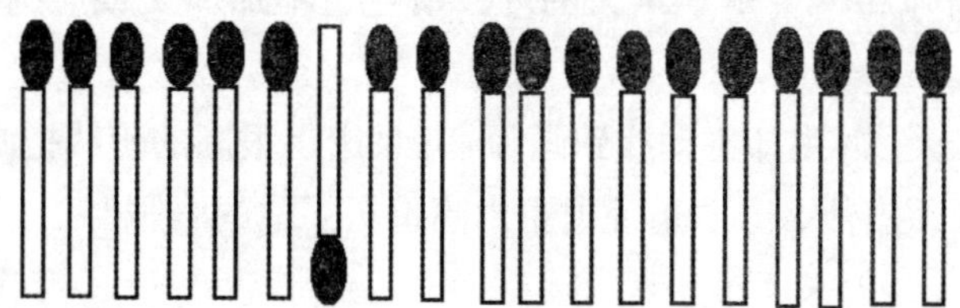

504 存活保证

有A、B、C三人进行决斗，分别站在边长为1米的正三角形的顶点上。每人手里有一把枪，枪里只有一发子弹。每个人都是神枪手，不会失手。

其他参与者根据上面的提示分析：如果决斗者A不想死，他要怎么做才能保证存活（假设另外两个人都不是傻瓜）？

505 房地产垄断

在某个城市，假定只有一家房地产开发商 A，我们知道任何没有竞争的垄断都会获得极高的利润，假定 A 此时每年的垄断利润是 10 亿元。

现在有另外一个企业 B，准备从事房地产开发。面对着 B 要进入其垄断行业，A 想：一旦 B 进入，A 的利润将受损很多，B 最好不要进入。所以 A 向 B 发出，你进入的话，我将阻挠你进入。假定当 B 进入时 A 阻挠的话，A 的利润降低到 2 亿元，B 的利润是 -1 亿元。而如果 A 不阻挠的话，A 的利润是 4 亿元，B 的利润也是 4 亿元。

这是房地产开发商之间的博弈问题。A 的最好结局是“B 不进入”，而 B 的最好结局是“进入”而 A“不阻挠”。但是，这两个最好的结局却不能同时得到。那么结果是什么呢?

而对 B 来说，如果进入，A 真的阻挠的话，它将受损失 1 亿元（假定 1 亿元是它的机会成本），当然此时 A 也有损失。对于 B 来说，问题是：A 的威胁可信吗?

506 寿辰

有个财主的寿辰快到了，他便请了一位画师为自己画一幅画像，好在寿宴上炫耀一番。画像画好后，财主想占便宜，借口说画得不像，把价钱压得很低。画师和财主辩了半天的理，财主也不加一文钱。画师想了想，拿着画走了。

但是第二天，财主却主动找到画师，并且出了很高的价钱把画买了下来。

请问：画师用什么办法迫使财主出高价买了他的画呢?

507 一共几只猫

房间的四角各有 1 只猫，每只猫对面各有 3 只猫，每只猫后面又各有 1 只猫，房间里一共有几只猫?

508 猜个数字

在两个并列数字 2 与 3 之间加个什么记号，可以得到一个大于 2 和小于 3 的数?

509 到达的时间

沿跑道插着 12 面旗子，旗与旗之间的距离是相等的。第 1 面旗子在起点。运动员起跑后，过 8 秒钟到达第 8 面旗子。假定运动员的速度不变，要过几秒钟才能到达第 12 面旗子?

510 还剩下几根蜡烛

有 10 根蜡烛正在燃烧，这时吹来一阵风，把 2 根蜡烛吹熄了，不久再去看时，又有 1 根熄掉。于是，将窗子关紧不让风吹进来，所以，剩下的蜡烛都没熄灭。请问最后将剩下几根蜡烛?

511 自杀的人

有一个想自杀的人，深夜带着遗书走在公路上，他看见对面亮着两个前灯的车子正朝他开过来，于是，紧闭双眼等车撞过去。当车子呼啸而过时，他心想车子一定是碾过自己的身体了。但是，一睁开眼，他竟然安然无恙地站在公路上。你想有这个可能吗?

512 谁有可能是犯人

在一桩杀人案件中，X 先生因有涉案嫌疑被逮捕。他所使用的枪为个人所有，并且枪上只有他一个人的指纹。而 X 先生本人也无法举出犯罪时的不在场证明，更何况他有充分的杀人动机。然而，负责这个案件的朋友 Y 侦探坚信 X 先生绝对不是犯人。为什么?

513 到底是什么

有一个问题很奇怪，那就是：5比0强，2又比5强，但0却又比2强。这到底是怎么一回事？

514 有可能吗

某日搭公车时发现付车钱的只占搭乘此班车总人数的三分之一，但是，售票员脸上并没有难色。假设使用月票和付现金有同等的效力，而且并无免费的儿童搭乘。请问有这种可能吗？

515 看眼睛的人

一位男性朋友因胃不好而骨瘦如柴。可是，他需每个星期都去眼科诊所两次，这是为什么？

516 男人怎么进去的

有个歹徒成功地绑架了某公司老总，并将其单独关进一间牢房内。

地牢只有一个入口，且入口处24小时均有人监视，并无人进出。但是到了第二天，地牢内除了老总以外，还有一名男人关在里面。请问那名男人是如何进去的？

517 吵架的夫妻

有一对夫妻年届57岁和55岁。自结婚以来，每天必定吵架一次；可是上个月整月里却只吵架26次。这有可能吗？

518 什么问句

请你想一想，什么样的问句一定不能回答“是”。注意：此题摘自幼儿园入园考试。

519 头发怎么没湿

一位女子既没撑伞，也没有戴帽子、穿雨衣，却能在倾盆大雨的原野上散步 10 分钟，头发仍没有淋湿。请问为什么呢？

520 罐头惹的祸

有兄弟三人要分吃一水果罐头。罐头的净重为 320 千克，想要等分为三份嫌太麻烦，于是老大和老二就分别先吃掉 100 千克，把剩下的 120 千克留给小弟。没想到小弟却突然气得直跳脚。这究竟怎么回事呢？

521 谁在求婚

自认是社交花蝴蝶的 24 岁丁小姐，决定在这年夏天找个最早向她求婚的男友成婚。可是直到这年秋天，朋友新新听丁小姐说，已经有人连续四十多次求她结婚，却不见丁小姐有准备结婚的动作。这事听来十分矛盾，而且丁小姐也从来没有改变过结婚的决心。这到底是怎么回事呢？

522 辨别孪生兄弟

有一对外表一模一样的孪生兄弟，如果硬要说他俩有何差异的话，那就是哥哥屁股上有颗痣，而弟弟没有。问题是就算这对兄弟穿上完全一样的衣服，把屁股上的差异遮掩起来，还是有人可以清楚辨别出这对兄弟是谁。究竟是哪个人有这种能耐呢？

523 没有新闻的新闻

有个国家意外事件天天不断，而当天发生的所有意外事件，都会刊载在该国一份叫做《事件新闻》的晚报上。

有一天，该国奇迹似的没有发生任何事件，独独该报却仍刊出意外事件。究竟这个专门只写国内事件的报纸，还有什么意外新闻可以报道呢？

524 赛车手与人行道

赛车手A在日常驾驶中向来以模范好公民自命。这天他照例出门，不巧正前方的来车全速向A疾驰过来。A情急之下把车往右狠狠一拐，直接上了人行道，而且完全无视交通警察在旁边维持秩序，一路直行下去。更奇怪的是，警察也任由他通行无阻，这怎么可能呢？

525 可恶的畜生

野生动物园的池塘里，一只鳄鱼正叼着管理员的帽子玩耍，而管理员全体总动员，站在池塘的外围，义愤填膺地叫喊着："可恶的畜生！"可是每个管理员的帽子都还在啊，奇怪！到底发生了什么事？

526 戒指在哪里

刚度完蜜月旅行的新婚夫妇，他们俩的房间里竟发生了一件怪事。

太太说："亲爱的，你送我的钻戒掉到红茶里了。"

丈夫说："没关系，我用汤匙把它舀起来。"

结果钻戒又安全无恙地回到妻子的手指上，可是钻戒竟然是干的，没有一点湿的痕迹。这是怎么回事？

527 怎样写出红色和蓝色

有一支红、蓝、黑三色的原子笔，红色和蓝色因为笔头坏了不能使用，可是现在想写出红色和蓝色，该怎么做才好？不过原子笔没有办法分解开来修理。

528 有几个面包

到防空洞去避难，转眼过了一个礼拜，干粮箱里只剩下七个面包，如果又拿了三个，请问现在手上有几个面包？

529 热水呢

住在深山里的阿荣想吃速食碗面，于是他就拿锅子放到火炉里烧开水，可是很不巧碗面都吃完了，他只好匆匆忙忙到山下的超市去买，半个钟头后他回到家，把锅子从火炉里拿下来，奇怪的是热水一滴也不剩，他很生气地问是谁把热水用完了，可是大家都没有用热水。这是怎么回事？

530 错误在哪

小芳属于高度近视者。但是今天的视力检查，她很有把握两眼的检查结果都是视力 2.0，因为她把那个视力检查表都背下来了。可是才刚开始检查，她就发现到重大的错误。这个错误是什么？当然视力表和她背的表是一样的。

531 时钟怎么没停

马先生帮朋友修理钟摆时钟。修理完毕时，时间正好为 12 点，并确认时钟已能再走动了。可是过了三小时后再看，时钟只走了 15 分。时钟并没有停，为什么会这样？

532 车怎么跑了

小明的朋友买了辆新车，带小明去兜风。停车后他对小明说：“咱们下车看看，不用花加油的钱，也不需动到一根手指头，这辆车就可以跑一百公尺以上。真的可以这样吗？

533 又是外语的故事

在旅行社上班的 A，被公司派为巴黎旅行团的随车导游。A 只会印度话这种外国语，但他竟能顺利完成使命，而且沟通无阻。为什么？

534 奇异的报道

有一天飞机失事坠落。A 报纸报道除一名乘客获救外其他人全部死亡；B 报纸报道真是悲惨，只有一名飞行员生存。C 看了报道后觉得很奇怪，就打电话至两家报社询问，但是两家报社都没有误报。到底是怎么一回事？

535 何必那么麻烦

B 招待朋友 A 去自己的别墅玩。B 说："在我家别墅可以打网球、羽毛球、桌球、高尔夫球。球具我也准备好了，都是两人份。你只要带换洗衣物就可以了。"但是 A 却说："要打球的话，我一定要带行李去。"为什么呢？

536 涂鸦怕什么

小明生性浪费，最喜欢随便涂鸦乱画小丑图案。某天小明竟然在画图时间，随手在准备发给全校学生绘图比赛的一叠画纸上乱画了数百张，但却没有受到老师的批评。请问为什么呢？当然小明画出的小丑也不是非常小。

537 语言不通也没事

高阳前些日子和父母一起首次出国旅行。对于他们三人来说，在这个陌生的国度里不但方向弄不清楚，语言也不通，所以高阳父母的心中满是不安，但只有高阳能像在自己的国家里过着平常没两样的生活。请问为什么呢？

538 刘大爷孙子呢

某一地区发生了 8 级的大地震，灾情非常惨重。收音机里不断报道着灾区状况和寻人启事。刘大爷也从收音机里听到一则寻人启事："我的孙儿平安吗？"当刘大爷被人问及有没有自己孙儿的消息时，刘大爷答道："没有。"可是刘大爷却表示孙儿没事。请问他怎么知道呢？

539 有一件事

有一件事，人们在夏天一定不会提起，但春、秋、冬季却会想到。请问是什么事呢？

540 游泳池

在一个派对上，阿国骄傲地说："我家有三座游泳池。了不起的是，有一座竟要游二百公尺才能游到对岸。"王先生听后，不甘示弱地说："我在家的时候，最满意的是那座要走三百公尺才能走完的浴缸。"看来不像有钱人的王先生，此话说的是真的吗？

541 存钱罐

小花有红色和蓝色两个钱罐。一天，他把钱罐给妈妈算了算，妈妈说："红色钱罐里的钱比蓝色钱罐多 10 元。"

过了一个星期，妈妈又算了一遍钱罐，却说："蓝色里的钱比红色多 5 元。"把小三吓了一大跳。因为这个礼拜，他既没有从钱罐里拿钱出来，也没有存进半毛钱，所以硬币的数量丝毫没有改变，但是为什么两边的金额竟然会变化呢？

542 病人的怒色

王先生看过医生以后，到柜台拿药。护士小姐指导他服药："每天早上睡醒以后，立刻服一帖药。这么一来，你的病情很快就会有起色。"

王先生听完护士小姐的说明，立刻勃然大怒，这到底是为什么呢？

543 世界说谎大赛

世界说谎锦标大赛聚焦了来自全球最会撒谎的高手。但是这些人无论自己说谎的技巧如何高明，最终仍不得不甘拜于某高手的下风，你说这个人是谁呢？

544 我看到名人了

女学生小莉既兴奋又激动地对同学说：“我看到名人了！”

同学问她：“真的吗？你看到谁了？”

小莉说：“这我就不确定了！”

同学又问：“连名字都不知道，还能算是名人吗？”

小莉回答：“名字我是绝对晓得，只是不知道对不对而已！”

你能替小莉解释一下这到底是什么情况吗？

545 绝对优等生

阿明逢人夸口说，自己班上全都是第一名的优等生。阿明的班级并非只有一名学生，但是他也的确没有说谎，你能想象这到底是什么样的情况吗？

546 妹妹怎么快了

有对兄妹同上一所幼儿园。妹妹是做起任何事情都拖拖拉拉的那种，每次学校发点心的时候，哥哥把点心吃完了，妹妹至少还要多花30分钟时间，才能把相同的点心吃完。

但是这天，哥哥才吃完大约20分钟后，妹妹竟然破天荒的，也把点心吃完了。在兄妹两人的点心分量都相同，而且哥哥也没有多吃妹妹点心的情况下，你能想象这是为什么吗？

547 到底是什么书

小学生明明最喜欢看书，每次总是自己一个人跑去图书馆，借书回家看。但是这天，他却要妈妈陪他一起去。认识明明的人问他：“今天怎么要妈妈陪呢？”明明说他这回想借的书没有父母一起陪同就无法借出。

我们知道明明借书的这家图书馆，并不要求小孩要有家长陪同才能借书。那么明明这回想借的，到底是一本什么样的书呢？

548 不肯让座

小田是个年轻力壮，对老人又有爱心的小伙子。这天他搭公车，才坐下不久，就已经座无虚席。这时，上来了一位头发花白的老婆婆，她在小田的座位旁摇摇晃晃，站得十分辛苦。眼看距离终点站还有好长一段路，小田却不肯让座，这是为什么呢?

549 触摸车体

浩子大胆伸手去触摸高速行驶中的新干线列车车体，当时车速达到每小时 200 公里，但是浩子却毫毛未伤，而且这已经不是浩子第一次做出这种惊人之举了。这到底是怎么回事呢?

550 不贴邮票的信

和爸爸妈妈一家三口住在一起的高中小女生阿春，最近偷偷谈起恋爱来。奇怪的是，阿春每次写好情书，非但不贴邮票投邮筒，反而都把信丢进自家的信箱里。你能解释她为何有此反常举动吗?

551 观众怎么了

某电影院正上映一部幽默动作喜剧片。奇怪的是，该剧男主角越是搞笑，台下观众越是悲伤泪下，这到底是怎么回事呢?

552 遗失的困惑

阿宝是搜寻失物的高手，无论你遗失的是什么样的小东西，他都能将它们找出来。唯独有样东西一旦遗失，阿宝只能坐困愁城无计可施，你知道是什么吗?

553 怎么推车走

阿健骑自行车到位于半山坡上的商店买东西。按理说，回程骑下坡路段，应该十分轻松才对，但是阿健却反而下来推车走。这既不是因为他买了太重的东西，也不是他身体有异，自行车更是和他到店里的时候完全一样。这到底是怎么回事？

554 有那么一件事

只有一个人，不能做；只有两个人，做起来也没有意义；但是就算有三个人在，也只能两个人做。这是什么呢？

555 捡钱还不快乐

有个人在路上捡到800元钱，有人问他：“你快乐吗？”他说：“我不快乐。”5分钟之后，他又捡到100元钱，于是再问他：“你快乐吗？”这次他回答：“我很快乐！”这是怎么一回事？当然，他捡到的钱都是真的。

556 究竟发生了什么

喜欢泛舟的小东在某个星期天划着独木舟沿河而下。但是，不一会儿就没办法再沿着河流划下去了。那里既没有瀑布，也没有阻物，更没有被谁拦着，小东本人和独木舟当然也是毫发无伤。究竟发生了什么事？

557 小马做什么

小马自言自语：“现在我正在做的事情，右手和左手的工作量的比例是三比一。右手的工作量的比例再也不能增加。相反地，增加左手的工作量的话，会因工作方式而使工作量比例改变，有时候甚至反过来变成一比三。这个时候，也就再也不能增加左手的工作量。”小马到底在做什么事呢？

558 小克怎么知道的

阿德很喜欢在学校考试时作弊，他总是偷瞄隔壁同学的答案。终于

有一天，他被老师逮个正着，马上和家长联络。因此，隔天早上要上学的时候，妈妈告诫他说："阿德，听老师说今天又有考试，你可千万不要作弊哦！"来找阿德一起上学的同学小克听到这句话，就笑着说："伯母，今天绝对不会作弊啦！别人的再怎么看也没有关系。"小克怎么会知道这件事呢？

559 洞穴的秘密

有一个又黑又深的洞穴，传说里面藏着稀世珍宝。因此，有一个人非常好奇地前往一探，果然正如传说所言，洞穴口已经留有许多人进去过的足迹。但是，这个人一看到这些足迹，立刻打消进入洞穴的念头，急急忙忙地抽身就走。为什么？

560 别看我

晓丹在约会的时候很喜欢男朋友一直盯着她看。但是，今天约会时，却一反常态地大呼："不能看我！"到底怎么了？和平常比起来，她的打扮和脸上并没有什么特别奇怪之处。

561 为什么不跑了

有一位上班族，怕赶不上公司的会议，从车站一直跑到了公司。但不知为什么，他突然站住不动。目的地会议室就快要到了，他为什么不跑了呢？他的身体没什么毛病，会议也照常进行没有中止。

562 阿艺勇敢吗

阿艺和许多人一起搭乘某种交通工具，周围的人都对他说："哇！阿艺。你真的这么勇敢吗？"可是，其他人在途中一个个都下去了，唯独阿艺和另外一个人一直撑到最后。尽管如此，后来阿艺还是被知道这件事的人嘲笑："你真是不太勇敢哦！"阿艺乘坐的交通工具是什么？

563 年纪越轻则越旧的东西

年纪越轻则越旧的东西是什么？

564 踢开的礼物

一个人把在20岁生日那天收到的女朋友的礼物突然往地上一摔又一脚把它踢开，但是他的女朋友看到了却笑眯眯的。这是怎么一回事？当然，两人现在仍是相爱的。

565 增加的体重

王小姐做一种运动减肥。做了30分钟，量一量体重，却发现体重不但没有减少，反而略有增加，她很卖力地活动全身，结果却是如此，究竟是什么原因呢？

566 医生怎么了

某家医院的医生在看病时，绝对不向患者本身询问病情，一定询问陪同前来的人。为什么呢？

567 没有保险的名画

有一座专门收藏世界名画的美术馆，替每张画都投了巨额保险以防万一失窃，但是只有一幅画完全没有投窃盗险。

那是非常有名的画家所画的一幅画，也是美术馆数一数二的热门展示品。为什么没有投保呢？

568 奇怪的节目

孙先生正在看电视。他的电视机似乎有故障了，有影像却没有声音。但是，电视节目里的人物说话的内容，他却一清二楚。

他以前并没有看过这个节目，当然也不会读唇术，节目中也没有手语

翻译。为什么他会知道呢？

569 白熊抓不到企鹅的奥秘

白熊看起来行动迟缓，捕捉猎物时动作则很敏捷。但是，它却抓不到刚出生的企鹅。为什么呢？

570 老鼠的生殖

老鼠的繁殖力非常惊人。据说一只母鼠每个月生产一次，一胎生 12 只小老鼠。小老鼠成长到两个月大时就有生殖能力。

假设现在开始饲养一只刚出生的老鼠，10 个月后会变成几只？

571 赢得冠军的选手

某中学的运动会上发生了一件很怪异的事。一名并未报名参加某项竞赛的小学生晓文，却很漂亮地赢得那项比赛的冠军。他并不是临时报名参加，而是观众拍手推出。到底是怎么一回事呢？

572 有一种东西

有一种东西能够很快速地从一毫米，或是从一厘米增长到三四厘米。它并非像橡皮一样能伸缩，那到底是什么东西呢？

573 没什么变化

魔术师彼得站在舞台上，手中拿着四颗球。“各位，请看仔细了。”他把球放在手掌上，大喊一声：“哧！”球仍然在原来的位置，没有什么变化。但是，观众看到这个情形后，立即鼓掌高声喝彩。究竟是什么原因呢？

574 什么东西扔了还高兴

有一天花先生在抽屉里找到以前买的一样东西，虽然用都没有用过，但是已经过期了。这个东西很贵，花先生把它扔掉时不但不难过，反而还很高兴的样子。这究竟是什么东西呢？

575 什么事情会那样

什么事情让您想早一点进去，但是进去后却又想早一点出来？

576 伞怎么不见了

肖先生带了外国制的高级新伞到公司来，回去时伞却不见了。肖先生不但不难过，反而还很高兴的样子。究竟是为什么呢？

577 小美怎么了

小美夜里一个人睡觉时，肚子突然被人踢了一下。她醒来后，不但不惊讶喊痛，反而露出微笑。这究竟是为什么呢？

578 美梦成真

刘先生一边走路一边想："如果我能够整天都和女人在一起，那该多好！"没有多久，他的美梦成真了。您知道是怎么一回事吗？

579 假日悲剧

比尔·耶亚和他的终身伴侣不喜欢冷天，所以他们总是飞往南方过冬。今年他们同一大群伙伴一起来。他们到了机场，结果大部分同伴都死了，同时死亡的还有 30 个他们从未见过的人。他们中的受伤者没有被送去医院，而其他的受伤者却马上被送到了医院。这是为什么呢？

580 暗礁在哪里

一家船运公司新建了一艘船，这艘船要负责航行在此地的运河，而这段运河里暗礁特别多。

征召船长的布告张贴出去了。过了许久，都没有人敢上门应征。后来，好不容易来了一位中年人。

老板很高兴地问他："真不简单！这运河里有这么多的暗礁，你都能了如指掌。"

这人回答："我并不清楚这暗礁在哪里。"

老板惊讶地问："你不晓得哪里有暗礁，又如何能驾驶这艘船呢？"

这人的回答让老板非常放心，就录用了他。

这个人究竟说了些什么让老板放心地录用了他呢？

581 20 块钱的名车

一个人驾着一辆劳斯莱斯名车到了A城，他哪儿也没去就直接奔了当铺。

"老板，我要当 20 块钱！"

"你用什么当啊？"当铺老板问。

这人指着停在外面的那辆车："我当这部车，这是车子的证书，这是车子的钥匙。"

三天之后，他跑去当铺，交回 20 块钱，另交了 5 块钱的利息。

当他走出门口时，当铺老板忍不住问道："你们这种有钱人，难道还缺 20 块钱？"

那人回答以后，老板啼笑皆非。

你知道那个人是怎样回答的吗？

582 人们都认识的庞振坤

清朝乾隆年间，邓州有个机智人物叫庞振坤。小时候，他跟着叔父生活，叔父不让他上学，他偷偷跟别人学，认识了不少字。

有一次，庞振坤对叔父说："你老说我是小毛猴子，咱俩明天一起去邓州城，看谁认识的人多。"叔父说："好吧，若没有人认得你，当心你的屁股！"

第二天一早，庞振坤手里提着一个小孩子玩的灯笼，做得非常花哨，便跟着叔父出发了。到了城里，庞振坤不论走到哪里，都有不少人惊奇地看他，嘴里还说："看，'庞振坤来了'！"庞振坤点头回答说："嗯，来了。"

无论是小学生还是老学究，看起来好像都认识他似的。叔父可真是被弄糊涂了。你知道大家为什么都认识庞振坤吗？

第 6 篇

玩诡辩逻辑游戏，洞悉混淆黑白的言论

诡辩是利用一切似是而非的推理和论断，否认真理或阻碍探索真理的思维方式。诡辩通常是有意地把真理说成是错误，把错误说成真理的狡辩。用一句简单明了的话来说，就是有意地颠倒是非，混淆黑白。

583 百里挑一

一家世界500强公司一次招聘只想录用一人，但报名的有100人。那么每个人的录取可能性是1%，所以每个人都很恐慌。但有人指点说："不必忧心忡忡，你们每个人的录取可能性都是1/2。"他是这样分析的：

这100个人都可以这样推导：除我之外的99个人中，肯定有98个人要被淘汰，这样，我就与剩下的第99个人竞争这个职位。因此，我的录取可能性就是1/2了。

由于这100个人都可以这样进行推导，于是这100个人的被录取概率就都由1/100变成1/2了。

人们听了他的话，心里平静多了。真的是这样吗？

584 狡辩

小超对唠叨的母亲说："你知道吗，我的时间太紧张了，以至于我没有学习的时间。你看，我每天要睡8个小时，这样一年的睡眠时间就是122天。我们寒假和暑假加起来又有60天。我们每星期休息2天，那么一年又要休息104天，我每天吃饭还要3个小时，那么一年就需要46天，我每天从学校到家走路共需要2个小时，这些又有30天。你看看，所有的这些加起来有362天了。"他停了一下说："我一年只有4天的时间学习，哪能有什么成绩呢？"小超说得对吗？

585 "白吃"先生

有一个人擅长诡辩，又喜欢占小便宜。有一次他去饭馆吃饭，先要的是面条，服务员端来的是辣面，他不想吃，就让服务员换了一盘包子，吃过之后不付款就走。服务员对他说："您吃的包子还没有交钱呢！"此人说："我吃的包子是用面条换的。"服务员说："面条你也没有交钱。"此人又说："面条我没有吃呀！"

气得服务员一时说不出话来。

586 理发师悖论

在某个城市中有一位理发师，他的广告词是这样写的：“本人的理发技艺十分高超，誉满全城。我将为本城所有不给自己刮脸的人刮脸，我也只给这些人刮脸。我对各位表示热诚欢迎！”来找他刮脸的人络绎不绝，自然都是那些不给自己刮脸的人。可是，有一天，这位理发师从镜子里看见自己的胡子长了，他本能地抓起了剃刀，你们看他能不能给他自己刮脸呢？如果他不给自己刮脸，他就属于“不给自己刮脸的人”，他就要给自己刮脸，而如果他给自己刮脸呢？他又属于“给自己刮脸的人”，他就不该给自己刮脸。

587 律师与医生

有一个律师，他的妻子突然患了急病。他跑去请来一位医生。医生知道，这位律师拒不付账是出了名的，因此，在跨进病人的房门前，他对律师说：“我担心看病以后，您不会付钱给我。”律师立即从身上掏了一张支票，说：“这里是五百英镑。无论您救活了她，还是误诊医死了她，我都将如数付给您。”医生这才放心进去。虽然全力抢救，病人还是死了。

医生表示了歉意，然后要求付急救酬金。

“我的妻子不是您医死的吗？”律师问。

“当然不是，我的诊断和用药都没有错。”医生说。“那么您把她救活了吗？律师又问。

“这不可能，她的病情实在太重了。”

那就对啦。既然您没有把她救活，也没有把她医死，那我就什么也不用付给您了。“律师说。

588 见人

有个人见死不救，当人们责备他时，他却振振有词地说：“我的生命价值比他高，为救人而死不符合我的利益。”当有人质问“这种处世哲学还怎么有脸见人”时，这个人又振振有词地说：“你以为人死了反倒可以见人了吗？”

这个人是利用了什么进行诡辩的？

589 辩论是“辩无胜”

假如我和你辩论，我们之间能够分出真假对错吗？我和你都不知道，而所有其他的人都有成见，我们请谁来评判？请与你观点相同的人来评判。他既然与你观点相同，怎么能评判？

请与我观点相同的人来评判，他既然与我观点相同，怎么能评判？请与你我观点都不相同的人来评判，他既然与你我的观点都不相同，怎么能评判？所以，“辩无胜”。

下面哪一项最准确地描述了上述论证的缺陷？

A．上述论证严重忽视了有超出辩论者和评论者之外的实施标准和逻辑标准。

B．上述论证有“混淆概念”的逻辑错误。

C．上述论证中的理由不真实，并且相互不一致。

D．上述论证犯有“文不对题”的逻辑错误。

590 快车

一位乘客对公共汽车的售票员说：“你们这是什么车？不停稳就开门，不等人上完就关门？”

售票员满有理地说：“你没看见车头挂的‘快车’牌子吗？”

请问售票员的辩解犯了什么错误？

591 龟兔赛跑

有一次乌龟和兔子又要比赛谁跑得快。乌龟对兔子说：“你的速度是我的10倍，每秒跑10米。如果我在你前面10米远的地方，当你跑了10米时，我就向前跑了1米；你追我1米，我又向前跑了0.1米；你再追0.1米，我又向前跑了0.01米……以此类推，你永远要落后一点点，所以你别想追上我了。”

乌龟说得对吗？

592 一根手指

从前，有三个秀才进京赶考，途中遇到一个人称“活神仙”的算命先生，便前去求教：“我们此番能考中几个？”算命先生闭上眼睛掐算了一会儿，然后竖起一根指头。三个秀才不明白是什么意思，请求说清楚一点。算命先生说：“天机不可泄露，以后你们自会明白。”后来三个秀才只考中了一个，那人特来酬谢，一见面就夸奖说：“先生料事如神，果然名不虚传。”还学着当初算命先生那样竖起一根指头说：“确实‘只中一个’。”秀才走后，算命先生的老婆问他：“你怎么算得这么灵呢？”算命先生嘿嘿一笑说：“你不懂其中的奥妙，竖一根指头，可以作出多种解释：如果三人都考中，那就是‘一律考中’；要是都没有考中，那就是‘一律落榜’；要是考中一人，那就是‘一个考中’；要是考中两人，那就是‘一人落榜’。不管事实上是哪种情况，都能证明我算的是对的。”老婆听后高兴地说：“你的鬼点子真多，我算是服了你了。”

请问算命先生利用了什么进行诡辩？

593 两人的矛盾

甲：“老张和老李在工作中配合得很好，没有发生过矛盾。”

乙：“谁说没有矛盾！”

甲：“请你说出他们有矛盾的根据来。”

乙：“没有矛盾就没有世界，任何事物都存在着矛盾。他们两人怎么会没有矛盾呢？”

请分析“矛盾”。

594 吸烟的辩证法

老王对老刘说：“你吸烟挺厉害的，这对身体不好，我劝你下决心戒了吧。”

老刘则说：“你这个人不懂辩证法，事物都有二重性，有利就有弊，有弊就有利。任何事物都是一分为二的，吸烟既然是一种事物，所以也是一分为二的，有坏处也有好处，怎么能完全否定呢？”

老刘的辩解犯了什么错误?

595 人人都自私

有一种观点认为，任何人都是自私的。该观点是这样论证的：一个人要求实现个人的利益和满足自己的需要就是自私，就是个人主义，而任何人都不能没有个人的利益；所以，任何人都是自私的，“自私”’是人的本质，世界上不可能有大公无私的人。上面的论证运用了这样一个三段论：凡要求个人利益的都是自私的，任何人都是要求个人利益的；所以任何人都是自私的。

这个论证对吗?

596 消灭物质

早在古代，唯物主义者就认为世界是物质的，世界上的万物都是由原子组成的，并认为原子是最小的不可分解的物质微粒。到了19世纪末20世纪初，由于自然科学和实验工业有了巨大的发展，人们发现原子是由比它更小的电子组成的，认识到原子不是不可分的物质单元。这时候，一些唯心主义者出来攻击唯物主义，说什么“原子非物质化了”“原子消灭了”，他们的理由是：电子的发现说明了组成物质的最小的不可分的微粒是不存在的，所以物质消灭了。

以上观点犯了什么错误?

597 饭钱

在《阿凡提的故事》一书中，讲了一个饭钱的故事：有一个穷人找到阿凡提说：“咱们穷人真是难啊！昨天我在巴依（财主）开的一家饭馆门口站了一站，巴依说我闻了他饭馆里的饭菜的香味，叫我付钱，我当然不给。他就到喀孜（即宗教法官）跟前告了我。喀孜决定今天判决。你能帮我说几句公道话吗？”“行，行！”阿凡提一口答应下来，就陪着穷人去见喀孜。巴依早就到了，正和喀孜谈得高兴。喀孜一看见穷人，不由分说就骂道：“真不要脸！你闻了巴依饭菜的香气，怎么敢不付钱！快把饭钱算给巴依！”“慢

着，喀孜！”阿凡提走上前来，行了个礼，说道，“这人是我的兄长，他没有钱，饭钱由我付给巴依好了。”阿凡提一边说一边从腰里掏出一个装铜钱的小口袋，举到巴依耳朵旁边摇了几摇，一问巴依道：“巴依，你听见口袋里响亮的声音吗？”

“什么？哦，听到了！听到了！”巴依说。

“好，他闻了你饭菜的香气，你听到了我的钱的声音，咱们的账算清了。”

阿凡提说完，拉着穷人的手，大摇大摆地走了。

巴依的诡辩逻辑犯了什么错误？

598 父子谁聪明

甲乙两个人都喜欢诡辩。有一天，二人争论起“爸爸和儿子哪一个聪明”的问题。

甲说：儿子比爸爸聪明，因为人所共知，创立相对论的是爱因斯坦，而不是爱因斯坦的爸爸。

乙说：恰恰相反，这个例子只能证明爸爸比儿子聪明，因为创立相对论的是爱因斯坦，而不是爱因斯坦的儿子。

以上犯了什么逻辑错误？

599 先生

甲：何谓“先生”？

乙：所谓“先生”，就是先出生的人，而先出生的人自然会先死。因此，当我们称呼某人为“先生”时，就意味着他要先死。简言之，即先生先死，先死“先生”。

以上犯了什么逻辑错误？

600 他比你更有理（礼）

从前，有张三、李四两人，为房地产纠分到县衙门打官司。张三拿了三十两银子向县官行贿，请求判个胜诉，县官一口答应下来。后来李四也到衙门行贿，送了五十两银子，求县官帮他打赢官司，县官也答应了。开庭审判的时候，县官三言两语问过，就命差役把张三拉下去打屁股，张三忙伸出三个手指说："老爷，我是有理（礼）的呀！"

"什么，你有理（礼）？"县官立即伸出五个手指，对张三喝道："他比你更有理（礼）！"

请分析一下这做事是如何偷换概念的？

601 不用你操心

有位老工人到书店买书，营业员态度不好，语言粗暴。老工人诚恳地劝导她说："你这位姑娘呀，应该好好学习。"没想到这位营业员却来了个反唇相讥："我天天守着书，用不着你操心。"

请分析一下这做事是如何偷换概念的？

602 你也在讲话

一个电影院里正在放电影，观众席上有几个人高声说话，旁边的一位观众劝他们说："请你们不要讲话，好吗？"其中一个小伙子倒打一耙说："嘿嘿，你现在不是也在讲话吗？"

请问倒打一耙的小伙子犯了什么诡辩错误？

603 失去和拥有

古希腊著名诡辩家欧布利德斯有一次对一个人说："你没有失掉的东西，就是你有的东西，对不对？"那人回答："当然对呀！"接着欧布利德斯又说："你没有失掉头上的角，那你就是头上有角的人了。"那个人被弄得莫名其妙，知道受了愚弄，又说不出所以然，不知怎样反驳欧布利德斯。

如果是你，该如何反驳？

604 爱情诗选

一位从事艾青作品研究的老先生到书店里买《艾青诗选》，他向一位正在与同事聊天的女营业员问："有《艾青诗选》吗？"营业员没好气地说：

“没有！”

老先生刚转身，营业员就忍不住地笑着对同事说：“这老头子，这么大年纪了，还买‘爱情诗选’，也不怕人笑话！”

营业员犯了什么推理错误？

605 不认识孙中山

一位中学老师给学生讲中国近代史，在课堂提问时向某学生提出一个问题：“你是怎样认识孙中山的？”这位学生居然回答说：“我根本不认识孙中山。”全班同学听了这个回答哄堂大笑，老师也被弄得啼笑皆非。

请问这位同学犯了什么错误？

606 一个人有三个头

某甲对某乙说：“我能证明‘一个人有三个头’。”

乙说：“愿闻高见。”

甲说：“每个人有一个头，没有人有两个头，一个人比没有人多一个头，所以，一个人有三个头。”

乙虽然知道甲的论证是错误的，但不能指出错在何处。你能吗？

607 人民的一员

一辆公共汽车开到某站，车下的人不等下车的人下完，便一窝蜂似的往上挤，突然，“哗啦”一声，一块玻璃被一个小伙子弄碎了。售票员对他说：“同志，你把玻璃弄碎了，你要赔偿！”小伙子反问道：“为什么要我赔？”售票员说：“损坏了人民的财产就应当赔偿。”小伙子理直气壮地说：“我是人民中的一员，人民的财产也有我的一份，用不着赔，我的那一份不要了。”

小伙子的辩解合理吗？

608 你想学什么

有一个青年跋涉千山万水，来到大西洋百慕大群岛三角海域中的一个小岛上，去找隐居在那里的一位哲学家，目的是想学些深奥的知识。见到这位哲学家后，青年说明了来意。不料这位哲学家是位诡辩大师，几句话就把那青年弄得糊里糊涂。

哲学家：你是想学知识的？

青年：是的。

哲学家：你已经知道的东西，是你想学的吗？

青年：不，我不想学已经知道的东西。

哲学家：那么，你是想学你不知道的东西了？

青年：是的，我想学我所不知道的东西。

哲学家：如果你根本不知道有马，你能想到要学习关于马的知识吗？

青年：不，不可能想学关于马的知识，因为我根本不知道有马。但是，哲学家啊，我是知道有马的，人世间确实有马这种动物存在。

哲学家：且慢，我问你什么，你回答我什么，你不要岔到其他地方去。让我再问你：如果你不知道百慕大三角海域中有一座神秘的小岛，你能想到要去学习关于这个小岛的知识吗？

青年：不会想去学习关于我根本不知道的小岛的知识。

哲学家：在太阳系小星带有一颗外星人发射的“外星人造小行星”，这颗小行星你当然不知道。你能想到要学习关于这颗小行星的知识吗？

青年：不，不可能想要学习关于它的知识。

哲学家：那么，你不知道的东西，也不是你想学习的东西？

青年：是的。

哲学家：你刚才说，你已经知道的东西，不是你想学习的东西；现在你又说，你不知道的东西，也不是你想学的东西；而事物总不外乎是你已经知道的东西，或者是你还不知道的东西；所以，没有什么东西是你想学习的了。

青年：是这样的吧？！

哲学家：如果没有什么东西是你想学习的，那么，你来到这里又是为了什么呢？

经过哲学家这番诡辩，这位青年似乎也搞不清楚他究竟是为了什么而来的。

那么哲学家是运用什么技巧进行诡辩的？

609 不曾亏待

从前有一个县官要买金锭，店家遵命送来两只金锭。县官问："这两只金锭要多少钱？"店家答："太爷要买，小人只按半价出售。"县官收下一只，还给店家一只。过了许多日子，他不还账，店家便说："请太爷赏给小人金锭价款。"县官装作不解的样子说："不是早已给了你吗？"店家说："小人从没有拿到啊！"县官拍案大怒道："大胆刁民，本官要你两只金锭，你说只收半价，我已把一只还给了你，就折合那一半的价钱，本官何曾亏了你！"

店家听罢，苦不堪言。

如果换作你，该如何反驳？

610 爸爸和儿子

从前有一个人，他的爸爸做了大官，儿子中了状元，唯独他什么官也没有做。因此，爸爸和儿子都看不起他，平时难免对他说些讥讽、嘲笑的话。但此人颇有自我解嘲的本领，当爸爸嗤笑他时，他就对爸爸说："你有什么了不起的，我的儿子比你的儿子强得多。"当儿子嗤笑他时，他就对儿子说："你有什么了不起的，我的爸爸比你的爸爸强得多。"一番话把爸爸和儿子都说乐了。

试分析他是如何巧辩的？

611 空酒瓶和装满酒的瓶

小赵、小钱、小孙、小李四人是同学，他们常聚在一起讨论问题。有一天四人同桌吃饭，为桌上的半瓶酒争论起来。

小赵说：这瓶子一半是空的。

小钱说：这瓶子一半是满的。

小孙说：这有什么好争的，半空的酒瓶就等于半满的酒瓶。

小李说：不对。如果"半空的酒瓶等于半满的酒瓶"这个等式能够成立，那么我们把等式两边都乘以 2：半空的瓶乘以 2，等于两个半空的瓶，而两个半空的瓶就是一个空瓶；半满的瓶乘以 2，等于两个半满的瓶，而两个半满的瓶就是一个装满酒的瓶。这样，岂不是一个空酒瓶等于一个装满酒的酒瓶吗？

请分析小孙的逻辑错误。

612 爱情价更高

小伙子：“你要这要那，不怕人家说你是高价姑娘吗？”

姑娘：“你没听人说：‘生命诚可贵，爱情价更高’吗？价钱低了，还能叫爱情？”

请问姑娘的观点说得通吗？

613 “立场坚定”与“头脑僵化”

甲、乙、丙三人在一起议论对丁的看法。

甲：丁是一个立场坚定的人，不管事物的情况发生什么变化，他都不为所动，仍然坚持自己原来的观点和做法，决不人云亦云，随波逐流。对此，我很佩服。

乙：我不同意你的看法。我认为丁这个人心眼太死，尽管客观情况发生了很大的变化，他依然如故，不肯放弃从前的老一套，坚持所谓“以不变应万变”的原则。我看这不是“立场坚定”，而是地道的头脑僵化，思想保守。

丙：我觉得你们二人讲的都有道理，但我弄不清楚“立场坚定”和“头脑僵化”这两个概念的根本区别是什么，以及如何具体确认这种区别。所以，我对丁还说不出明确的意见。

请分析为何甲、乙结论如此截然相反？

614 丢失的珍珠

一名女性拿着一条项链，如下图到珠宝店去修理，她提醒珠宝店的老板说：“从上面数到下面共有 13 颗，而且从上往下数，中途向左或向右数都是 13 颗。等修理完毕，珠宝商偷走两颗珍珠，但是，当那名女子来拿回项链时，她以同样的方法数了一遍，并没有发现少了两颗。于是，很放心地拿回家去了。

请问，珠宝店老板动了什么手脚？

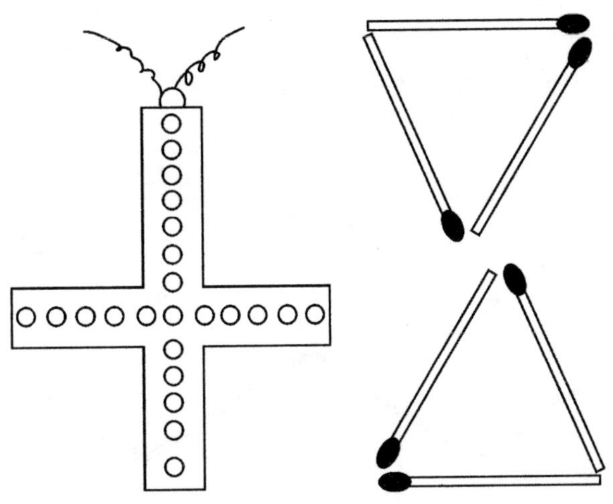

615 巧取火柴棒

如上右图为 6 根等长的火柴棒所构成的两个正三角形，请移动三根火柴棒，围成和这两个三角形等面积的 4 个正三角形。

616 满杯空杯互换

如图所示，装满水的杯子和空杯子排列在一起，在一次只能动一个杯子的情况下，如果要变成跟下图一样，杯子最少要动几次？

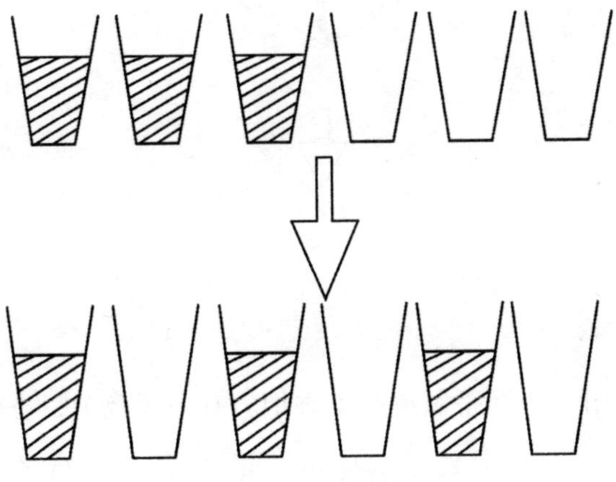

617 分图形

有 18 根同样长度的火柴棒，将它们排列成下图。现在如果用同样长度的火柴棒，要如何才能把它分成三个同形状同大小的图形？火柴棒随便用几根都可以。

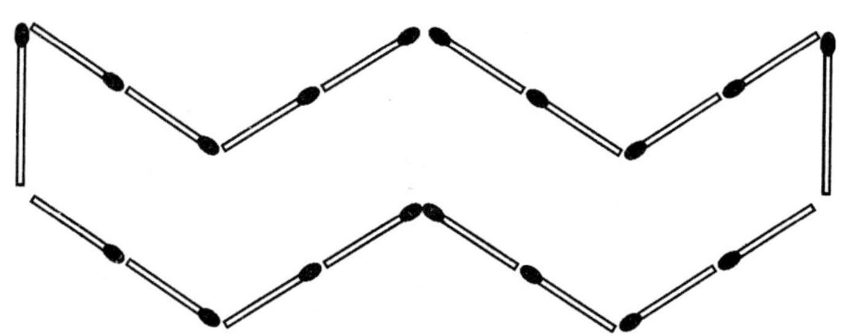

618 移动火柴棒变三角形

如图，用相同长度的火柴棒做成 6 个三角形，想想看，如何移动两根使它变成 5 个正三角形？再移动两根变成 4 个正三角形？依此类推，最后变成两个正三角形？正三角形的大小不限，但是重复的部分不能计算。

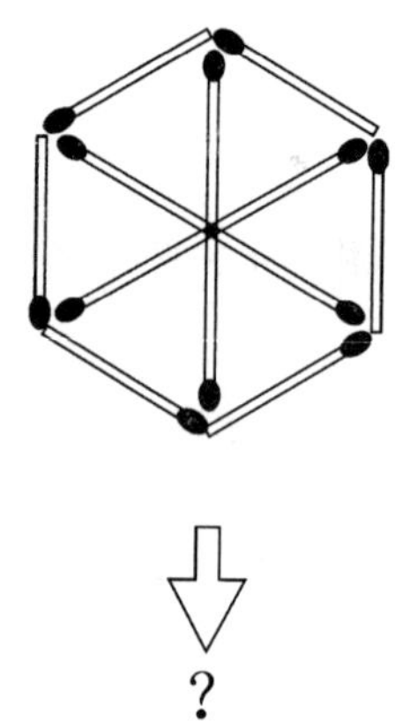

?

619 制作香烟

有一个人能用三个烟蒂做成一支香烟。有一天晚上，香烟抽完了，但

烟灰缸里有 7 个烟蒂，于是他跟往常一样，用烟蒂来做香烟，请问他可以做成几支香烟？

620 卡片上的数字游戏

如下左图，桌上有三张卡片，如果把卡片的数字互相调换，形成一个可用 43 除尽的三位数字，你知道怎么换吗？

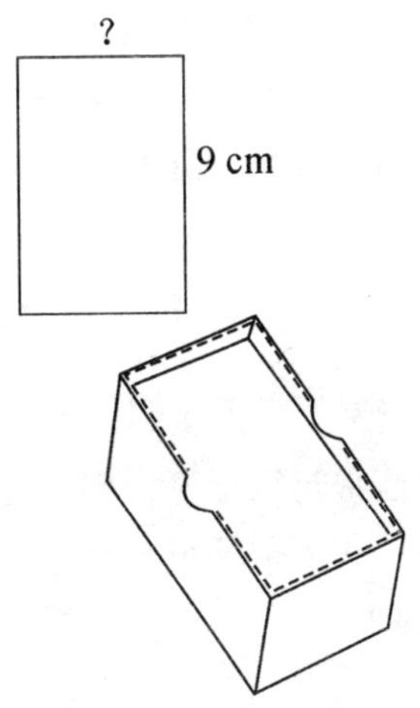

621 测量名片长度

订购的名片做好了，如上右图，现在只知道长的一边是 9 厘米，在不使用任何尺量的情况下，要如何得知较短的一边的宽度是多少呢？名片不能折也不能割断。

622 移动火柴变图形

如图，有一部用火柴拼成的汽车（成 6 个正方形），拿走其中两根火柴，很容易就可以变成 5 个正方形。但是，拿走两根变成 5 个正方形后，若再移动（不拿走）两根使它变成为 4 个正方形时，一开始拿走的两根火柴就是个关键。请问一开始拿走哪根火柴比较好？

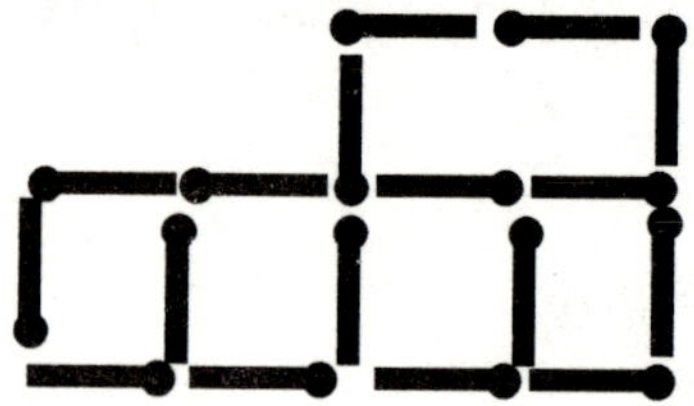

623 画平行线

有一块没有洞的三角板，还有一支铅笔，若用这些工具画平行线，请问该如何画？三角板的使用方式不限，不过三角板一旦摆定位置，不可以再移动。另外，铅笔一次只能画一条线。

624 从未来世界寄来的信

老王有一天接到一封令他大吃一惊的信。信上的邮戳是两天以前邮的，而且信密封得很好，但是里面却有一则今天早上的新闻，莫非是使用了时光机，从未来的世界寄来的信？老王百思不得其解，你能告诉他到底是怎么回事吗？

625 灯泡开关替代

图中的木板上有三个电灯泡，为了让它能自由开关，所以就用图中的方法配线，但是现在左边的两个开关出现故障了不能使用，请问要用什么方法才能在不使用任何新材料的情况下，让所有的灯泡能够自由开关？但是，电线不能取下来也不能互相粘起来，也不能使用任何开关的替代品。

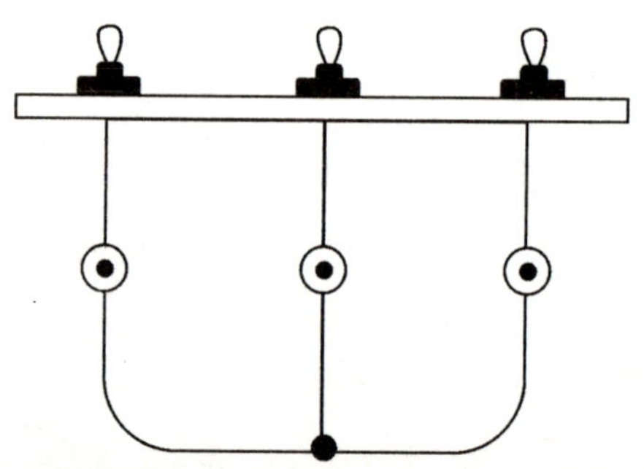

626 非法建筑

老李家的隔壁在盖房子，因为隔壁的人在建筑空地以外的地方竖立起一块很厚的木板，算是违法建筑。老李看到这种情况后非常生气，就用墨汁在纸上写着大大的“违法建筑”四个字，贴在木板上，可是到了第二天，这四个字不见了。于是老李又想了一个办法，不管他们再怎样擦，或是用其他办法覆盖，或者挖掉，都没能让字从木板上消失。请问老李用了什么办法?

627 聪明的作家

马克·吐温是美国著名的作家，他的作品幽默风趣，他本人也非常喜欢开玩笑。有一次，一位牧师在讲坛说教，对牧师的陈词滥调，他厌烦透了。于是，他有心要和牧师开一个玩笑，捉弄他一下。正当牧师讲得眉飞色舞时，马克·吐温站了起来打断他的“布道说教”：

“牧师先生，你的讲词实在妙得很，只不过你所说的每一个字，我都曾经在一本书上看见过。”

那牧师听了以后，非常不高兴地回答说：“这不可能，我的演讲词绝不是抄袭，我以上帝的名义发誓！”

“但是，你说的每一个字确实都在那本书上面啊。”

“那么，什么时间请你把那本书借给我看一看。”牧师无可奈何地说。

过了几天，这位牧师果然收了一本马克·吐温寄给他的“书”。牧师看后哭笑不得。

不过，马克·吐温和牧师谁也没说假话，那马克·吐温寄了本什么书给牧师呢?

628 快速点点法

有一位教书先生，年岁大了，无儿无女，但有两个心爱的学生。他想留一个继承他的事业，但两个学生都很正直、勤奋，选哪一个好呢?

后来，他终于想出一个好主意：拿出两本同样厚的书和两支笔，教两个学生分别在书的每一页上点上一个点，一页也不能少。谁先点完就留下谁。

如果，你是先生的一个学生，怎么才能取胜呢?

629 成功之道

某地发现了金矿，人们一窝蜂地涌去，然而一条大河挡住了必经之路。

淘金的人们，有的绕道而行，有的游泳过去，有的干脆就放弃了。过了些时候，有的找到了金矿，淘到了金子；有的为别人的金矿打工，赚到了工钱；有的两手空空，一无所获。而有一个人，既没有淘金，也没有为别人打工，却成了一个非常富有的人。

想想看，在什么情况下，一个人会在既不淘金，也不给金矿打工的情况下成为富翁呢？

630 猴兔斗智

猴子和兔子都认为自己最聪明，谁也不服谁。这天，他们请来许多动物，要当众比一比智慧知本领。

猴子骄傲地对兔子说："你说吧，你有什么本领？你能做到的我都能做到！"

兔子想了想，说："我可以坐到一个地方，而你永远不能坐到那里。"

猴子想：登高爬树是自己的拿手好戏，兔子要是比这个准吃亏？他立刻回答："不论你坐到哪里，我也能同你一样坐在那里，不然就算我输！"

可是，当兔子坐好以后，猴子却只好认输了。

猜猜看，兔子坐到什么地方了？

631 骗师出门

孙膑和庞涓一起跟鬼谷子学习兵法。有一次，鬼谷子要考考他俩。

题目就是，看谁能把端坐在屋子里的师傅骗出门。

庞涓先来到屋外一会儿喊道："师傅，你的老朋友来看你来了。"一会儿又嚷："师傅，我布了一个阵法，看你能不能破阵……"他使尽了浑身解数，鬼谷子仍旧稳坐在屋中。

这时，孙膑满脸愁容说道："师傅，腿长在你身上，何况外面那么冷，我们实在无法骗你出门。但是……"

鬼谷子听后，信了他的话，站起身来就走向门外，双腿刚踏出门外，

心中忽然明白了："糟糕，我上当了。"想收回脚的时候，孙膑笑道："师傅，你已被我骗出门啦。"

师徒二人相视而笑。庞涓却只能在一旁自叹不如了。你知道，孙膑对鬼谷子老师说的什么话吗？

632 画大树

上美术课的时候，美术老师和蔼地说："同学们，今天我们来个画画比赛怎么样？"同学们都很自信地说："好！"老师微笑着说；"很高兴大家这么有自信心，我们不论做什么事都要自信。这节课我们就来比赛画树，但我们不是比谁画得最漂亮，而是比我们的想像力，看谁画的树最大。但是不管多么大的树，都要在一张 16 开的白纸上面。下面就请同学们开动脑筋，努力地画吧。"

你也一同试试怎么样？看你能想出多少种画法，把一棵树能画多大就画多大！

633 接力故事

美国某院校选美大赛已接近尾声。经过几轮的角逐，只剩下 4 位佳丽参加最后一轮的智力比赛。风度翩翩的主持人手持话筒发话了："下面 4 位小姐将为我们串讲一个故事。我们给出的故事引句是'今晚的月光很好……'"

A 小姐接过话筒，信口而来："演出结束后，我独自一人走在回家的路上，忽然身后传来一声枪响……"

话筒传到 B 小姐手上，她接着说："我慌忙回顾，看到一个警探在追逐一个持枪歹徒……"

轮到 C 小姐了："经过搏斗，警察终于制伏了歹徒。"

故事讲到这儿，似乎已无话可说，可话筒此刻已递到了最后一位小姐手里。该怎样串下去，才能使故事的结局新颖而巧妙呢？这位小姐灵机一动，突然想出了一个很好的结局，最后获得本次大赛的冠军。

你想，她说了什么样的结尾呢？

634 李方膺画风

清朝著名画家李方膺有一次到朋友那里做客，席间话题转到绘画上来，有人说:“世上什么东西都好画，就是有一种东西画不了！”别人问什么东西，他只回答一个字：“风！”

在场的人听后沉默不语，个个心里嘀咕：“确确实实风是难画呀！”

这时李方膺站起来说：“能！风也能画！”

语惊四座，大家都是一脸的愕然。李方膺当场作画，一会儿，他果然把“风”画出来。

猜猜看，他是怎么画风的呢?

635 五星级酒店的“半瓶酒”

当客人离去、杯盘狼藉的时候，人们往往可以看见桌上有小半瓶甚至刚刚启封的酒，这些看起来即将被扔掉的东西，却被摆上了香港颇有名气的五星级酒店云梦阁餐厅的大堂里。

他们的寸土寸金的大厅中很显眼的地方摆放了一个金碧辉煌的酒柜，里面陈列着客人们喝剩的酒，有大瓶的、有小瓶的，但无一例外都是世界各地的名酒，并且在上面写有关系剩酒主人的精美的卡片。不就是些喝剩的酒吗?摆出来多寒酸啊。

酒店的管理者可不这么想，你知道他们的用意吗?

636 战胜冠军的人

有这么三个人，他们是很要好的朋友。不过，这三个人里面，有两个人可不一般，一个是全国网球冠军，一个是全国象棋冠军，只有第三个人什么都不是。

一天，他们一起到一个俱乐部痛痛快快地玩了一个下午，吃晚饭时，那个什么都不是的人对周围的人说；“今天我可是胜利哟，我是又打网球，又下象棋，既战胜了网球冠军，又战胜了象棋冠军。”

大家都说他吹牛，“肯定是他们让着你！”

“没有，我们是尽到了最大的努力的。”两位冠军满脸诚恳地说。

周围的人都深感奇怪。

你知道这是什么道理吗？

637 哥伦布竖鸡蛋

当年，哥伦布虽然发现了新大陆，但是在西班牙国内却没有人认为他了不起。

在一个盛大的宴会上，大家又像以往那样对他进行冷嘲热讽。这次，哥伦布决定给他们一点回击。他随手从桌子上拿起一个鸡蛋，对奚落他的人说：“先生，您能把这个鸡蛋竖起来放吗？”那个人试了试，没有成功，于是就说：“这是根本不可能的事情！”

哥伦布轻轻一笑，就把鸡蛋竖着放好了。你知道哥伦布是怎样做的吗？

638 3 个 9 表示 2

一天，古希腊雅典的一位数学家来找柏拉图，要求他去解答一个难题。题目是：用 3 个 9 表示出 2 这个数来。柏拉图虽然是个大思想家，但是他对数学也是情有独钟。刚听完题目，聪明的柏拉图就立即给出了答案，并且轻描淡写地对数学家说：“这不是什么难题，只要用简单的数字符号就可以完成了。”你知道柏拉图是怎样运用数学符号的吗？

639 吝啬的严监生

严监生是《儒林外史》里面的人物，他是个非常有名的吝啬鬼。一天，他油灯中的油少了，灯芯短了，眼看着灯就要灭了。他还是舍不得加油，于是他就想出了一个办法，让灯又继续亮了一段时间。你知道这个吝啬鬼用的是什么办法吗？

640 走出房间

有一名警卫由图中入口进入，他用钥匙打开所有的门以便巡视。他想回图中画“O”记号的管理室，而且每个房间只经过一次。请问他应如何走？

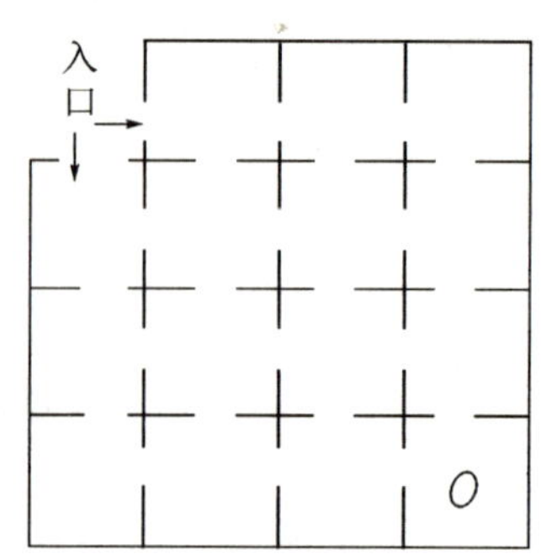

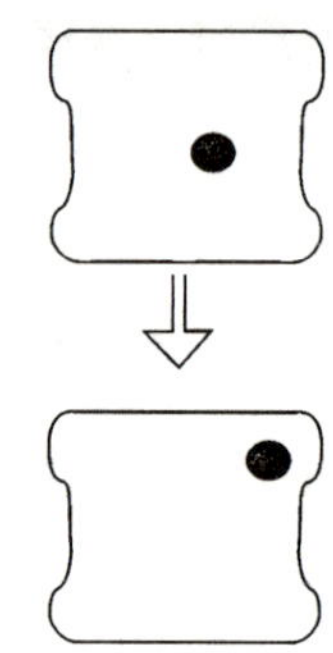

641 切木板

小明找来一块中央打了一个洞的木板，如上面右图。他想将这一块木板割开，再将它们组合起来，做成调色盘的形状，但是，要变换洞的位置。请问应如何切开才好？

642 7颗星

这里有7颗球，现在拿走4颗，然后又想加进3颗，凑成7颗，究竟要怎样做才好呢？

643 印字妙招

有一枚一元硬币，画家要以作版画相同的方法，把油墨涂在硬币上，朝白纸压上10秒钟，并在10秒内印出超过100个数字。

旁观者拼命在硬币上涂上油墨，想在10秒内印出这么多的数字。可是无论多么努力，始终没法办到。究竟画家是怎么办到的呢？

644 老爷爷报时的秘密

有个老爷爷，每次有过路行人问他时间，他只要两手扶着瓜蓬下一只硕大的葫芦，眨眨眼睛，立刻就能报出正确时间。这只葫芦垂挂在瓜蓬下，除了体积大了一点，和其他葫芦完全没有两样，为什么老爷爷扶着它就知道时间呢？

645 分割图片

小明有一天拿了如图一样的图片去问老师：“老师，你能用一条线，把这个图形分割成两个三角形吗？”老师毫不迟疑地说：“没问题！”请问他用了什么方法？

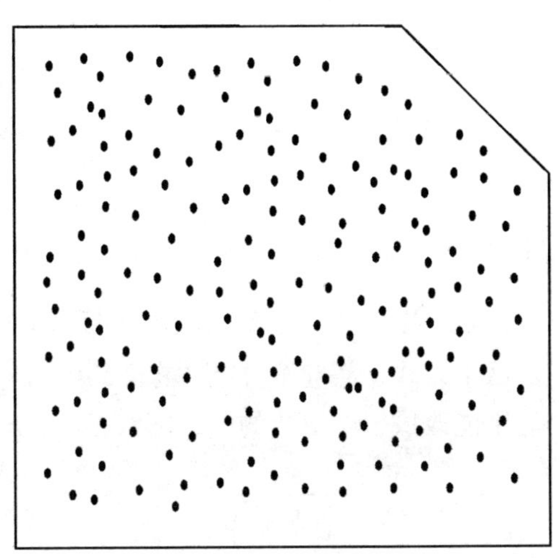

646 查理的收入来源

露西探望住在偏僻乡下的恋人杰克。杰克很有钱，每个月至少有数百万的收入，可是他既没有公司，也不发行股票，就连到火车站去接露西，还是骑着马去接的呢！更奇怪的是，他经营的牧场里没有饲养任何家畜，而且土地面积也很小，家中的陈设丝毫看不出是从事何种生意，一头雾水的露西忍不住问杰克说：“你的收入来源到底是什么？”查理回答：“你不是已经看到了吗？”查理本身没有从事任何体力劳动，请问查理的收入来源到底是什么？

647 移动火柴游戏

如图所示。有栋一层楼的家，如果要建造成二层楼的家，至少要动到几根火柴？

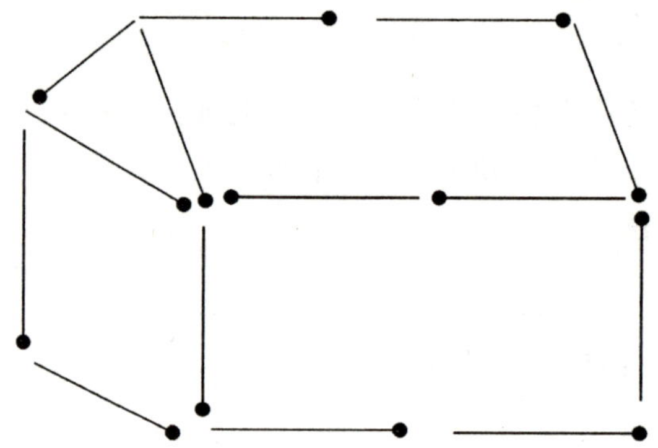

648 紧急联络网

有 15 名学生的班级建立了一个紧急联络网。如图所示，假设打通一个电话要花 1 分钟。以这个方式，从开始打电话联络到最后一个人联络完毕，总共要花 7 分钟。能不能改成一个更快的联络网？

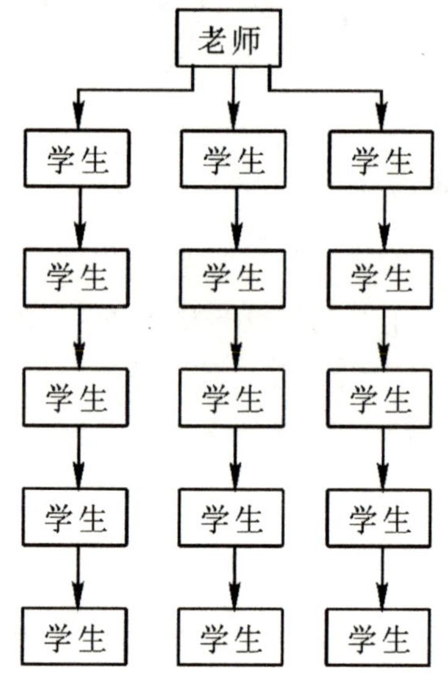

649 馒头协议

盘子上有一堆小馒头，不知道有多少个。把它们平分给三个人吃，最

后剩下一个，所以 A 先生把它吃了。换句话说，只有 A 先生比其他两人多吃了一个小馒头。尽管如此，这三个人却异口同声地说："因为我们事先做了不会只对一个人特别有利的协议，所以这个结果很公平。"这是什么样的协议呢？这个协议似乎很单纯，他们在开始之前并没有确定谁吃最后一个，而且过去或未来的事情也都毫无影响。

650 数字绕口令

A 问机械迷 B："我要泡咖啡。你想喝热的还是冷的？"B 的回答是一串绕口令似的数字："147536912369874123580。"B 的回答是什么意思？

651 火柴算式

如图，请加上一支火柴棒，使左边的式子成立。

652 长方形变正方形

使用如图 4 张同样大小的长方形纸做成两个正方形。

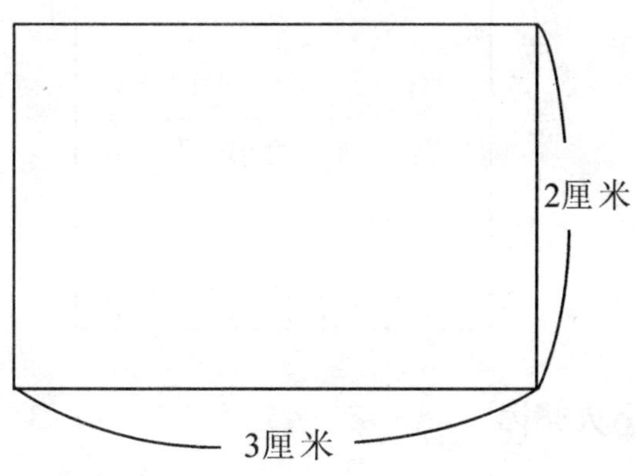

653 “E”字火柴棒

如图所示，排列火柴棒作成英文字“E”。有人说加一根火柴棒可以把“E”变小，他是如何做到的？

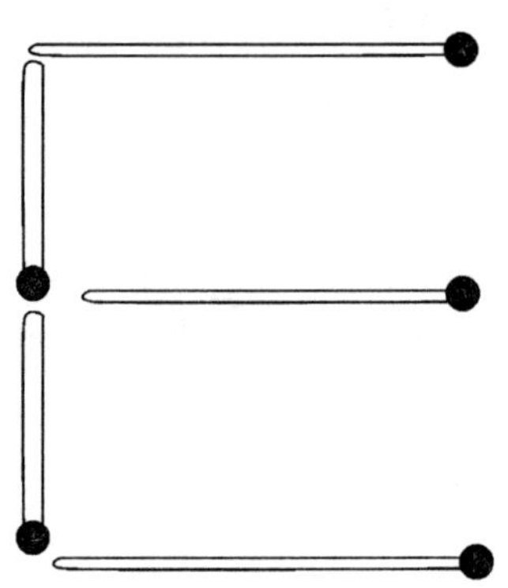

654 制作一半面积的正方形

如何使用最简单的方法，将下图中的正方形制作成一半面积的正方形呢？但不可以使用直尺和圆规。

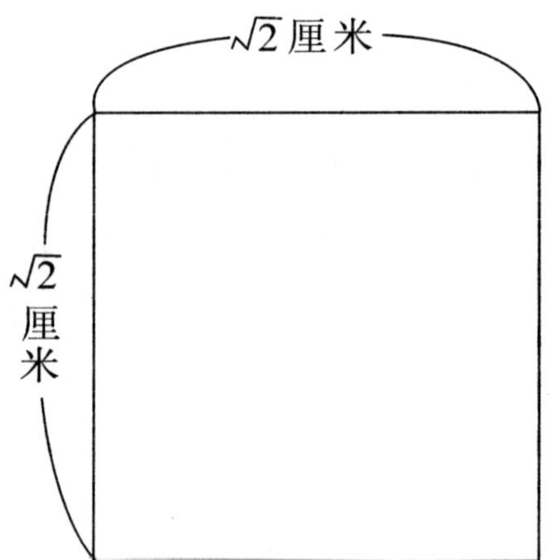

655 “V”字火柴棒

如图所示，排列火柴棒作成“V”字。请再加一根火柴棒，表现出数字1。

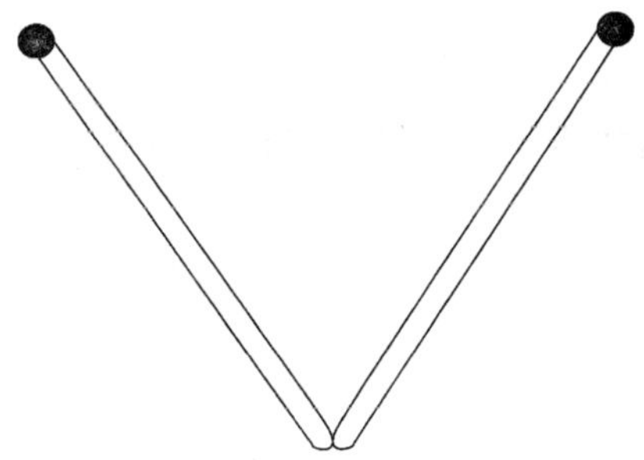

656 连点游戏

有 17 个如图中所画的点。从任何一点画一条比点粗的直线连接其他的点，最后应让每一个点至少都能与另一点连接起来。但是，某人做这项工作，虽然连接了所有的点，最后却还是剩下一个点。有这种可能吗？

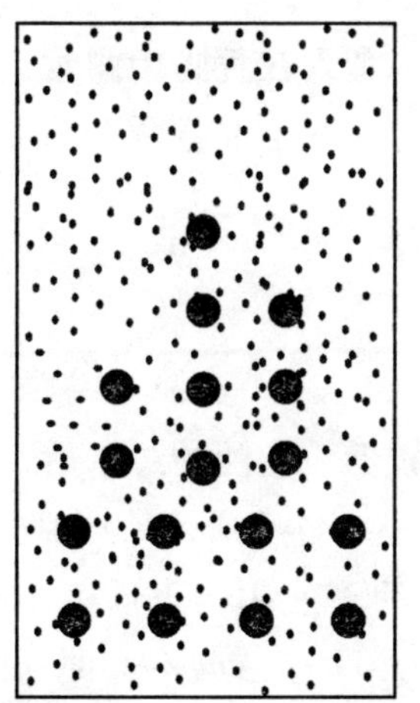

657 火柴棒与算式

转动图中的火柴棒两根，做出正确的算式。

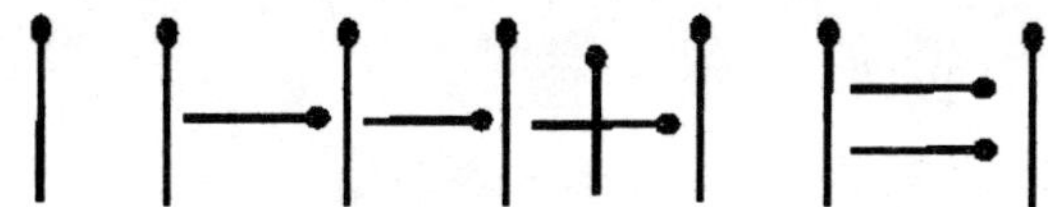

658 切圆柱游戏

如图所示，将圆柱切两刀，可以分成同样大小的三等分。要切三刀分成三等分，应该怎么切呢？

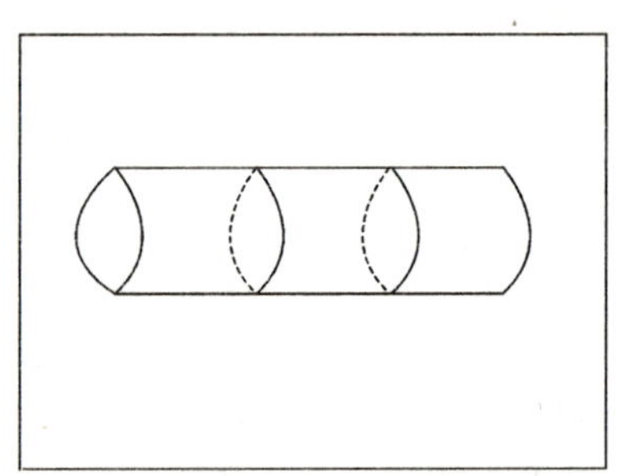

659 两支手电筒

探险家王先生很喜欢一个人在荒野中露营。深夜时，每当他离开帐篷到左右不分的荒野中走走时，一定准备两个手电筒。如果不是为了预防电池用完，那会是为什么呢？

660 冲马桶的方法

高先生家里的水压比较低，马桶冲过水后，洗脸盆里的水就出不来。每次有客人来时，高先生就以半开玩笑的口吻说："如果您想上厕所，使用前请先洗手。用干净的手使用，事后就不必洗手了。"但是高先生每次使用后仍然照常洗手，没有一点不方便的地方。他究竟使用什么方法呢？

661 石头排字

有人用石头排出了图中的"岩"字。您能不能只拿走其中两个，让它变小呢？

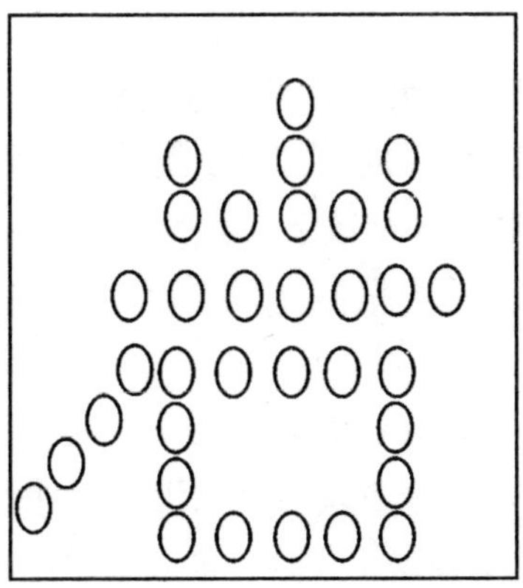

662 火柴棒游戏

如图，这里有 12 根长度相同的火柴棒。如果不折断火柴，最多可以排出几个大小相同的正方形？

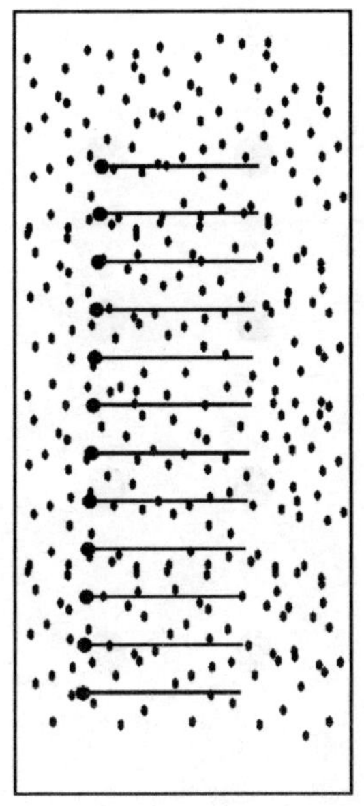

663 字母与价格

有些店主喜欢用粗大醒目的数字标明价格，使人一目了然。然而有些店主，特别是珠宝商和古玩商却不愿意这样做，他们非常谨慎，即使是在小小的价格牌上，他们也使用字母码。这就是说，您想知道价格，您就非得开口问不可。这些谨小慎微的商人常使用的字母码是选择一个含有 10 个字母的单词，每个字母代表一个数字。例如：

SOUTHWALES

1234567890

这样，只有店主才知道 HA 表示 57 便士，或者 SH/OW 表示 15.26 磅。

有一天，我在本地的一家古玩店里只买了两件古玩，有一件标着 OF，另一件标着 T/EA，总计 198 镑。我妻子也买了两件，一件标着 FB，一件标着 I/RP，总计 5.69 镑。我女儿买了两件小玩意儿，一件标着 BT，一件标着 LP，总计 1.77 镑。

这个商人用来标价格的字母码用的是什么单词?

664 拓宽思维

请用 6 条线连接图中这 16 个点。

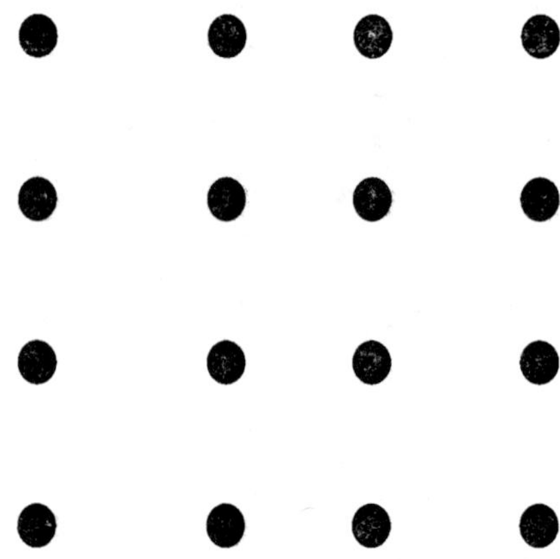

第 7 篇

玩推理逻辑游戏，跟着福尔摩斯去探案

逻辑推理能力是以一种敏锐地思考分析、快捷地反应、迅速地掌握问题的核心，在最短时间内作出合理正确选择的能力。只有具备了逻辑推理能力，才能对事物做出符合逻辑关系的正确判断。

665 问两个问题

在城墙环绕的市镇里，住着一名道行高深的占星术师父。有一名男子去拜访这位师父，请师父占卜他的婚姻、事业、健康和运气。但师父家的门口写着：“每问两个问题费用为 20 元。”偏偏他身上只带 25 元，他认为费用过于昂贵，便问师父：“不管我的问题多长，也算是一个问题吗？”占星师回答：“是的。”他又问：“不管我的问题多短，也算是一个问题吗？”占星师回答：“当然。”因此，他找出了最有效率的问法。请问，他可以问几个原本他想问的问题？

666 讲外语的人

在瑞士住着讲德语、法语、意大利语、罗马尼亚语的国民。有四个中国人到瑞士观光。A 会说罗马尼亚语和德语，B 会说德语和法语，C 会说法语和意大利语，D 则会说西班牙语和英语。在某地竖立着一块写有罗马尼亚文的招牌，A 看了之后用德语告诉 B。请问，B 如何将招牌上的内容传达给 C 和 D？

667 没用的名犬

住在伦敦的名流 A 夫人，特地从美国买回来一只长毛牧羊犬的幼犬，为了使这只狗变成世界第一的名犬，她便送它到以训练动物闻名的德国哈根别克大学。一年后，长毛牧羊犬学成后返回夫人身边，没想到它连坐、举手等基本动作都没有学会。根据训练师信中所写，这只狗能够做出主人所下达的命令和动作。夫人为此百思不得其解，请问这是怎么回事？

668 离婚不可能

一位妇人出现在某家律师事务所，对律师说：“我们夫妇每件事都意见不合，所以一年到头吵个不停。我想离婚，你认为如何？”律师考虑了一会说：“这不太可能？”请问律师为什么说“不太可能”呢？

669 长短不一的指头

五根手指头除了拇指，其他四根指头的长度不一，其中又以小指最短。但是，有人却说最长的是无名指而非中指。为什么？

670 预言

在一国际历史学术会议上，考古学家兴奋地发表演说：有本五百年前的预言书，书中的一句话，五百年来都应验在每一个读者眼前，我相信未来也是一样。

到底是什么样的话呢？

671 天下第一味

古时候，一年春天，三个赴京赶考的举人途中相遇，结伴而行。

走累了，大家坐在大树下歇息。四川举人心头一动，拱手笑道：“二位才子，你我今日幸会，实为难得，眼下已近中午，大家肚内皆饥，小弟请问二位仁兄：何谓天下第一味？”

浙江举人笑道：“这还用问，天下百味，自然是糖醋肉排最佳！”

广东举人说：“不对不对，蛇肉之香，与众不同，味道更美。”

那四川举人笑道：“二位仁兄皆未道中。其实，小弟刚才是给二位出了一道谜语呀，其实‘天下第一味’本身就是一道菜！”接着他说出一道菜。并解释了一番。

那两个举人一听，拍手叫绝，连说：“妙，妙！”

你知道这“天下第一味”是什么菜吗？

672 爱国画师巧戏西太后

清末的时候，山东有个著名的画师，名叫李奎元。那一年，慈禧太后为了修建颐和园，传旨把他召到京城，要他画一个大屏风，放在仁寿殿里，好为她歌功颂德。李奎元心里恨死了慈禧，可是又不能违抗，只好答应了。

他把自己关在屋子里，没日没夜地画画。献画的那一天到了，慈禧带了文武百官来看画，只见屏风上画了一个胖小孩，跪在午门前，手里托着一个大寿桃，后面飘着各种国旗，排列着各国军队。官员们都拍马屁说："这是仙童祝寿，万国来朝！"慈禧开始还很得意，突然，她想到了什么，大声骂道："他好大的胆子，竟敢用谐音来骂我！"她马上派人抓李奎元，李画师却早已经逃走了。

请问，这是为什么？

673 过年关

清朝的时候，苏州有一个姓蔡的县官，和郑板桥是好朋友，他受了郑板桥的影响，很同情老百姓的疾苦，他俩经常在一起，到民间走访了解民情。有一年春节，他俩一起到大街上去散步，访贫问苦。忽然，他们看到一户人家的门上有一副奇怪的对联。

只见那对联的上联是"二三四五"，下联是"六七八九"。蔡县官正感到纳闷，转身一看，郑板桥不见了。等了好一会儿，只见郑板桥扛了一袋大米、几包衣服，急匆匆地赶来。他们敲开了门，原来那是一个穷书生，正又冷又饿地在发愁。郑板桥把东西送给了主人，蔡县官问郑板桥："是谁告诉你他需要衣服和粮食呢？"郑板桥得意地说："是对联谜呀！"

郑板桥怎么知道的？

674 杨修猜谜分酥糖

杨修的智谋超出常人，帮曹操出了很多好主意。曹操却是个疑心很重的人，不喜欢别人看透他的心思，偏偏杨修却能，而且喜欢告诉别人，炫耀才能，这令曹操很忌讳。但曹操爱才又不舍得除掉他，所以心里一直很矛盾，想找机会试探一下杨修。

有一次，有人送给曹操一盒酥糖，曹操便在盒子上写了三个字："一合酥"，然后叫官员们来开会，自己故意离开了。官员们来了以后，看见桌子上有一盒东西，都感到奇怪，杨修却打开盒子，把酥糖分给大家吃，有的人不敢吃，杨修笑着说："这是丞相给我们吃的，大家放心吧！"通过这件事，曹操知道杨修确实很聪明，能猜出自己内心的想法，后来就找了个借口，把杨修给杀了。

杨修怎么猜出的？

675 穷人的妙计

很久以前，有个姓陈的穷人在荒山上栽了一片果树。没几年，树木茂盛，果实满枝。一个财主看中了这片果木，便想把它夺过来。这个财主跑到县衙告了姓陈的穷人一状，并用 10 两银子去贿赂县太爷。

于是，县太爷派人传讯姓陈的穷人，这人觉得自己肯定要吃亏，心里很着急。当他走到县衙门口，官差盘问他姓名时，他忽然心生一计……

官差通报后，开始审案。县太爷喊了财主的姓名之后，紧接着又喊："传陈旧上堂！"县太爷一喊，财主竟吓得偷偷地溜走了。

为什么？

676 纪晓岚题字"竹苞堂"

清代乾隆皇帝的宠臣、大贪官和绅筑了座书斋，请大学士纪昀（字晓岚）题匾。

纪昀深知和绅父子胸无点墨，又见书斋廊外满篱疏竹，新苞丛生，遂触动灵感，题上"竹苞堂"三字。和绅大喜，称其"致雅清高，妙不可言"，遂领镌刻，嵌于门首。

后来乾隆到和家来游园，指着匾额笑道："爱卿上当矣。"遂解释一通，和绅听了又羞又恼，又不好发作。为什么？你能说明其中的道理吗？

677 牧童指路

据传说，唐僧和孙悟空、猪八戒、沙和尚师徒四人到西天去取经，一路上经历了千辛万苦。这一天，他们来到了一个十字路口，唐僧看看天色不早了，就说："我们找个地方住下，明天再赶路吧！"

孙悟空朝四面看看，不知哪儿有客店，他正想驾起筋斗云，上天去观察一番，忽然传来了一阵笛子声，一个牧童骑在牛背上，往这儿缓缓走来。孙悟空连忙去问："请问客店往哪个方向走？"牧童没有回答，他跳下牛背，捡了一根树枝，写了个"朝"字，然后又抹掉了半边，只留下一个"月"。

唐僧他们看不懂牧童的意思，孙悟空却哈哈大笑，连声对牧童道谢。

你知道这是为什么吗？

678 秀才吃诗

古代有一名厨师，他能使烹调技术入诗入画，慕名而来的食客络绎不绝。一位秀才听说此事，很有些不服气。

一天，秀才身着褴褛衣衫，来到那家饭馆说：“我今天身上只有一枚铜板，请准备三菜一汤。”说罢，他掏出一枚铜板放在桌上。店小二一下子傻了，一枚铜板仅能买两个鸡蛋啊，这不是在成心刁难人吗？无奈之下他只好请出厨师。

厨师听罢一笑：“无妨，无妨，稍等片刻。”没一会儿，店小二飞快地上了三菜一汤：第一道菜是两个炖蛋黄，碗里还放了几根绿葱；第二道菜里把熟的蛋白切成丝，放在盘里，排成一队，下面垫一片菜叶；第三道菜是一碟炒蛋白，碟正中有一个长方形图案；第四道菜是一碗清汤，上面浮着几片蛋壳。你知道这四道菜应了哪首唐诗的四句话吗？

679 三位谜林高手

有一次，苏东坡到妹妹家里做客，三位猜谜高手在一起，当然少不了又要猜谜啦！一直到吃午饭的时候，他们还在一个劲地猜呢。

苏小妹看到饭桌上有鲤鱼，就出了一个字谜：“我有一物生得巧，半边鳞甲半边毛，半边离水难活命，半边入水命难逃。”丈夫秦少游说：“我也出个字谜：我有一物分两旁，一边好吃一边香，一旁眉山去吃草，一旁岷江把身藏。”苏东坡笑着说：“那我也出个谜吧：我有一物长得奇，半身生双翅，半身长四蹄，长蹄的跑不快，有翅的飞不起。”刚说完，三人你看看我，我看看他，都哈哈大笑起来。他们三个人的答案原来是同一个字，你能猜出是哪个字吗？

680 物中谜，谜中物

有一天，苏东坡正闲着，他的好朋友王安石来拜访，两人聊了一会儿，

又有一位好朋友陈季常也来了。苏东坡可高兴啦，连忙叫人摆开酒席，三个好朋友一边喝酒一边聊天。

三个好朋友都有一个爱好，就是猜谜。所以，聊不了一会儿，话题就转到了猜谜上面。苏东坡说："我昨天刚编了一个谜，你们猜猜看：脸儿亮光光，放在桌子上。你俩跑过来，请它留个像。"陈季常听了，也开口念道："你对我笑，我对你笑，我也寻你，你不见了。"王安石紧接着吟起来："我哭你也哭，我笑你也笑，要问它是谁，咱都知道。"话音刚落，三人都哈哈大笑起来。"咱都知道"的它，到底是什么东西呢？

681 唐伯虎卖画

唐伯虎的画很有名，人们愿意出很高的价钱来买他的画。于是，他就在西湖边上开了一个画廊。这一天，画廊里又挂出了一幅画，画面上是一个人牵了一只狗，在西湖边散步。

人们围着画纷纷赞叹："真是千金难买的好画啊！"唐伯虎听到赞扬声，心里可得意了，马上宣布："这是一幅字谜画，谁要是能猜出答案，这幅画就白送给他。可是谁要是猜错了，罚 10 两银子！"大家一听，都皱起眉头苦苦思考起来。忽然，有一个年轻人跑上前，一下子趴在地上，大家正感到奇怪呢，唐伯虎却大笑起来，然后把画取下来，送给了年轻人。为什么年轻人趴在地上，唐伯虎就把画送给他了呢？

提示：年轻人肯定不是磕头求画。

682 出谜劝学

郑板桥是清代著名的文学家。有一天，他路过一座学堂，听到里面传来嘻嘻哈哈的声音，走过去一看，原来是一群调皮的学生不听老师讲课，正在打闹呢。郑板桥生气地说："你们太不像话了，赶快好好读书吧！"

有个学生看他穿着布衣草鞋，还以为是个老农民，就傲慢地问："穷光蛋还来教训我们，我问你，你会写诗吗？"郑板桥说："我不光会写诗，还会出谜呢！"他看到学堂旁边是厨房，里面有一样东西，就当场吟了一首咏物诗："嘴尖肚大个不高，放在火上受煎熬。量小不能容万物，二三寸水起波涛。”学生们猜了半天，谁都猜不出来，只好老老实实地读书了。郑板桥咏的什么东西呢?

提示：别忘了，它是厨房里用的。

683 关公和楚霸王

宋代有个大文人，名叫黄庭坚，他7岁的时候就会写诗，后来名气越来越大。史学家司马光听说以后，很想请他来做助手，于是，就邀请黄庭坚来做客，实际上是要考考他。

司马光和黄庭坚聊了一会儿，就念了两句诗：“荷花露面才相识，梧桐落叶又离别。”然后让黄庭坚猜一猜，诗里说的是什么。黄庭坚笑笑说：“我来写给您看吧！”他马上挥笔写了一首诗：“有户人家没有墙，英雄豪杰内中藏，有人看他像关公，有人说是楚霸王。”司马光一看，连声说好诗，马上向皇帝推荐，让黄庭坚受了重用。黄庭坚的答案和司马光的答案相同。你能猜出答案是什么吗?

684 雪夜送礼

唐代大诗人白居易，写了很多著名的诗篇，来反映人民生活的疾苦。他在杭州做州官的时候，有一个冬天的晚上，他听着窗外北风呼啸，心里很担忧：城外那座山寺很破旧了，里面还住着两位读书人，这么冷的天，他们受得住吗?

白居易再也睡不着了，他马上起床，叫人准备了棉被，又烧了热菜热饭，然后拿出一包小礼物，连夜派人送去。两位读书人收到了棉被和食品，心里非常感动。他们又看到了那包礼物，心想：这是什么东西呢？忽然，他们看见了包装纸上还写着一首小诗：“两国打仗，兵强马壮，马不吃草，兵不征粮。”他俩大笑起来，立刻明白里面是什么了。请你再念一遍小诗，然后猜一猜：白居易送的是什么礼物呢?

685 王安石考书童

有一次，王安石想招一个书童，就派人传出消息：凡是想当书童的，

必须参加考试，考试的题目就是猜谜语。很多人家都把孩子送来，想得到这样的好差使，可是，却没有一个能通过考试。

这一天，又来了一个孩子，他的家里虽然很穷，但是他学习刻苦，聪明伶俐，王安石接连出了三个谜，他都很快就猜出了答案。身边的人问王安石："这个孩子用还是不用？"王安石一言不发，拿起笔又写了一则字谜："一月又一月，两月共半边；上有可耕之田，下有长流之川；一家有六口，两口不团圆。"身边的人还在奇怪呢，那孩子却高兴得跳起来，连声对王安石道谢。那个孩子为什么道谢呢？

686 齐白石题字喻客

齐白石是我国著名画家，他的画闻名国内外，被很多博物馆收藏。有很多学画的人，有的要拜他做老师，有的拿了画来向他请教，也有的学生作品获奖了，来向他表示感谢。总之，齐白石的家门前，总是热闹得很。

有一天，几个学生拜见老师，他们刚想敲门，却看见门上写着一个"心"字。他们觉得奇怪，只见过门上写"福"字的，写"心"字是什么意思呢？这时有一个学生忽然说："我明白啦！"说着，拉着同伴就离开了。第二天，他们又来到齐白石门前，只看见门上换了一个"木"字，大家高兴极了，马上敲门进去，拜见了齐白石。

687 谜能吃谜

唐代有个谜语高手，名字叫曹著，他从小就很会出谜语，有个姓王的秀才听说以后，很不服气，就来见曹著，傲慢地说："我们来比一比，看谁的谜能够胜过对方，就拜谁做老师。"

王秀才得意地出了一个怪谜："坐也是坐，卧也是坐，立也是坐，行也是坐，打一动物。"曹著马上说："我也有一个动物谜：坐也是卧，立也是卧，行也是卧，卧也是卧。"那秀才一听，可把他给难住了，想了半天就是猜不出来，便反问曹著："我先出的谜，应该你先猜！"曹著哈哈大笑说："我的谜底能够吃你的谜底，还用得着我来猜吗？"王秀才再也不敢神气了，连忙拜曹著做老师。

688 师徒俩姓什么

有一位教书先生，为了培养学生动脑筋爱思考的好习惯，就做出一个规定，凡是来拜师的，都必须经过面试，也就是要猜一个谜语，如果猜不出来，就没有资格拜师。

那一天，有个小孩来拜师，他先鞠了一躬，然后问老师："请问先生尊姓？"先生说："我的姓嘛，头在水里游泳，尾在天上发光。"孩子脑筋一转，马上猜出了这个姓。先生正感到惊奇呢，那孩子又说："您也猜猜我的姓，如果猜不出，您就不配做我的老师！"小孩大声念道："高小姐探头望，李小姐侧耳听。"幸好先生是猜谜高手，很快就猜出了孩子的姓，他连声赞叹："真是神童啊！"马上收他做学生了。

689 井水喝不得

有一个秀才，自以为读了几年书，就眼睛长在头顶上了，谁都瞧不起。这一天，他写了一首歪诗，独自吟了几遍，越吟越感到得意，就匆匆忙忙地出门，想到朋友家去吹嘘一番。

他走到半路上，口渴得要命，看到路边有一口水井，井水清澈凉爽，就对井边的一个小孩说："小家伙，我是当代的大诗人，快打井水给我喝！"小孩说："请你先猜出一个谜语，才给你打水！"秀才骄傲地说："一言为定！"小孩大声念道："上边有口无盖头，下边无口没堵头，左边有口没挡头，中间有口无舌头。"

秀才从来没有猜过这样的怪谜，实在猜不出来，只好忍住口渴，狼狈地溜走了。这是一个字谜，你知道是哪个字吗？

提示：秀才是在哪儿碰壁的？

690 苏东坡借鱼破谜

有一天，秦少游又想喝酒，苏小妹说："老规矩，你先得猜谜！"说着，就出了一个字谜："两日齐相投，四山环一周，一口吞四口。"秦少游想了很久，还是没有猜出来。

可是，他哪里肯认输呢？借口说："哎哟，我把扇子忘在哥哥家了，我去取！”他赶到苏东坡的家，看见苏东坡坐在院子里，面前放着几盘菜，正在悠闲地喝酒。秦少游忙把苏小妹的谜语说了，恳求苏东坡一定帮忙。苏东坡喝了一口酒，只是笑了笑，然后把筷子伸向盘里的鱼，把鱼的头和尾巴夹断。秦少游眼睛一亮，高兴地说：“谢谢你告诉了我答案！”明明苏东坡一句话也没有说，秦少游为什么说他告诉了答案？

691 谜话三国

从前，有个土财主好卖弄学问。有一天，他正翻看《三国演义》，厨师笑笑说：“老爷，不瞒你说，《三国演义》是我天天必读之书。就拿今天来说吧，我炒菜缺了四样作料，全在这书里面，所以我来看看！”财主听了半信半疑，他只知道《三国演义》里写的是曹操、刘备和孙权，还没听说过写有做菜用的作料呢。厨师说：“东家，你听着——刘备求计问孔明，徐庶无事进曹营，赵云难勒白龙马，孙权上阵乱点兵。”

财主白眼翻了半天，也没能猜出来。你能猜出厨师缺哪四样作料吗？

692 郑板桥题匾

清乾隆年间，兴化地区有个充当衙门走狗的土财主，他胸无点墨，又偏爱附庸风雅。他想，郑板桥是当今大书法家，为何不重金聘他为自家写一块匾呢？

依郑板桥的脾气，即使财主堆一座金山来，他也不会为财主写一个字的。但这次他却慨然应允，提笔写了“雅闻起敬”四个大字。但他有言在先，那就是制匾时，其中的第一、三、四个字油漆左边，第二个字“闻”油漆“门”字。土财主只要郑板桥肯题匾，想也不想便答应了。

“雅闻起敬”的门匾挂上了，但挂的时日不多，财主就不得不把它摘下来，因为匾上的四个字已成为讽刺他的一句话。想想看，那匾上的四个字是怎样变的？

693 谜破谜

北宋时期的王安石，是个大文学家，他很喜欢出谜语让别人猜。有一次，王安石的好朋友王吉甫来访，王安石随即出了一谜：“画时圆，写时方，冬时短，夏时长。”王吉甫也是一个猜谜高手，稍加思考就知道了答案，但是他没有说出来，而是说：“我也出个谜语你猜猜。东海有条鱼，无头亦无尾，去掉脊梁骨，便是你的谜。”王安石听后，微微一笑，原来他俩的谜语是一个答案。你知道答案是什么吗？

694 孔子的名字

我国春秋时期，有一位著名的思想家、教育家，名叫孔丘，字仲尼，人们尊称他为孔子。孔子强调“中庸之道”，也就是要求不偏不倚。有一天，孔子到乡村去讲学，走累了，就在一口水井边休息。

这时候，有个老农挑着一副担子，也来到水井边休息。他站在井边，把扁担搁在井口上，然后问孔子：“我有一个字想请教先生。”孔子问：“是哪个字？”老农说：“就是我的动作呀！”孔子看了看，马上就笑着说：“这很简单，井口搁一条扁担，当然是中庸的中字啊！”那老农也大笑说：“先生是见物不见人，你猜错啦！”孔子认真一想，发现自己确实错了，心里后悔极了。

你知道为什么吗？

695 才女卓文君

我国古代不少名诗将数词入诗，成为佳话，而有人将数词用在书信中，其表情达意又是另一番滋味。

相传汉代的卓文君和司马相如成婚不久，相如就辞别娇妻，赴京做官，多情的文君痴情地等了5年，等来的竟是写着“一二三四五六七八九十百千万”的数词家书，聪颖过人的文君读懂了夫君信中的意思，家书中无“亿”谐音，表示丈夫已情有所钟，另有所爱，于她“无意”了，只不过羞于直说。只好当即复信：

（　）别之后，（　）地相思，只说是（　）（　）月，又谁知（　）（　）年。（　）弦琴无心弹，（　）行书无可传，（　）连环从中拆断，（　）里长亭望眼欲穿，（　）思想，（　）思念，（　）般无奈把郎怨。

你知道括号里是什么字吗？

696 四才子灯谜交友

明朝时候，有四个文人，人们叫他们“吴中四子”。四个才子经常在一起，做一种有趣的游戏，就是每人轮流出谜语，谜面不能相同，谜底必须是同一个，谁的谜出得精彩谁取胜。这一天，他们又在一起出谜猜谜。

文征明带头说：“竹将军筑城自卫，纸将军四面包围，铁将军穿城而过，木将军把住后背。”祝枝山巧妙地用中药名出谜：“淡竹枳壳制防风，一枝红药藏当中，熟地或须用半复，生地车前仗此公。”唐伯虎接着吟道：“口抹胭脂一点红，随你万里到西头，竹丝皮纸纵然密，也怕旁人一口风。”最后徐祯卿接上：“墙里开花墙外红，心想采花路不通，通得路来花又谢，一场欢喜一场空。”

四子出的都是一件东西。是什么东西呢？

你知道括号里是什么字吗？

697 丞相出谜招女婿

从前有个丞相，家里有权有势又有钱。他的女儿到了婚嫁的年龄，前来提亲的人，把丞相府的门槛都踩破了。丞相却认为，那些有钱人家的公子，全都是没本事的花花公子，女儿怎么能嫁给这种人呢？

有一次，丞相看到一篇文章，写得非常精彩。一打听，是一个叫孙义的青年人写的。丞相想，如果他真的有才学，将来做女婿，女儿的终身大事就放心啦！他马上把孙义请来，进一步考考他。丞相说：“我请教您一个字：一字九横六竖，问遍天下不知，有人去问孔子，孔子想了三天。”孙义等丞相说完，马上说出这个字。丞相高兴得合不拢嘴，把孙义留下来重用，又把女儿嫁给了他。

这是什么字？

698 观雪景兄弟对谜

苏轼是北宋的大文学家，他有个弟弟叫苏辙，在文学上也很有成就。兄弟俩经常在一起交流诗文，游览风景。有一年除夕夜，兄弟俩交谈了一个通宵，第二天早上推门一看，鹅毛大雪把天地都映白了。

看到这样美丽的景色，他们兴冲冲地骑上马，在雪原上尽情奔驰。他们来到一座山坡前，苏轼忍不住吟了一句诗："雨余山色如浑如睡。"苏辙听出这是一个字谜，他故意不说出谜底，也即兴做了一首诗："此花自古无人栽，一夜北风遍地开。近看无枝又无叶，不知何处长出来。"苏轼一听，马上夸奖说："不愧是我的弟弟啊！"

699 画画报平安

古时候，有一个农民正在田里干活，遇上了朝廷的军队抓壮丁，被抓到很远的边疆去打仗。好多年过去了，他天天想念家里的妻子，他的妻子也在等着他回来，等得头发也白了。

有一年快过年了，妻子又思念起丈夫，忍不住痛哭起来。忽然，来了一个陌生人，他交给妻子一封信，说："我在很远的边塞做生意，碰到了你的丈夫，他让我捎信给你。"妻子打开信一看，上面有四幅图画：第一幅是七只鸭子，第二幅是空酒瓶，第三幅是一头死去的象，第四幅是一个人骑着马，正往一间房子飞奔。看完信，妻子马上擦去眼泪，开心地笑了。这几幅画到底是什么意思呢？

700 伍子胥智斗老相国

春秋时期，有一个著名的人物，叫伍子胥。他能文能武，能言善辩，人们都说他做相国最合适了。君王听了以后就派人把他召进宫殿，当着文武百官的面，来考考他是否有真本事。

君王让两个士兵抬来一只大鼎，伍子胥只用一只手，就把大鼎举过了头。君王又叫史官问了许多历史知识，伍子胥也对答如流。这时老相国着急了，他怕自己的位置保不住了，就出了一个怪谜："兄与弟同姓，弟与兄同名，兄有荫山秀，弟有万里明。"伍子胥不慌不忙地说："我也有一个谜请教：霜有雪没有，箱有柜没有，你有我没有，立功自会有。"老相国冥思苦想了半天，还是说不出谜底。最后，君王让伍子胥做了相国。伍子胥的谜底到底是什么呢？

701 包拯试儿

宋朝的时候有个大官，名叫包拯，他为官清廉，铁面无私，敢于为老百姓主持正义，善于审理冤案，抓了不少真正的坏人，救出了很多被冤枉的好人，人们都叫他“包青天”。

包拯有一个儿子，从小就很喜欢猜谜，包拯经常和他一起猜谜，来开发他的智力。有一天，父子俩又玩起了猜谜游戏。包拯先出了一个谜：“一宅分成两院，五男二女当家，两家打得乱如麻，打到清明方罢。”儿子摸摸小脑袋，也出了一个谜：“古人留下一座桥，一边多来一边少，少的要比多的多，多的反比少的少。”包拯一听，儿子真聪明，谜底竟然和自己的一样，都是打一样算账的工具，不禁得意地笑起来。你能猜出谜底是什么吗？

702 杏花村里的姑娘

杜牧是唐朝著名的文学家，他曾经担任过州官。为了了解民情，杜牧常常脱下官服，穿着老百姓的衣服，到城镇乡村走走，和一些朋友聊天，看到优美的风景还即兴写下了很多诗。

有一次，杜牧听说附近有个杏花村，村口开了一家小酒店，掌柜的叫杏云姑娘，她聪明伶俐，喜欢和文人交朋友。于是，杜牧穿着便服来到小酒店，想看看杏云姑娘到底是怎样的聪明。他刚坐下，杏云姑娘走过来，微笑着问：“这位先生是第一次光临，请问尊姓大名？”杜牧没有回答，却吟了一副对联：“半边林靠半坡地；一头牛同一卷文。”杏云姑娘一听，马上行了大礼说：“原来是州官大人啊！”杜牧这才相信，杏云姑娘确实聪明过人。

703 曹雪芹解谜助人

清代有个文学家，名字叫曹雪芹。有一天他正在散步，忽然看见有个女子，一边走一边哭，便上去问原因。原来，她的婆婆受坏人挑拨，经常打她骂她。这次她要回娘家，婆婆就故意刁难她，要她带一样东西回来，否则不能进门。

婆婆要的东西，藏在一个谜语里：“大圆球，满天红，里面住条小火虫，白天火虫睡大觉，晚上火虫闹天宫。”媳妇怎么也猜不出来，急得哭了。曹雪芹安慰了媳妇，告诉她谜底，还教她一个新谜语。媳妇回到婆家，对婆婆说：“你要的东西我带回来了，它是：打我我不恼，背后有人挑，心里似明镜，照亮路一条。”婆婆一听，媳妇不仅猜出了谜底，还通情达理，是自己委屈她了。

你知道这样东西是什么吗？

704 我的谜捉你的谜

有一个秀才，读了几年书，就自以为很了不起了，总是看不起别人。有一次，他在家里看书，忽然想出了一个谜语，心里得意极了。他赶紧放下书本，来到外面，想找个人吹嘘一番。

他看到有一个老农，便拉住他说：“我给你猜一个谜语，你肯定猜不出来！”说着，他摇头晃脑地吟起来：“长脚小儿郎，嗡嗡入洞房，欲饮朱砂酒，拍拍见阎王。”老农听了，很平静地说：“你的谜太简单了，还是猜我的吧：小小诸葛亮，独坐中军帐，摆起八卦图，捉拿飞来将。”秀才想了很久，没能猜出来，老农笑着说：“我的谜专门捉你的谜！”说完就走。秀才愣在那儿，狼狈极了。你能猜出老农的这个谜吗？

705 老药农深山指路

李时珍带着徒弟庞显，一路上翻山越岭，不怕风吹雨淋，采集了很多珍贵的草药，还做了详细的记录。这一天，他们在山上迷了路，只见周围都是参天大树，不知道该往哪个方向走才好。

徒弟庞显有点儿紧张，李时珍安慰他说：“别着急，咱们在这儿等一会儿吧！”话刚说完，忽然传来一阵歌谣声，有个老药农拄着拐杖、背着箩筐、唱着山歌大步走来。李时珍迎上去报了姓名，请他指出下山的路，老药农笑着说：“久仰您的大名，给您指路理所当然！”他用拐杖在地上写了一个“往”字，又把双人旁抹去。庞显觉得很奇怪，李时珍却连声向老药农道谢。李时珍知道路怎么走了吗？

706 冯梦龙宴客

明朝有一个著名的文学家，叫冯梦龙，他不喜欢升官发财，而是把全部的精力，都投入了文学创作。冯梦龙还特别喜欢谜语，他收集了许多资料，作了精心研究，写了一部专门讲谜语的书《黄山谜》。

有一年夏天，冯梦龙起床后，发现后院的桃花盛开了，正在这时，有一位姓李的朋友来拜会。冯梦龙便开玩笑说："桃李杏春风一家，既然您来了，我们就到后院去，一面喝酒，一面赏看您本家吧！"他们来到后院，冯梦龙忽然想起忘了一样东西，就对书童说："你快去拿一件东西，送到后院来！"书童问："是什么东西呢？"冯梦龙随口就造了一个谜："有面无口，有脚无手，又好吃肉，又好吃酒。"书童愣在那儿，猜不出应该去拿什么。你知道应该拿什么吗？

707 孩童难倒铁拐李

话说八仙之一的铁拐李，身背宝葫芦云游四海。有一次，他在峨眉山遇见了一个孩童。

孩童问铁拐李："你葫芦里藏的什么？"铁拐李答："治百病的灵丹妙药。"顽皮的孩童不以为然，脱口便说："那你怎么不治一治你的瘸腿呢？"铁拐李脸一红，生气地说："小小顽童，休得无礼！你姓什么？今年几岁了？"孩童连忙答道："我的姓，正好是我的岁数；我的岁数正好是我的姓。"铁拐李听了一惊，感到顽童并非等闲之辈，但一时又猜不出说的谜底，只得带着羞愧的脸色腾云而去。回去后，他把这事给吕洞宾说了。吕洞宾连忙给他点破并哈哈大笑，弄得铁拐李又一次不好意思。

你能猜出孩童姓甚，年岁多大吗？

708 口渴吃杏难

从前，有十几个举子同路进京赶考，由于天气炎热，个个累得口干舌燥。走着走着，他们来到一片杏林中，就想买几个杏子解渴。管杏林的老农笑着说："吃我的杏子得有个条件：我出个字谜你们猜，若能猜中，任吃任拿，分文不取。"

猜字谜有何难？举子们个个精神大振，连声叫老农快出谜面。

老农说道："四个小字颠倒颠，四个八字紧相连，四个人字不相见，一个十字站中间。"

话音刚落，一个过路老汉在旁边抢着说："此物世上不算少，没有此物不得了；年纪活到八十八，还是人人都需要。"

管杏老农听了，连声说："对，对，你猜得对！"他一摆手，便邀过路老汉吃杏子去了。

想吃杏子吗？那么就请你猜猜这个字吧！

709 鲁迅答对

旧时的私塾先生为了考察学生的才思，常出题要学生对答。一次，鲁迅的老师、三味书屋的寿老先生出了个"独角兽"的课题让学生对。一个学生立即起身，对了个"两头蛇"，寿老先生摇了摇头。另一个学生对了个"四眼狗"，把寿老先生气得半死。接着又有学生"八脚虫"、"六耳猴"、"九头鸟"的，先生都不中意。最后鲁迅站起来，不慌不忙地对了一句。寿老先生一听，连声称赞，说鲁迅对的这副短联"既工且妙。一个是天上祥物——麒麟，一个是人间佳品，虽然都无数词，却都有数的含义，真是珠联璧合"。

请你猜一猜，鲁迅对的下联是什么？

710 财主的诡计

从前，杨各庄有一个财主叫杨亨利，非常刁钻刻薄，经常想出各种各样的诡计克扣长工们的工钱，大家对他深恶痛绝。

有一年，杨亨利把一个名叫周金的招去做短工，讲好期满后给周金 50 两银子。转眼三个月期满，周金找杨亨利要工钱，杨亨利对周金说："周金，人家说你是一个聪明人，我倒要考考你，答对了我给你双倍工钱，答错了可要扣回你那三个月的工钱！"接着，杨亨利亮开嗓子说道：

什么吃草不吃根，什么睡觉不翻身，什么腹中长牙齿，什么肚内长眼睛。

周金很快猜出了这四种东西，刁钻的财主没想到会输在一个大老粗的手里，只好按商定的条件付了工钱。你能猜中这四种是什么东西吗？

711 神童妙对

明朝洪武年间，江西吉水县有个穷人家的孩子叫解缙，七八岁能吟诗答对，当地老百姓称他为“神童”。

一年仲秋，知府大人来到吉水。他亲自召见解缙，面试其聪慧。

知府见解缙稚气未脱，便先笑问：“小孩儿，你父亲以什么维持生计？”

解缙答道：“慈父肩挑日月。”

知府大人又问：“那你母亲呢？”

解缙又答：“家母手转乾坤。”

知府一听，高兴地说：“果然名不虚传！”当即命随从赏了解缙五两银子。

你能猜出解缙父母的职业吗？

712 请木工干啥

从前，有一富豪家的小姐爱上了一位长工，由于财主不同意女儿嫁给一个穷得上无片瓦、下无寸土的穷人，小姐于是与长工当夜出逃，在一个小山村安居乐业。

夫妻二人，男耕女织，生活十分快乐。有一天，小姐叫丈夫去刘村请木匠来家里做一件东西，丈夫问请木工做什么？小姐写了一个纸条：

霎时间红日西沉，

灯闪闪人儿不见。

丈夫接过纸条一读，觉得不对头，以为小姐与木匠有什么暧昧关系，因此不去请木匠，回到房里睡闷觉。小姐心里明白，可能是自己写的那张纸条引起了他的怀疑，于是便把纸条上的意思向丈夫解释一番。这时丈夫才明白小姐请木匠的用意。

你知道小姐请木工做什么呢？

713 实为一道

有一天，孔子召集了几个得意门生，讨论一个问题。他们积极发言。

子路说：“在‘上’里却不在上边，就是‘下’。”

子夏说：“在‘下’里却不在下边，就是‘上’。”

子贡说：“上又不是上，下也不是下。”

颜回说：“不上又不下，上里有下里也有。”

孔子说：“诸子所说的都对，其实是一个字，不要争论啦。”

这是个字谜，是什么字，你猜猜看？

714 谁是凶手

从前，有一位美丽的公主突然被人杀死。皇帝闻知，立即召集群臣入宫，传旨：“孤小女被害，不知凶手何人，哪位爱卿奏知，必有重赏。”

当时，宰相上前启奏：“万岁，此事小臣略知一二，但不敢直言，臣写四个字，请万岁在每个字上各添一笔，即知凶手。”奏罢，呈上一纸，皇上过目，上边写的是“菜、如、禾、七”四个字。

你知道凶手是谁吗？

715《兰亭集序》的传说

《兰亭集序》是大书法家王羲之为诗集《兰亭集》写的序。整个序中，凡是相同的字，写法都各不同。其中的“之”字，更是变化多端，没有一个相同的。

唐太宗李世民很爱写字，尤其喜欢临摹王羲之的书法。因此，他不惜重金，收购王羲之的真迹。

一天，一个老人说他有《兰亭集序》，要当面献给唐太宗。李世民很高兴地在殿里接见了他。老人从怀里掏出一个油纸包，双手捧递上去。唐太宗一看，不过是剪出来的大小不同、书体各异的“兰”“亭”“集”“序”四个字！他勃然大怒。正要发作，只见魏征把纸拿过来，奏道：“这四个字确是王羲之真迹，请皇上赏他四千金。”唐太宗听了魏征的劝告，便欣然同意了。

这件事传开后，来献王羲之真迹的人络绎不绝，其中就包括唐太宗梦寐以求的《兰亭集序》原本。你知道这个故事后来演变成了一句什么成语吗？

716 缺边的牡丹

中国有位著名的国画画家很擅长画牡丹。

有一次，一个人慕名买了一幅他亲手绘制的牡丹，回去以后，很高兴地挂在客厅里。

这个人的一位朋友看到了，大呼不吉利，因为这朵花没有画完全，缺了一部分，而牡丹代表了富贵，缺了一角，岂不是“富贵不全”吗？

此人一看，也大吃一惊，认为牡丹缺了边总是不妥，就把画送到画家那儿，希望画家能够重画一幅。画家听了他的理由，突然也灵机一动，于是，也给了这幅缺边的牡丹一个解释。那人听了画家解释，居然高高兴兴地捧着画回去了。

你知道，画家是怎么解释的吗？

717 三块招牌

三个商人租赁到一处互相毗邻的商场，分别开了三个服装店，各自独立经营。

三个店铺同时开张，围观的人等着开门。只见左侧的店主举着巨大招牌，上面写着：“酬宾大甩卖！”右边的店主也立起一块大牌子，上面写着：“降价不惜血本！”

中间的店主见了，便在门上写了一行醒目的字，结果，顾客都走进了他的店，生意十分兴隆。

你知道，这是怎么回事吗？

718 画信

商人外出做生意已有半年，托人给妻子带回一封信和 10 两银子。因为妻子不识字，他在信上没有写一个字，只画了四幅图画：第一幅，画了 7 只正在戏水的鸭子；第二幅，画了一头躺倒的大象和一只鹅；第三幅，画了一把勺子和一碗热气腾腾的汤圆；第四幅，画了嫩柳夹道的路上走来一个男人。

受托的人想和商人的妻子开个玩笑，只把四幅画交给了她，然后说：“你丈夫在外做生意赔了本，什么也没给你捎回来。”

商人的妻子看了画后，摇了摇头，笑着说：“别开玩笑了，快把 10 两银子给我吧。”

带信的人大吃一惊：“你怎么知道我带回 10 两银子的？”

真是很奇怪啊，商人的妻子是怎么知道的呢？

719 神秘的字条

有个名叫佛瑞迪的美国青年去求职，可当他到达报考地点时，那里已有 20 位求职者排在自己的前面。

怎样才能引起老板的特别注意而赢得唯一的职位呢？佛瑞迪沉思良久，终于想出了一个主意，他拿出一张纸，在上面写了几行字，然后请人转交给老板。

老板看了佛瑞迪的字条，大笑起来。

最后，佛瑞迪凭借出众的创新能力，从众多求职者中脱颖而出，如愿以偿地得到了这份工作。

你知道，佛瑞迪的字条上写的是什么吗？

720 萧伯纳的回信

大文豪萧伯纳是一个非常有趣的人，在他的生活中发生过很多有趣的事。有一次，一个漂亮的女演员给他写了一封求爱信，信上说：“如果我们俩结婚了，生下的孩子有你的头脑，有我的外表，那该有多好！”萧伯纳立即回信，只是将语句稍微地做了一点变动，便巧妙地回绝了她。你知道萧伯纳是怎么回的这封信吗？

721 巧妙用标点

书生张力到亲戚家去串门，顷刻间外面就下起了瓢泼大雨，此时天已经太晚了，他只得住下来。但是这位亲戚却不乐意，于是就在纸上写了一句话：下雨天留客天留人不留。

书生张力看了，马上就明白了亲戚的意思，知其不好明说，心想：一不做、二不休。他索性在下面加了几个标点：下雨天，留客天，留人不？留！

亲戚一看，自己原来的意思完全被颠倒了。但是也无话可说，只好给张力安排了住宿。其实，这句话除了张力想到的这种点标点的方法外，还有三种点标点的方法，可以分别使它变成陈述、疑问、问答三种句式，请你来加上标点试一试。

722 评价菜肴

妈妈出差回家了，爸爸亲自下厨房为妈妈做了几道好菜接风洗尘。妈妈吃完后，戏谑道："你这菜用下面四句话来评价最为贴切：

赵云孤军战长坂，孔明用计遇周瑜，

张飞走失燕子马，刘备亲自上战场。"

你知道评价的是什么内容吗?

723 李先生高兴什么

某线列车的混乱是出了名的，它已经成为通向地狱的代名词。李先生每天搭乘该线，车厢越挤，他越是高兴。

您知道这是为什么吗？当然，李先生不是扒手也不是色狼之类的人物。

724 两个士兵的对话

两名卫兵奉命站在一条马路的安全岛上负责监视两边车道上的来往车辆，于是，两人一个朝东一个朝西，动也不动地执行监视任务。以下是两个人的对话：

A："好冷啊！"

B："是啊！"

A："你胸前的扣子松开了！"

B 用手摸摸胸前："啊，真的耶！"

请问 A 如何能看到 B 的胸前?

725 烟民的待遇

有一次，一个远近闻名的烟民（烟瘾极大，一刻都离不开烟）被招待参观一个炼油厂，在偌大的炼油厂，到处张贴着“禁止吸烟”的标识。然而这位烟民在整个参观过程中都咬着烟，令人惊讶的是，招待员对他很客气，并没有责怪他。你认为这种情况可能吗？

726 什么情况发生

风子、花子和雪子三姐妹住在一起，有一天一个奇怪的行者到他们家，说了下面一段话：“风子和花子是姐妹，花子和雪子是姐妹，这两点是毫无疑问的，但是假定风子和雪子不是姐妹，她们三人之间的关系又是怎样一回事？”行者说的话在什么样的情况下会发生？

727 鱼的差别

有一个人饲养了几条红色和黑色的金鱼。据饲主说，红色和黑色金鱼体形大小并无很大差异，但是，黑色金鱼所吃的鱼饵是红色金鱼的三倍以上，为什么？

728 硬币知多少

有三个小孩，他们均掏了掏自己的口袋并拿出所有的钱。总计有一元硬币两枚、五角硬币两枚、一角硬币两枚，金额合计为四元两角。每个儿童拿出来的硬币没有两个以上是同样的。此外，没有一元硬币的儿童，同时也无一角硬币。没有五角硬币者，同时也未带一元硬币。请问每位儿童分别拿出来的是多少元的硬币？

729 遗产的合理分配

有一名男子死后留下一封遗书，上面写道：“如果生下来的是男孩，请给他二分之一的财产，剩下的给妻子。如果生下来的是女孩，请给她三分之一的财产，剩下的给妻子。”

但是，很不巧地生下一对双胞胎，而且是一男一女的双胞胎。请问应如何分配才不会产生纷争？

730 悄悄话

在电子计算机旁有一张奇怪的纸，这张纸是王先生临出门时写下想告诉同事什么事。他到底想跟同事说什么呢？

731 最初带了多少

赌徒 A 对赌徒 B 说：“我们只赌两次。谁输了，就把当时我们身上所带钱数总额的一半付给对方。”

不太想赌的 B 听后，还是决定赌了。结果，第一次 A 赢了，第二次却输了。按照 A 先前立下的约定，两次定胜负后，发现双方各自拥有一万元。请问：两人最初身上各自带有多少钱？

732 面积的误差

有块土地要出售，是一块正方形，南北长 100 公尺，东西也是 100 公尺。一个人原本以为是一块面积 1 万平方公尺的土地，但后来一看，却发现其面积只有所想的一半大。这是为什么？

733 怎么回事

妻子早逝的 A 先生因为绝症而卧病在床。他把唯一的独子 B 唤来，交付遗书后便撒手而去。独子 B 自从母亲死后就一直和父亲相依为命，可是当他展读遗书内容时，却发现自己只得到三分之一的遗产。在 A 先生既无父母、续弦和私生子，以及 B 君也未婚的情况下，A 先生为什么这样分配遗产呢？

734 钱怎么多了

一位男子一天带着钱包里仅有的 200 元上街购物，回家检查钱包后发现钱包里仍然有 200 元。请问这是为什么？

735 烟总数没有变

约翰是个无药可救的老烟枪，他以每10分钟抽一根的速度，每天抽96根烟。一天，他的女朋友玛丽说话了：我说约翰，你这么抽下去会把身体搞垮的。你至少也把分量减半，像是只在早上抽抽或只在下午抽，这样就不会抽那么多烟了！约翰想了想，回答她说：就照你的意思。我把一天划分两个时段，只在其中一个时段抽，但是我不改抽烟的速度就是了！约翰果然言出必行，但是一天仍抽了96根烟，一根未少，怎么会这样呢？

736 什么道理

杰克和彼得是左邻右舍一对互相称兄道弟的高中生。某天，杰克在早上7：10，骑着时速15公里的自行车从家中出发，结果到校时迟到15分钟。同一天早上，彼得7：45从家里出发，他骑着自行车，也是以时速15公里的速度赶往学校，而居然准时到校，这究竟是什么道理呢？

737 怎么一样多

A、B、C三人卖苹果，他们事先说好了，三个人的苹果卖价始终都要一样才行。结果A把11个全部卖了、B卖了10个、C卖了9个，但是三人卖苹果所得的钱，结算起来却都一样多，这是为什么呢？

738 怎么搭下楼的梯

有栋60层楼的大厦，公司想在59楼的会议室召开紧急会议，所以通知正在三楼大厅的营业部职员王某上楼开会，可是要上楼的王某不但不乘坐上楼的电梯，反而搭下楼的电梯，这是怎么一回事？

739 吉他怎么换成了口琴

邱先生送了一把吉他给儿子当生日礼物。他的儿子很有演奏乐器的天赋，在邱先生的教导下，也越来越棒了。但为什么邱先生要将吉他抢走，

反而拿口琴给儿子呢？问他原因，他说：“我受不了那么难听的噪音！”这到底是怎么一回事呢？

740 为什么会突然快了

一人独居的李先生出外旅行三天后回到家，发现家里的通电时钟快了 5 分钟。这个时钟性能很好，一年只有 1 分钟的误差而已，为什么会突然快了这么多？当然没有人碰过这个时钟。

741 D 代表什么

下图中的 A 代表 0，B 代表 9，C 代表 6，那么 D 代表什么？

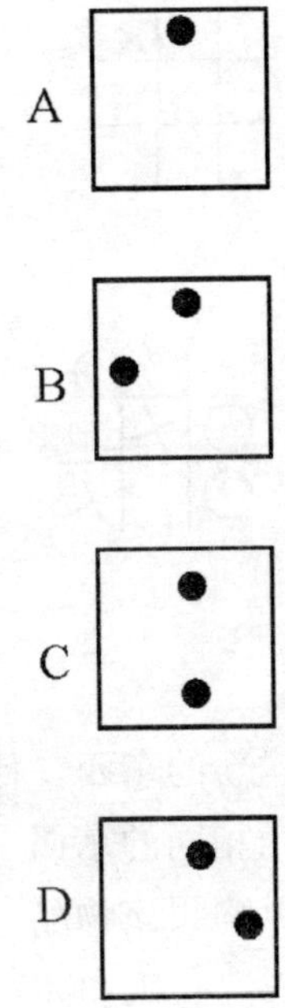

742 有这样的事吗

A 地点是在当地的北边，B 地点是在当地的南边，但是方向标示牌却不理会这个事实，将 A 地点标示成当地的东边，B 地点标示成当地的西边，世上有这样的事吗？

743 怎么知道他赢了

两个朋友在玩画○○的游戏，谁先将三个相同记号连成一条线就算赢。小明画的是○，小华画的是 ×。进行到下图中所示的阶段，知道是小明赢了，为什么？

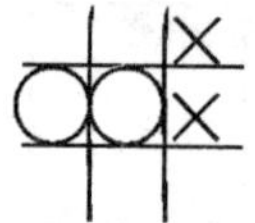

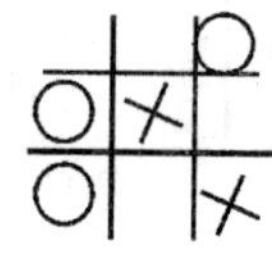

744 此为何物

某国国王不但独裁而且喜欢新的东西。什么东西一定要先拿到手，而且为了不使自己和其他人同时用相同的东西，甚至谕令子民：“在我买下新东西的一个月内，绝对不可以购买该物品。”就这样，其他人只能在国王使用一个月之后，购买汽车、洗衣机和冰箱；但唯有一项物品是国王买下之后立刻要求他人快去买的。请问此为何物呢？

745 正常发车可能吗

在一条铁路上，有上行列车和下行列车朝同一方向正常发车、行驶，

这可能吗？当然，列车并不是单线的区间车。

746 成功率越办越低的案件

据称，某国的警察有一件越努力侦办成功率越低的案件，请问是什么呢？

747 怎么会来不及

小云和小花的家只相距 20 公尺左右，所以只要面向窗外，就能相互交谈了。小云叫道："小花，我家有好吃的蛋糕，要不要来尝尝？"小花回答："不行，再过 10 分钟左右有个电话要来，我怕来不及去接。"请问，真有这种情况吗？

748 希腊妇女的琥珀首饰

希腊是一个拥有高度历史文明的国家，早在几千年前，这里的妇女就已经能够穿上柔软的丝绸衣服，戴上琥珀首饰了。但是让这些高贵的夫人发愁的是，刚刚擦亮戴上的琥珀首饰没两天就变得黯淡无光了，表面上好像蒙上了一层灰尘，非常煞风景，也令高贵的夫人们很不开心。你知道这是为什么吗？

749 为什么吹不出效果

某科技中心开发出一种能比传统气球膨胀无数倍的新气球。他们找来一位超大肺活量的人，请他就地表演一番。没想到这人试了几次，就是无法将气球吹到预期应有的大小。我们确知这些气球都是零故障的优等品，但是为什么吹不出应有的效果呢？

750 蟑螂怎么爬出来的

阿三在厨房里放了一个捕蟑螂专用的蟑螂屋。这个牌子的蟑螂屋，捕蟑螂性能超强，只要是一被粘住，蟑螂就再无脱身的可能。问题是这一天，阿三就亲眼看见到一只蟑螂爬进该蟑螂屋，却毫发无伤地爬出来，这到底是怎么回事呢？

（蟑螂屋的液没有失效，这只蟑螂也不是会飞的。）

751 为什么水量变少了呢

小强和小明是兄弟，每一回在家里的浴缸泡澡，总是小强洗完再轮到小明。而这天，两兄弟的入浴顺序倒过来，结果浴缸里剩下的洗澡水竟变少了。

我们可以确定浴缸里原来的水和平日一样多，而且两兄弟用掉的水量，也和往常一模一样，更没有人在中途加水或放水，为什么水量变少了呢？

752 黄先生用的什么办法

某晚，陪客户应酬喝到三更半夜的黄先生，回到家门口，才发现误把钥匙留在公司，而且妻儿又出远门不在家。看似毫无办法的黄先生，却一点不慌张，既不必破门而入，也不必爬窗户或请锁匠，当然，他更没有藏在附近或托管在别人家的备份钥匙，可是他竟然很快就从家门口，光明正大地进了屋。黄先生用的到底是什么办法呢？

753 最好的方法

教数学的丁老师，正在课堂上教学生计算四边形面积。但是丁老师生性爱偷懒，他只想用一支粉笔，在黑板上用最少的笔画，画成一个四边形，你能帮他想想用什么办法好呢？

754 炮弹没有落下来

阿星把一颗重达10公斤的炮弹抬到胸前，当他松掉双手，这颗没有任何支撑与悬挂的炮弹，竟然没有掉下来，这是为什么呢？（事情的发生场景是在地球上）

755 这样搭车有意义吗

小明住的村子里有一条铁路经过，其中共有五站，分别是 A、B、C、D、E 站。从 A 站到其他四站的票价，依次是 30、60、70、100 元，而凡是任何优待票价，该铁路均去掉个位数字的零头。

小明有个奇怪的习惯，就是当他从 A 站要去 C 站、E 站的时候，必定中途下车一次再买票乘车。但是当他从 A 站要去 B 站、D 站的时候，就一定一直坐到目的地。小明这种搭车法，有什么意义吗?

756 爸爸正在工作吗

最近，小军一到自己上床睡觉的时候，就会对妈妈说："爸爸正在工作。"小军的爸爸的工作时间是从早上 9 点到下午 5 点，而且从不加班。为什么小军这么说?

757 怎样量出的体重

两兄弟中的哥哥说："今天在学校量体重，我刚好 40 公斤。"弟弟也用家里的体重计自己量。但是妈妈说："那个体重计坏了，指针指的不是正确的体重。"弟弟说："哥哥的正确体重已经知道了，让哥哥用这个体重计量一次，把两个体重的差加上我自己量的数字就是我的正确体重。"妈妈又说："不行啊！不同体重所产生的误差并不一样。"但是，这个体重计的确量出了弟弟的正确体重。这是怎么一回事呢? 当然，绝对没有使用体重计以外的工具。

758 莎莎怎么了

有一天，莎莎一走进工作场所就瘫在沙发里，一动也不动，就这样坐到工作时间结束。但是，在周围忙着自己工作的人谁也没有想批评莎莎的意思。当然，莎莎的身体好得很，一点毛病也没有。这是怎么一回事?

759 钟表的秘密

麦子家里的时钟一天慢一小时。有一天，麦子的朋友看到这座时钟，他说：“从现在起不会再慢了。”麦子在这段时间并没有去碰这座时钟，这是怎么一回事？

760 这件东西到底是什么

太阳对北风说：“凡是地球上的东西，我几乎都能看透。唯独白天的屋外，有一样东西是视力正常的人都看过，偏偏我就是看不到。你猜猜是什么呢？”

北风说：“不就是你自己吗？”

太阳说：“我不是地球上的东西，所以不算数！”

这可把北风难倒了，这件东西到底是什么呢？

761 为什么要转杯子

阿旦说了一件很不可思议的怪事。

“昨天，我家来了几位客人，我就泡茶招待他们。平常，大家都是端起来就喝，但是，昨天我却使他们把杯子转了一下才喝。当然，大家都不等我开口就乖乖地照做了。”

为什么会发生这种事情呢？当然，这和茶道之类的规矩是扯不上关系的。

762 怎么能猜到名字

一群小孩子在吹牛。小东说：“我爸爸能够猜对大多数人的血型。”小龙立刻说：“我妈妈一听人家说话，就大概能够猜中那个人是什么地方的人。”小东跟着说：“我爸爸只要看到客人买的东西，就能够猜到那个人的名字。”为什么？

763 比赛的结果

有一位棒球领队很担心明天的决赛，于是去找人占卜。这位占卜师斩钉截铁地说：“毫无胜算！”领队不死心，又去找第二位占卜师，得到的答案是：“放心吧！既不会输，也不会和。”第二天，这两位占卜师的预言都命中了。比赛的结果究竟如何？

764 回答题目

请回答写在下边黑板上的题目。

> 在三角形上加两条直线，使它变成五角形。

765 没有秘密捷径

李小姐从 A 市开车到距离 400 公里的 B 市。她的车每跑 300 公里必须加一次油，但是这一天她没加一次油就抵达了 B 市。

A 市到 B 市既没有秘密捷径，也没有很长的下坡路。当然她也不是更换一种汽油。原因到底是什么呢？

766 上面究竟写了什么

某条道路旁的告示牌写着：“看这个告示的人，绝对做不到。”这是一个宣导交通安全的告示牌，上面究竟写了什么呢？

767 壶里到底装了什么

有个颇有身份的人在一家古董店看到一个小陶壶，这个陶壶盖着盖子打不开，但是摇一摇壶身，却会发出某种硬物碰撞的声音。

这位人士好奇心强烈，无论如何都想探知陶壶里装了什么东西，他买下这只壶，回到家里立刻打破壶来看，结果什么都没有发现，那个东西应该不会溶化或蒸发，壶里到底装了什么呢？

768 为什么人们不用它

下图是每隔一小时拍下大巴县三百年前建造的礼堂大钟的照片。据说这口大钟有一个很严重的缺陷，所以几乎没有人用它。时钟并非摆在人们不容易看到的地方，而且它的两根指针也很准确地移动，为什么人们不用它呢？

769 什么情况

一名警察在群众围观下与小偷打斗，对手太难缠了，警察想要寻求市民协助，但是他知道绝对行不通。到底是什么情况呢？

770 可能吗

李先生走楼梯习惯左脚开始走。但是，学校一楼上二楼的楼梯是右脚走完最后一阶，相反的二楼下一楼却是左脚走完最后一阶。有这种可能吗？

771 什么东西

一客户说："这种东西没有试过不知道有没有效，很想试试看，但是一试就没有意义了。"他指的究竟是什么东西呢？

772 展示了什么

良子在路上捡到一百元。附近的人全跑过来，七嘴八舌地讨论是谁掉

的钱？这时出现一名男子说：“钱是我掉的。”还出示一件东西来证明。众人看了之后才相信钱真是他的而把钱还给他。到底他展示了什么东西呢？

773 到底为什么

如图所示，地面并排立着白色和黑色的木杆。

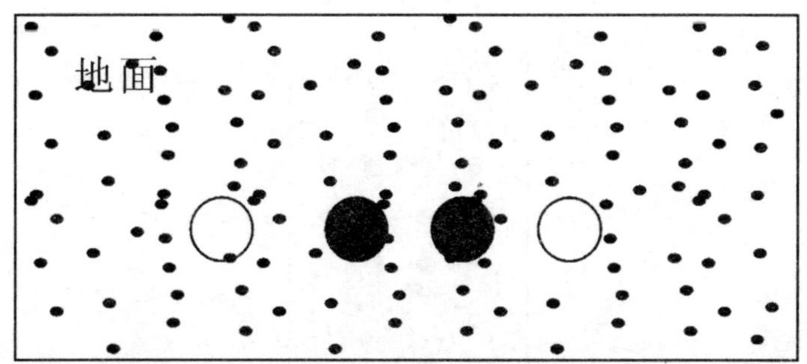

有个人用一条细绳拴住两根白木杆，那条绳子却不会碰到黑木杆，也不会松脱。

到底为什么呢？

白木杆上先前并没有缠很厚的绳子。

774 什么玩意儿

有一种玩具很容易损坏，但是小孩把它丢到地上却毫发无伤。它不会很重，孩子可以轻易拿起来。这到底是什么玩意儿呢？

775 怎么看的电影

王先生到电影院看电影中途一定会睡着而不知道中间的故事内容。

今天他也是看到一半就睡着，但是电影结束以后，他竟然知道整个故事情节。

王先生第一次看这部电影，事先并不知道故事的内容，到底怎么回事呢？

776 黑点的连接

下图中有 12 个黑点，如果用任意四点连结成正方形，请问可以连接成几个正方形。

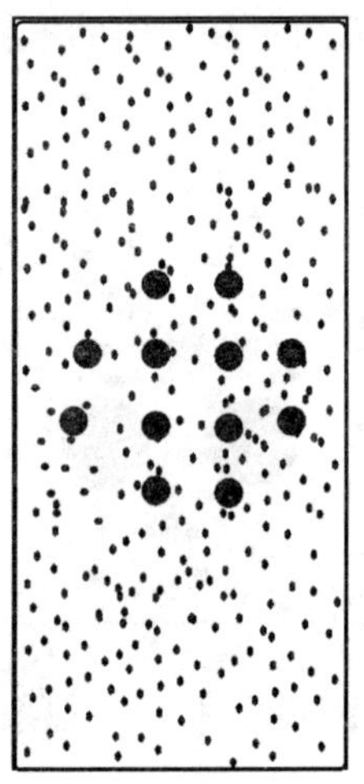

777 袋子里是什么

船快要沉了，有人拼命把东西放到袋子里。这些东西并不值钱，究竟是什么东西呢？

答案

第一篇

001：C。

002：C。

003：B。

004：A。皮格马利翁效应是在获得别人的期望和信任时而产生的自信和积极的力量。A项中罗杰·罗尔斯在校长的激励下，成长为纽约第一个黑人州长，符合皮格马利翁效应的定义。

005：D。快乐的要件有两个，既是主观感受，又是对客观存在的体验，所以选项A、B、C属于快乐，而D不是属于快乐定义的，不能称其快乐，故选D。

006：C。

007：C。

008：C。

009：C。

010：C。

011：C。

012：C。

013：题干对“生命”的解释中使用了“有机体”的概念，而在对“有机体”的解释中，又使用了“生命”的概念，犯了“循环定义”的逻辑错误。

不要等待机会，要积极地去创造机会，就会有不同的人生。从现在起，如果你改变心态，主动发现潜在的问题并寻找解决问题的途径，相信一切都会变得更好。

014：D。

015：C。

016：D。

017：C。关键词“隐藏于载体并与载体融为一体”，A、B都不满足这一条件。D项“参加亲戚婚礼”是私人活动，不属于传播内容。

018：B。

019：他把具体和抽象对立了起来，他不知道抽象的东西就包含在具体的东西里面。

020：不可能。题干将2号客人与13号客人混淆了。

021：A。

022：B。

023：B。

024：E。

025：A。从众型思维枷锁是缺乏独立思考追随他人的思维方式。B、C、D三项均是这种表现。A项是依据专家的意见来办事，并不妨碍在办事的过程中有自己独立的思考，因此选A。

026：B。

027：D。

028：C。

029：他将红、蓝两色的花朵混杂种在同一花圃里，若从远处的窗口眺望，便会看成是紫色的花朵。

030：跪倒以后的小伙子反问国王："那您认识我吗？"国王的回答当然也是"不认识"。于是小伙子又接着说："我就是这个村庄的巫师。村子里有规定，要求我每个月说29天的真话和1天的假话，而今天刚好是我必须说假话的日子，所以您千万别信我刚才的话啊！"

031：老渔翁的话是这样的："一年有四个季节，而在这四个季节里，对于黄鱼的吃法也不同。春天应吃鱼头，因为春天为一年之首，人得鱼首之力，身体才能更加强壮。而夏天就应该多吃鱼身，因为夏天炎热，人出汗多，全身容易发软乏力，吃鱼身刚好可以补身。至于鱼鳔嘛，应以秋天食用为最佳，因为此时的鱼鳔最为成熟，它吸取了鱼全身的精华，所以这个时候吃最好。到了冬天，则应该多吃鱼尾，因为冬季是一年之末，多吃鱼尾恰好对驱散全身的寒气最有帮助。"

032：彦一特意选在更夫走到屋子门外的时候点亮了灯盏，这样一来强盗拿着刀的影子就很清楚地映在了窗户上，这就给更夫提供了一个最好的暗示，所以更夫才得以知道屋子里有强盗。

033：农夫告诉检查员说："现在我已经不用任何的东西喂猪了。我每天都会给这些猪10块钱，它们想吃什么就自己买什么。"

034：阿凡提对那两个强盗说："既然你们两个都想得到驴，那么我就用你们身上带着的弓箭朝着东、西两个方向各射一箭，你们一个向东、一个向西分别去把射出去的箭捡回来。谁先回来谁就可以得到驴子，而后回来的那个就只能得到我的礼物了。”于是，当这两个强盗各自朝着东西两个方向跑去捡箭的时候，阿凡提就立刻骑上自己的毛驴，拿着礼物逃走了。

035：他的回答是：“世上最肥的是土地，因为它能生长出万物；最快的是人的态度，因为它的变化比什么都快；最可亲的是自己的国王，因为他善待自己的子民，就像父母对待儿女一样。”

036：谢希逸对孝武帝说的一番话是这样的：“臣之所以要把宝剑送给鲁爽，其实就是想让他明白皇帝已经知道了他的反叛之心，希望他能够尽忠报国，用这把宝剑自刎以谢圣恩，只不过他没有这样做罢了。”孝武帝听了谢希逸的这番解释后，就以为他的所作所为都是为了国家的安定着想，欣慰还来不及，又怎么会再怪罪他呢？

037：大殿之上的杨亿，只是稍稍犹豫了一下，就镇定自若地念起了这篇无字的祭文：“郭皇后有灵。巫山一朵云，阆苑一团雪，桃源一枝花，秋山一轮月。岂期云散雪消，花残月缺。今奉祭品，皇后享用。”念到这里，杨亿便顺理成章地把那张没有字的祭文烧掉了。辽国的来使看到大宋国竟有如此才华出众的能人，自然无话可说。而辽国蓄谋已久的这次侵略计划也因为没有找到任何借口而不得不暂时取消了。

038：工程师向乘务人员要了一个长、宽、高均为 1 米的货运箱子，然后再将钢管斜着放了进去，因为 1 米的立方体其对角线长刚好超过 1.7 米，所以自然就顺利地把钢管带上了飞机。

039：这个孩子对他的老板说：“刚才在给那个老太太称红枣的过程中，我看到其中的一颗红枣已经被虫蛀了。那么如果老太太把它买回家，就会认为我们店里的枣不好。如果她再跟别人说起这件事的话，那么就会对我们店的生意造成不好的影响。所以我趁着她不注意的时候，偷偷地把那颗红枣挑出来吃了，就是怕她发现啊！”

040：这一次，书商打出的广告语是：这是一本连总统都无法轻易做出判断的书。既然连总统都不能轻易地做出判断，那么读者对这本书就更加好奇，所以书又一次卖得很好也就不足为奇了。

041：这位歌星只是让管理员们在庄园的四周都竖立起很多的牌子，然后再在上面写着相同的一句话：“园内常有毒蛇出没，而离此最近的医院在10公里外，所以一切后果自负。”这样一来，很快就没有人再敢私自到庄园里去了。

042：聪明的小华佗取来了一根绳子，在绳子的一端拴上一块小石头，然后用力向上一抛，把绳子抛过枝条，然后再把绳子的两端都抓在手里。这样一来，只要他用力向下拉动绳子，自然就会使树枝被拉弯下来，直到人可以够得到的高度，就把桑叶毫不费力地采集到手里。

043：原来，他只是对着第一个人说：“这里的光线实在太暗，我的视力又不好，还是请你代替我来读吧。”说完这句话，就又把那张空白的纸塞回了第一个人的手里。

044：只见丘吉尔不慌不忙地对罗斯福说：“总统先生，在这种战争正处于最危急的时刻，我们一定要团结一致、坦诚相见啊！您看，我已经先放弃任何的隐瞒了。”

045：长老让孩子的父亲回家后派人把所有的门都装修得比原来高出了一丈有余，这样不管这个孩子今后再长多少，也就永远都不会达到门的高度了。这样一来，算命先生的预言自然无法实现，而孩子的父亲也就没有什么理由再忧虑的了。

046：急中生智的经理对店员说的是：“你赶快做个倒立给这位客人看看！”这样一来，这位店员便成了肚脐长在脚下面的人。

047：孙元觉只是告诉他的父亲：“我要把父亲用来把祖父推下悬崖的大筐拾回来，将来留着用它再把你也推下悬崖去。”他的父亲听他这样说，突然为自己的不孝行为感到很恐惧，害怕儿子孙元觉将来真的会学着自己现在的行为来对待自己，所以自然就不敢再对老人不孝了。

048：看着有些气急败坏的迈克，售货员表现得很镇静：“如果按照您的说法，那么我们在广告里刊登的那辆自行车上还坐着一个小孩儿呢，难道您希望我们再给您找个孩子来带回家去吗？”

049：听了朋友的话以后，生意人立刻回答说：“这有什么不可能的呢？在金币能够变成铜币的地方，人变成猴子又有什么好奇怪的呢？”于是，为了领回自己的儿子，生意人的那位朋友只好承认错误，然后又交出金币。

050：因为在船上的时候，商人始终都没有对任何人说过任何一句话，也包括这个女诈骗犯。所以此时的他就装出一副又聋又哑的样子，并将一张纸递给了那个女诈骗犯。那个女人还以为他真的是个残疾人，就把自己刚才威胁商人的话写在了纸上。可这样一来，商人就等于是有了证明自己的凭证，所以当他拿到了那张纸后，就理直气壮地转身而去了。

051：这位列车长对两位旅客说的话很简单："既然你们吵得这么厉害还没个结果，那就干脆先打开窗子，把身体瘦弱的先冻死；然后再关上窗子，把身体肥胖的也热死。这样，大家就可以安安静静地休息了。你们看好不好呢？"听列车长这么说，两个人才意识到自己的争吵妨碍了其他人的休息，所以也只好就此作罢了。

052：爱因斯坦还是笑着回答说："是呀，反正现在这里的人都认识我了，穿什么也就真的无所谓了。"

053：面对着台下所有的学生和观众，林肯对这件事情的表现却十分平静。他只是微笑着告诉大家："我曾经收到过很多的匿名信，这对我而言已经再平常不过了。然而我刚才收到的这封匿名信还是让我感到了意外，因为写这封信的人只留下了他自己的名字，却没有写下任何的内容，难道这还不奇怪吗？"林肯的这句话说得很巧妙，既把"傻瓜"这个侮辱性的词语还给了那些试图通过这封匿名信来攻击自己的人，同时也保持了自己的高大的形象和优雅的风度。

054：刘统勋在禀告乾隆的时候，说自己的这份寿礼有着很深的含义，那就是他会尽自己所有的忠心送给皇帝一个"铁桶一样的江（姜）山"。乾隆听了这番解释后，立刻就理解了刘统勋的意思，同时也为他的足智多谋与忠心耿耿所感动，自然就很高兴了。

055：李世民对隋炀帝说："这些钉子就是最好证据，它们可以证明这座宫殿确实是在百日之内刚刚建好的。因为如果宫殿是早就建好的，那么这些钉子就会或多或少地生出锈迹。而自己手里的这些钉子都是刚刚从宫殿的各个地方拔出来的，却都是一样的崭新，这就说明宫殿建好的时间并不长，而父亲自然也就是个忠臣了。"

056：庞振坤看了看店老板，然后不紧不慢地说："你家店门上不是写着'明天吃饭不要钱'吗？我就要等到那一天才和你结账！"

057：急中生智的纪晓岚禀告乾隆说："刚才臣本打算投河而死，可就在这时却遇见了屈原，他说当年自己之所以要投河而死，是因为楚王是昏君。可如今臣却也要投河而死，难道说当今皇上也是昏君吗？我想既然圣上是一代明君，那么我又怎能让他人产生这样的看法呢？所以这才没有去死啊！"既然没有哪个皇帝愿意承认自己是昏君，那么乾隆自然也就拿纪晓岚没有办法了。

058：原来，等到敌军再次把那些高大的战马拉到河的对岸来炫耀的时候，李光弼立刻指挥手下把这些母马也赶到河的这一边。看到了母马，那些战马果然纷纷地向河的这边游来。等到敌军发现情况不妙时，李光弼的士兵们已经把绝大多数的战马都拉回了自己的军营里。就这样，叛军的攻心计策不仅没能得逞，反而白白地丢失了近千匹的良种战马，甚至连军心都动摇了。

059：原来，方腊先是派一部分人将旗帜尽可能多地插在山野之间，然后又指挥剩下的起义军不停地在军营里来回走动，做出一副忙于军事演练的样子，而实际上军队的帐篷里却空无一人。这样一来，几千人的队伍给人的感觉却像有几万人似的。方腊之所以要这样布置，目的就是要引起宋军主将的恐惧心理，使他们不战而退，从而为起义军的撤离赢得了宝贵的时间。事实证明，他的这个办法确实让胆小怕死的宋军主将上了当。

060：原来，小伙计故意让自己的老板当着大家的面砸碎了假珍珠。可按照旧时候当铺里的规定，如果客人所当的东西在当铺里丢失或损坏，那么当铺就必须按照客人的要求予以赔偿，而且其金额往往要比当银高出很多倍。老板砸碎假珍珠的事四处传开后，那个骗子当然就以为这是一个趁机勒索的大好时机，所以就假装拿银子来赎自己的东西，这样刚好是中了小伙计的圈套，用比原来的当银还多出 40 两的价钱取回的却是已被砸毁的假货。

061：聪明的列车长马上写了一张请求南京站帮助寻找皮包的纸条，然后在列车中途驶过一个车站的时候将这张纸条扔给了站台上的乘务人员。于是很快南京站就接到了这一消息，并以最快的速度赶到了那位旅客曾经居住的那家旅社，找到了那个皮包。之后，按照那位列车长的要求，再以最快的速度把皮包转交到上海站的工作人员。这样一来，当那位旅客到达上海站之后，自然也就拿回了自己遗失的皮包。

062：其实甘罗的办法很简单，他命令所有的士兵必须每个人都在击掌三次的时间里拿起一件武器，这样等到三次击掌过后，一眼就可以看出到底是士兵多还是兵器多了。

063：原来吕叔湘先生想到的办法是：把来信上写明地址的那一块文字剪下来，然后再贴在自己即将寄出的信件上，这样就把辨认收信人地址的工作交给那些很擅长此事的邮局工作人员了。

064：原来这个人的方法就是：先把每双袜子都拆开后分成两份，然后再把袜子上的商标也撕下来分成两份。因为新袜子都是不分左右脚的，所以这样分的结果自然就不会有错了。

065：当狱卒把两个签儿送到农夫眼前的时候，他很随便地抽出了其中的一个签儿，然后立刻就把它吞进了肚子里。这样，负责监督执行的法官手里就只剩下了一张写有“死”字的签儿，而判定农夫抽到的那个写有“生”字的签儿，所以农夫反而因此而得到了赦免，奇迹般地活了下来。

066：他的方法是这样的：因为红色的帽子只有两顶，既然商人已经戴了其中的一顶，那么如果自己戴的也是红色的帽子，那么自己的竞争对手就会马上说出他所戴帽子的颜色是黑色的了。可既然他没有这样做，那就很明显地说明自己戴的是一顶黑色的帽子了。

067：参谋长的办法是这样的：用比桥面还要长的钢索，系在炮车与大炮之间，这样二者的重量就不会同时压在桥上了，也就自然可以顺利地用炮车将大炮拖过桥去了。

068：其实，放牛娃并没有在纸上写下一万个字，他只是写了这样的一句话：一而十，十而百，百而千，千而万。而在这短短的十几个字里，正好包含了从一到万的各种数字。

069：小姑娘告诉三个儿媳妇，老人家要求她们带回的这三件礼物其实都很简单，“骨头包肉”只不过是核桃，“纸包火”指的是灯笼，而“河里的柳叶沤不烂”呢？当然是鱼了。

070：店主说：“我又怎么知道那颗珍珠到底值多少钱呢？而且事先规定的也是只有三个人都在场的时候，我才能把皮包交给你们，所以要想得到赔偿，你们就先把那个人找回来吧。”可事实上，如果真的能够找回那个人，那么珍珠自然也就找回来了，所以店主还是不用做出任何的赔偿。

071：其实，这个问题的答案很简单，只要把蜡烛放在 1 个人的头顶上，那么就可以做到其余的 9 个人都能看见，只有 1 个人却看不见了。

072：这个小女儿的办法并不复杂，她让自己的父亲把 2000 只羊赶到市场上去，但只是将剪下的羊毛全部卖掉，这样就既得到了卖羊毛的钱，又可以把羊一只不少地带回来了。

073：这位新娘子先是把自己的丈夫叫醒，假装说他不关心和体贴自己，竟然自己先睡着了，然后又故意地大吵大闹起来，还摔了几个玻璃制成的家具。因为已经夜深人静，所以她的行为很快就吵醒了周围的邻居，其中几个热心的人还特意前来劝架。等屋子里的人多了以后，这位新娘子才说出了床下有贼的事实。于是，在大家的共同努力下，终于抓住了那两个躲在床下的盗贼。

074：其实，韩信并没有在布帛上画上多少的士兵，而只是画了一座城楼，然后又在城楼之上画了一面“帅”字的大旗而已。虽然画面上并没有千军万马，可有“帅”字在此，不就是有了千军万马吗？

075：李根源先生只是把蒋介石回的两句电文颠倒了一下，这样就使电文的意思变成了“罪无可恕，情有可原”八个字。而这样一来，大特务沈醉和他的手下还以为这是蒋介石的命令，自然也就不会再迫害那些爱国民主人士了。

076：歌德先是让开了路，接着很和气地对那个年轻人说：“你从来不给傻子让路，可我和你刚好相反。”

077：原来，那个流浪汉反复喊着的那句话就是：“打倒沙皇！”

078：这位经理的办法是：在每场电影正式放映之前，就在银幕上打出“为了照顾老年妇女，本影院特别允许她们戴着帽子观看电影”几个字，这样所有的女观众为了不被别人认为自己是一个老年妇女，自然就把头上的帽子都摘下来了。

079：面对这位小姐，达尔文很从容地回答道：“您当然也是由猿进化而来的，不过很显然，您是由非常迷人的猿进化而来的。”

080：这个新兵脱口而出的答案是：“报告首长，我之所以会在班长喊出‘向右看’的口令时看向左边，是因为我怕在大家都向右边看的这个时候，会有敌人从左边出现。”

081：只见司机很镇定地说：“您提的这个问题其实很简单，就连我的司机都可以把它讲得明白。”说完这句话，他就向爱因斯坦招了招手，“就请你来为这位先生说说吧。”

082：大仲马不紧不慢地回答说：“你没看出来吗？其实这个人就是昨天看你的悲剧时睡着的人中的一个呀？只不过，直到现在，他还没睡醒呢！”

083：打开冰箱的门，利用里面的小灯照明就行了。冰箱里的小灯虽然亮度有限，但是在一片漆黑的厨房里，却能发挥妙用。

084：例如，大东和小军两个人事先约定好，如果在车票上的什么地方剪洞的话，便是代表什么意思。如此，便可借由从A车站到B车站的乘客和从B车站到A车站的乘客所拿的车票来联络。

085：他突然拿起那只壶往地上一摔，把壶摔破了。看那店老板要求赔偿多少，就知道那只壶的价钱了。

086：把香蕉、苹果和草莓一块儿打成混合果汁，平均地倒入三个相同的杯子中就行了。

087：如果只是作为闹钟使用的话，只要把时钟的时刻拨快一点或慢一点，就能够使闹铃在想要的时刻响起。

088：他在告示牌上写了“自行车废弃场，请自由取用”等字。

089：他用一公斤炸药破坏门四周的墙。

090：大山减轻一些体重，参加较轻一级的比赛。因为，举重和保龄球等比赛一样，都是按照体重区分比赛的级别，要在比赛中得冠军，必须举起合乎自己体重等级的杠铃。

091：他用柜子的抽屉当梯子爬上去拿。

092：这是一种装在腋下的喷射装置，当抢匪要你举起双手时，就可以趁机把足以影响视线的药剂喷到抢匪的脸上。

093：在外面遇到自己的太太时，一定先叫太太的名字。由先生来辨认自己的太太比较容易，绝对不会认错。太太没有听到对方喊自己的名字，就知道不是自己的丈夫了。

094：客人回去后，记下客人寄放的酒名和数量，再把剩下的酒倒入同品牌的酒桶里。下次客人来时，只要把相同数量的酒倒进瓶子里交给客人就行了。

095：有。一直等到蚂蚁来就知道了。

096：儿童餐点，半价优惠。餐厅的儿童顾客多半有大人随行，先用儿童餐点半价优惠吸引儿童顾客，随行的大人也会跟着点餐。但是，大人不能点儿童餐。

第2篇

097：根据前5个条件可知，这条楼梯的阶数只要再加1，就是2、3、4、

5、6 五个数的公倍数。由于这五个数的最小公倍数是 60，所以 60-1=59 能满足前面五个条件的最小自然数。但是 59 不能被 7 整除。因此，只要在 59 上连续加 60，直到能被 7 整除为止，这个数就是所求楼梯的阶数。

59+60=119，119 能被 7 整除。即这条楼梯共有 119 阶。

098：4 的 32 次方。

099：至少有 11 个人。

扑克牌中有方块、梅花、黑桃、红桃 4 种花色，2 张牌的花色可以有：2 张方块，2 张梅花，2 张红桃，2 张黑桃，1 张方块 1 张梅花，1 张方块 1 张黑桃，1 张方块 1 张红桃，1 张梅花 1 张黑桃，1 张梅花 1 张红桃，1 张黑桃 1 张红桃共计 10 种情况。把这 10 种花色配组看做 10 个抽屉，只要苹果的个数比抽屉的个数多 1 个就可以得出题目所要的结果。所以至少有 11 个人。

100：客人实际支付 2700 美元，就等于总台实际结收的 2500 美元加上服务员克扣的 200 美元。在这里，2700 美元加上 200 美元是毫无道理的。2700 美元加上退回的 300 美元，才是有道理的，因为这等于客人原先交给服务员的 3000 美元。

101：在第一层，将布袋（7）和（2）交换，这样就得到单个布袋数字（2）和两位数字（78），两个数相乘结果为 156；接着把第三行的单个布袋（5）与中间那行的布袋（9）交换，这样，中间那行数字就是 156；然后将布袋（9）与第三行两位数中的布袋（4）交换。这样，布袋（4）移到右边成为单个布袋；这时，第三行的数字为（39）和（4）。相乘的结果为 156。总共移动了 5 步就把这个题完成了。

102：打这个赌是不太明智的。他的上述推理是完全错误的。为了弄清 3 枚硬币落地时情况完全相同或不完全相同的可能性，我们必须首先列出 3 枚硬币落地时所有可能的式样。总共有 8 种式样，如下图所示。

每种式样出现的可能性都与其他式样相同。注意只有两种式样是 3 枚硬币情况完全相同。这意味着 3 枚硬币情况完全相同的可能性是 2/8。3 枚硬币落地时情况不完全相同的式样有 6 种。因此其可能性是 6/8。

从长远的观点看，他每扔 4 次硬币就会赢 3 次。他赢的 3 次，你总共要付给他 15 元，你赢的那一次，他付给你 10 元。这样每扔 4 次硬币，对方就获利 5 元——如果他们反复打这个赌，就有相当可观的盈利。

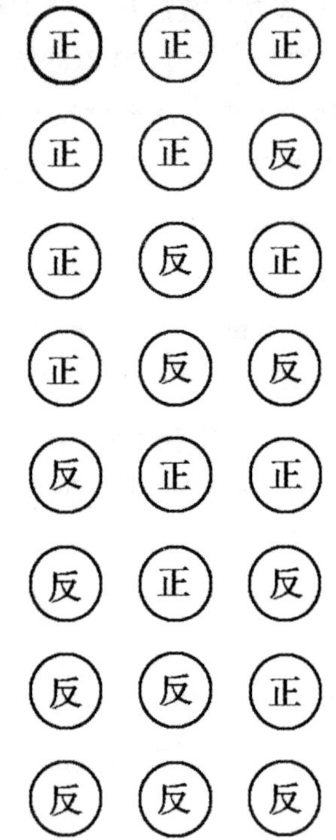

103： D。字母在字母表中的位置序号乘以字母下面的线段的数量，就是字母下边相邻的数字。

104：

(1)

$$\begin{array}{r} 48 \\ \times\ 26 \\ \hline 288 \\ 96\ \\ \hline 1246 \end{array}$$

(2)

$$\begin{array}{r} 285 \\ \times\ 39 \\ \hline 2565 \\ 855\ \\ \hline 11115 \end{array}$$

105： 木匠的奇思妙想其实是不可能实现的。

因为最终被锯成的 27 个小方块，只有最中央的那个小方块有 6 个截面。由于锯一次是不可能给同一个小方块留下两个或两个以上的截面，因此，中央那个小方块一定要被锯 6 次。

106：按规定，尼克一年的报酬为 600 元和一台电视机，所以每月应得 50 美元和 1/12 台电视机。他工作了 7 个月，应得 350 美元。和 7/12 台的电视机。现在他实际上得到了 150 美元和一台电视机。这就是说，他少拿的 200 美元代替了 5/12 台电视机的钱，即电视机价钱的 5/12 为 200 美元，所以，整台电视机的价钱为 200 除 5 乘 12 等于 480 美元。

107：显示为 11 点 40 分的表比 12 点 15 分的表慢 35 分钟，那么“一只慢表与一只快表到准确时间的差为 9 分钟”，也就是 12 点零 8 分的手表和 11 点 53 分的手表，日食发生的准确时间就是 12 点 05 分。

108：每人开始时手头都有 25 美元，林肯以 15∶1 的赔率押下赌注 15 美元，赚到了 225 美元，使他的赌本增至 250 美元。罗杰以 10∶1 的赔率押进赌注 10 美元，赚了 100 美元，使其赌本增至 125 美元，正好是罗杰的一半。

109：C。其实这道题中，只有第一个断定是有用的，另外两个断定都是干扰项。因为 C 的票数多于 D，但是 E 没有得到金奖。

根据第一个条件：如果 A>B，并且 C>D，那么 E 得金奖，现在 C>D 成立，但是 E 没有得金奖，那么显然 A>B 这个条件不能成立。也就是说，A 的票数不比 B 多。所以，C 是正确的。

要注意的是其他的情况，有可能会有票数相同的情况出现，所以不能断定其他 3 个选项是不是正确的。

110：题干条件形式化：

（1）A=2B

（2）B=4.5C

（3）C=0.5D

（4）D=0.5E

条件（2）可改为：2B=9C。

条件（3）可改为：D=2C；4.5D=9C。

条件（4）可改为：E=2D；2.25E=4.5D。

综合上述各条件关系，可将它们整理为：

A=2B

2B=9C

9C=4.5D

4.5D=2.25E

由此可得：A=2B=2.25E=4.5D=9C

所以，这五枚邮票的价值顺序由大到小的排列为：A、B、E、D、C。

111：蜜蜂没有停过，整整飞了 3 小时，所以飞了 300 千米。

112：设 x ↓ 1，y ↓ 1，z ↓ 1，t ↓ 1 分别是白、黑、花、棕四色公牛的头数，x ↓ 2，y ↓ 2，z ↓ 2，t ↓ 2 分别是白、黑、花、棕四色母牛的头数。则这八个未知数应满足 x ↓ 1=10366482，y ↓ 1=7460514t，z ↓ 1=7358060t，t ↓ 1=4149387t；x ↓ 2 = 7206360t，y ↓ 2=4893246t，z ↓ 2=3515820t，t ↓ 2=5271213t；t=1，2，3……t 是正整数。

所以，即使 t = 1，太阳神的牛最少也有 50389082 头，小小西西里岛岂能容得下 5000 多万头牛，显然这是天才的阿基米德为了戏弄厄拉多塞尼等人。

在本题的假设之下，各种牛的最少头数为：

白公牛：10366482；白母牛：7206360；黑公牛：7460514；黑母牛：4893246；花公牛：7358060；花母牛：3515820；棕公牛：4149387；棕母牛：5271213。

113：这个思维游戏至少有两种解题方法：

2	1	9
4	3	8
6	5	7

3	2	7
6	5	4
9	8	1

114：从算式的最后一层可看出（有些数字用字母表示，如图①），c=0。

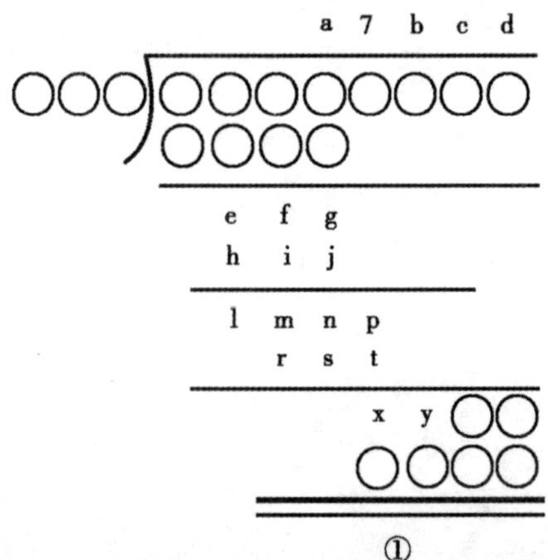

①

efg-hij 得到三位数，而 lmnd-rst 得到两位数，所以 lmnp>efg，因此 rst>hij，这样 b>7。

a 和 d 分别与除数相乘后都得四位数，由此 a>b>7，d>b>7，这样只可能 b=8，a=d=9，现在得商是 97809。

因为三位数 rst ≤ 999，所以除数≤ 999 ÷ 8 ≈ 124。

xy 所代表的四位数的前两位应小于 124 的前两位，即 xy 不能大于 11，只能是 10 或 11。

lmnp 是四位数，则 lmnp ≥ 1000，因此 rst>1000-11=989，所以除数 >989 ÷ 8=123.6，结合除数≤ 999 ÷ 8 ≈ 124，除数只能是 124，被除数是 124 × 97809=12128316，如图②。

```
              9 7 8 0 9
        ---------------
124 ) 1 2 1 2 8 3 1 6
      1 1 1 6
      ---------------
          9 6 8
          8 6 8
      ---------------
          1 0 0 3
            9 9 2
      ---------------
              1 1 1 6
              1 1 1 6
      ===============
```

②

115：34。如下图所示。

1	15	14	4
12	6	7	9
8	10	11	5
13	3	2	16

116：常见的答案是这样的：如果 3 只猫用 3 分钟捉住了 3 只老鼠，那么它们必须用 1 分钟捉住 1 只老鼠。于是，如果捉 1 只老鼠要花去它们 1 分

钟时间，那么同样的 3 只猫在 100 分钟内将会捉住 100 只老鼠。

可是，问题并不这么简单。上述答案中作了某个假定，它无疑是题目中所没有谈到的。这个假定认为这 3 只猫把注意力全部集中于同一只老鼠，直到它们在 1 分钟内把它捉住，然后它们再集中注意力转向另一只老鼠。

但是，假设换个做法，每只猫各追捕一只老鼠，各花 3 分钟把它们捉住。按照这种假设想，3 只猫还是用 3 分钟捉住 3 只老鼠。于是，它们要花 6 分钟去捉住 6 只老鼠，花 9 分钟捉住 9 只老鼠，花 99 分钟捉住 99 只老鼠。

现在我们面临着一个非常稀奇古怪的困难，同样的 3 只猫要花多长时间去捉住第 100 只老鼠呢？如果它们还是要足足花上 3 分钟去捉住这只老鼠，那么这 3 只猫得花 102 分钟捉住 100 只老鼠。要在 100 分钟内捉住 100 只老鼠——假设这是关于猫捉老鼠的效率指标，我们肯定需要多于 3 只而少于 4 只的猫。

当然，当 3 只猫合力围攻单独的一只老鼠时，它们可能用不了 3 分钟就把它逼得走投无路。但在这个谜题中，对怎样准确地计算这种行动的时间却没做任何交代。因此，这个问题的唯一正确答案是：这是一个意义不明确的问题，没有更多的关于猫是怎样捉老鼠的信息，无法回答这个问题。

117：3 毫米。你计算的是不是把所有的厚度都相加呢？要知道，题目中已经提到了，这是两本线装古书，按照古书的设计，是向右翻页的。所以，从上册封面到下册封底的距离只有 1.5 毫米 +1.5 毫米 =3 毫米。

118：设 X 为路程的长，Y 为去时所花的时间，Z 为返回所花的时间，则已知 X/Y=5，X/Z=3，而 Y+Z=7。由这些议程可求出往返路程等于 2183 英里。

119：对于这样的命题，我们用哲学思辨的方法分析似乎有道理，但是转换一下思路，采用直观具体的数学计算的方法分析，问题就会迎刃而解。

假定阿基里斯奔跑的速度是乌龟的 x 倍，又假定乌龟已经前行的那一段距离，阿基里斯需要 y 时间才能达到。那么，经过计算，可以得出阿基里斯只需要 y×1 / x-1 的时间，便可以追上乌龟。很显然，芝诺的结论是错的。

120：解答这道题的关键在于根据已知条件（1）、（2）、（5）和（6）列出五个方程来，同时根据已知条件（4）列出三个方程。需要注意的是，在这三个方程中只有一个是正确的。

现在假设 P 为莉莉身上所带的 1 美分硬币的枚数；N 为莉莉身上所带的 5 美分硬币的枚数；Q 为莉莉身上所带的 25 美分硬币的枚数；T 为莉莉为买糖果所花费的钱款总数（单位为美分）；a 为给亚丁所买的糖果的块数；

b 为给丁丁所买的糖果的块数；c 为波波所买的糖果的块数；d 为母亲所买的纪念品的单价；F 为母亲所买的纪念品的件数。

根据已知条件（1），我们可以得出以下两个方程：

1a. P+N+Q=13；

1b. P+5N+25Q=T。

根据已知条件（2），我们可以得出以下方程：

（2）2a+3b+6c=T。

根据已知条件（3），我们可以得到以下结论：

（3）a、b、c 各不相同而且都大于 1。

根据已知条件（4），我们可以得到以下方程：

（4）或者 2a=3b，或者 2a=6c，或者 3b=6c。

根据已知条件（5），我们可以得到以下方程：

（5）F × d=480。

根据已知条件（6），我们可以得到以下方程：

（6）a+b+c=F。

根据已知条件（7），问题可以重新表述为：

（7）a、b、c 中哪个最大？

根据数学常识，我们知道：两个奇数之和肯定是偶数；两个偶数之和肯定还是偶数；一个奇数加上一个偶数其和必然是一个奇数。同样的，两个奇数相乘，其积必然是奇数；两个偶数相乘，其积必然是偶数；一个奇数和一个偶数相乘，其积则必然是偶数。

带着这些数学常识去观察上述方程。在方程 1a 中，由于三个正整数之和为奇数，所以或者 P、N、Q 这三个数都是奇数，或者这三个数中只有一个是奇数。但是无论上面哪种情况成立，方程比中的 T 则总是奇数，这是由方程本身的结构决定的。根据同样的道理，方程 2 中的 b 也是奇数。因此，在方程 4 中，2a 就不可能等于 3b 了，这是因为很显然 2a 是偶数，而 3b 是奇数。同样，3b 也不可能等于 6c，这是因为 6c 是偶数，而 3b 是奇数。因此，在方程 4 中，唯一成立的是 2a=6c。当我们推理到这里时，就可以知道 c 绝对不是最大的数，因为 a 必定大于 c。

这时，我们在方程的左右两端均除以 2，便可以得到 a=3c。将这个等式代入方程 6 中，便可以得到下面的一个方程：b+4c=F。

由于b是奇数，所以可以肯定的是，在上面这个方程中F是一个奇数。由于在方程5中，480是F与d的乘积，F是奇数，则d是一个偶数。在这个乘积中，F可能取到的奇数值只有可能是1、3、5或15。F等于1或3是绝对不可能的，因为假设F等于1或3，那么在方程b+4c=F中，b和c就不可能是正整数了。同样，根据已知条件3，b和c不可能等于1，所以F也不等于5。因此，F的值一定为15。

于是，b+4c=15，而c不能大于3，或者小于1。根据已知条件3，c不能等于1，也不能等于3，所以c必定等于2。将其代入方程b+4c=15中，可以得出b=7。将其代入方程a=3c中，得出a=6。所以，在a、b、c三个数中，b才是最大的数。

因此，根据已知条件7，丁丁才是莉莉的弟弟。

121：B。

肯定是哪一家公司的收入高就选择哪一家。为了保险起见，还是要实际计算一下年收入，以利于比较。

第一年　惠众公司　50万元+55万元=105万元。

康拓公司　100万元。

第二年　惠众公司　60万元+65万元=125万元。

康拓公司　120万元。

第三年　惠众公司　70万元+75万元=145万元。

康拓公司　140万元。

显然，选择惠众公司有利，在惠众公司每年多收入5万元。

122：雪花曲线所围的面积是原三角形的面积的8/5。

顺次计算前几个雪花曲线所围成的面积或计算前后变化的比例，做数学分析找出规律即可得出结论。

123：此题条件较为复杂，可以通过作图来分析：

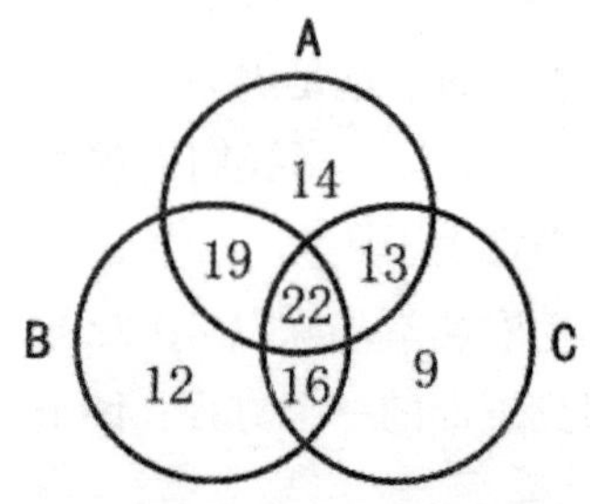

A= 糖果 B= 薯条 C= 苏打水

（2）19（3）16（4）105（5）36（6）14

124：需要九次才能渡完。前八次中，总需有一人划船回来，可以渡 8×4=32 人，余下 5 人刚好渡河。

125：这次汽车司机在路上的时间，比往常他从邮局到火车站打个来回的时间少了 20 分钟。时间少的原因是，汽车司机这次没有到火车站这 20 分钟，就是从他和摩托车手相遇的地方到火车站打一个来回所需的时间。那就是说，从汽车司机与摩托车相遇的地方到火车站，汽车司机要花 10 分钟。但我们知道，汽车司机与摩托车手相遇时，摩托车手已经走了半小时，也就是火车站已经到了半小时了。因为汽车司机是准时离开邮局的，所以在 30 分钟的基础上，加上汽车司机从与摩托车手相遇的地方到火车站所需的那 10 分钟，我们就能得出火车比规定时间早到了 40 分钟。

126：96。这是由一些特定数目的英文字母拼成的最大数字：如三个英文字组拼成的数字中，最大为 10（TEN）；四个的为 9（NINE）：接后的分别是 60（SIXTY）、90（NINETY）、70（SEVENTY）和 66（SIXTY-SIX）。下一个即有九个英文字母组成的数字中最大一个：96（NINETY-SIX）。

127：（1）若大草地上用全部人数的 3/2，半天割完大草地的草。

（2）用全部人数的 3/2÷2=3/4，半天可割完小草的草。现在用了全部人数的 1/2，差全部人数的 3/4-1/2=1/4，所以没割完。

余下这块地用全部人数的 1/4，半天就可割完，或用全部人数的 1/4÷2=1/8，经过一天可割完。

已知 1/8 是 1 个人，所以全部人数是 1÷1/8=8（人）。

此题还可以用方程解法：

设这组割草的人数为 x 人。

当每个人的割草能力不变时，割草人数与草地面积成正比例关系。

若要一天内割完大草地的草，需（x+x/2）人。

若要一天内割完小草地的草，需 x/2 人割半天，2 个人割半天，即（x/2+2）人。

按比例关系列出方程为：（x+x/2）：（x/2+2）=2 ：1

解方程 3/2x=x+4，x=8。

128：商人最初就只有两个钱币。

129：A 拿的两张牌是 1 和 9；B 为 4 和 5；C 为 3 和 8；D 为 6 和 2；

剩下的一张牌是 7。

因为要求是 4 个人取 9 张牌，所以这 9 张牌不能重复使用。首先列出与条件有关的全部可能关系。

A：$\begin{pmatrix}1+9\\2+8\\3+7\\4+6\end{pmatrix}=10$　B：$\begin{pmatrix}9-8\\8-7\\7-6\\6-5\\4-3\\3-2\end{pmatrix}=1$　C：$\begin{pmatrix}3\times8\\4\times6\end{pmatrix}=24$　D：$\begin{pmatrix}9\div3\\6\div2\end{pmatrix}=3$

然后，假设 A 拿的是 1 和 9，则 D 就只有 6 和 2，那么 C 就是 3 和 8；而 B 除了 A、C、D 中的数字外，只有 5 和 4；最后剩下的牌就是 7。符合所有条件，所以此假设正确。

再假设 A 拿了 2 和 8，则 D 就是 9 和 3，C 就是 4 和 6；反过来一看，B 没有任何一个条件符合，所以此假设错误。

以此类推，就能得出正确答案。

130：奇数 ×2= 偶数，奇数 ×3= 奇数，偶数 ×2= 偶数，偶数 ×3= 偶数，偶数 + 偶数 = 偶数，偶数 + 奇数 = 奇数。左手是奇数时，奇数 ×3 是奇数，奇数 + 偶数（右手中的偶数 ×2），结果是奇数。而如右手是奇数时，奇数 ×2 成偶数，偶数 + 偶数（左手中的偶数 ×3），结果是偶数。这就是最后结果与左手中数字奇偶相同的原因。

131：用算术的方法（即不使用方程式）解答这道题目，要从末尾开始。

最小儿子得到的牛数应等于儿子的人数；牛群余数的 1/7 对他来说是没有份的，因为在他之后，已经没有剩余的牛了。

接着，老人的一个儿子得到的牛数要比儿子人数少 1，并加上牛群余数的 1/7。这就是说，最小儿子得到的是这个余数的 6/7。

从而可知，最小儿子所得牛数应能被 6 除尽。

假设最小儿子得到了 6 头牛，那就是说，他是第六个儿子，那人一共有六个儿子。第五个儿子应得 5 头牛加 7 头牛的 1/7，即应得 6 头牛。现在，第五、第六两个儿子共得 6+6=12 头牛，那么第四个儿子分得 4 头牛后牛群的余数是 12/（6/7）=14 头牛，第四个儿子得 4+14/7=6 头牛。

现在计算第三个儿子分得牛后牛群的余数 :6+6+6=18，是这个余数的

6/7，因此，全余数应是 18/（6/7）=21。第三个儿子应得 3+21/7=6 头牛。

用同样方法可知，长子、次子各得牛 6 头。

我们的假设得到了证实，答案是共有六个儿子，每人分得 6 头牛，牛群共由 36 头牛组成。

有没有别的答案呢？假设儿子的人数不是 6，而是 6 的倍数 12。但是，这个假设行不通。6 的下一个倍数 18 也行不通。再往下就不必费脑筋了。

132：可以把张小姐向水果店兑换零钱以及后来的赔偿看作是一个借与还的过程。水果店既没有损失，也没有获利，所以张小姐的损失完全来源于持伪钞的顾客。顾客以 100 元伪钞骗得 24 元现金以及两只价值 76 元的靴子，由于他使用的是易被识破的伪钞，所以他不会再回鞋店换靴子了；另外，由于两只同一侧的靴子是无法作为一双靴子出售的，所以张小姐在这笔交易中一共损失了两双靴子以及 24 元现金，总价值为 176 元。

133：对本题的一个合理的解释是，向西的地铁和向东的地铁到达该地铁站的时间间隔是 1 分钟。也就是说，向西的地铁到达后，间隔 1 分钟向东的地铁到达，再间隔 9 分钟后另一班向西的地铁到达等。这样，当然东去的可能性是 90%。吉姆产生迷惑的原因是，他只注意到同向的地铁到站的时间间隔是相同的，而没有注意到相向而开的两辆地铁到站的时间间隔是可以不同的。

134：甲的情况是可能的。因为 6 个飞镖都中靶，而总分又只有 8 分，因此不可能有一枚得 5 分以上，最多只有一枚得 3 分。这样其余 9 枚各得 1 分，即：8：1+1+1+1+1+3。且这是唯一的答案。

乙的情况是不可能的。因为 6 枚飞镖都中靶，每镖最多得 9 分，9×6：54（分）比 56 分小。所以，这是不可能的。

丙的情况是可能的，而且有好几种可能性。从总分是 28 分，我们可以知道，最多有 2 枚是得 9 分的。（如果有 3 枚得 9 分，共 27 分，其余 3 枚即使都得 1 分，也超过了 28 分。）所以，可能得歪 DJ 三种情况 9、9、7、1、1、1；9、9、5、3、1、1；9、9、3、3、3、1。

如果只有 1 枚得 9 分，这样又有 6 种可能的情况：9、7、7、3、1、1；9、7、5、5、1、1；9、7、5、3、3、1；9、7、3、3、3、3；9、5、5、5、3、1；9、5、5、3、3、3。

如果 1 枚 9 分也没有，又可得到 7 种可能得分情况：7、7、7、5、1、1；

7、7、7、3、3、1；7、7、5、5、3、1；7、7、5、3、3、3；7、5、5、5、5、1；7、5、5、5、3、3；5、5、5、5、5、3。

所以，总分是 28 分的一共有 16 种情况。

丁的情况是不可能的，因为中靶的分数都是奇数，6 个奇数的和一定是偶数，而 27 是奇数，所以不可能。

135：箱子的数目从上层数起分别是一、四、六、九个。写不到的箱子就是没有露出来的箱子，如图，一共有 3 个。

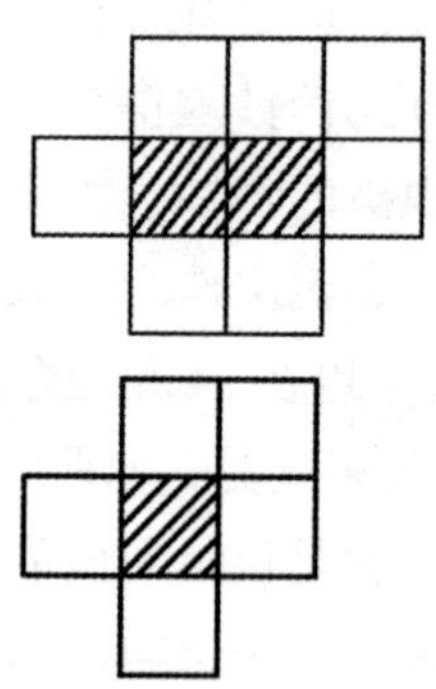

136：

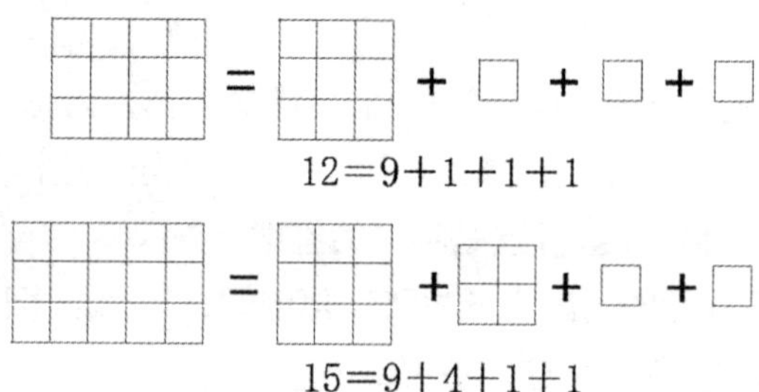

137：一开始最少有 25 个苹果。解题方法却是倒过来的：

（1）假定最后剩下的两份为 2 个即每份 1 个，则在丙醒来时共有 4 个苹果，在乙醒来时有 7 个苹果，而 7 个苹果不能构成两份，与题意不符合。

（2）假定最后剩下的两份为 4 个即每份 2 个，则在丙醒来时共有 7 个苹果，也与题意不符合。

（3）假定最后剩下的两份为 6 个即每份 3 个，则在丙醒来时共有 10 个苹果，在丙醒来时有 16 个苹果，而甲分出的三份苹果中，每份有 8 个苹果。

138：你一定想到的是 5×10=50（分钟），也就是说至少要听到 50 分钟的马叫喊声。这是因为你认为 10 匹马要盖 10 个火印。盖火印的目的是区别它们。只需盖 9 个，最后一个不盖也能与其他的区别。所以，10 匹马只需要 5×9=45（分钟）。

139：不能单纯按 A 夫人 5 块钱，B 夫人 4 块钱来分配。两个人总共干了 9 天，若 3 个人则每人平均 3 天。因此，A 夫人顶 C 夫人做的工，实际上是 5-3=2 天；而 B 夫人顶 C 夫人所做的工，则是 4-3=1 天。A、B 两夫人应该按顶 C 夫人做工的比例来分这笔钱，所以 A 夫人应分 6 块钱，B 夫人应分 3 块钱。

因为 C 夫人没有参加劳动，当然就不能参加分配，这就好像与她无关似的了，可是问题的圈套就在于掩盖了 C 夫人应该做出的劳动日。

140：杰瑞说得对。书的右边都是单数页码，左边都是双数页码，右边页码都比左边页码多 1，根据单数 + 双数 = 单数的规律，可以判断左右两页页码的和一定是单数。

141：

DESMOND=7591067

SEND 9567

\+ MORE 1085

MONEY 10652

142：其实，同学们写在纸条上的数字并不是听王老师的话，而是听数学规律的话。因为任意一个自然数被 3 除，余数只能有 3 种可能，即余 0、余 1、余 2。如果把自然数按被 3 除后的余数分类，只能分为 3 类，而王老师让同学们在纸条上写的却是 4 个数，那么必有两个数的余数相同。余数相同的两个数相减（以大减小）所得的差，当然能被 3 整除。数学老师就是根据数学基本性质设计小魔术的。所以，只要你刻苦学习数学，掌握规律，也会在数学王国中创造出魔术般的奇迹。

143：卖苹果的人之所以上当，是因为将局部成立的比例关系的传递性当成了整体成立的比例关系的传递性，因而产生了计算错觉。

将大苹果与小苹果搭配着卖，这种思考方法本身并没有问题，问题在于局部的比例关系向整体的比例关系发展过程中，有没有从始至终的传递性？

实际上，某一事物，当它们的局部成立的比例关系向整体的比例关系发展推广时，这种比例关系并非永远是传递性的，这就需要分析一下合理的比例关系到什么程度为止。

如本题中，30 千克小苹果按 3 千克一份划分，可以分为 10 组；而 30 千克大苹果按 2 千克一份划分，则可以分为 15 组。因此，将它们以 3∶2 的比例搭配时，组合到第 10 组时，小苹果就组合完毕，余下的 5 组 10 千克大苹果就不可能再按 3∶2 的比例组合，只能以大苹果的实际价格来卖了。如果仍然将这 10 千克大苹果按搭配价格来卖，自然就会少卖钱了。

亦即，10 千克大苹果本来应该卖：

6（元）×5（组）= 30（元）

而实际上只是卖了：

12（元）×2（组搭配）= 24（元）

少卖的 6 元钱就是这样产生出来的。

144：四人滞留时间之和是 20 天。

根据条件 1 和 2，滞留最长时间的是 D，且入住时已有人住，离开时不是 8 日，只有 7（离开时间）−2（入住时间）=5（滞留时间）数值最大，故 D 滞留了 6 天，是 2 日入住 7 日离开的。

假设 B 和 C 分别滞留了 4 天以下，因为 D 是 6 天以下，A 若是 6 天以上，就不是最短的，所以 B 和 C 都是 5 天。

根据条件 3 可知，C 是从 1 日住到 5 日。

如果 B 是从 3 日入住的话，7 日离开，那就与 D 重合了，所以 B 是从 4 日～8 日。剩下的 A 就是从 3 日～6 日（滞留 4 天）。

	入住（日）	离开（日）
A	3	6
B	4	8
C	1	5
D	2	7

145：由于每一列都是四个不同的数字相加，所以一列数字加起来得到的和最大为 9+8+7+6，即 30。由于 I 不能等于 0，所以右列向左列的进位不能大于 2。由于向左列的进位不能大于 2，所以 I（作为和的首位数）不能等于 3。于是 1 必定等于 1 或 2。

如果 I 等于 1，则右列数字之和必定是 1，或 21，而左列数字之和相应为 10 或 9。于是：

（B+D+F+H）+（A+C+E+G）+1：11+10+1=22，

或者

（B+D+F+H）+（A+C+E+G）+1=21+9+1=31。

但是，从 1 到 9 这十个数字之和是 45，而这十个数字之和与上述两个式子中九个数字之和的差都大于 9。这种情况是不可能的。因此 I 必定等于 2。

既然 I 等于 2，那么右列数字之和必定是 12 或 22，而左列数字之和相应为 21 或 20。于是，

（B+D+F+H）+（A+C+E+G）+I=12+21+2=35，

或者

（B+D+F+H）+（A+C+E+G）+1=22+20+2=45。

这里第一种选择不成立，因为那十个数字之和与式子中九个数字之和的差大于 9。因此缺失的数字必定是 1。

至少存在一种这样的加法式子，这可以证明如下：按惯例，两位数的首位数字不能是 0，所以 0 只能出现于右列。于是右列其他三个数字之和为 22。这样，右列的四个数字只有两种可能：0、5、8、9（左列数字相应为 3、4、6、7），或 0、6、7、9（左列数字相应为 3、4、5、8）。显然，这样的加法式子有很多。

146：无法拼出更小的正方形。显然不可能拼出 2×2 的正方形，面积为 9 平方单位的 3×3 正方形也不可能由面积为 4 平方单位的形状组合而成。

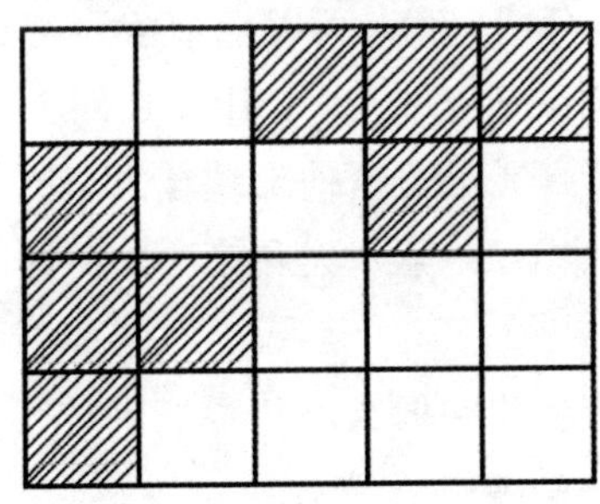

5×4

下面的田中组合出 5×4、6×4、7×4、8×4 与 9×4 的长方形。从前 3 个图可以看出如何从一个解推演出另一个解，而从 8×4 的长方形中则可以看出要利用到 180° 旋转对称。这些解都不是唯一解。例如，将 5×4 的解放在 4×4 的解的旁边，就可以得到另一种 9×4 的解。当 n > 4 时，所有 n×4 的长方形都是可能拼出来的，我们很容易就可看出，这可以将上述已知的解组合在一起而得到。由于产品形状的面积为 4 平方单位，故只需要考虑面积为 4n 平方单位的形状，这就排除了拼出 5×3 与 6×5 的长方形，以及面积为 210 平方单位长方形的可能性。

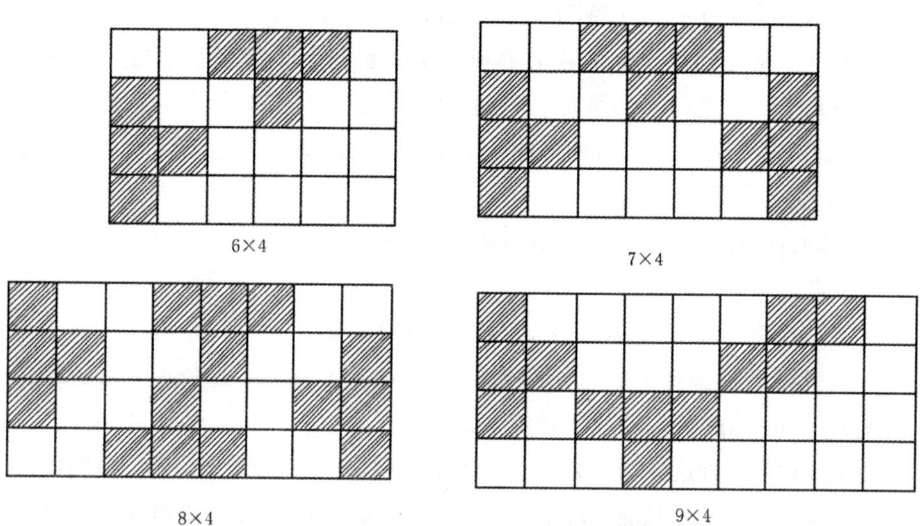

147：杰克逊的失误在于没有把火车本身的长度考虑进去。实际上，30 秒钟是火车头进入隧道，然后驶出隧道的时间，而车身依然还在隧道中，火车实际上并没有完全驶出隧道。所以，当炸药爆炸时，只是炸断了车轨，而对火车本身并没有太大的影响。

148：两次弄断就应分成三份，可以把金条分成 1/7、2/7 和 4/7 三份。这样，第一天给他 1/7；第二天给他 2/7，让他找回 1/7；第三天再给他 1/7，加上原先的 2/7 就是 3/7；第四天给他那块 4/7，让他找回那两块 1/7 和 2/7 的金条；第五天，再给他 1/7；第六天和第二天一样；第七天给他找回的那个 1/7。

149：此题的列方程要比一般人所想象的困难得多。设 x 为旅馆到途中小屋的距离，则当马车在中途休息 30 分钟时，此人走了 x-4 千米，从而可知该人的速度为每小时（2x-8）千米，因为马车走了 x 千米时，此人走了 4 千米，所以马车的速度为每小时千米。

现在可以写出含有 x、y 的两个方程，y 为途中小屋到派克镇的距离，其中一个方程的等量关系为：此人步行全程不到 1 千米所花的时间应等于马车走完全程的时间再加上 30 分钟。另一个方程的等量关系是：此人从途中小屋步行到派克镇所花费的时间再加 15 分钟应等于马车走同样一段路所需的时间加上 30 分钟。

由方程组可以解出 x=6，y=3，所以从旅馆到派克镇的总距离为 9 千米。马车每小时走 6 千米，而此人的步行速度为每小时 4 千米。

150：

一	二	三	四	五	六	日
			X			
			X+7			
			X+14			
			X+21			
			X+28			
			5x +70=80			
			X=2			

第二种可能：

一	二	三	四	五	六	日
			X			
			X+7			
			X+14			
			X+21			
			X+28			
			4x +42=80			
			X=9			

九日不可能是一月的第一个星期四，所以第二种可能不成立，答案是唯一的，第一种。

151：用1角、2角、5角币各1张，可以付出1角、2角、3角、5角、6角、7角、8角共7种不同整角款。

用4张1元币和2张5元币，可以付出1元、2元、3元……13元、14元共14种不同的整元款。

14种整元付款方法中的每一种，都可以和7种整角付款方法中的每一种结合，又可以付出7×14 = 98（种）不同的款，比如，13元7角就是其中的一种。

因此，总共可以付出7+14+98 = 119（种）不同的款。

152：

儿子一	儿子二	儿子三	13和	积
1	1	11	13	11
1	2	10	13	20
1	3	9	13	27
1	4	8	13	32
1	5	7	13	35
1	6	6	13	36
2	2	9	13	36
2	3	8	13	48
2	4	7	13	56
2	5	6	13	60
3	3	7	13	63
3	4	6	13	72
3	5	5	13	75
4	4	5	13	80

知道其主管儿子的年龄乘积之后，还不能确定他们的年龄，就说明主管的年龄应该是36岁，而乘积为36时有两种可能。当经理说有两个儿子去学滑冰的时候，如果是2，2，9这种情况，显然2岁的孩子还不能去进行滑冰学习。所以，只可能是有两个6岁的儿子去学滑冰了。答案应该是1

岁、6 岁和 6 岁，其中有一对双胞胎兄弟。

153：设老太婆买了 x 副鞋带，则她一定也买了 4x 个针线包，8z 块手帕，这些东西的平方和等于 3.24 美元，由此可解出 x=2，所以这老太婆买了 2 副鞋带，8 个针线包，16 块手帕。

154：在这个速记员薪金的问题中，他第一年比老板的方案多得了 12.50 美元，但在这之后，就受损失了。也许有些人会错误地在每 6 个月之末把每次的提薪额全加上去，殊不知，薪金的每次增加是以年薪提高 25 美元为基准的，也就是说每 6 个月只能增加 12.50 美元。按照老板的方案，每年提高 100 美元，在 5 年中给这位雇员的当然是 600 美元加 700 美元加 800 美元加 900 美元加 1000 美元，共计 4000 美元。

而按照速记员的建议，可以如下计算：

第一个 6 个月………………300.00 美元 600 美元（年薪标准，下同）

第二个 6 个月………………312.50625

第三个 6 个月………………325.00650

第四个 6 个月………………337.50675

第五个 6 个月………………350.00700

第六个 6 个月………………362.50725

第七个 6 个月………………375.00750

第八个 6 个月………………387.50775

第九个 6 个月………………400.00800

第十个 6 个月………………412.50825

总共：3562.50 美元。与老板的提案所能带来的 4000 美元的总收入相比，雇员当然是吃了亏。老板则因为接受雇员的建议反而占了便宜。

155：本游戏给出的数量关系比较隐蔽，经过仔细分析，可以发现涉及的量为：原排队人数、旅客按一定速度增加的人数、每个检票口检票的速度等。

现在，可以给分析出的每个量设定一个代表符号：设检票开始时等候检票的旅客人数为 x 人，排队旅客每分钟增加 y 人，每个检票口每分钟检票 z 人，最少同时开 n 个检票口，就可在 5 分钟内让全部旅客检票进站。

根据已知条件列出方程式：

开放一个检票口，需半小时检完，则 $x+30y = 30z$；

开放两个检票口，需 10 分钟检完，则 $x+10y=2\times10z$；

开放 n 个检票口，最多需 5 分钟检完，则 x+5y=n×5z；

可解得 x = 15z，y = 1/2z

将以上两式带入 x+5y=n×5z 得 n=3.5，所以 n = 4。

因此，答案是至少需同时开放 4 个检票口。

156：问号处的数字应为 3625。在每行数字中，每个数的前两个数字与后两个数字之积，等于后面的数。由此可得：54×88=4752。

157：国王有偶数个可信任的大臣。

按照大臣相互监视的顺序把他们排列在圆周上，并假定大臣的人数 n 为偶数，我们就得出结论：监视第一个大臣的监视者的大臣应具有号码 n/2，但事实上，这个大臣的号码应该是 n（下图描述了 n=8 的情形）。所以，国王总共的大臣数是奇数，奇数加偶数等于奇数，所以，国王有偶数个可信任的大臣。

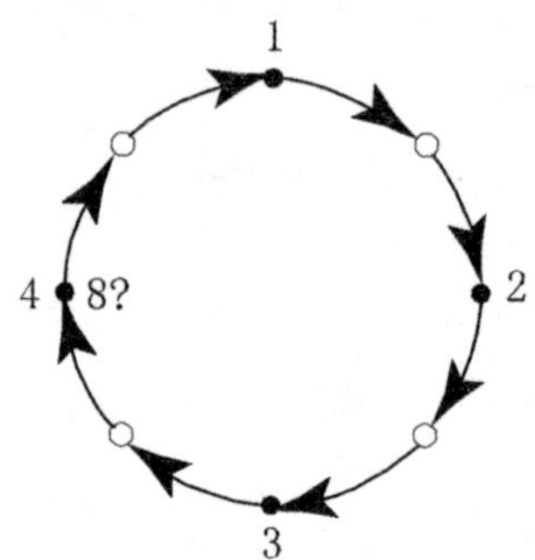

158：搭乘南下列车到达终点，然后再搭乘北上列车回来。

159：用手帕的一端置入脸盆内，然后将水引流至放在地上的一个水桶内即可。

160：把卷筒卫生纸立起来，从中心使用即可。

161：租用三个脚夫帮忙，他就可以穿越这片沙漠。他和每个脚夫带足四天的干粮和水上路，脚夫 A 在第一天后返回，留下两天的给养给另外两个脚夫。余下的三人接着往前走。第二天后，每个脚夫还剩下三天的给养，他们每人交给考察者一天的给养，然后带着两天的给养返回。这时，考察者共有四天的给养，可以单独穿越大沙漠了。

162：往瓶里放大小不同的玻璃球，使液面升到 10 升刻度处，然后往外倒至 5 升刻度处。这是利用玻璃球不能被硫酸腐蚀的特点。

163：把桃子连筐放到河水里，利用水的浮力过河。

164：用升斗斜着量就可以做到。

一般来说，按照旧有的思维习惯，我们使用量杯或升斗时，常习惯于平直地计量体积。当你为解答这道问题而愁眉不展时，可能从没想到改变一下升斗的摆放方式。把升斗斜歪使用，改变虽然很小，却是打破习惯和突破传统的表现。

165：在天平两端各放两个小球，次品的那端肯定重，然后在天平两端各拿走一个小球。如果这时天平是平衡的，那么刚才重的那端拿起来的小球是次品；如果天平还是不平衡，那么现在重的那端的小球就是次品。

166：从 6 个瓶子里分别取出 11、17、20、22、23 和 24 粒药丸来，然后放在一起称一次就可以知道问题出在哪几瓶里。比如：称量之后超重 53 毫克，而这 6 个数字能构成 53 的组合只有一种，即 11+20+22。因此，问题就出在第 1 瓶、第 3 瓶和第 4 瓶。

167：将 5 克和 30 克砝码放在天平一端，先称出 35 克药粉，再将这 35 克药粉和 30 克砝码同放在天平一端，又可称出 65 克药粉，这样，就总共称出药粉：35+65=100（克）。

168：先将 10 个箱子编上序号，然后从第 1 箱取出 1 支，从第 2 箱取出 2 支，从第 3 箱取出 3 支……从第 10 箱取出 10 只，一共 55 支笔。如果全是铱金笔，其总重量是 5500 克。因此，如果称出的结果比 5500 克少 10 克，就说明 55 支笔中，只有 1 支是替代品，拿出 1 支的第 1 箱，就是替代笔；如果少 20 克就有 2 支替代品，第 2 箱就是替代笔……以此类推，最终便可以区分出哪一箱是替代品了。

169：借助水的浮力。一个人先攀上软梯，另一个人待水高到颈部时开始攀升，攀升速度与水涨速度相等。使水的高度始终在人的颈部，借助水的浮力，软梯就可以负担两个人的重量了。

170：一个人可以把木板向山涧的另一端伸出一部分，并站在木板的另一端压住。另一个人可以把木板搭在自己的一方与对方的木板之间，就可以从容过去了。然后他可以压住木板，让对方过去。

171：A 城与 B 城之间虽然没有加油站，汽车却可以将油桶运到半途上搁下来；①汽车带着 4 个油桶来到 500 千米处，将油桶放下，回到 A 城；②汽车又带着 4 个油桶来到 500 千米处，将油桶放下，回到 A 城；③汽车第 N 次带着 4 个油桶来到 500 千米处，将油桶放下，再次回到 A 城；这时那里有 4×N 个油桶了；④如此继续下去，汽车终可以在某个时候做到，将四个油桶带到离 A 城 1000 千米处，将油桶放下，回到前一站。在那里装满油。使得再回到 1000 千米处时，汽车不但有满满一箱油，还可以带上预先放在那里的 4 桶油，这回汽车终于可以直接开到 B 城了。

172： 他们先把 30 千克重的铁链放在筐里降下去。再让女仆（40 千克）坐在上来的空筐里降下去。这时放铁链的筐子上来，乔赫把铁链取出，叫体重 50 千克的达里娜坐在筐里。达里娜下降时，女仆又上来。达里娜降到地上后，走出筐子；女仆也从上来的筐子里走出，回到塔中，接着，乔赫再把铁链放在上面的空筐里，第二次将它降到地面上去。

放着铁链的筐子到了地面上，达里娜坐进去（50 千克 +30 千克），这时，乔赫（90 千克）坐在上面筐里。乔赫降到地面后，走出筐子，达里娜也从上来的筐子里走出，回到塔中。达里娜把铁链留在上面的筐中。

铁链第三次降到地面。这次又轮到女仆（40 千克）坐进上面的筐子里降到了地面去。有铁链的筐子（30 千克）上来，然后，达里娜从上来的筐中取出铁链，坐到筐里（50 千克）下降，女仆（40 千克）上升。达里娜到了地面上，走出筐子，而女仆回到塔中。现在女仆把铁链放在筐中，又把它降到地面去，然后自己坐进上来的空筐里下降，铁链再上来。女仆到达地面后，与等她的达里娜和乔赫会合，而铁链最后一次坠落到地上。

这样，他们三个人终于避开了凶暴的公爵，平安地隐匿到深山里去了。

173： 老板倒 4 斤的果汁到小华的瓶子里，然后把这些果汁倒到小力的瓶子里。小力就得到他想要的果汁了。现在果汁桶里还剩下 18 斤的果汁，老板把这些果汁往小华的瓶子里倒，直到桶里的果汁高度是圆桶的一半就可以了，最后只剩 15 斤，而小华也得到了她想要的 3 斤。

174： 挑一个好天气，从中午一直等到下午，当太阳的光线给每个人和金字塔投下长影时，就开始行动。在测量者的影子和身高相等的时候，测量出金字塔阴影的长度，这就是金字塔的高度。因为测量者的影子和身高相等的时候，太阳光正好以 45° 角射向地面。

175： 他在木板车的前端绑一条比桥长的绳子，然后牵着绳子另一头走过桥去。等到了对岸，再用该绳拉动车子过桥。这就避免了木桥同时承受人和车的重量。

176： 将这 8 个桶编上号码：1、2、3、4、5、6、7、8，需均匀洒水，

必须和其余的两个联合使用。经过2里再换桶显然不能满足要求，我们必须加多每一只桶的使用频率。那么，就要缩短每次使用水桶的时间，车走了一里地后，开始换水桶，这样，组合的方法如下：1、2、3；1、2、4；3、4、5；5、6、7；6、7、8。这样，8桶水就能够均匀地洒满5里地。

177：小刚用一根小木棒，沿水平方向迅速地敲打纸片，纸片便飞离杯口，但由于惯性作用，铁球不会飞出，便从原来的位置直接下落，进入杯里。

178：把桥板翻过来，形成上拱桥，这样受力可以增大，就可以先后通过了。

179：其实很简单，把塑料管弯过来，使两端的管口互相对接起来，让3个白球滚过对接处，滚进另一端的管口，然后使塑料管两头分离，恢复原形。这样就可以把黑球取出来了。

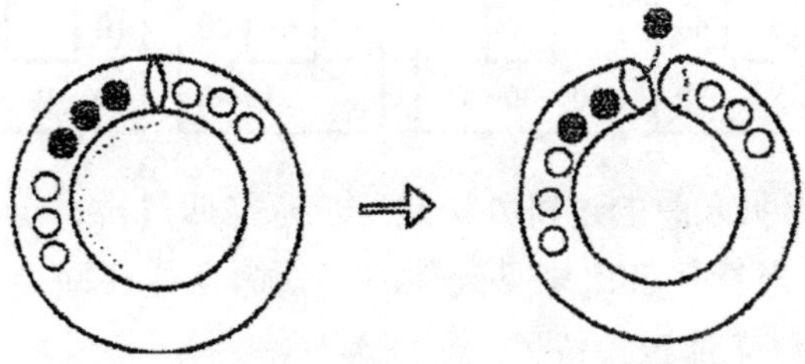

180：第一、第二个人显然想照下图的方法打碎瓶子，这一点很容易想到。而第三个人想一枪打碎4个瓶子，虽然瓶子是玻璃做的，但想法却不现实。也许家中吃饭时一不小心桌子翻了，杯盘皆碎这种情景会提醒你，原来这个牧人想的办法是打断桌腿，让酒瓶落到地上摔碎。

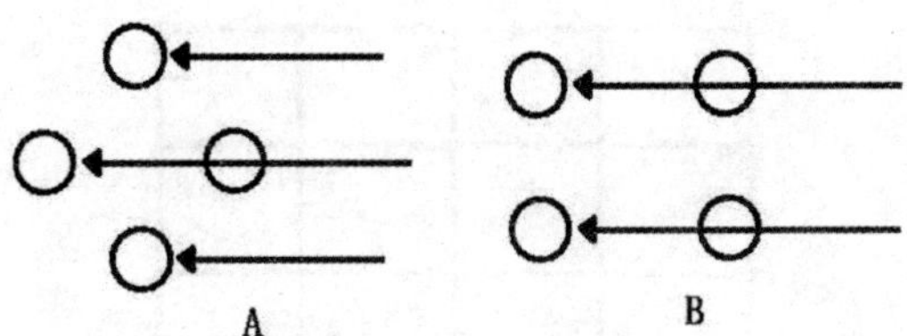

181：把水倒入坑洞中，因为洞壁是黏性土质，水不会渗入土中，网球就能浮上来了。

182：竹禅画的观音和大家画的没有多大的差异，只是把观音画成弯腰拾净水瓶中的柳枝的模样。所以观音直起腰来正好9尺。其他人头脑中总想着画直腰的观音，那当然是不可能的了。

183：那张纸条上只写了一句话：将牙膏管口直径扩大1毫米。消费者每天早晨习惯挤出同样长度的牙膏。牙膏管口直径扩大1毫米，每天牙膏的消费量会多出多少倍呀！

184：确定一下最后一张牌应该是谁的。然后把牌倒着发。

185：

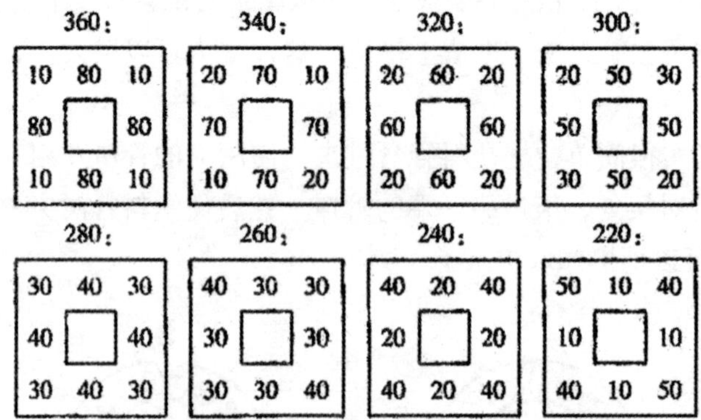

186：这个聪明人想的过桥办法是：从东往西过桥，走了两分半钟即转过脸来往东走，当看守者出来见到他时。就命令他往回走，这样就可以掉转头来向西走，终于通过大桥了。

187：给15个人每人1个苹果。留下来1个，连纸盒子一起给第16个人。

188：4个人都拣一种豆子。

189：在容器底部开一个小孔，让水流光，木块自然下沉。

190：移动两个球的位置即可。如图所示：

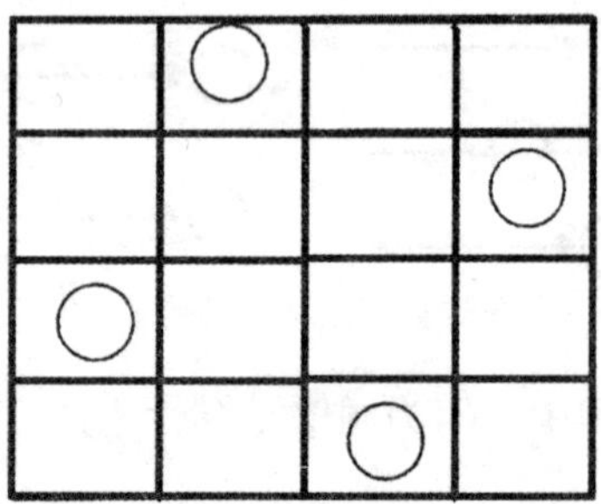

191：戚继光采用了压缩中间兵力，扩大四角兵力的办法。总兵力减少100人，但从四面看却增加了25人。如图：

60	5	60
5		5
60	5	60

192：

红桃	梅花	黑桃	方块
2	5	3	4
梅花	黑桃	方块	黑桃
4	3	5	2
黑桃	方块	红桃	梅花
5	2	4	3
方块	黑桃	梅花	红桃
3	4	2	5

193：他可以先把山羊渡过河，放到对岸后空身返回，再带上一筐青草到对岸。然后，他再将山羊渡回原岸，将另一筐青草带到对岸。最后再回去将山羊渡过去。

194：最少称三次就能找出这枚合金球，第一枚取八个球放到天平两边，会有两种情况：

（1）两边平衡，说明八个都是不锈钢的，从八个取出三个放在天平一边，再从剩下的五个中取出三个放在另一边。又有两种情况：①若两边平衡，那合金球必在剩下的两个中，取其一与任意一个不锈钢球称第三次便可知哪个是合金的；②若两边不平衡，那合金球必在上称的三个中，并且这三个球若较重，那合金球也较重；反之亦然。根据这一点，再从这三个球中任取两个称第三次便可知哪个是合金的。

（2）两边不平衡，则合金球在上称的八个球中，这时可从重的一边取出 3 个，轻的一边取出两个放在天平的一边。把其余五个不锈钢的放在另一边，进行第二次称量。若相等，那合金球一定在剩下的一个“重”的两个“轻”的里面；第三次称时，可把两个“轻”的放在天平两边。相等的话，剩下的一个就是合金球；不相等的话，那第三次称时较轻的那个就是合金球。若第二次称时不相等，那么如果第一次称过的五个较重，则合金球一定在三个“重”的里边。若第一次称过的五个较轻，则合金球一定在两个“轻”的里面，这时按上面讲过的办法称第三次，便可找出合金球了。

195：五个袋里各装两个苹果，然后将它们一起装进剩下的那个袋子里。

196：军车第一辆车先开进空地，然后货车的五辆车开过来，一直到接近军车的第二辆汽车为止。这样，开到空地上的车就能往前开了。再把货车的五辆车倒回原地，如法炮制，就可以过去了。

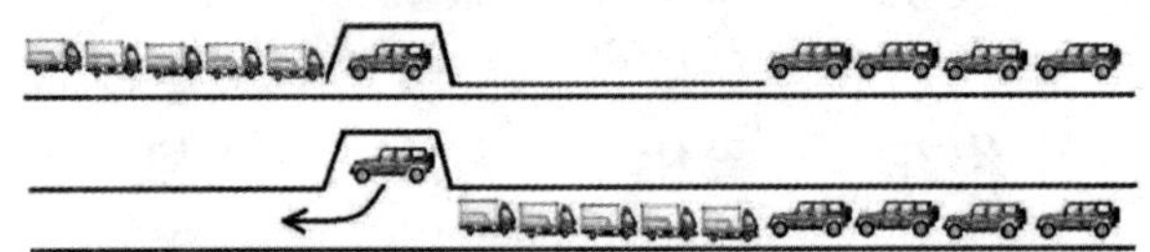

197：继续往玻璃杯中倒水，直到玻璃杯中的水面高出杯子边缘一点点，形成突起的水面，这时水壶塞就会慢慢移向玻璃杯的中央。

198：先将空的容器口向上，垂直地压入公主的容器中，当容器完全浸入酒中时，公主的容器中就会溢出 1 升以上的酒。继续把空的容器往下压，公主容器中的酒就会注入空容器中，等空容器中装满了 1 升酒的时候，把容器拿出来，将这些酒倒入年轻人的容器中。

199：把船靠在岸边，让桥上的一些人上船，这样船就会下沉几厘米，也就可以通过桥洞了。

200：应该这样装，1 只篮子里装 60 个苹果，1 只篮子里装 16 个苹果，还有 4 只篮子里各装 6 个苹果。

201：把塞子塞进瓶子里去。

202：王军先用 5 斤水桶盛满了水，倒入 7 斤桶内。又用 5 斤桶盛满水，注入 7 斤桶中；等 7 斤水桶注满，5 斤桶内还剩 3 斤水。把 7 斤桶倒空，把 5 斤桶内的 3 斤水倒入 7 斤桶内，再把 5 斤桶盛满了水。注入 7 斤桶中。等 7 斤桶注满，5 斤桶内还剩 1 斤水。再把 7 斤桶倒空，将 5 斤桶内的 1 斤水倒入 7 斤桶内。再把 5 斤桶盛满了水。王军带回来的就是 6 斤水了。

203：先把鸡带过河，放在对岸，把小船划过来；然后把狗带过河去放在对岸，同时把鸡重新带到过河来，把鸡放在岸上后再把米带过河，放在对岸；最后把船划过河，把鸡带到对岸。这样，狗、鸡、米都带过河去了，并且一样也没有受损失。

204：分 8 斤油的步骤是：

①先从油坛里倒 3 斤油装满小瓶；

②然后把小瓶里的 3 斤油再倒入大瓶；

③再一次从油坛里倒 3 斤油装满小瓶；

④再把小瓶的油倒满大瓶。因为大瓶装满是 5 斤，所以小瓶里剩下 1 斤；

⑤把大瓶里的 5 斤油倒还到油坛里，这时油坛里一共有 7 斤油；

⑥把小瓶里的 1 斤油再倒入大瓶；

⑦第三次从油坛里倒出 3 斤装满小瓶，这时油坛里只剩下 4 斤油了；

⑧把小瓶里的 3 斤油倒入大瓶。大瓶里也刚好装着 4 斤油。

205：①一驴一狼过河，一驴返；②二狼过河，一狼返；③二驴过河，一驴一狼返；④二驴过河，一狼返；⑤二狼过河，一狼返；⑥二狼过河。

206：用一张纸，燃着后迅速扔进瓶子里，再放上鸡蛋，燃烧后产生的负压便会将鸡蛋吸进去。

207：方法有两种：①将小瓶子的水冻成冰，再放进桶里；②将两个瓶子连水一道放进桶里。

208：两只手先在胸前交叉，再各拿住绳子的一端，将手抽出来（别放掉绳子），绳结便成了。

209：先由王明带他的货物过河，去往对岸。一共往返 13 次，人和货物都过了河。

	北岸	河	南岸
1次		←— 王明5000元货	丁磊 8000元货、田丰 3000元货
2次	5000元货	王明 —→	丁磊 8000元货、田丰 3000元货
3次	5000元货	←— 丁磊 3000元货	王明、田丰8000元货
4次	5000、3000元货	丁磊 —→	王明、田丰8000元货
5次	5000、3000元货	←— 王明、田丰	丁磊 8000元货
6次	王明 5000元货	田丰 3000元货 —→	丁磊 8000元货
7次	王明 5000元货	←— 丁磊 8000元货	田丰3000元货
8次	丁磊 8000元货	王明 5000元货 —→	田丰3000元货
9次	丁磊 8000元货	←— 王明、田丰	5000元、3000元货
10次	王明、田丰8000元货	丁磊 —→	5000元、3000元货
11次	王明、田丰8000元货	←— 丁磊 3000元货	5000元货
12次	丁磊、田丰 8000元货、3000元货	王明 —→	5000元货
13次	丁磊、田丰 8000元货、3000元货	←— 王明 5000元货	

210：先把黄豆倒在顾客的布袋里，用绳子拴紧，然后把口袋上半部分翻过来，倒入米，这时把绳子解开，再把黄豆倒入农民的布袋中。

211：有5行每行6颗共30颗，另有4行每行5颗共20颗，合计为50颗。

212：

①把两绳子系在一起顺着右绳子爬上去解左边的绳子；

②把绳子穿过左环向下拉，成双绳；

③抓住双绳解右绳然后落地，在地上扯下绳子。

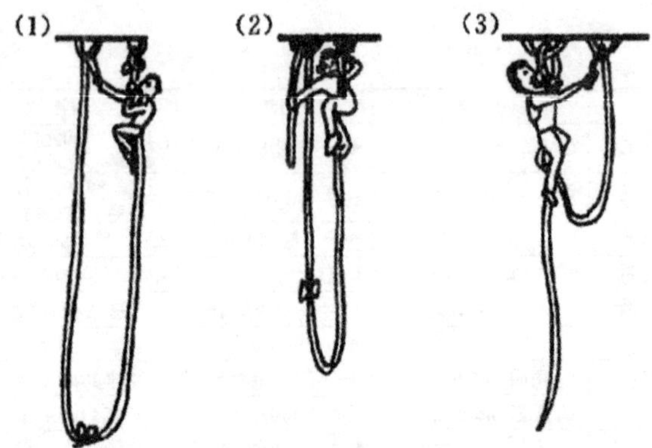

213：①锯开第三个环，拿走。②送回断环，拿走1、2环。③再拿走断环。④送回断环与1、2环，换走4、5、6、7环。⑤再拿走断环。⑥用断环换回第1、2环。⑦取走断环。这样，每月增加一环，七个月全部工钱就都拿到了。

214：在绳子中间打一个活结，使结旁多出一个绳套来，从绳套中间剪断，杯子就不会落下来。

215：将长方形改成一个平行四边形即可。这样面积只有一半，四个边的长度却未变。

216：这个人把竹竿移到附近的井口，将它放下井去，这样，便可以拿到竹竿上的酒了。

217：只要把篮球里的气放掉，把球的一面压瘪进去，使球成了一个碗形，就可把鸡蛋放在里面拿走了。

218：通过加热，使氧气瓶里的压力升高以后，氧气可以继续送出。当然，这只是救急的办法，因为这样得到的只是剩余的一点点氧气。

219：收税官先单独把河马放在彩船上，在船的外侧标上水位记号。然后他将河马驱离彩船，再往彩船里装金币，直至金币装到水位达到刚才做标记的地方。这样一来，船上装的金币重量肯定等于河马的体重了。

220：他们乘坐飞机，以高于地球自转的速度向西飞行，最后终于看见了从西边出来的太阳。

221：把两只桶放进河里，调整里面的大米，使两只桶露出水面的高度相等，即可把大米平均分开了。

第3篇

222：B。

223：B。图中的直线在同一位置变成了曲线，曲线则变成了直线。

224：全部街道不重复地走一遍的人，必须：（a）经过自己住宅所在的交叉路口的次数是奇数（根据（3）），以便最后能离开自己的住宅；（b）经过他朋友住宅所有的交叉路口的次数是奇数（根据（3）），以便最后能进入他朋友的住宅。因此，这个人的住宅位于奇数条街道的交叉路口，而他朋友的住宅也是位于奇数街道的交叉路口。

所以小赵必定是沿全部街道不重复地走一遍的人。

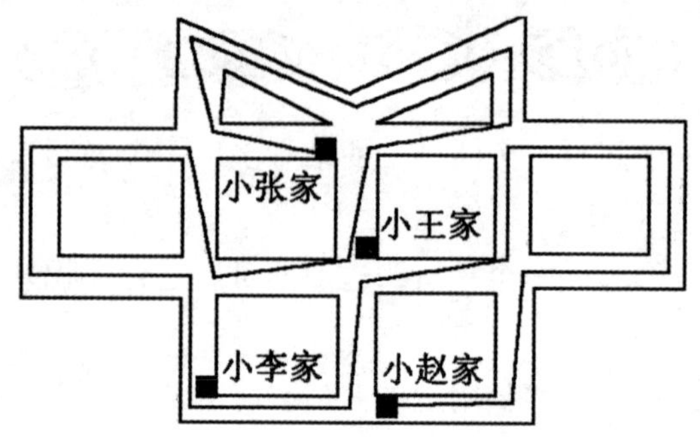

225：B。大圆向右跳两格，再向左跳一格，循环进行；黑点向左跳两格，再向右跳一格，循环进行；白色三角形向左跳两格，再向右跳一格，循环进行；黑三角向右跳一格，再向左跳两格，循环进行。

226：

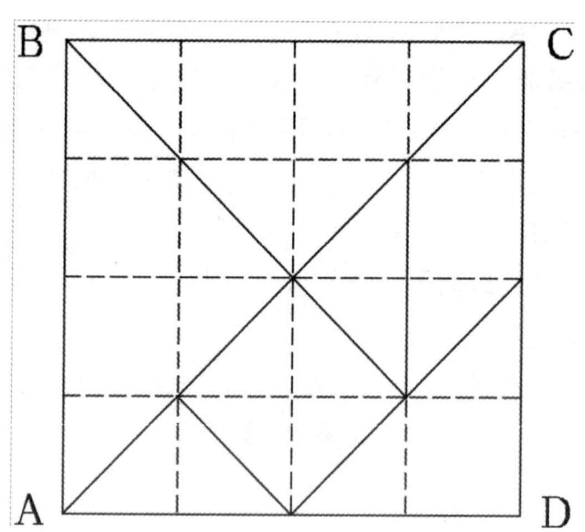

227：B。

B选项中鲤鱼虽然是一种动物，但却不是两栖动物，二者之间也没有从属关系。

228：C。

229：C。图形中，每个三角形依次从黑变白，每次按逆时针力向增加一个二角形，增加的三角形先是黑色，然后再在黑色和白色之间变化。

230：C。第一排图形的规律为：逆时针旋转90度。

231：C。

推理过程是：高明的伪造家不会被发现伪造，一旦被发现了伪造，即证明该伪造者不是高明的伪造家。C 项过程类似：高明的魔法师不会被人看穿，一旦被看穿的话，就说明不是高明的魔法师。答案为 C。

232：灰色字母是字母表中那些仅左右对称的大写字母。而黑色字母是那些仅上下对称的大写字母。

233：N。其他字母可以拼成单词 FOOTBALL（足球）。

234：C。

235：181 块。

可以先试某些小一点的数目。比如这样的图形当对角线是 3 块的时候，一共需要 5 块瓷砖；如果对角线是 5 块的时候需要 13 块；对角线是 7 块的时候需要 25 块；对角线是 9 块的时候需要 41 块……上列数目依次是 5、13、25、47……考虑一下每一次增加了多少块，找到其中的规律，然后用笔简单地排出一个数列，就可以知道对角线是 19 块的时候需要 181 块瓷砖。

236：如下图所示：

E	A	E	D	E	A	A	D	E	D	E	E	A	D	E	A
A	E	D	E	D	A	D	D	A	D	E	E	D	A	D	E
D	D	A	E	E	D	A	A	D	A	A	D	E	A	E	D
E	D	D	E	A	E	A	A	A	E	D	A	D	D	A	D
A	D	A	D	E	A	E	D	A	A	D	A	A	D	E	A
E	D	D	A	D	A	D	E	D	A	A	D	A	E	A	D
D	A	E	E	E	E	A	A	D	E	E	D	A	D	E	A
A	D	E	A	A	D	A	A	A	D	E	A	A	E	A	D
A	D	A	D	A	A	D	A	A	D	D	A	D	D	A	E
E	D	A	A	D	E	D	A	A	D	D	A	A	D	A	E
A	D	D	A	D	A	D	A	A	A	A	E	D	E	A	E
D	A	D	D	A	D	A	D	A	D	A	D	A	D	A	D
E	D	D	A	D	D	E	D	E	A	D	D	A	A	D	A
A	E	A	D	A	A	A	E	A	D	D	A	E	A	A	D
E	A	D	A	A	A	A	D	E	A	E	A	D	D	E	D
D	E	D	A	D	D	A	E	A	D	A	E	E	A	E	A

237：A。每一横排中的第三个图形是由第一个图形的下半部分和第二个图形的下半部分组成，同时将颜色互换。

238：F。其余四个字母都具有对称性，或上下对称，或左右对称，或中心对称。

239：各方块圆形和方形相交替，自上而下形成两个序列。序列表现为1/4阴影，1/2阴影，3/4阴影，全阴影。

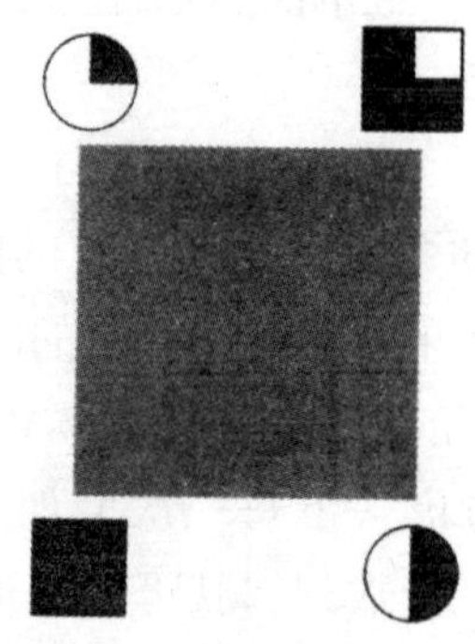

240：B。

241：题干中该法官犯有“诉诸无知”的错误。实际上，法律实行“无罪推定”原则，首先假定任何一位当事人都不是罪犯，最多只是嫌疑犯，审判过程中控方必须拿出足够的证据去证明那位嫌疑犯有罪；而不是相反，首先假定当事人有罪，要他自己拿出证据来证明自己无罪。选项A犯有与该法官类似的“诉诸无知”的错误。选项B、C的错误是“诉诸权威”；选项D的错误是“诉诸个人”和“推不出来”。所以，正确答案是A。

242：A。第一个图形放在第二个图形下面的左下角。

243：如下图所示。

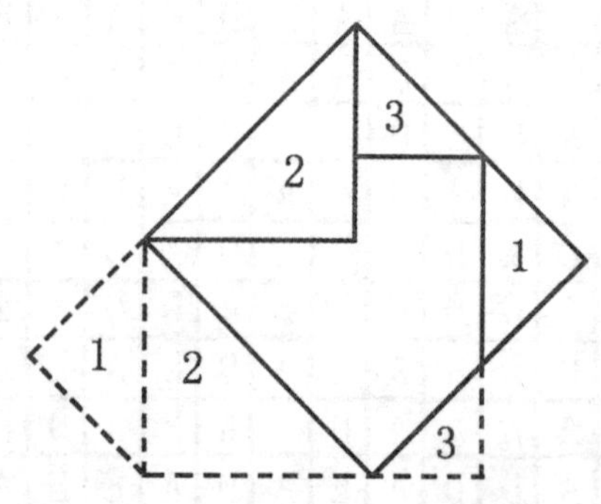

244：C。

245：将第一行的第四个字母，和第十行的第十三个字母用直线连接起来，就是我们要找的单词。

246：E。

247：F。大的部分变小，小的部分变大。

248：E。其他的都是中心对称图形。换句话说，如果它们旋转 180 度，将会出现一个完全相同的图形。

249：如下图所示。

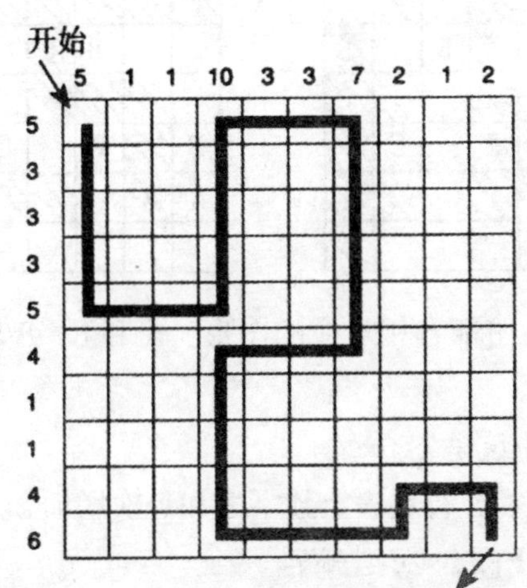

250：A。这个图形围绕纵、横两轴对称。

251：如下图所示。

252：C。

253：A。左边的图顺时针旋转 90° 即为 A。

254：舰长的检查路线如下：从 2 号指挥中心进去，然后是 E，N，H，3，J，M，4，L，3，G，2，C，I，B，N，K，3，1，N，F，2，D，N，A，1。

255：B。空白层数逐图上升，桃心和五角星的层数交替互换。

256：B。

257：E。将两个图形叠加，当两根线条出现在同一位置时，就将其去掉，保留只出现一次的线条。

258：有两种切分方法，如下图所示。

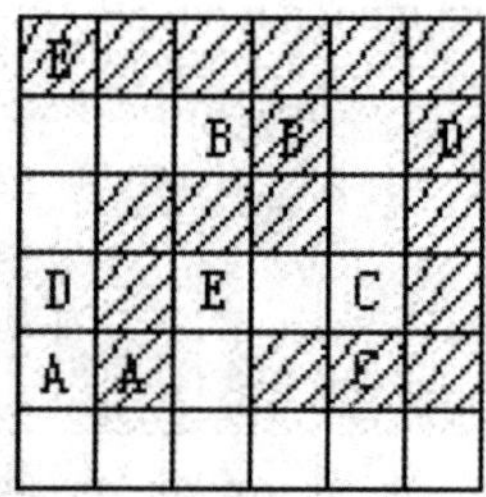

259：D。其他各图都有相对应的图形：A 和 E，B 和 F，C 和 G，它们只是黑色和白色相反。

260：正确答案应该是（3）。

261：E. 由左至右，每块表上数字之和每次增加 2。

262：11 枚。如下图，必须摆满。

263：A。只有 A 里面含有不对称的图形。

264：A。旋转 180 度，再水平翻转。

265：111312211X。

每一行都是对上一行的描述。如果第一行是一个 X，第二行的描述就是 1X；第二行是一个 1 和一个 X，所以第三行是 111X，以此类推。

266：D。其他单词都是 ARTIST 的变位词。

267：左上、右上、左下、右下的四个 2×2 方格表，一十比一个多个白圆圈。

268：如下图所示。

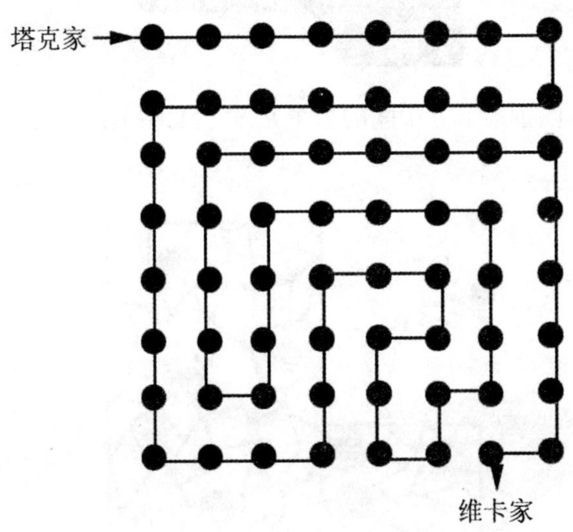

269：（f）。横向观看，这些曲线出现而这些直线消失；从上往下纵向观看，出现的情况正好相反。所以，缺失的方块是（f）。

270：INCEST。每个单词的字数是其下一个单词的首字母在字母表中的序号。第一个单词有 26 个字母，因此第二个单词的首字母是字母表中的第 26 个字母 Z，以此类推。

271：A。六边形中有六个三角形，每个三角形都有一条边和六边形的一条边重合。三角形的高依次增大，每一步增大的高度是六边形高度的 1/4。以一个三角形为例，如下图所示：

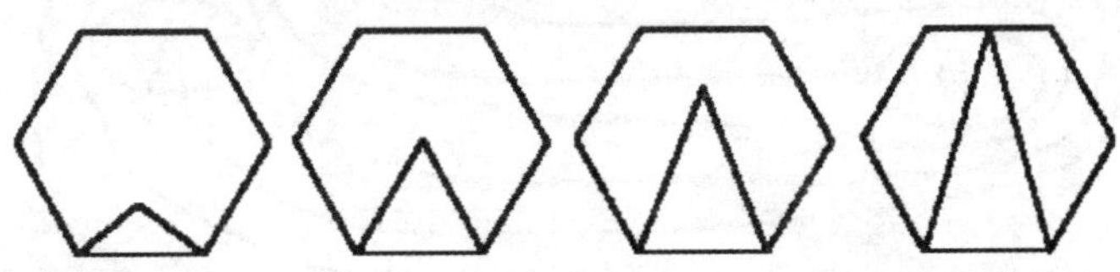

272：C。原图有 7 个立方体排列在平面上，请注意它们排列的相对位置，只有图 C 是相同的。

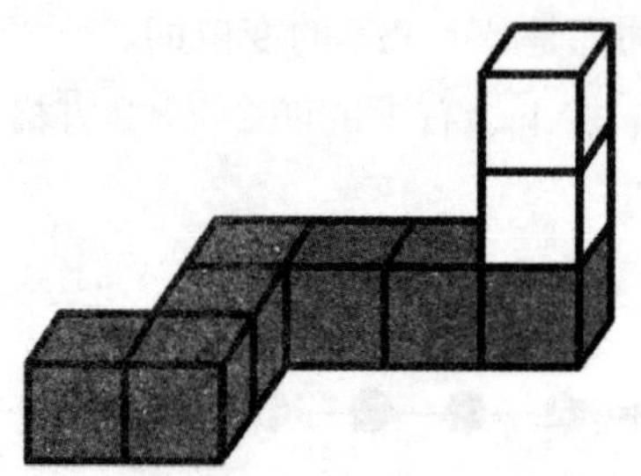

273：只有图中最下方中间的那个儿童（圆圈所示）与上面的儿童溜冰姿势图相同。

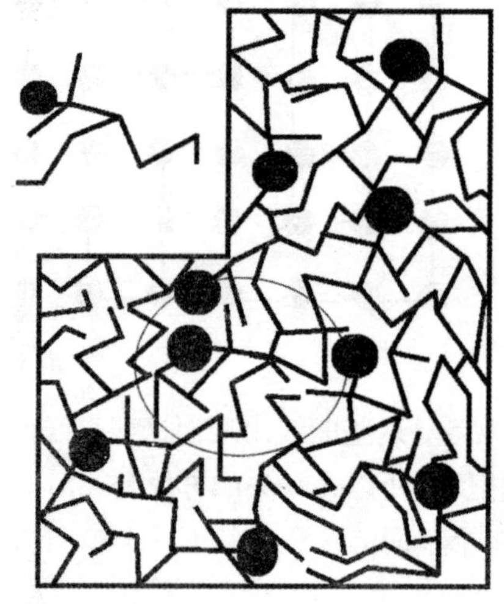

274：例如：该句是六字句（字数共有六个）；该句不是六字句。

275：

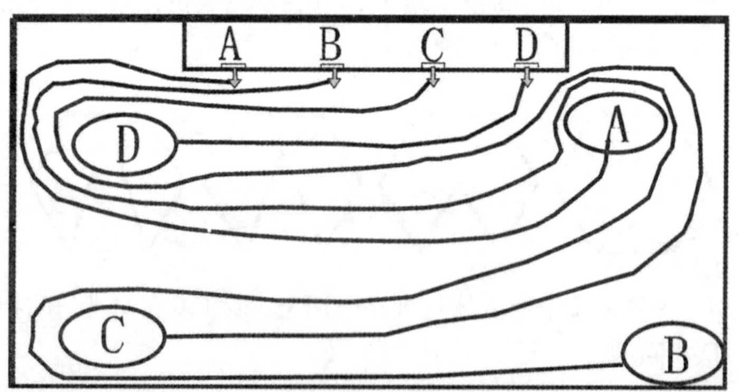

276：如图所示的正方形。看图时要注意透视关系与投影关系，如果采取无秩序的观察和寻找，很难发现问题的关键所在。

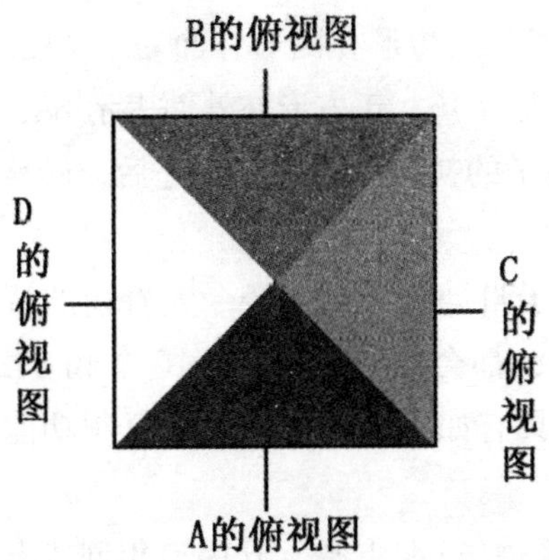

277：沿水平方向从左到右地看，再一行一行地看下去，先是由一个符号构成的一个序列，然后是由两个符号构成的一个序列，再是由三个符号构成的，如此等等。在各个序列中，第 n 个符号一旦出现，就不再改变。

△△＋△＋▽△＋▽…

未填入的符号，作为这种序列的第四个符号，是 ×。

278：因为经理先把盒子如图堆放了。

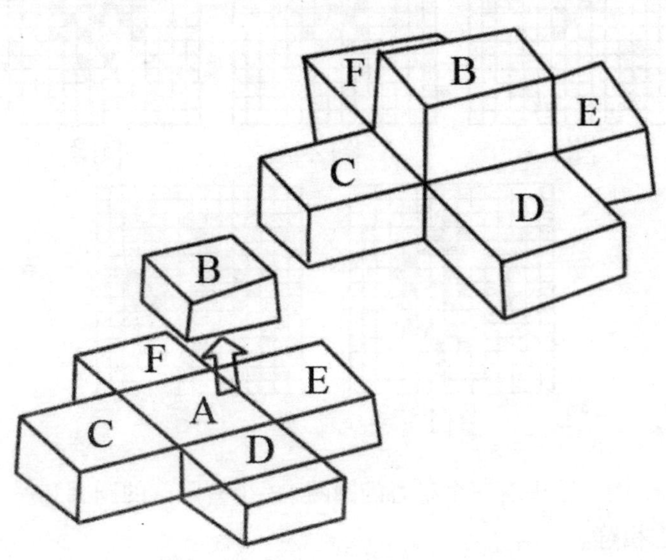

279：D. 其他各组中，按字母在字母表中的正数序号计算，每组第一个字母的立方数即为图中的数字，也是后面的字母序号所示表示的数字。例，G=7，7 ↑ 3=343，CDC=343；H=8，8 ↑ 3=512，EAB=512。

280：应该是 6835。六边形在图形外面表示 45，在里面表示 35；圆在外面表示 79，在里面表示 16；正方形在外面表示 68，在里面表示 24。

281：5 个红色格子的初始图形在 5 代之后，转变成四个相同的复制，如图 1 所示。

这个系统称为格子自动化，有一个令人着迷的特性：实际上任何初始图形在经过几代之后，都会复制成 4 个、16 个和 64 个自身的复制。如此简单的一个系统竟然具有如生命一样的自我复制功能，这不得不让人叹为观止。

麻省理工学院的爱德华·弗雷德金于 1960 年创造出了这个自我复制系统。

普林斯顿大学的数学家约翰·霍顿·康维发明了生命的游戏，这是一个工作原理相似的微妙的细胞自动化。该游戏中，一个给定的正方形是“死”是“活”，取决于它周围“活”着的正方形数目。找出会存活、生长甚至复制的图形是一个很有趣的数学问题。

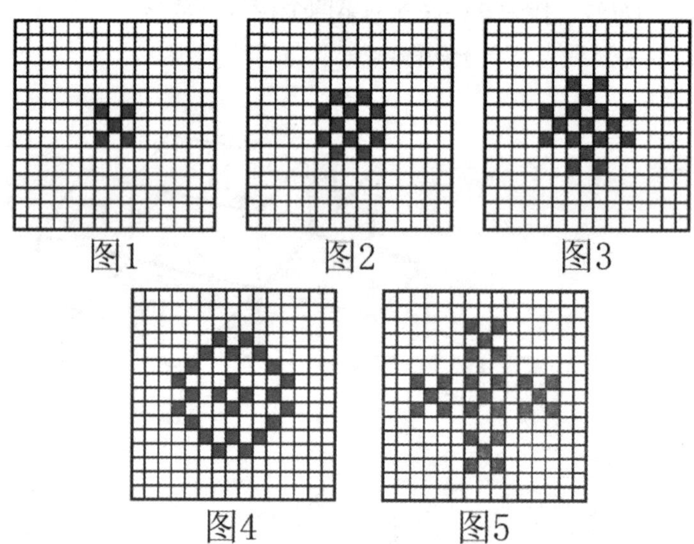

282: B。图例图中有三个空心的圆圈，一个有阴影的圆圈和一个三角形，只有 B 与它相符。

283：（4）。选项（1）得出的结论不能在题干中得到论证，因为原题中只是告诉了我们“大多数综合性大学都在培养计算机编程专家”，而非“所有综合性大学”，因此，可以得出，“部分编程专家不是由综合大学培养的”，所以（1）是错误的。同理（2）也是错误的。以同样的思维方式也可以得出选项（3）也是错误的。

284：（2）。这句话是歧义错误，如果《狂人日记》指的是鲁迅著作中的一篇，那么《狂人日记》的文章，一天可以读完；如果是指整本集子，则不可以短期内读完。

285：（4）。由题目可知：一段时间，女人穿的一种高跟鞋被男人公认为不美而越来越少见；男士的双排扣西装因有拒女人千里之外的感觉而不再流行。所以，男人和女人流行哪种服饰，很大程度上取决于异性是否认同。所以（4）对。（1）有点以偏概全。（2）与（1）同理。（3）则是完全错误的观点。

286：小刘考上重点大学，小张考上一般大学，小王没考上。

先假定小王的预言是正确的，那么可以得到小王和小刘都考上了重点大学，这与题中的结论是相矛盾的；再假定小刘的预言是正确的，则依次可以推知小张没考上，小刘和小王都考上了一般大学，这与题中的陈述也是相矛盾的；最后我们假定小张的预言是正确的，则依次可以推知小刘考上了重点大学，小王没考上，小张考上了一般大学，这与题中的各个条件都是不矛盾的。

287：按常规，云杉顶梢高且承受力差，人是不可能上去的，那么“货”就肯定不会在树顶。他们经过逻辑分析，“货”肯定是在与树顶有关的地方。“下午 6 时”说明取“货”有一定的时间限制。

由此，他们很快得出：下午 6 时，树顶在地面上的投影处，就是藏货的地方。

288：一个姑娘穿花裙子，86 个姑娘穿红裙子。

首先，可运用推理推出穿花裙子的姑娘少于两个。因为如果穿花裙子的姑娘是两个或两个以上，那么就不可能满足“其中任何两个姑娘中，至少有一个姑娘是穿红裙子的”这个条件。所以，为满足前提条件，穿花裙子的姑娘只能是少于两人。

289：三个球。

从“除了两个球不是红的，其余都是红的；除了两个球不是绿的，其余都是绿的；除了两个球不是黄的，其余都是黄的”命题中，可知，黄与绿的个数和为2，红与黄的个数和为2，红与绿的个数和为2，因此，红、绿、黄球分别各为一个球，共三个球。

290：1号橱放一把3号橱的钥匙，2号橱放一把1号橱的钥匙，3号橱放一把2号橱的钥匙，其余钥匙每人一把。这样，当打开1号橱时，拿出3号橱的钥匙，就能打开3号橱取出2号橱的钥匙，随后即可打开2号橱。依次类推，只要打开任意一个橱柜，那么所有的橱柜都能打开。

291：由题意可知，小张不是小瑞的哥哥。小张和小丽相差11岁，年龄和是52，但52减11得的41不能被2整除，而岁数也不会是小数，所以小张也不是小丽的哥哥，他只能是小梅的哥哥。同样可以推断出小李不是小丽的哥哥，那他一定是小瑞的哥哥。小王则是小丽的哥哥。

292：A拿的两张牌是1和9；B为4和5；C为3和8；D为6和2；剩下的那张牌是7。

$$A:\left.\begin{matrix}1+9\\2+8\\3+7\\4+6\end{matrix}\right\}=10 \quad B:\left.\begin{matrix}9-8\\8-7\\7-6\\6-5\\5-4\\4-3\\3-2\end{matrix}\right\}=1 \quad C:\left.\begin{matrix}3\times8\\4\times6\end{matrix}\right\}=24 \quad D:\left.\begin{matrix}9\div3\\6\div2\end{matrix}\right\}=3$$

因为是9张牌，所以不能重复使用。首先列出与条件有关的全部可能关系。然后，设A拿的是1和9，则D就只有6和2，那么C就是3和8，而B除了A、C、D的数字外，只有5和4，最后就剩下7，符合所有条件，所以此假设正确。

再假设A拿了2和8，则D就是9和3，C就是4和6，反过来一看B，没有任何一个条件符合，所以此假设错误。

以次类推，就得出正确答案。

293：大姐是卫平、二姐是伟宁、三姐是丽莉、四姐是桂花，小妹是丽颖。

①丽莉比卫平年轻，即卫平是姐，丽莉是妹；

②伟宁比丽莉年长但不是长女，即伟宁是姐，丽莉是妹，由①可知，长幼顺序为卫平、伟宁、丽莉；

③桂花比丽莉年少但不是幺女；即丽莉在前，桂花在后；

④丽颖和桂花差一岁，此句并没说谁年长谁一岁，又由③可知，丽颖为幺女。

294：金银财宝藏在乙箱内。

推理步骤如下：

（1）如果甲箱的字条属实，那么“乙箱的字条属实，而且所有金银财宝都在甲箱内”的两个陈述也都是真的。

（2）若乙箱的字条属实，那么“甲箱的字条是骗人的，而且所有金银财宝都在甲箱内”的前一个陈述，也就是“甲箱的字条是骗人的”。这个陈述显然违反了之前的假设，所以不能成立。

（3）由此可进一步推论，甲箱的字条是假的，即其中至少有一个陈述并不属实（可能前面的句子，也可有是后面的句子）。若“乙箱的字条是骗人的”，则表示甲箱的字条是真的，但这个理论又已经证明不成立了。因此，所有的金银财宝一定都藏在乙箱内。

295：坐在C座的萧先生点了牛排。

破解此题的主要关键在于“邻座的人都点了不一样的东西”，因此，只要顺利排出各人所点的东西，并且填入他们的主菜，如此一来，主菜栏空白者便是点了牛排。

李先生坐在A座则连先生一定不是B、C座，那么确定D座是连先生，而坐在B的人点了一份猪排，那么萧先生肯定坐在C座，而且A、D两人前文交代又点了鸡排和羊排，所以可以判定C座萧先生点的是牛排。

座位	人物	主菜	汤	饮料
A	李先生	鸡排	洋葱汤	冰咖啡
B	王先生	猪排	玉米浓汤	果汁
C	连先生	羊排	罗宋汤	冰咖啡
D	萧先生	?	玉米浓汤	热红茶

296：大牛。

从（1）（5）（6）情报得知，E狙击手就是在这些项目中均未提及绰号的某人，换言之，从A狙击手到D狙击手都不是此人，根据上述这个关键和（4）（5）项情报作推敲，我们可以知道：A狙击手就是指“虎爷”。再从这个关键和（2）项情报作推敲，我们便可以知道：D 狙击手就是指“小马哥”。

然后，再根据这个关键和（3）项情报作推敲，我们又可以知道：C 狙击手其实就是指“白猴”。知道 A、C、D 三名狙击手的绰号之后，剩下的 B 狙击手无疑就是指“大牛”了。

297：假设当时是下午，可下午姐姐是说假话的，那么姐姐（虽然还不清楚哪一个是）理应说出：“我不是姐姐。”但没有得到这个回答，因此，显然是上午。只要把上午的时间定下来，那么说真话的就是姐姐，由此可知胖小姐就是姐姐。

298：三家房客的名、姓和所住的层次分别如下：

罗杰·沃伦和诺玛·沃伦夫妇住在顶层；

珀西·刘易斯和多丽丝·刘易斯夫妇住在二层；

吉姆·莫顿和凯瑟琳·莫顿夫妇住在底层。

299：约翰：全是真实情况。詹姆斯：全是假的。南希：真、假、真。露西：真、假、真。帕米拉：全是真实情况。

帕米拉是南希的母亲；约翰与露西是兄妹；约翰娶了他的表姐妹南希为妻，他们有一个儿子叫詹姆斯。

300：金盒子上的话和铜盒子上的话是矛盾的，所以两句话中必有一真。又因三句话中至多只有一句是真话，所以银盒子上的是假话。因此，画像在银盒中。

301：预言家是四位少女中的一个，也就是说这个人或者是阿尔法，或者是贝塔，或者是伽玛，或者是欧米伽。

假设贝塔的预言是正确的。如果贝塔的预言是正确的，那么伽玛将成为特尔斐城的预言家。这样，伽玛的预言也是正确的。结果就将有两个预言家。这是不符合题设条件的。因此，贝塔的预言是错的，她后来没有当上预言家。

因为贝塔的预言是错的，所以伽玛后来也没有当上特尔斐城的预言家。伽玛的预言也是错的。伽玛曾经预言：“欧米伽不会成为竖琴演奏家。”既然这个预言是错的，那么欧米伽日后将成为竖琴演奏家，而不是预言家。

排除了贝塔、伽玛、欧米伽，就推出预言家是阿尔法。

因为欧米伽的预言是错的，所以后来她没有同名叫阿特克赛克斯的男人结婚。

302：七个人说的话，可以分别用另一种方式来表示：

A：今天是星期一。

B：今天是星期三。

C：今天是星期二。

D：今天是星期四或星期五，或星期六，或星期日。

E：今天是星期五。

F：今天是星期三。

G：今天是星期一，或星期二，或星期三，或星期四，或星期五，或星期六。

只被提到一次的日子是星期日。如果今天是别的日子，那么讲对的就不止一个人了。因此，今天一定是星期日。D所说的是正确的。

303：A城的居民总数最多不可能超过518人！

把A城的所有居民依据他们头发数量的由少至多按顺序编号。在这个编号中，以下两个条件必须满足：第一，1号居民是秃子。第二，n号居民的头发数量是n-1根。例如，2号居民的头发是1根，100号居民的头发是99根，等等。

否则，居民的总数不可能比任何一个居民头上的头发的总数要多。

如果居民的人数超过518人，则编号大于518的居民的头发的数量就会与他们的编号相等，破坏了上面的第二个条件，使得居民的总数不可能比任何一个居民头上的头发的总数要多。因此，A城居民的总数不可能超过518人。

304：冯洪拿了何和的伞，他的伞又被方芳错拿走了。（另：王璜拿了李莉的伞，何和拿了王璜的伞。）

305：诸葛亮的第一个问题已经缩小了数字的范围，只要用此种方法一次一次地缩小数字的范围，最后就能得到这个数字。例如，请可以接下来问，①“你选的是个两位数吗？”答：“不是”。②那你选的数肯定是10以内的数？答：是。③你选的数能被（7或5）整除吗？答：可以。④你选的数小于5吗？答：是。⑤那答案一定是1。

因为1～9中能够被7或5整除的只有7或5还有1，这个数比5小，那就一定是1。

306：因为是循环赛，每两队间不可能赛两场。日本队得3分，只输；意大利队得7分，没赢。由此可知这两个队尚未比赛，因为如果比赛后分数肯定会有一个大于或等于10分的。所以比赛只进行了两场。日本队输给了巴西，而巴西得21分不可能胜两场，所以巴西、意大利踢平。意大利得7分，故进了两个球，与巴西比赛是2∶2平。那巴西在同日本比赛中得了14分，踢进了4个球，比分为4∶3。

307： 刘墉告诉那人预言自己：要被凌迟处死。若真让那人自缢而死，则预言错误，该凌迟处死；若真凌迟处死那人，则说明预言正确，该让他自缢身亡。前后矛盾结果两种方法均不能治他于死地。

308： 西红柿汁不会不翼而飞，总得有去处，可能的去处只有一个地方，即：当西红柿汁流下来时，约翰朝上张开大嘴，把流下的西红柿汁全部喝了。

309： 假如乙是老实国人，他的回答一定是“老实国人”。如果他是说谎国人，他要说谎，回答也一定是“老实国人”。丙如果是说谎国人，他在转述乙的回答的时候必定要说谎，就会说成“他说他是说谎国人”。可是丙并不这样说，可见他没有说谎，他是老实国人，而甲、乙两个都是说谎国人。

310： 如果C作案，则A是从犯；

如果C没作案，则由于B不会开车，不会单独作案，因此A一定卷入此案。C或者作案，或者没有作案，二者必居其一。

因此，A一定卷入了此案。

311： 一共有九只雄鼠。一只雌鼠，第九只是雌鼠。

假设，第一只松鼠是雄鼠，则它回答的那句“有一只雄鼠”为假，那就肯过不止一只雄鼠，如果第一只松鼠是雌鼠，则回答为真，那么有九只雌鼠，这样其余的九只雌鼠回答都应真，这显然与其中每一只的答案都产生冲突。因此，第一只松鼠应是雄鼠。依此理推论下去，可得答案。

312： 这是一个看起来复杂其实很简单的问题：作案时间是12 ∶ 05。计算方法很简单，从最快的手表显示（12 ∶ 15）中减去最快的时间（10分钟）就行了。或者将最慢的手表显示（11 ∶ 40）加上最慢的时间（25分钟）也可以得出相同的答案。

313： （1）14位（2）4位（3）18位（4）7位（5）8位

314： 她的说法是错误的。我们假设四只小猫分别为A、B、C、D。它们是公是母就有16种组合。你可以写出这16种组合，然后你会发现，四只小猫全是同一性别的出现两次，概率就是1/8，有一只和其他三只不同出现了 8 次，所以概率是 1/2，有两只是同一性别出现了 6 次，所以概率是 3/8，而这三个数加起来正好是 1，所以两公两母的概率不是 50%。

315：要想使三枪得分的总和正好是 50，唯一的办法是先打掉右边一摞的 7 号罐，然后打掉左边一摞的 8 号罐，最后打掉右边一摞已经露在上面的 9 号罐。

第一枪得 7 分；第二枪得 8×2 = 16 分；第三枪得 9×3 = 27 分；这样，共得 50 分。

316：“面对仓库的那一边的铁丝网的价钱为 10 美元”记错了。

317：A 打到 8 头狼，B 打到 6 头狼，C 打到 14 头狼，D 打到 4 头狼，E 打到 8 头狼。

318：莉莉：

最初有六个，吃了两个，剩下四个。

沙沙：

最初有七个，吃了一个，剩下六个。

贝贝：

最初有五个，吃了两个，剩下三个。

可可：

最初有四个，吃了两个，剩下两个。

319：有七个人，一对老年夫妻，他们的儿子和儿媳，他们的一个孙子和两个孙女。

320：是 64。

很明显，想从康德回答罗斯提的三个问题去寻找答案是毫无用处的。起始点应该是罗斯说的“如果我知道第二位数是否是 1，我就能讲出你那所房子的号码”那句话。

分析一下罗斯是怎么想的会对题目的解答很有用，尽管他的数字和结论是错误的。罗斯的想法是他认为他已将可供挑选的号码数减少到了两个，其中一个号码的第二位数是 1。

如果罗斯认为这个号码是个平方数而不是个立方数，那么供挑选的号码就太多了（从 4 到 22 各数的平方数是在 13～500 之间；而 23～36 之间各数的平方数在 500～1300 之间）。看来他一定认为这是个立方数。

有关的立方数是 27、64、125、216、343、512、729、1000（它们分别是 3、4、

5、6、7、8、9、10 的立方数）；其中 64 和 729 也是平方数（分别为 8 和 27 的平方数）。

如果罗斯认为这个号码是小于 500 的平方数和立方数，那么他便没有其他可选择的号码，只有 64。如果他认为这个号码是 500 以上的平方数和立方数，那一定是 729。如果他认为这个号码不是平方数而是 500 以下的立方数，那么就有四种可能性 (27、125、216、343)；但如果他认为这个号码不是平方数而是 500 以上的立方数，那么只有两种可能性：512 和 1000，前一个号码的第二位数是 1。

这个号码就是罗斯所想到的。

但从某些方面来看他想的并不对。他认为这个号码不在 500 以内，而康德在答复这一点时骗了他，所以它是在 500 以内。

罗斯认为这个号码不是个平方数；关于这一点，康德又没有向他讲真话，所以它是个平方数。

罗斯认为这是个立方数；关于这一点康德向他讲了真话，所以它是个立方数。

所以康德的门牌号是个 500 以下的平方数，也是个立方数（不是小于 13)。所以它只能是 64。

321：第三名。

322：按五列人数和七列人数的情况相同，所以这个数一定是 5 和 7 的公倍数加 1。而在 100 至 199 中，这样的数有几个呢？只有三个：106、141、176。

又按 8 的倍数加 2 永远是偶数，而 176 排成八列又无余数，于是可以排除 141 和 176 了，验证 106：106 ÷ 3 ＝ 35……1。

所以，正确选项是（2）。

323：主队 110 分，客队 104 分，主队赢客队 6 分。

324：甲是 42 岁，乙是 44 岁，丙是 43 岁，丁是 41 岁。如果丙说的话是假话，那么甲就是 41 岁，而甲又比丙大。这是不可能的，所以丙说的是真话，也就是甲比丙小。如果甲说的是真的话，那么甲就是 44 岁，而甲又比丙小，出现了矛盾，所以甲说了假话。也就是乙大于甲，丙大于甲，而甲不是 41 岁，那么只有丁是 41 岁了，甲是 42 岁，乙不是 43 岁，那就是 44 岁了，剩下的 43 岁，就非丙莫属了。

325：露西知道价格，并且把 1 元钱放在柜台上，这 1 元钱是一张 5 角钱，两张 2 角钱，一张 1 角钱。如果她想要的是白巧克力的话，他应该不会再把那 1 角钱放在柜台上。

326：先从第一个恐怖分子开始去的那个晚上计算。如果 7 个恐怖分子头目能同时碰面，他们之间间隔的天数一定能够被 2、3、4、5、6、7 整除，现在我们可以很容易地得出这个数字是 420。

因此，在他们开始会面的第 421 天，七人将首次同时出现，而由于他们已经在 A 国住了一年，所以离这一天的到来已经不会太远了。

327：12 月。

328：他应该让他的 6 个好朋友站在 4、10、15、20、26、30 的位置上。

329：从末尾开始，最小的儿子得到的金条数目，应等于儿子的人数。金条余数的 1/7 对他来说是没有份的。因为既然不需要切割，在他之前已经没有剩余的金条了。

接着，第二小的儿子得到的金条，要比儿子人数少 1，并加上金条余数的 1/7。这就是说，最小儿子得到的是这个余数的 6/7。从而可知，最小儿子所得金条数应能被 6 除尽。

假设最小儿子得到了 6 根金条，那就是说，他是第六个儿子，那人一共有 6 个儿子。第五个儿子应得 5 根金条加 7 根金条的 1/7，即应得 6 根金条。

现在，第五、第六两个儿子共得 6+6 = 12 根金条，那么第四个儿子分得 4 根金条后，金条的余数是 12/（6/7）= 14，第四个儿子得 4+14/7 = 6 根金条。

现在计算第三个儿子分得金条后的金条余数：6+6+6 即 18 根，是这个余数的 6/7，因此，全余数应是 18/（6/7）= 21。第三个儿子应得 3+（21/7）= 6 根金条。

用同样方法可知，长子、次子各得 6 根金条。我们的假设得到了证实，答案是共有 6 个儿子，每人分得 6 根金条，金条共有 36 根。

330：先确认，F 是小妹妹，G 是小弟弟，而且 F 比 G 大。然后根据 A 是男的或女的，以及 E 是男的或女的，就可以发现，只有下面这种情况是没有矛盾的：A、B、E、G 为男性；C、D、F 为女性。

331：需要 14 分钟。把 19 条鱼和足量的土豆丝一起炸，在各人希望的时间里捞出各人要吃的量即可。

332：边界上的果树与内部的果树棵数不相等的果树林是柑橘林。

333：A 的生日是星期一；

B 的生日是星期四；

D 的生日是星期日；

E 的生日是星期二。

334：4 个女孩的姓名分别是：燕妮·琼斯，玫利·哈文，培拉·史密斯，米奇·安德鲁。

335：美美的哥哥是丁。

336：假设 X 为 A 与 B 早上跑步，晚上待在家中的天数：Y 表示早上待在家中，晚上打网球的天数：Z 表示他们既没有跑步也没有打网球的天数，那么，根据条件，可以得到方程式：Y+Z=X，X+Z=12，X+Y=12。

现在要得到的答案不是 X、Y 、Z 的分别值，而是 X+Y+Z 的和。将以上三个方程式相加，然后两边同时除以 2，便可以得到 X 十 Y 十 Z=16。

由此可知，A 在 B 家一共住了 16 天。

337：最后一个学生是女生。

338：三个孩子的年龄分别是：八岁、三岁、三岁。

339：克劳德是那位父亲，丹尼斯是那个儿子。

340：红桃。

341：这天已经是星期天了，他们已经错过了儿子的生日。

第 4 篇

342：第一个杯子上的话与第四个杯子上的话矛盾，必为一真一假。则按题干，第二个杯子与第三个杯子为假。即第二个杯子中没有苹果，第三个杯子中有巧克力。所以正确选项是 D。

343：矿工 3 的话和矿工 4 的话相互矛盾，定有一真。

矿工 1 的话假：不是设备问题。

矿工 2 的话假：由于已确定了“不是设备问题”，所以，“有人违反了操作规范”为假：没有人违反操作规范。

验证矿工 3 和矿工 4 的话：

矿工 3 的话一定真。

矿工 4 的话假。

正确选项是D。

344：C。

345：乙、丙说的正确。20的平均数约是6，三种牌不可能都少于6张，至少有一种会超过6张；数量最少的牌至少有1张，所以任意两种牌的总数都不能超过19张。

346：A。

347：选项A：可以从题干“最高明的骗子，可能在某个时刻欺骗所有的人”中推出来。因为林肯也属于所有的人中的一员。

选项B：根据题干“最高明的骗子，不可能在所有的时刻欺骗所有的人”，选项B不一定假。

选项C：可以从题干“最高明的骗子，可能在某个时刻欺骗所有的人”中推出来。因为骗子也属于所有的人中的一员。

选项D：根据负判断的等值判断推理，对选项D进行等值推理：

在所有的时刻不是所有的人都必然不受骗。

在所有的时刻有的人不必然不受骗。

在所有的时刻有的人可能受骗。

这可以从题干“最高明的骗子，可能在所有的时刻欺骗某些人”推出。

选项E：对选项E进行等值推理：

在所有的时刻不是有的人可能不受骗。

在所有的时刻所有的人不可能不受骗。

在所有的时刻所有的人必然受骗。

显然，选项E不可能从题干中推出来。

正确选项是E。

348：B。

349：D的评论是正确的。皮皮犯的正是“混淆概念”的错误，两个“3分钟”是不相同的，一个标准，一个不标准，因此，皮皮的推断是错误的。

350：C。

351：D。

352：当两趟列车正好要错车时，它们离A的距离是相同的。千万不要去计算，题中的路程和速度会把你引向错处。因为问的是离A的距离。当列车错车时，即两列车在同一个位置时，离A的距离当然是相同的。列车跑得再快，也与本题无关。

353：把已知的条件列入下表

购物者	楼层	商品
甲	一楼	
	四楼	随身听
乙		鞋
丙	二楼	

由于这四件商品是在一个商场的四层中分别购买的，表格中一眼可看出乙在三楼买了鞋；根据甲没有买上衣，所以上衣是丙在二楼买的；最后，裤子是甲在一楼购买的。

综上，甲在一楼买了一条裤子，乙在三楼买了一双鞋；丙在二楼买了一件上衣；丁在四楼买了一个随身听。

354：A。

355：D。

356：D。

357：D。

358：乙说得对。因为铁丝左端遇冷之后，这整根铁丝的电阻小了，电流更大，所以右端更热。

359：将第一次猜的结果做一个比较，就会发现甲的判断和丙的判断是矛盾的，他们中必然有一真一假。如果甲的判断是真，那么乙的判断也真，这样就与老师所说的“只有一个人说对了”相矛盾。所以，甲的判断必假，这样丙的判断就真，其余三个人的判断就都是假的了。乙的判断与事实相反，所以纸条上就一定写的是乙的名字。

360：D。

题干中所陈述的动物保护组织的观点是：蝙蝠之所以让人觉得可怕并遭到捕杀，仅仅是因为这些羞怯的动物在夜间表现出特别的活跃。

D 项如果为真，则对上述观点提出了一个有力的反例：浣熊和食蚊雀，都是在夜间特别活跃的羞怯动物，但在人们的印象中一般并没有恐怖的印象，因而是题干的观点的有力质疑。

361：小蓝穿红色衣服。

根据她们的话，可以得知小蓝穿红色或绿色的衣服，而回答她的人穿着绿色衣服，所以小蓝穿红色衣服。同理，穿蓝色衣服的一定是小绿，而穿绿色衣服的是小红。

362：A。

由于元旦和星期天相连最多两天，若某人连续三天每天跑步不到两小时，并且没有任何身体不适，一定不可能是世界级马拉松选手。选项 B、E 说的与判断无关；D 中说的某个星期三可能是元旦；C 中说的脚伤痊愈的那一周，可能包含痊愈前六天和痊愈后一天，而痊愈后的那一天可能是元旦，所以选项 C 描述的人仍然可能是世界级马拉松选手。

363：此题的技巧在于船长先问了自己知道的天气晴朗问题，再问水能喝不能喝的问题。土人在回答这两个问题时的话语一致。那么，无论这个土人是诚实的民族，还是说谎的民族，都证明水能喝。因为假如他是诚实的民族，则“拉谷娃”的意思是“是”，诚实的“是”就是肯定的意思，这说明水能喝。假如他是说谎的民族，则“拉谷娃”的意思是“不是”，而说谎的“不是”正说明了肯定的意思，这也说明水能喝。解这类题时，你并不需要弄清“拉谷娃”本身的含义，很多难题就是这样解出来的。

364：A。

365：题 1 选 E。由已知条件 2 便可推知，其他选择根据不足。

题 2 选 D。既然海泽尔生于罗伊之前（本题题意）又死于罗伊之后（已知条件 3），那么他的寿命肯定比罗伊长。由已知条件 1，可知罗伊生于约翰之前，由已知条件 3，可知海泽尔死于约翰之后，因此又可推出海泽尔比约翰寿命长。至于斯特拉，没有资料表明他的出生时间，因而无法推断他是否比海泽尔寿命短。因此判断 1 和判断 2 肯定正确，而判断 3 则不一定正确。

题 3 选 B。既然约翰死于罗伊之前，海泽尔又出生于罗伊死之后，那么海泽尔也肯定生于约翰死之后，因此该判断正确。其他各判断都由于证据条件不足而无法推断。

题 4 选 B。根据已知条件 1，罗伊生于约翰之前，可推出 A 肯定错；根据已知条件 2，斯特拉死于罗伊之前；又根据题意海泽尔生于罗伊死后，可推断 C、D、E 是错误的。只剩下 B 这一判断有可能是正确的。

366：A：妻子，诚实部落，阿尔法，部落号为 66；

B：丈夫，说谎部落，伽马，部落号为 44；

C：儿子，贝塔，部落号为54。

首先确认A是丈夫还是妻子，是诚实还是说谎。

从A讲的话入手，组合方案有诚实丈夫、说谎丈夫、诚实妻子、说谎妻子和儿子。

如果A为诚实丈夫，C的2、4句话不合条件。

如果A为说谎丈夫，B的1、3句话不合条件。

如果A为诚实妻子，B的1、3句话不合条件。

如为儿子，A的2、3句话不合条件。

（这里的不合条件指确定的不符合真假话条件）

所以A只能是诚实妻子。

这样就可以得出结论了。

367：都不可能是真实的。

368：第一个故事：A先生不可能是小人，因为如果那样的话，他妻子应该是君子，不是凡夫，宋，A先生的话反倒会成了真的。同样，A夫人也不可能是小人。所以，他俩也都不是君子（否则其配偶理应是小人），可风险了俩都是凡夫，同时又都是在撒谎。

第二个故事：原来这四个人都是凡夫，三句话全都是谎话。首先，B夫人必定是凡夫。这是因为，假使她是君子，她丈夫应该是小人，既然她是君子，就不会谎称自己的丈夫是君子。假如她是小人，她丈夫该是君子，这时她也是不肯道破真情的。所以，B夫人是凡夫。因此，B先生也是凡夫。这意味着A先生和夫人都是撒谎。所以，他俩都不是君子，也不可能都是小人，因此都是凡夫。

369：B。

B项断定神圣子的母亲是神帝部落的人，则不论神圣子的父亲是哪个部落的，由题干的条件，可推出神圣子都一定相信人性本恶。因此，B项的断定不可能真。其余的各项都可能真。

370：首先，先按题干所述画关系图。

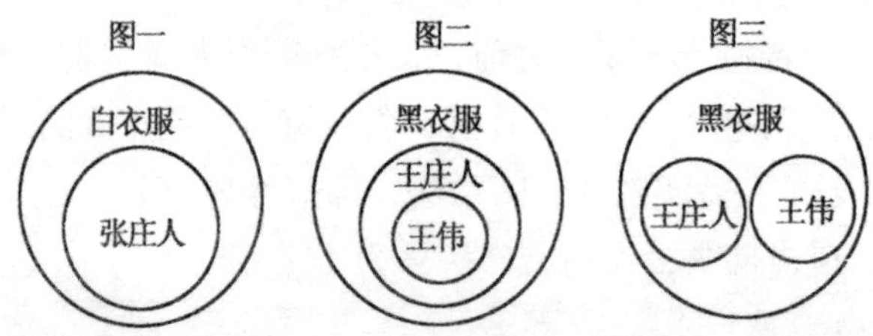

其次，按选项比较对照关系图。王伟是不是王庄人不一定真，但王伟绝对不是张庄人。

正确选项是D。

371：B。

372：A。自身产量的增加并不能导致它在国际市场上拥有很强的竞争力。

373：E。

374：题干论证是以根据是否“喜欢京剧的调查”，得出“大学生普遍缺乏中国传统文化的学习和积累”。犯有“以偏概全”的错误。

选项A仅对大学生不喜欢京剧做了解释，对题干观点不置可否；选项B指出了“京剧艺术”与“中国传统文化”的区别，不能以不喜欢京剧之“偏”，就概括出大学生对中国传统文化的态度之“全”；选项C实际上是赞同题干的观点；选项D的反驳力度不够；选项E对调查方法提出质疑，怀疑调查的比例太小，削弱了题干的观点，但也不能够完全否定题干的观点。所以，正确选项是B。

375：D。

376：第四个人是老实人。（1）四个人当中一定有老实人。因为如果四个人都是骗子，则谁也不会说“我们四个人全都是骗子”。所以第一个人为骗子。（2）第二个人为骗子。因为如果他是老实人，说实话，由于我们已经判断了第一个人是骗子，则第二、三、四个人都是老实人。但第三个人的回答与他矛盾，两人不可能是同类的，故第二个人说的是假话，他是骗子。如果第三个人是骗子，则由（1）可知，第四个人一定是老实人；若第三个人是老实人，那么由他的话知他和第四个人是老实人。因而，无论第三个人是骗子还是老实人，都可以推出第四个人是老实人。所以，第四个人是老实人。

377：B。

378：题干是一个三段论第二格AAA式，中项“获得注册会计师证书”一次也不周延。要想加强题干推理，就必须使中项“获得注册会计师证书”周延一次。那就在选项中找使它周延的。

选项D的推理形式是：

想从事会计工作的人—想获得注册会计师证书（形式化）

想获得注册会计师证书的人→想从事会计工作的人（转换）

想获得注册会计师证书的人（A）想从事会计工作的人（转换）

正确选项是D。

379：对题干进行整理：

条件：所有被隔离的人都与小张接触过；

所有与非典患者接触过的人都被隔离了；

结论：所有与非典患者接触过的人都与小张接触过。

如上图所示：可能有人没有接触过非典患者，但接触过小张。所以，正确选项是C。

选项A、B、D、E都太绝对。

380：A。

381：B。

382：如果条件1、3、5和7这四句话中有两句是真话，则其中必然还有一句是真话。因此，条件1、3、5和7这四句话中不可能正好有两句是假话。

如果条件2、4、6和8这四句话中有三句是假话，那么余下的一句必然也是假话。因此，2、4、6和8这四句话不可能正好有三句是假话。

于是，条件1、3、5和7这四句话（注意其中必定至少有一句假话），要么只有一句假话，要么恰好有三句假话，要么四句全是假话；而2、4、6、8这四句话中，要么没有假话，要么只有一句假话，要么恰有两句假话，要么四句都是假话。根据A，一共有六句假话。从上述两组可能的假话数日中各挑一个加起来等于六的情况只有一种：四加二：因此，1、3、5和7全是假话，2、4、6和8中两真两假。

如果条件2是假话，则艾伦是第一名，这与B矛盾：，因此条件2是真话。于是，要么2和4是真话，要么2和6是真话，要么2和8是真话如果2和4是真话，那么6和8就是假话。这样，四个人的名次排列就是：巴特、艾伦、克莱、迪克。但是这个排列与条件5是假话相矛盾、

如果2和8是真话，那么条件4和6就是假话。这样，四个人的名次排列就是：迪克、巴特、克莱、艾伦。但是这个排列与条件3是假话相矛盾。

因此，条件2和6一定是真话，这意味着4和8是假话。这样，四个人的名次排列就是克莱、巴特、艾伦、迪克。因此，克莱是第一名。

383：题干论证：过多使用互联网是“互联网狂躁症”的原因。

选项C从时间上弱化了论据，无因无果，所以最不可能成为导致“互联网狂躁症”的病因。

384：C。

385：A。

386：打开标有“男女”标记的一个盒子即可。已经明确告诉，实物和标记之间完全对不上，这就意味着该盒子实际装的杯子不是“男男”，就是“女女”。如果取出来的那一只是“男”，那么为“男男”，否则是”女女”。假设该盒子内为“男男”，那么哪一个盒子实际装的杯子是“女女”呢？现在剩下的两个盒子，一个标有“男男”，另一个标有“女女”。标记又和内装不符，所以“女女”当然是在标有“男男”的盒子内，而标有“女女”的盒子内装的杯子必然是“男女”。如果第一个打开的盒子是“女女”，也按同样的方法推理。

387：A说的一定是真话：因为他如果是说谎，那么他就是最后一名，但他又是第一名或第二名，这是矛盾的。因此，A是第三名或第四名。

如果D说的是真话，那么E就是在说谎。于是D是第一名，从而他是在说谎，这是矛盾的。因此，E不是第二名，而D是第一名或第二名。

如果E说的是谎话，那么D就是第一名而E是第二名。但E是第二名乃D所说，那是谎话。因此E说的是真话，这使得他成为第三名、第四名或第五名。D不是第一名，因而是第二名。

只有B和C有可能是第一名。如果B不是第一名，那么由于他也不是第二名，他说的就是真话，于是C是第三名，从而也不能是第一名。这种情况是不可能的。于是B是第一名，从而C不是第三名。

C既不是第一名也不是第二名，因此他所说的A的排名在E后面是句

真话。于是 E 是第三名，A 是第四名，而 C 是第五名。

这些运动员的排名是；B、D、E、A、C。

388：C。如果 C 项为真，则由于当时木地板条的价格是以长度为标准计算的，因此，铺设相同面积的房间地面，窄木条要比宽木条昂贵，显示出房主的富有。这就有力地加强了丹尼斯的观点。

假设 C 项不成立，即如果当时木地板条的价格不是以长度为标准计算的，而是例如是以面积为标准计算的，那么，铺设相同面积的房间地面，窄木条并不比宽木条昂贵，这就无从显示房主的富有，丹尼斯的观点就难以成立。假设其余各选项不成立，丹尼斯的观点仍然可以成立。因此，其余各项或者不加强丹尼斯的观点，或者对丹尼斯的观点有所加强，但力度不如 C 项。

389：第 4 句是正确的。我们可以通过以平面的形式输入信息来理解这令人糊涂的相互关系。从下面的图中，你会明白只有第 4 句是正确的。

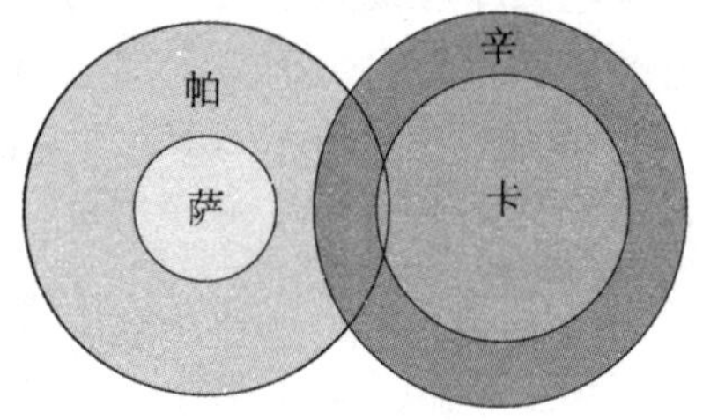

390：C。

391：白集的路标上都是真话；黄村的路标上一句是真话，一句是假话；青浦的路标上都是假话。

我们把路标的信息翻译如下：

黄村：黄村—青浦间 4 千米，黄村—白集间 7 千米；

青浦：黄村—青浦间 2 千米，青浦—白集间 3 千米；

白集：黄村—白集间 7 千米，青浦—白集间 4 千米。

依据题目可以知道，这条路线依次经过黄村、青浦、白集三个城市，且（黄村—白集）=（黄村—青浦）+（青浦—白集），不难得出，黄村 - 白集间应为 7 千米、青浦—白集间应为 4 千米、黄村—青浦间应为 3 千米。

392：注意特称量词“至少”的含义。选项 C 只设定了两个下限（至少有 4 人，报销了至少 2500 元），而没有设定任何上限，于是它不可能被任何新的报销情况所否定。所以正确选项是 C。

393：是不可能将多米诺骨牌放在棋盘上的。因为，一个多米诺骨牌占两个方格。在上图标出红、黑方格各占一个。然而，当我们将棋盘的两个对角上的方格切掉时，这两个方格的颜色是相同的。在这个例子当中，棋盘还剩下 32 个黑色方格和 30 个红色方格。当你把 50 个多米诺骨牌放在棋盘上时，棋盘上所剩下的两个黑色方格并不会相互接触，这样，最后一个多米诺骨牌就无法放在上面。在任何一个棋盘上，相同颜色的两个方格不会并排相连。

394：B。

主句（论题）：考古学家推测云南抚仙湖水下古城就是神秘消失的古滇王城。

分句（论据）：分句 1“抚仙湖南岸江川县李家山墓葬群出土了数千件古滇青铜器”。

分句 2：抚仙湖北岸相连的晋宁石寨山曾出土滇王印；题干中的分句对文中主句支持得不充分，需要补充分句加强支持。

补充分句 B“按考古常规看，王国都城附近都是墓葬群”，分句 1、2 恰好符合这个常规。B 选项运用归纳，可支持主句“抚仙湖水下古城就是古滇王城”。

C 项从地域上、D 项从时空上对主句支持太弱，因为同地域同时空的事物范围太广。注意：A 项中“青铜器”和题干中“古滇青铜器”概念偷换。

395：布朗先生没有吹牛，就像他保证的一样，这确实是千真万确的。因为他游泳的湖泊是死海。死海是世界上含有盐分最多的湖泊，甚至比海水还咸得多，所含盐分几乎是一般海水的 7 倍，所以浮力很大，人在死海中根本不会下沉。但正因为湖水含盐分高，对皮肤有一定的伤害。而且，死海还是海平面最低的湖泊，比海平面低 390 米，所以只要下潜一点点，就到了海平面以下 390 多米了。

396：B 和 C。

397：A。M 和 P 不能同时都错，题目又不允许同时都对，说明两者必一对一错。如果 P 对，则 P 是逻辑学家，说明 O 也是对的，矛盾。所以 M 对，P 错，O 错。M 就是逻辑学家，N 就是天文学家，P 就是音乐学家。

398：C。

399：从白老鼠起（白老鼠不数进）顺时针方向数到第 6 只。必须从这一只老鼠开始，朝一个方向（顺时针方向）绕着圈数。如果要预先确定从哪只老鼠数起，只要按圆画 12 个点和 1 个十字叉（图 48），再从十字叉开始数。按圆圈朝一个方向数，把每次数到的第 13 个点划去（如果第 13 个轮到十字叉，那就把十字叉划去），一直数到剩下最后 1 点为止。现在可以把最后这 1 点作为白老鼠，而十字叉位置就是应该开始起数的那只黑老鼠。

400：把铅球全部放到瓶子里，然后将瓶子注满水。水的体积加上铅球的体积就是玻璃瓶的容量。再把铅球从瓶中取出，从而求出留在瓶中的水的体积，然后从瓶子的容量中减去水的体积，就得出铅球的体积了。

401：两个数字位置对调的数，它们之间的差，总是等于 9 或 9 的倍数。不难看出，题目的全部条件只有在 A 与 B 的年龄差等于 9 的情况下才能实现。那么 C 的年龄就是 9 的 1/2，即 4 岁半；B 的年龄是 C 的 10 倍，因此他是 45 岁；而 A 就是 54 岁。所以，A 为 54 岁，B 为 45 岁，C 为 4 岁半。

402：交换结果后，三个兄弟每人各分到 8 个苹果。所以大哥把自己的苹果一半分给两个兄弟以前，有 16 个苹果，而二哥和三弟各有 4 个苹果。二哥在分出自己的苹果以前有 8 个苹果，大哥有 14 个苹果，三弟有 2 个苹果。由此可知，三弟在分出苹果以前有 4 个苹果，二哥有 7 个苹果，大哥有 13 个苹果。因为最初每人得到的苹果数，等于他们三年前的岁数，所以现在三弟是 7 岁，二哥是 10 岁，大哥是 16 岁。

403：平分子弹后三个朋友一共打了 12 发子弹。这以后，三个人总共还剩的子弹数，等于平分时一人所得的子弹数，即剩余子弹总数的 1/3。换句话说，三个人用了两份子弹，剩下一份子弹。两份子弹是 12 发，那么一份子弹就是 6 发。就是说还剩 6 发子弹。这个数目也就是平分子弹时每人所得的子弹数。因此，在平分子弹时一共有 18 发可用的子弹。

404：不能，因为再过 72 小时，就是 3 昼夜，又是半夜 12 点钟，而夜里是不会出太阳的（假定事情不发生在极圈内的极昼期）。

405：假设三个孩子分别是 A、B、C，发觉自己的额也给涂黑的是 A。再假设是 A。A 是这样想："我们之中每个人都可以认为自己的脸是干净的。B 是认为自己的脸是干净的，所以笑 C 的额上给涂黑了。但如果 B 看到我的脸是干净的，那么 B 对 C 的发笑就会感到奇怪，因为在这种情况下，C 没有可笑的理由。然而现在 B 没有感觉到奇怪，这就是说，他认为 C 在笑我。由此可知，我的脸也是给涂黑了。"

406：5 只。5 只猫 5 分钟抓 5 只老鼠，再延长 5 分钟的话可以捉到 10 只老鼠。换句话说，5 只猫 10 分钟可以捉 10 只，20 分钟可以捉 20 只老鼠，当然，100 分钟可以捉 100 只老鼠。

407：题目中所说的两个父亲和两个儿子，其实他们的关系是祖父、父亲、儿子。祖父给自己的儿子（父亲）2000 元，父亲从中拿出 1000 元给自己的儿子。因此，两人总计会增加 2000 元的零用钱。

408：因为小木船是向后划的。那名男子背向桥全速划船，当然不可能看到桥上所发生的事。

409：59 分钟。从一个细菌到分裂成两个时，需要时间 1 分钟。因为题目是从两个细菌开始分裂，所以，可以节省掉最初的 1 分钟。

410：是母子关系。

411：他们是三胞胎中的两位。

412：64 秒。因为从 1 楼爬到 4 楼是 48 秒，所以一般人的立即反应会以为到 8 楼，只要再爬 4 层楼，时间当然是 48 秒。有这种想法的人性子太急了。其实，从 1 楼到 4 楼实际上只爬了 3 层楼，所以，每爬一层楼所需要的时间应该是 16 秒，如此可以推算，从 4 楼爬到 8 楼的时间是 64 秒。

413：猫和狗不会同时到达终点。为什么呢？因为狗跑 100 公尺，猫只跑 90 公尺。以这种比例来计算，第二场比赛跑到终点前 10 公尺处，狗和猫刚好平手，但到终点时，狗还是赢猫 1 公尺。

414：第六天。一天增加 4 公尺，到第六天水位变成 24 公尺，因此，第 7 天水应该就会溢出来。如果你有这种想法就错了！没错，每天增加 4 公尺，到第 5 天水位是：4 公尺 ×5=20 公尺，但是到了第 6 天凌晨 0 点到下午 6 点之间，水就会增加 6 公尺，这样一来，水位就是 26（20 + 6）公尺，照这种情形看来，到第六天下午 3 点多，水就会从铁桶里溢出来。

415：有可能。因为这位律师是女性。也就是说这个离婚诉讼是妻子自己替自己辩护，向丈夫争取赡养费，所以这位女士当然不会有金钱方面的损失。

416：可能。可能是生日在 1 月 2 日的人，在 12 月 31 日时讲了这段话。去年 1 月 1 日还是 19 岁，第二天就变成 20 岁，然后今年的 1 月 1 日是 20 岁，到了第二天就变成 21 岁，因此，明年的 1 月 1 日（也就是明天）是 21 岁，1 月 2 日（后天）生日时，就成了 22 岁了。

417：完全停止的时钟。因为完全停止的时钟反而可以告诉我们较多次的正确时间。道理在于：一天慢一分的时钟得等到 720 天后才能告知正确的时间，而完全停止的时钟则至少一天会告诉我们两次正确的时间。

418：事实上从第 15 年开始，的确每种水果都可以开花结果，可是因为各种水果生长季节的不同，所以不可能在同一时间吃到四种水果。

419：可能，子弹如果是用冰或是盐做成的，就可能发生这种情形。因为，冰或盐在人的体内会溶解，所以不会留下任何证据。

420：因为看见对方的脸被弄脏，以为自己的脸也被弄脏，所以才去洗脸；而看见对方脸是干净的，以为自己脸也是干净的，所以才没去洗脸。

421：因为他开口说话了。

422：那位外科医生是伤者的母亲。

423：M 老师写出下边的数学式。A=100B；B=1000A；若两式成立，则 A 和 B 必须都是 0，也就是说，A 和 B 的爱都是零。

424：因为这个装有钥匙的小包终究要投入信箱里，到时候信箱就再也不能打开了。

425：因为这两位邻居只是互换住处而已。

426：如图。因为这个月的第一天是星期天，所以第二个星期天的前一天是第一个星期六，而非第二个，因此该银行仍正常营业。

日	一	二	三	四	五	六
1	2	3	4	5	6	7
8	9	10	11	12	13	14
15	16	17	18	19	20	21
22	23	24	25	26	27	28
29	30	31				

427：B 如果真给 A10 十元，那么 A 无疑多赚了 10 块钱。为什么呢？因为这些点心来就是两人出钱合买的，现在一人分一半以后，B 只要从 A 那里多拿一个，双方数量实际便差了两个，所以 B 尽管比 A 多吃两个，却只需付给 A10 元就行了。

428：可能，说自己是 17 岁的女性，在刚说完话的那一刹那，时间就到了第二天，正好是她的生日，所以另外一位女性说话时，她已经变成 18 岁了。

429：逃走狮子的栅栏里。因为它是头连同伴都会咬死的狮子，所以一定不可能跟其他的狮子关在一起，因此非常安全。

430：因为华仔和伟仔两家的中间刚好是市区的分界线，两人共同喜欢的女孩子跟华仔住在同一个市区，所以伟仔每次打电话都要加拨区域号码，所以接通速度总会比华仔慢。

431：证据非常明显，总经理所说“不可能有问题”的本身，就是一个很大的问题。

432：三人中只有一个人伸出与鞋子同边的脚。因为当人丢了鞋子时，她一定知道丢的是哪一只脚的鞋。

433：因为罗先生去旅游的地方是个无人岛，四周都是断崖绝壁，根本没有船只会靠近，更不可能游泳回去。所以罗先生下次一定还得叫直升机送他回去。

434：因为每当看见正在睡觉的弟弟时，哥哥总会喃喃地说：“小远，你别装睡了……”所以即使哥哥没猜中，睡觉中的弟弟也不会知道；而当弟弟装睡时，自然也就听到这句话了。

435：如图所示。这三格的答案分别是“五”“五”“说谎”，他们是交叉而坐的。

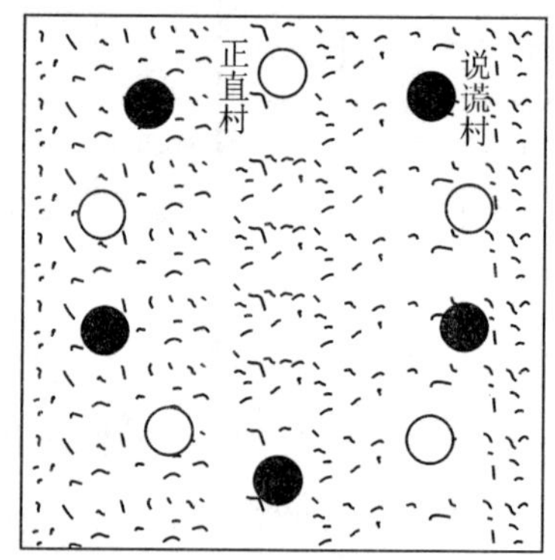

436：因为阿军的船是逆流划行的。

437：因为他们之间的对话，问的是商品的尺寸是否刚好，而不是指付款的金额。

438：因为张先生即使长得再高，他小时候也不可能比大人们还高。

439：C金库。如图所示。

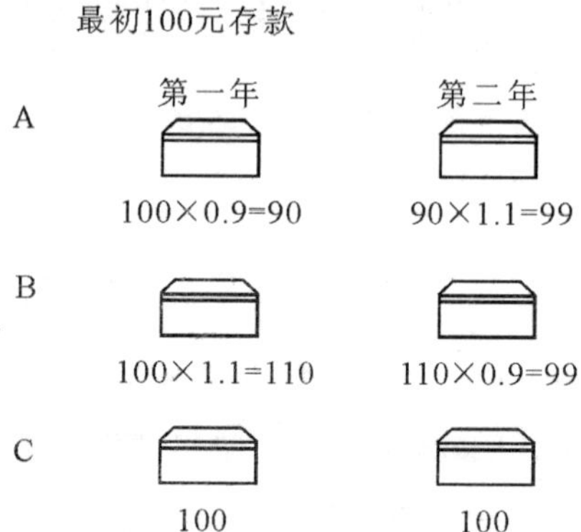

440：因为阿丁和小米两人每天都在交换日记。

441：闯入店里的小偷正是保安人员，而他进到店里，被众人合力逮捕。

442：原本是 5，但中央位置的点数消去不见而成为 4。如下图。

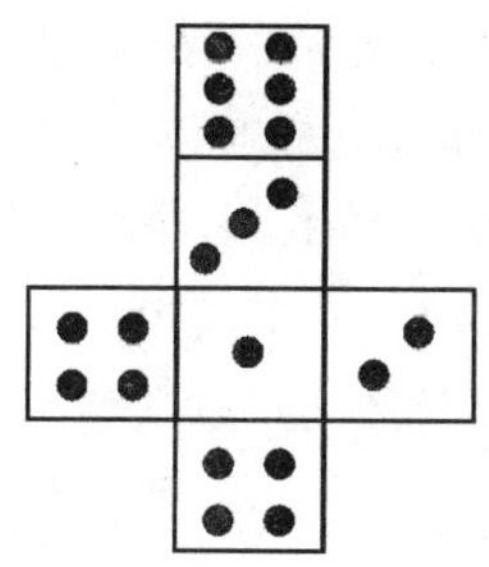

443：因为阿光的女朋友是外国人，听不懂相声。

444：因为除了吸烟以外，还有吐烟的时间。

445：这部机器的果汁每罐卖 20 元。因为老王投入的 10 元硬币还在，所以老李再投入 10 元之后，果汁罐头就会出来。

446：至少，那架飞机的驾驶员总该知道。

447：因为妈妈捡到 10 元硬币的时候，硬币还有点体温，所以判断那是刚刚才从弟弟手里掉出去的硬币。

448：可能。如果 B 店的老板先到 A 店去买一个这个商品之后，16 个客人每人都买一个，9 个客人到 A 店买，7 个客人到 B 店买，B 店就赚得比较多。

449：说这句话的人，正是同为新村民之一的医生本人。

450：Y 先生打开试演室的门，向门外等待试演和评审结果的人群宣布："替角的人选刚刚已经决定了，请各位离开吧！"把大家都遣走了。并不是 Y 先生的演技有多么逼真，而是候选人只剩下他一个人。

451：因为这只鹦鹉只会说一国的语言。以前那只鹦鹉会模仿观众所说的话，到任何一个国家都能模仿该国的语言，所以观众觉得很有趣。现在这只鹦鹉只会用一国的语言回答问题，到了外国就无法让观众明白其中的趣味何在，当然不受欢迎。

452：因为秀秀跑的是接力赛的第一棒。她们那一队进入决赛，她率先冲出起跑线，半途也没有被人超越。但是，就算她们那一队拿到冠军，秀秀也不可能冲破终点线。

453：因为泡三分钟可以吃的碗面是用较大的碗装，所需要的热水比泡四分钟可以吃的碗面多，烧开水的时间要多花一分钟以上，这对于想快点吃的大伟来说反而较慢。

454：第一，她塞住婴儿的耳朵，婴儿根本听不到她说的话。第二，即使婴儿听到她的声音，也不懂她的意思。

455：“那家伙开始招认一切了。”两人的确共同犯案，如果两人都伪装不知，罪行可能就被掩蔽，但如果其中一人为减轻罪行，声称自己只是共犯而招认一切，另一人的罪会比共犯重。刑警正是掌握嫌犯的不安感，成功引诱两人认罪。

456：二人拜访的亲戚有好几家，最后拜访的一家就在他们家的附近，所以王丰开车的“回程”是没有距离的。只要说：“下一家到！”在抵达最后的目的地以前都算是“去程”。

457：王芳的朋友是孕妇。母亲和胎儿合起来就有两个心脏两个胃。如果一胞三胎，那名妇女身体内包括她自己的，就有四个心脏四个胃了。

458：王妈妈是一个餐厅厨师，她做的菜越好吃，餐厅越受好评，客人就越来越多，她也越忙碌，回到家就没有时间准备小王的三餐。

459：B 先生在 A 先生的理发店前排队等理发。B 先生想理发时，必须到 A 先生的理发店前排队，客人看到 B 先生的理发店休息，只好到 A 先生的理发店前排队。然后 B 先生理好发回到店里去了，有些人觉得 B 先生的理发店前排队比较快，于是队伍开始移向 B 先生的理发店。

460：调查队员发现的那个人是一个到处爬来爬去的健康小孩。所以他想那个孩子的父母一定也在岛上。

第 5 篇

461：囚犯说的话是：“你一定砍死我。”国王听了左右为难，因为如果真的砍了他的头，那么他说的就成了真话，而说真话的应该被绞死；但是如果要绞死他的话，他说的话又成了假话，而说假话的人是应该砍头的。

462：从甲乙两方的对话看，甲方在提问中包含有“稻草人”的逻辑错误，乙方发现了这一点，并做出了正确的应对。以反问句的形式，指出甲方在谈判中无中生有，故意指责乙方，以便在本次谈判中讨价还价。

463：新兵杰克的推断是不正确的。

教官可以在周四以前的任何一天进行拉练，如果杰克表示反对的话，教官可以问他：“你真的认为今天不应该进行拉练吗？”

杰克肯定会回答：“是的，教官。按照您的说法今天是不能进行拉练的。”

教官就可以告诉杰克：“那就是说你不知道今天进行拉练。按照我的说法，今天可以进行拉练！”

这下新兵杰克就只能干瞪眼了。

464：太子一听，迅速把手中的这碗水泼在地上，然后对国王说：“陛下，我没喝这碗水，这水已经滋润了您的土地。我肯定是无法喝到它了，请您履行誓言吧。”

465：阿凡提问：“您居住在此地吗？”就可知道此地是正常国还是反常国。因为那人是住在这里的，如果他摇头，那就说明这里是反常国，如果他点头，就说明这里是正常国。

466：乙说：“老师，我们喝酒的时候可以学习吗？”

467：王子说的是：“让我尝一尝这条鱼，我就可以说出它的名字。”

要想猜出鱼的名字，品尝当然可以算作一个手段，还不违反国王的规定，其实，王子的目的是要吃到鱼，猜鱼名又是吃鱼的手段。所以，王子的做法是合乎逻辑的一条捷径，认为“只有猜对鱼名才能吃上鱼”只能表明思维的僵硬。

468：这两个小偷都将做出“坦白”的选择。思考过程如下：

如果对方坦白，“我”不坦白，结果是“我”被判刑10年；

如果对方坦白，“我”也坦白，结果是都被判刑5年；

如果对方不坦白，“我”也不坦白，结果是都被判刑6个月；

如果对方不坦白，“我”坦白，结果是“我”被当场释放；

不管怎么样，“我”坦白的结果要好于不坦白的结果。所以，“我”应当选择坦白。

469：智者可以向两个侍者中的任意一个，不妨向侍者甲提出如下这个问题：“请告诉我，侍者乙将如何回答他手里拿的是美酒还是毒酒这个问题？”

如果甲说乙回答他手里拿的是毒酒，则事实上。乙手里拿的肯定是美酒。因为如果甲说真话，则事实上乙确实回答他手里拿的是毒酒，又因为此情况下乙说假话，所以事实上乙拿的是美酒：如果甲说假话，则事实上乙回答的是他手里拿的是美酒，又因为此情况下乙说真话，所以事实上乙拿的是美酒。也就是说，不管甲乙两人谁说真话谁说假话，只要智者得到的回答是乙手里拿的是毒酒，则事实上乙手里拿的肯定是美酒。

同理，如果甲说乙回答他手里拿的美酒，则事实上乙手里拿的肯定是毒酒。

智者设计的这个问题，妙就妙在他并不需要知道两个侍者谁说真话谁说假话，就能确定得到的一定是个假答案。因为如果甲说真话，乙说假话，则情况就是甲把一句假话真实地告诉智者，智者听到的是一句假话：如果甲说假话，乙说真话，则甲就把一句真话变成假话告诉智者，智者听到的还是一句假话。总之，智者听到的总是一句假话。

470：华盛顿用双手分别蒙住马的眼睛，问盗马贼："你说这马是你的，那你说这匹马哪只眼睛是瞎的？"盗马贼愣住了，他可没有注意马的眼睛呀，他只好瞎猜："是左眼。"华盛顿马上放开左手，马的左眼亮闪闪的，一点也不瞎。盗马贼一看，马上改口说："我记错了，是右眼。"华盛顿又把右手放开，马的右眼同样也是亮闪闪的，根本也不瞎。盗马贼无话可说，只得低头认罪。

471：当兔子处在湖的圆心，而狼处在岸边某点时，兔子如果直接划向岸边，它最好向狼所在岸边的对称点划去，因为这一点离狼的距离最远。这时兔子划行的距离为 R，而狼要绕着湖边跑半个圆周在岸边截住兔子。半个圆周距离是 3.14R，由于狼的速度是兔子划船速度的 4 倍，所以狼能够在兔子划到岸边之前赶到兔子的登岸处，在那里等着抓兔子。看来，用这种方法兔子是无法逃离的。

实际上兔子是有巧妙策略可先到湖岸边某点的。它可以先把船划到以湖心为圆心，以 0.24R 为半径的圆周的某一点上，沿着这个半径的圆周作逆时针（或顺时针）划行，由于圆周的半径小于 R 的 0.25，所以这个小圆周的周长也不及湖岸周长的 0.25。兔子绕小圆圈划船的角速度要比狼沿湖边跑的角速度大一些，所以即使一开始狼处于最靠近兔子的大岸边，兔子这样绕圆周划下去，狼沿岸边跑，也会慢慢地落后于兔子，总有一个时刻狼会处于离兔子最远的岸边，就是这时兔子与狼处在一条直径的左右两侧，这时兔子离湖岸的最近点距离为 0.76R，而狼要跑到那一点，则要跑半个湖的圆周，距离为 3.14R。由于 $3.14R>4\times0.76R$，所以狼不可能在兔子划到岸边前赶到那里，兔子就可以先登上岸，安然逃脱了。

472：你的第一次射击应该射向你的后面或故意射向空中。你不能射从不失手的伯爵，因为如果你不幸没有射中他，那么牛眼勋爵将会在下一枪或两枪射中你。如果你射牛眼勋爵，并且射中了他，那么从不失手伯爵将一定会射中你。如果你没有射中牛眼勋爵，那么从不失手伯爵将一定会射中他，而他射你的机会是 2：1。如果你射中从不失手伯爵，那么牛眼勋爵射中你的概率是 6/7，你射中他的概率是 1/7。但是如果你故意射不中，那么你将还有射击他们其中一个的机会。如果牛眼勋爵射中了伯爵，那么你将有 3/7 的概率。勋爵有 1/2 的概率射不中伯爵（如果射不中，伯爵将会除掉勋爵）。因此，你有 1/3 的机会对付伯爵。向空中射击可以增加你的机会：第一次射击的机会是 25/63（大约 40%）。牛眼勋爵的机会成了 8/21（38%）。从不失手的机会是 2/9（22%）。

473：林则徐采取先礼后兵的谋略，先动员潘家开仓赈济，而潘世恩却傲慢无礼拒绝开仓，并说："我家没有粮食赈济灾民。"于是林则徐又说："你家没有粮，粮仓一定是空的，我借粮仓一用。"潘世恩哑口无言，只得开仓赈灾。

474：这是一个新的悖论，而专家们还不知道如何解决它。

这个悖论是物理学家威廉·纽科姆发明的，称为纽科姆悖论。哈佛大学的哲学家罗伯特·诺吉克首先发表并分析了这个悖论。他分析的依据主要是数学家称为"博弈论"或"对策论"的法则。

男孩决定只拿 B 箱是很容易理解的。为了使女孩的论据明显起来，要记住欧米加已经走了。箱子里也许有钱，也许空着，这是不会再改变的。如果有钱，它仍然有钱；如果空着，它仍然空着。让我们思考一下这两种情况。

如果 B 中有钱，女孩只拿箱子 B，她得到 100 万美元。如果她两个箱子都要，就会得到 100 万加 1000 元。

如果 B 箱空着，她只拿 B 箱，就什么也得不到。但如果她拿两个箱子，她就至少得到 1000 美元。

因此，每一种情况下，女孩拿两个箱子都多得 1000 元。

这条悖论，是试验一个人是否相信自由意志论的"石蕊试纸"类型的悖论。对这个悖论的反应公平地区分出，愿意拿两个箱子的是自由意志论者，愿意拿 B 箱者是决定论（宿命论）者。而另一些人则争辩道：不管未来是完全决定的，还是不完全决定的，这个悖论所要求的条件都是矛盾的。

很显然，在这个问题上可以有两大派：一派主张正确的答案是只要第二个盒子，他们是一盒论者（one-boxers）；另外一派主张正确的答案是两个盒子都要，他们是两盒论者（two-boxers）。在这个问题上，双方不但需要千方百计地使自己的理论和方法更严谨、无漏洞，使自己的主张更有说服力，而且需要指出对方的错误和疏漏之所在。

之所以出现一盒论和两盒论的争论，关键在于原来设定的问题情景中有许多不确定性和模糊的地方，所以争论双方都不但需要按照自己的理解用语义分析和逻辑的方法去消除这样不确定和模糊性，而且需要找出对方在语义分析和论证中有何错误之处。

475：因为乙的错误可能达到80%，如果按照乙的意见的相反方向去办，正确率比甲的要高。

476：走第三条路。

这个题的前提是相信第三条路口上的话是真实的。

如果第一条路写的是真话，那么，它就是迷宫的出口，如果说第二条路上的话也是正确的，这和只有一句话是真话相矛盾。

如果说，第一条路上的话是假的，第二条路上的话是真的，它们都不是通往迷宫出口的路，所以真正的路就是第三条。

477：先投乙案，在第二次投票的时候还是投乙案。

先想想甲、乙两案的表决，A公司将获得的预算分别是甲案：2亿，乙案：1亿，甲案比较有利。同样，对B公司来说也是甲案比较有利，所以如果A公司经理投甲案的话甲案就会通过了。

但是接下来甲、丙两案表决时，对B公司经理和C公司经理来说都是丙案有利，所以A公司得到的预算将是0。为了避免这种情况的发生，A公司经理在一开始时便投乙案，接下来当乙、丙两案表决时，站到C公司这一边使乙案通过，A公司就可以得到1亿的预算资金了。这是退而求其次的选择。

478：你应该问：地基是用什么建成的？

骗子对房屋砖瓦的熟悉情况的确很迷惑人，但是一个人盖房子，并不需要记住房上究竟有多少瓦，地下究竟有多少砖。对于房子来说，打好地基是最为重要的。这才是真正的房子主人印象里最为深刻的。所以，此时只需问一下房子的地基情况，便可判明真假房主了。

479：只要在瓦罐里留下一个石头即可。这样获得钻石的成功率虽和随从所说的相同，但成功后所得的钻石数目却超出许多。

480：让队员往自己的篮筐里投一个2分球，使比分相同，通过加时赛，还有取胜的可能。当时的事情是这样的：这位聪明的教练要了一次暂停，暂停结束后，他们开球，一名队员接球后故意将球投入了自己的篮筐。比分平了，结束时间也到了。双方战平，打加时赛。在加时赛中，保加利亚队一鼓作气打得相当出色，最后以领先8分结束了比赛。

481：跟莎文小姐一样，押500个金币在“3的倍数”上就可以了。

基本上只要跟莎文小姐用同样的方法下注就可以了。如果莎文小姐赢了，怀特先生也会得到同样的报酬，他们的名次就不会受到影响。要是莎文小姐输了的话，就更不会影响到名次了。

事实上，怀特先生只要押401个金币，赢的话金币就会在1502个以上，仍然是第一名。

所以，在这种场合，手里有较多金币的人便是赢家。

482：分析所有这类策略游戏的奥妙就在于应当从结尾出发倒推回去。游戏结束时，你容易知道何种决策有利而何种决策不利。确定了这一点后，你就可以把它用到倒数第2次决策上，依此类推。

记住了这一点，就可以知道我们的出发点应当是游戏进行到只剩两名海盗（即1号和2号）的时候。这时最厉害的海盗是2号，而他的最佳分配方案是一目了然的：100块金子全归他一人所有，1号海盗什么也得不到。由于他自己肯定为这个方案投赞成票，这样就占了总数的50%，因此方案获得通过。

现在加上3号海盗。1号海盗知道，如果3号的方案被否决，那么最后将只剩2个海盗，而1号将肯定一无所获——此外，3号也明白1号了解这一形势。因此，只要3号的分配方案给1号一点甜头使他不至于空手而归，那么不论3号提出什么样的分配方案，1号都将投赞成票。因此3号需要分出尽可能少的一点金子来贿赂1号海盗，这样就有了下面的分配方案：3号海盗分得99块金子，2号海盗一无所获，1号海盗得1块金子。

4号海盗的策略也差不多。他需要有50%的支持票，因此同3号一样也需再找一人做同党。他可以给同党的最低贿赂是1块金子，而他可以用这块金子来收买 2 号海盗。因为如果 4 号被否决而 3 号得以通过，则 2 号将一文不名。因此，4 号的分配方案应是：99 块金子归自己，3 号一块也得不到，2 号得 1 块金子，1 号也是一块也得不到。

5 号海盗的策略稍有不同。他需要收买另两名海盗，因此至少得用 2 块金子来贿赂，才能使自己的方案得到采纳。他的分配方案应该是：98 块金子归自己，1 块金子给 3 号，1 块金子给 1 号。

这一分析过程可以照着上述思路继续进行下去。每个分配方案都是唯一确定的，它可以使提出该方案的海盗获得尽可能多的金子，同时又保证该方案肯定能通过。照这一模式进行下去，10 号海盗提出的方案将是 96 块金子归他所有，其他编号为偶数的海盗各得 1 块金子，而编号为奇数的海盗则什么也得不到。这就解决了 10 名海盗的分配难题。

483：商人只需要问 A：“B 比 C 的等级低吗？”假如 A 回答是“是”，那么他应该选择 B 做妻子。因为如果 A 是君子，则 A 说的真话，确实是 B 比 C 的等级低，那么 B 是小人，C 则是凡夫，可以确定 B 不是狐狸变的；如果 A 是小人，则她说的是假话，应该是 B 比 C 的等级高，那么 B 应是君子，而 C 是凡夫，所以 B 一定不是狐狸变的：如果 A 是凡夫，那么她自己就是狐狸变的，也可以肯定 B 不是狐狸变的。所以，不管怎样，只要选 B，就一定不会娶到狐狸变的美女为妻。假如 A 回答的是“不是”，那么商人只要选 C，也一定不会娶到狐狸变的美女为妻。可以自行推理一下。

484：我们不妨逆向思考，如果只剩 6 个乒乓球，让对方先拿球，你一定能拿到第 6 个乒乓球。理由是：如果他拿 1 个，你拿 5 个，如果他拿 2 个，你拿 4 个，如果他拿 3 个，你拿 3 个如果他拿 4 个，你拿 2 个，如果他拿 5 个，你拿 1 个。

我们再把 100 个乒乓球从后向前按组分开，6 个乒乓球一组。100 不能被 6 整除，这样就分成 17 组，第 1 组 4 个，后 16 组每组 6 个。

这样先把第一组 4 个拿完，后 16 组每组都让对方先拿球，自己拿完剩下的。这样你就能拿到第 16 组的最后一个，即第 100 个乒乓球。

485：先放的玩家可以遵循以下规则，从而总是获胜：将第一枚硬币放在桌子的正中心，然后，接下来的每一枚硬币都放在对手所放硬币的对称位置上。这个方法总是可行的。

因为先放置硬币的玩家的放置总是安全的，所以他或她不会输。后放置硬币的玩家最终会无法再放上硬币。

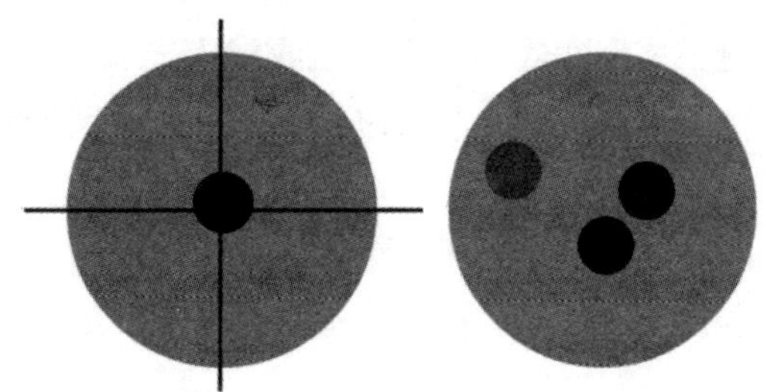

486：只要问他是不是活人就够了。

因为这座岛上个个都自称活人，所以，活人也罢，僵尸也罢，都会做出肯定的回答。既然如此，如果他答“啊”，“啊”就指“是”；如果他答“嗒”，“嗒”就指“是”。

487：拿走2枚。

由于每个孩子拿到的贝壳数都是偶数，她下一次拿的贝壳数应该是偶数，剩下5枚贝壳，才可确保自己获胜。无论另一个孩子怎么拿，她都可以保证最后一轮拿到的贝壳数是奇数，从而赢得比赛。拿走了2枚，还剩5枚，如果另外一个孩子拿走1枚或2枚，她要拿走3枚。如果另外一个孩子拿走3枚，那么她应该拿走1枚。剩下的一枚，另外一个孩子不得不拿走，这就会使她的贝壳数又成了偶数。

488：5岁的孩子说：“老爷爷，这个房子我租了。我没有孩子，我只带来两个大人。”房东听了哈哈大笑，就把房子租给他们了。

489：局长说：“预测机下一个预测结果会亮红灯。”如果预测机亮红灯表示“不会”，那么预测机就预测错了，因为事实上它已经亮起了红灯。如果它亮绿灯说“会”，这也错了，因为实际上亮的是绿灯，而不是红灯。由此可见预测机本身就有漏洞。

490：甘罗先综合分析了当时各国的形势，他首先说燕国，燕国的太子到秦国当人质，秦又派张唐到燕国任相国。再说赵国，它位于秦燕之间，而且又进行联盟，由此来看赵国处境十分不妙！赵王认同了他的观点，于是他就向赵王提出建议：赵国若能将靠近河间一带的五座城池让给秦国，秦国便能取消与燕国的联盟而与赵国友好。凭赵国的力量，去收拾弱小的燕国，得到的一定比这五座城池多得多。赵王认为这个建议很不错，便当即答应。

甘罗的一席话，不仅为秦国换来五座城池，还挑起了赵国对燕国的战争，虽然成功地说服了赵王，但实际却是秦国坐收渔人之利。

491：这是一个复杂的概率推理问题。为了充分说明问题，我们先从最简单的情况入手：

只有AB相对时，A活下来的可能性为：

30% +70% ×50% ×30% +70% ×50% ×70% ×50% ×30% +… = 0.3 ÷ 0.65

只有AB相对时，B活下来的可能性为：

1-0% ×50% +70% ×50% ×70% ×50% +70% ×50% ×70% ×50% ×70% ×50% +… = 1 － 0.35 ÷ 0.65

只有AC相对时，A活下来的可能性为：0%；C活下来的可能性为70%。

只有BC相对时，B活下来的可能性为50%；C活下来的可能性为50%。

下面我们再逐一分析三人相对时的情况：

A活下来有三种情况：A杀了C，B杀不死A，A又杀了B，此时的概率为30% ×50% ×0.3/0.65；A杀不死C，B杀了C，A杀了B，此时的概率为70% ×50% ×0.3/0.65；A杀不死C，B杀不死C，C杀了B，A杀了C，此时的概率为70% ×50% ×30%。所以，A活下来的可能性为0.105+3/13 ≈ 0.336。

B活下来有三种情况：A杀了C，B杀了A，此时的概率为30% ×50%；A杀不死C，B杀了C，AB相对的情况下B杀了A，概率70% ×50% ×0.35/0.65；A杀了C，B杀不了A，AB相对的情况下B杀了A，概率为30% ×50% ×0.35/0.65。所以，B活下来的可能性为0.15+3.5/13 ≈ 0.419。

C活下来只有一种情况：A杀不死C，B杀不死C，C杀了B，A杀不死C，C杀了A，概率为70% ×50% ×70%，所以C活下来的可能性为0.245。

记住一点：A、B、C活下来的可能性之和恰为1。

492：当然不是。丽丽从袋子里拿出一个乒乓球之后，立刻藏在身后。强强肯定要求丽丽把它亮出来，而此时丽丽就说："我亮没亮出来没有关系，只要看看袋子里面留下的是什么颜色的乒乓球就知道我拿的是什么颜色的乒乓球。”强强当然会无话可说。

493：罗斯福采取的对策是：听之任之，故装“不知”。

罗斯福一装“糊涂”，日军首脑则真的“糊涂”起来，他们得出的结论是：美国人是在讹诈，其实，他们根本没有破译日军的密码。因此，日军不但没有终止中途岛大战的计划，而且连密码也没有更换。

中途岛一战，日本海军撞入美军精心设下的陷阱，损失惨重。中途岛大战后，日本海军永远失去了海上优势。罗斯福总统处变不惊，大智若愚，使美国海军从此掌握了海上作战的主动权。

494：卡拉高兹真是聪明人，他说的那番话无论是真是假，国王都要给他 100 金币。如果国王不相信这是谎言，那就父债子还；相信这是谎言，因为有言在先，还是要给卡拉高兹 100 金币。

495：第一个问题是：如果下一个问题是你是否愿意和我一起吃饭，你的答案是否和这个问题一样？第二个问题是：你是否愿意和我一起吃饭？

如果女孩子的第一个问题的答案是“是”，那第二个问题就必须要答“是”，就能约到她吃饭。如果女孩子的第一个问题的答案是“不是”，那她第二个问题也必须要答“是”。所以，总能约到她吃饭的。

496：最好最简单的方法：每个人轮流值日分粥，但是分粥的那个人要最后一个领粥。在这个制度下，7 只碗里的粥每次都是一样多的，每个主持分粥的人都认识到，如果 7 只碗里的粥不相同，他确定无疑将享有那份最少的。

497：后摘的可以获胜。首先，如果先摘取者摘了一片花瓣，那么，后摘取者在花瓣的另一边摘去两片花瓣；如果先摘取者摘了两片花瓣，那么，后摘取者在花瓣的另一边摘去一片花瓣。这时剩下了 10 片花瓣，而且，后摘取者在第一次摘取时保证在摘取后，剩下的 10 片花瓣分成两组，并且这两组被上轮摘取的三个花瓣的空缺隔开。在以后的摘取中，如果先摘者摘取一片，后摘者也摘取一片；如果先摘者摘取两片，后摘者也摘取两片。并且摘取的花瓣是另一组中对应的位置，这样下去，后摘者一定可以摘到最后的花瓣。

498：第一轮中被枪毙的人为 1，3，5，…，599，在第二轮中，被枪毙的就是原来报 2，6，10，…，598 的人，以此类推，最后得出 512。其实，只要选择小于 600 的最大的 2 的 n 次方即可得到答案。这种类型的题，不论题中给出的总数是多少，小于等于总数的 2 的 n 次方的最大值就是最后剩下的数。

499：首先，让一个人把酒分成两杯，然后叫另外一个人选一杯，剩下的一杯就给原先分酒的人，这样两个人都不会有怨言。

500：甲的策略其实很简单：他总是报到 3 的倍数为止。如果乙先报，根据游戏规定，他或报 1，或报 1、2。若乙报 1，则甲就报 2、3；若乙报 1、2，甲就报 3。接下来，乙从 4 开始报，而甲视乙的情况，总是报到 6 为止。依此类推，甲总能使自己报到 3 的倍数为止。由于 30 是 3 的倍数，所以甲总能报到 30。

501：出价 5001 元最有利。如你出价 5002 元，对方出价 5001 元，那你不得不付给他 5001 元，这样一来你买这张 1 万元的彩票就花了 10001 元，即多花了 1 元钱。也就是说出价超过 5001 元不利。反过来出价少于 5000 元也不利。你如果出价 4999 元，在对方出价高于你的情况下，你就亏了 1 元。

502：第一种：从极端情况来看，如果甲、乙两人中有一个拿到 5 元的信封，则该人肯定愿意交换；如果有一人拿到 160 元的信封，那个人肯定不愿意交换。

第二种：从期望利益来看，如果甲、乙信封组合实际为 20 元和 40 元，那么：

①设甲拿到的信封，里面有 20 元，则他面对两种可能，即：乙信封里或为 10 元（如果如此，那他肯定不愿意换），或为 40 元（如果如此，他肯定愿意换）。这两种可能性是均等的，即各为 50%。因此，他如果愿意换，则他期望的利益为：10 × 50% +40 × 45% =25 元；这时他选择不变换的 20 元。因此，理性的甲应当选择愿意交换。

②设乙拿到信封，看到里面有 40 元，则他面对两种可能，即：甲信封里或为 20 元（如果如此，那他肯定不愿意换），或为 80 元（如果如此，他肯定愿意换）。这两种可能性是均等的，即各为 50%。因此，他如果愿意换，则他期望的利益为：20 × 50% +80 × 50% =50 元；这比他选择不交换的 40 元。因此，理性的乙应当选择愿意交换。

503：这位聪明的匪徒是从头目前两名开始数起的。当他点到第一个第七名时，一名弟兄就得救。再往下数，数到第二个第七名，又一名弟兄得救。依次点下去，弟兄们全部得救留在车上，最后一个第七名正好轮到狡猾的头目。

504：A 把枪丢到 A 和 B 之间，且枪离自己 0.7 米，离 B0.3 米。这时 C 会比 B 先开枪，因为 C 为了防止 B 射杀自己，再捡枪射杀 A（因为 A 的枪离 B 较近，所以 B 完全会这么做），所以只好射杀 B。此时，A 再捡回自己的枪（因为 A 离枪 0.7 米，而 C 离枪大于 1 米），这样就可以保命。

505：B 通过分析得出：A 的威胁是不可信的。原因是：当 B 进入的时候，A 阻挠的收益是 2，而不阻挠的收益是 4。4>2，理性人是不会选择做非理性的事情的，也就是说，一旦 B 进入，A 的最好策略是合作，而不是阻挠。因此，通过分析，B 选择了进入，而 A 选择了合作。双方的收益各为 4。

在这个博弈中，B 采用的方法为倒推法，或者说逆向归纳法，即：当参与者作出决策时，他要通过对最后阶段的分析，准确预测对方的行为，从而确定自己的行为。

在这里，双方必须都是理性的。如果不满足这个条件，就无法进行分析了。

另外，作为 A，从长远的利益出发，为了避免以后还有人进入该市场，A 会宁可损失，也要对进入者做些惩罚。这样的话，就会出现其他结果。大家可以继续深入思考一下。

506：画师用笔在财主画像的脖子上添了一个枷锁，并大书一个“贼”字，然后拿到大街上去卖。街上的人看到这幅画后，都认出是财主。于是一传十，十传百，大家都纷纷围着画看，开心极了。财主知道后很气愤，但又没有办法，只好出很高的价钱把画买回家，并丢到灶里烧了。

507：四只猫。

508：加个小数点，得 2.3。

509：答案不是 12 秒钟！问题是在第 1 面旗子到第 8 面旗子是 7 个间隔。从第 1 面旗子到第 12 面旗子是 11 个间隔。旗与旗间的每一个间隔运动员要跑 8/7 秒钟，因此 11 个间隔他需要 $8/7 \times 11=88/7=124/7$（秒钟）。

510：3 根。没被风吹熄的 7 根蜡烛最后都烧完了，只剩下中途熄灭的那 3 根。

511：可能，迎面而来的两个前灯其实分别是两部车的，这两部车从他的两侧通过。

512：因为 Y 侦探本人就是犯人。

513：它是“石头、剪刀、布”的猜拳游戏。

514：有可能。因为只有一名乘客，其余二人为司机和售票员。

515：这位男士是眼科医生，每周须至诊所会诊两次。

516：因为被关地在牢的是怀孕的女总经理，她生下了一名男婴。

517：有可能。因为这对夫妻是在上个月结婚的。

518：本题有好几个答案。如：“你已经死了吗？”“请没到的人回答。”“你所有的答案都是胡说的吧？”“你的眼睛看不见吧？”等等。

519：因为她是位尼姑，没有头发。

520：因为大哥二哥吃的全是果肉，轮到小弟只剩汤汁，难怪他要大发雷霆。

521：央求丁小姐结婚的，是她的爸妈而非男友。

522：当然是两兄弟本人。

523：没有发生任何事件的消息本身，就是值得该报大写特写的一件大事。

524：当然可能，因为A骑的是自行车。

525：因为鳄鱼把一个管理员吃掉了，他就是帽子的主人。

526：因为钻戒是掉到红茶的茶罐里。

527：用黑色原子笔就可以写出“红色”和“蓝色”。

528：拿了三个，当然现在手上有三个面包。

529：因为全都变成水蒸气了。

530：因为小芳看不到护士拿的指示棒指在什么地方。

531：马先生修理时将时针与分针装错了。

532：绝对可以，因为他朋友停的地方禁止停车，过一会儿拖吊车就会将车子拖着走了。

533：A是法国人，而且这是法国乡下人到巴黎旅游的团体。对A来说，法语并不是外国语。

534：幸存的这位乘客其职业就是飞行员。

535：A是右撇子，B是左撇子（刚好相反），B准备的高尔夫球杆是左撇子用的，A要带自己的球杆去。

536：因为小明是在堆成一叠的画纸侧面上乱画。所以就算不小，也不会引起老师的注意。

537：因为高阳那时还是个婴儿。

538：因为收音机的播报员正是刘大爷的孙子。

539：像“还有多久夏天才会来？”以及“夏天怎么不早来呢？”之类的事。

540：是。因为他最满意的是公共澡堂里的浴缸。

541：因为小三的钱罐里面含有外币，随着外币币值的变动，钱罐里钱的金额也会变化。

542：因为王先生就是由于彻夜失眠，才不得不上医院求诊。

543：就是大会的主办人，因为这一场锦标赛本身就是一个大骗局。

544：小莉遇见的名人，其实是一对长得一模一样的双胞胎姐妹或兄弟，所以小莉虽然知道这两位名人的名字，却不能确定到底谁是谁。同理，三人以上的多胞胎，也可以适用本题答案。

545：因为阿明这一班的学生都刚入学，而且每一个都是来自各校第一名的优等生。

546：因为当天的点心是冰淇淋，不等妹妹慢慢吃完，就已经化成水了。

547：是一本明明自己扛不动的大部头书。

548：因为小田是这一班巴士的司机，所以实在无法让座。

549：浩子是列车上的验票员，他在车内触摸时速两百公里的列车车体。

550：阿春的恋爱对象，是负责在她们家一带送信的邮差先生。所以阿春只要把情书放入信箱，对方一样可以收到。

551：因为该电影正是为悼念过世的男主角，而特别播出的纪念影展。

552：他自己的隐形眼镜。

553：阿健的自行车煞车失灵。骑上坡路段的时候倒还安全，但是一旦下坡就十分危险，所以他宁愿下来推车。

554：讲悄悄话。

555：因为那个人掉了900元，刚才一直为不能找到那最后的100元钱都快急死了，哪还有时间快乐！

556：因为已经划到河口，再下去就是海洋了，当然没办法再“沿着河流划下去”。

557：小马正在剪自己的手指甲和脚趾甲。用右手拿指甲剪，剪左手、左脚、右脚的指甲；换过左手拿指甲剪，再剪右手指甲。右手的工作量是左手的三倍。即使用左手剪的指甲数量再怎么增加，也无法剪左手的指甲，因此工作量的比例最多反转为一比三。

558：因为今天的考试不是考笔试，而是例如体育课的跳箱之类的技术测验。

559：因为他只看到走进去的足迹，没看到走出来的足迹。

560：因为今天是由晓丹的男朋友开车去兜风。一直偏头看侧面的话，恐怕会发生车祸。

561：因为这位上班族进了电梯。在电梯里面当然不能跑，在抵达目的楼层之前，再怎么着急也只有忍着。

562：阿艺是乘坐跳伞专用的飞机，准备去跳伞。但是，其他人在途中一个个从飞机上跳下去了，阿艺却不敢跳，坐着飞机回来。难怪会被人家说“不勇敢”。没有说明的另外一个人当然是飞机驾驶员。

563：例如一个人的相片。相片上的人越年轻，那张相片越旧。

564：女朋友送他的礼物是足球。

565：王小姐所做的运动是游泳。因为她的泳技不佳，喝了太多水，当然会增加重量。

566：因为那是一家动物医院。在小儿科或病人无法回答的情况下，医生当然是向随行人员询问患者的病情，但是在普通的医院，医生不会“一定”对所有患者这么做。

567：那是一幅巨大的壁画。偷窃技巧再高明的人也不可能连美术馆一起偷吧？

568：那个节目是一部有打出字幕的外国片。

569：因为白熊在北极，企鹅生活在南极。

570：一只。只养一只无法交配，不会有后代。

571：那项比赛是借东西赛跑。因为卡片上写着“一名男的小学生”，晓文是从观众席中被借出，与比赛者一起跑到终点。

572：用放大镜或显微镜看到的东西。

573：舞台上的彼得消失了，球仍然在原来的位置，漂浮在空中。

574：受伤或生病时使用的药。不使用药物，表示这个人身体健康，当然是件好事啦。

575：生病时的急诊室或不干净的厕所。

576：肖先生是专门卖伞的，拿到店里的伞当天都卖掉了。

577：小美是孕妇，夜里是肚子里面的小宝宝在踢她。

578：他走路心不在焉，终于出车祸住院了。现在，刘先生每天都有护士围绕在身边。

579：比尔·耶亚是一只野鸭。在一架起飞的飞机前面飞，忽然被吸入了飞机的发动机进气口，引起机身爆炸。如果只是一只两只就不至于这么严重了。

580：这人回答说："我却知道这运河里哪里没有暗礁。"

581：那人回答："哈哈，我当然不缺钱，我是来做生意的，你们城里有可以用 5 块钱停三天车，而且不用担心车的安全的地方吗？"

582：其实啊，道理很简单，他提的那盏灯笼上写着"庞振坤来了"五个字。难怪大家都认识他。

第 6 篇

583：这个人的分析过程看似严密，但其实是错误的。问题出在当每个人进行推导时，他们都把其他 98 个人的 1/100 的录取可能性剥夺了过来，并将它们（98/100）分摊在自己和另外 1 个人身上。这样，每个人的 1/100 的录取可能性就变成 1/2 了。虽然理论上可以这样推导，但事实上，每个人的被录取概率是不会变的，每个人的录取可能性始终是 1/100。

584：小超在计算时间的时候重复计算了很多的时间，比如说假期中的睡眠时间和吃饭时间，星期中的睡眠和吃饭时间，以及他多算了很多上学时走路的时间。

585：这位"白吃"先生玩弄的诡辩把戏有两处颇迷惑人：一是"包子是用面条换的"，按照通常的理解，"以物易物"的交易是用不着付钱的；二是"面条我没有吃"，既然没吃，也就无须交钱。问题出在哪里呢，就出在虽然你没有吃面条，但由于没有付款，面条的所有权仍然属于店主，因而你用面条换来的包子也还是店主的，所以吃了包子必须交钱。在这里，"白吃"先生用"包子是用面条换的"这句话作掩护，偷换了包子"所有权"的概念。

586：这个悖论偷换了时间的概念，因为刮脸后，他才成为给自己刮脸的人。

587：医生抢救病人，有医死的可能，也有救活的可能，还有一种可能是医生尽力抢救而实在因病情过重无力回天，律师却只问了二种可能情况，然后就拒付急救酬金，显然是故意赖账。

588：当旁人说“怎么有脸见人”时，这个“见人”的概念指的是伦理的意义（无颜见人），而当这个人说“你以为人死了反而可以见人吗”时，这个“见人”的概念指的是生理的意义（看见人）。因此，尽管这个“见人”的词语在字面上相同，但其所表达的实质含义却不同。诡辩者正是利用了这种字面上的相同，将“见人”的生理意义的概念混淆了“见人”的伦理意义的概念。

从论辩伦理原则上讲，“把显然愚蠢的思想硬加到论敌身上，然后加以驳斥。这是不大聪明的人使用的方法”。对于这种故意混淆概念，歪曲对方的思想的“言意相离”诡辩，古人评价为：言辞是表达思想的，“言意相离”是凶险的。

589：A。

590：快车是由于比慢车停车次数少（有些站不停），因而速度相对快的公共汽车。这位售票员为了给自己不负责任的工作态度作辩护，故意地把“快车”曲解为“不停稳就开门，不等人上完就关门”的车。

591：不对，乌龟的看法只看到了速度和距离，却没考虑时间。事实上，兔子只要用 10/9 秒的时间就能与乌龟相遇，然后，兔子就跑到乌龟的前面去了。

592：利用多义词、主观地应用概念的灵活性，是一种狡猾的诡辩手法。诡辩论者在议论中常常故意把话说得模棱两可、模棱多可，含糊不清，以便见机行事，给自己留下任意解释的余地。这位算命先生正是利用在特殊情况下“一”的多义性进行诡辩，并以此骗取他人的钱财。

593：“矛盾”是个多义词，它在不同的语境中可以表达不同的概念，至少可以表达以下几个概念：①表达哲学概念，指的是客观事物内部两个对立面之间的“对立统一”；②指的是“思想矛盾”，它是客观事物的矛盾在人的头脑中的反映；③指的是“逻辑矛盾”，它是思维的组织结构的矛盾，表现为讲话中的自相矛盾；④指的是“不一致”，如“言行矛盾”，“主观动机与客观效果的矛盾”；⑤指的是日常生活中人们之间的“不团结”现象。甲是在上述⑤的含义上使用“矛盾”这个词的，而乙却把它偷换为①的含义，这是故意抬杠。

594：唯物辩证法确实认为事物都是一分为二的，它说的是矛盾的普遍性，是指任何一个事物的内部都包含着相互矛盾的两个方面，是二者的对立统一。至于事物究竟是怎样一分为二的，这是矛盾的特殊性。实际上，“矛盾的两个方面”其内容是非常广泛的。例如，上和下，左和右，大和小，长和短，动与静，快与慢，成功与失败，顺利与困难，因与果，真理与谬误，生产与消费，等等，都是矛盾的两个方面。诚然，好和坏也是矛盾的两个方面，但矛盾的两个方面决不限于好和坏。老刘故意缩小“一分为二”这一概念的外延，把它仅仅归结为好与坏两个方面，以此为自己的吸烟恶习作辩护，这就带有诡辩的性质。现代医学已充分证明吸烟对人体有百害而无一利。如果一定要从利害的角度评价吸烟，只能说通过认识和宣传吸烟的害处，可以促使人们自觉地戒烟并使广大青少年不去学习吸烟，或者对卖烟者来说可以从中获得利润。

595：这个三段论的推理形式正确但结论错误。根据逻辑规律可判定必有错误的前提。这个错误的前提不是小前提而是大前提。因为在历史唯物主义看来，个人利益的满足是每个人生存和发展的保障，没有个人的利益，不但个体失去了生存的条件，而且社会也失掉其存在的基础。所以，个人利益人皆有之，即“任何人都是要求个人利益的”这个小前提是正确的，那么错误的就是大前提。大前提错在何处？就错在它把“要求个人利益”和”自私”混为一谈。因为“自私”或“个人主义”的概念有其确定的含义，它指的是一种“损人利己”“损公肥私”’，把个人利益置于他人或集体利益之上的思想行为。而我们所提倡的“大公无私”中的“无私”，指的是无“自私自利”之私，绝不是否定一个人通过合法的诚实劳动获得的正当利益。可见，一些人在论证“任何人都是自私的”“不可能有大公无私”的错误观点时，其诡辩手法就在于不加区别地把“要求个人利益”与“自私自利”等同起来，犯了混淆和歪曲概念的错误。

596：人类对任何事物、包括对原子的认识，从根本上讲是由实践水平决定的，是随着实践的发展而发展的。由于实践条件的不同，人们即使对同一个事物也会形成不同的认识。原子的发现并不能证明“物质消灭了”，它只是表明形而上学唯物主义者关于原子的概念是不科学的，只是表明形而上学唯物主义者的"原子"概念不能继续存在了，而物质却是永存的、不灭的。从逻辑上看，上述唯心主义者犯了混淆概念的错误，即把人们"对事物的认识"与"被认识的事物"等同起来。他们抓住了形而上学唯物主义者对原子属性的错误认识，得出了"物质消灭了"的结论，这是十分荒谬的。难道我们能根据有人对某个事物的认识不全面甚至完全错误，就断言这个事物不存在吗？

597：闻到了饭菜的香味就等于吃了饭菜，因而就要付钱，这就是巴依和喀孜敲诈穷人的诡辩术。其诡辩手法就是故意地把客观事物（饭菜）和事物的某一方面的属性（饭菜的香气味）混为一谈，从概念上看，就是把"闻"和"吃"混为一谈，用"闻"的概念偷换了"吃"的概念。阿凡提不是正面地去辩解事物和它的属性以及"闻"和"吃"如何不同，而是先让对方听到他口袋里铜钱的声音，然后说明已经付清了饭钱，这叫做针锋相对，以毒攻毒。既然你认为闻到了饭菜的香味就等于吃了饭菜，那么你也必须承认听到了钱的声音就等于拿到了钱。这就巧妙地揭穿了对方的诡辩术，使之理屈词穷，无言以对。

598：甲和乙从爱因斯坦创立了相对论这个事实中得出了截然相反的结论，而且听起来似乎都正确，这是怎么一回事呢？其实，任何事物都是许多规定的统一，同一事物同其他事物之间存在着多种多样的不同关系。这种情况反映在概念中就表现为概念的灵活性，即人们可以从某一事物自身的不同规定或者从它与其他事物的不同关系中来反映该事物。诡辩论者的手法之一就是任意地挑选出事物某一方面的规定或关系，作为论证自己观点的根据。甲和乙的错误都是主观、片面地应用了概念的灵活性。另外，甲从"爱因斯坦比他的爸爸聪明"的前提，得出"任何一个作为儿子的人都比自己的爸爸聪明"的结论，乙从"爱因斯坦比他的儿子聪明"的前提，得出"任何一个作为爸爸的人都比自己的儿子聪明"的结论，又都是犯了"以偏概全"的诡辩错误。

599：在我们日常交际中，作为称呼的"先生"是礼貌用语，它是对被称呼者的一种尊称。乙望文生义地把它曲解为"先出生的人"，然后又提出一个虚假的大前提："先出生的人自然会先死"（事实上，先出生的人不一定先死），并进一步推出结论说，"先死'先生'"。这是明目张胆地歪曲概念，是恶劣的诡辩。

600：“理”和“礼”是同音异字异义词，它们的区别只有写出来才能从字形上看清楚，听是听不出的。这个贪官正是利用了“理”与“礼”的谐音，偷换了概念，亦即偷换了判断是非的标准，用“礼”偷换了“理”。按照这个标准，判断输赢的依据不是道理和法律，而是是否送了礼以及送礼的多少。如果一个人送礼，另一个人没送礼，则送礼者赢，没送礼者输；如果两个人都送了礼。则礼多者赢，礼少者输。但是听起来，县官好像是以“理”和“法”作为断案准绳的清官，实际上却是一个贪赃枉法的昏官。面对着这样腐败的官吏，难怪人们幽默地讽刺说：“有礼走遍天下，无礼寸步难行。”

601：在上述特定的语境里，老工人所说的“学习”显然是指加强政治思想学习，提高思想觉悟，端正服务态度。而营业员说的“我天天守着书”，其意思是说我每天都在“学习”，实际上指的是一般意义上的看书学习——文化学习。这里，这位营业员为了拒绝顾客的善意帮助，故意地偷换了老工人所说的“学习”的概念。

602：在公共场所看电影时大声说话，妨碍别人看电影，是一种违反起码的社会公德的行为。对这种行为提出批评是完全正确的。这位青年同志不但不接受批评，反而指责批评者“也在讲话”，这就把看电影时的“大声讲话”同制止这种行为的“讲话”以及同一般的“开口对人讲话”混为一谈，是纯属故意混淆概念的诡辩。

603：欧布利德斯的诡辩就在于，前一个“没有失掉”指的是你原来就有的东西仍然存在，后一个“没有失掉”指的是你根本没有的东西也仍然存在。这是强加于人，因为从来没有的东西，不存在“失掉”或“没有失掉”的问题。可以看出，在欧布利德斯的议论中，“没有失掉”这个词，前后表达的是两个不同的概念，犯了偷换概念的错误。

604：“艾青”与“爱情”是谐音词，音同字不同，义也不同，这位营业员可能是出于无知，才把《艾青诗选》理解为“爱情诗选”，从而犯了混淆概念的错误。可见，应被人笑话的不是老先生，恰恰是营业员自己。另外，即使这位老先生真的要买“爱情诗选”，也没有什么可奇怪的。营业员之所以认为老年人不应读爱情诗，是因为在她的头脑中作出了这样一个没有说出来的推理：只有青年人读爱情诗才不会被人笑话（大前提），老年人读爱情诗不同于青年人读爱情诗（小前提）；所以，老年人读爱情诗会被人笑话（结论）。

这是一个必要条件的假言推理，虽然推理形式正确，但大前提不能成立。因为读爱情诗并非青年人的专利，老年人为什么不可以读呢？有什么理由要笑话？如果是为了研究而读，更是无可非议的。

605：逻辑学的知识告诉我们，同一个语词在不同的语境中可以表达不同的概念。在老师提问中的“认识”一词，表达的概念是“评价”或“理解”。提问的意思是说，学习了孙中山的革命思想和革命事迹之后，应当怎样来评价孙中山这个历史人物；而在学生回答中的“认识”一词，指的是“亲眼见到”或“亲自交往过”。回答的意思是说，我从来没有亲眼见到孙中山。显然，学生的回答犯了偷换概念的错误。如果是由于功课没有学好而故意地这样回答，就是地道的诡辩。

606：在甲的论证中，从字面上看“没有人”这三个字前后出现两次，但表达的意思是不一样的。在“没有人有两个头”中，“没有”是一个否定词，它否定的是“有人有两个头”这一判断，意思是说“任何人都没有两个头”。这个全称否定判断的主项是“人’，不是“没有人”；而在“一个人比没有人多一个头”中，“没有”这个否定词否定的是“人”这个概念，因而“没有人”在这里表达的是一个独立的否定概念——“无人”，即“一个人也没有”。如果前面的“没有人”和后面的“没有人”意思一样，则“没有人有两个头”就是一个虚假的判断。所以，甲的论证是利用字面或语词的相同，暗中偷换了概念，从而得出了荒谬的结论。

607：在我们国家里，国有企业的公共汽车是国家的财产，属于全民所有的。因而售票员所说的“人民的财产”，从逻辑上看，其中“人民”一词表达的是集合概念。所谓集合概念是反映由许多个体对象组成的集合体或群体的概念。集合概念与非集合概念的根本区别是它的内涵所反映的属性是属于集合体的，而不属于集合体中的个别分子。例如，“人民群众是历史的创造者”这个判断，是说“历史的创造者”这个属性属于“人民群众”这个集合体，不属于人民群众中的个别分子，人民群众中的任何人都不能说历史是由他个人创造的。非集合概念则不同，它的内涵所反映的属性为它反映的一类事物中的每一个对象所具有。例如“商品”这一概念的基本内涵是“用来交换的劳动产品”，这一属性为任何一种商品所具有。既然“人民的财产”中的“人民”是集合概念，那么其含义就是这些财产属于由全体人民组成的群体，不属于其中的个别人。因而，作为人民中的一员，理应十分爱护公共的财产，以便用它来为包括自己在内的全体人民的利益服务。如果不是这样，而是每个人都以自己是人民中的一员为理由，任意地破坏或占有这些财产，那还有什么“人民的财产”可言？所以，这个小伙子的诡辩就是故意混淆了集合概念与非集合概念的区别。

608：这位哲学家不愧为偷换概念的魔术师。那么，他是用什么“魔术”把一个向他求知识的青年诱入其设下的陷阱而不能自拔？让我们略作分析。从哲学家开头提出的三问和青年作出的三答可以看出，他们最初讨论的问题是：你是否想学习关于你已知其存在的事物的知识？这个问题实际上又包含两个小问题：

①你已知某事物存在，而且你已经掌握了关于这个事物的知识，你是否还想学习？

②你已知某事物存在，但你尚未掌握关于这个事物的知识，你是否想学习？

对前一个问题，青年的回答是否定的，对后一个问题，青年的回答是肯定的。在这段对话中，两人所使用的“东西”一词，表达的都是“知识”的概念。岂知哲学家紧接着又以三个假设句的形式提出了另外一个问题：你是否想学习关于你尚不知其存在的事物的知识？这就偷换了原来讨论的问题。青年对于这个问题作了否定的回答。于是哲学家又问：“那么，你不知道的东西，也不是你想学习的东西了？”这又偷换了概念。本来“东西”一词在前面是表达“知识”的概念，在这里，哲学家把它偷换为表达“事物”的概念。青年没有看出这一点，他被上面接连的三个问句弄懵了，结果上了当，作出了肯定的回答。接着哲学家又在“东西”这同一个语词形式内塞进了“知识”和“事物”两个不同概念，迫使青年不得不违背初衷地接受他得出的“没有什么东西是你想学习的”结论。这位青年就是这样被哲学家弄得昏头昏脑，自己也不明白是怎么一回事。

609：这位县太爷为了勒索钱财，绞尽脑汁想办法讹人。他的话乍听起来似乎有理。我们假定原先每只金锭1000元，店家说只按半价出售，即每只降为500元。现在县官不是把两只金锭都留下，而是只留下一只，把另一只仍按1000元计算退还给店家，其中500元是减了半价之后的金锭的价钱，余下的500元作为自己留下的那只金锭的价款付给了店家。这里的奥秘就在于，首先，退还的那只金锭不应仍按1000元计算；其次，这只金锭原先并没有付钱（如果原先已经付了1000元，减了半价之后也就无须退还了），因而它仍然是店家的而不属于县官，怎么能用它折合留下的那只金锭的价钱呢？把原来属于别人的东西当成自己的东西来顶账，这就是县官玩弄的强词夺理的诡辩。从概念的角度看，就是故意混淆概念，即把“还给了你一只金锭”等同于“还给了你一只金锭的价款”。

610：形式逻辑讲概念间的关系是指外延关系，其中有一种叫“同一关系”。所谓同一关系是两个（或多于两个）概念所指称的是同一个对象，但含义不一样。这是因为人们可以从不同的方面或不同的关系去反映同一个对象。例如，同一个人相对于和他爸爸的关系来说“是儿子”，相对于和他儿子的关系来说又“是爸爸”。上面那个自我解嘲的人就是这样。当他对爸爸说“你的儿子”和对儿子说“你的爸爸”时，实际上指的都是他自己。用封建社会的等级观念来看，他既不如爸爸又不如儿子。但他不这样说，而是换成另外一种说法。经他这么一说，他的短处变成了长处，缺点变成了优点，似乎他的情况反倒比爸爸和儿子都优越。从逻辑上看，他是利用了概念的灵活性为自己辩护，可谓是巧妙的诡辩。

611：小孙的话犯了偷换概念的错误。实际上，“半空的酒瓶”与“半满的酒瓶”之间是相互蕴涵的关系，或者说是一种相互“可推出”的关系，即从“这是半空的酒瓶”可推出“这是半满的酒瓶”，反之，亦同。而小孙用“等于”的概念偷换了“可推出”的概念，这就错了，因为“半空”不同于“半满”。

612：爱情是男女之间产生的一种相互爱慕、渴望结成终身伴侣的最强烈的感情，是一种巨大的精神力量。匈牙利伟大诗人裴多菲的著名诗句中的“爱情价更高”，指的是爱情产生的崇高精神的价值，这种崇高精神绝非金钱就能买到的。而这位姑娘却把它理解或歪曲为物质交换的价值。这样，就把自己当成一种高价出售的商品，这说明她根本不懂什么叫爱情。

从逻辑上看，这位姑娘或出于无知或出于有意，曲解了“爱情价更高”的本意，并以此作为向对方索取更多财物的理论根据，犯了偷换概念的诡辩错误。

613：如何确认坚持某一观点或做法是“立场坚定”的表现还是“头脑僵化”？这是一个十分复杂的问题，它涉及人们看问题的立场、观点和方法，涉及议论的对象与议论者的利害关系。具有不同立场观点、不同利害关系的人，可能对同一事物做出完全相反的论断。这里，我们仅从语词和概念的关系的角度作些初步的探讨。有许多语词除了表达概念，还具有浓厚的感情色彩。

614：如图所示。原来那条项链由上往下数，到第 8 颗始分成左右两侧。珠宝店老板动的手脚是从第九颗开始分两侧，如此，按照那位女子的数法，结果是一样的，可是珠宝的总数已由 23 颗变成了 21 颗了。

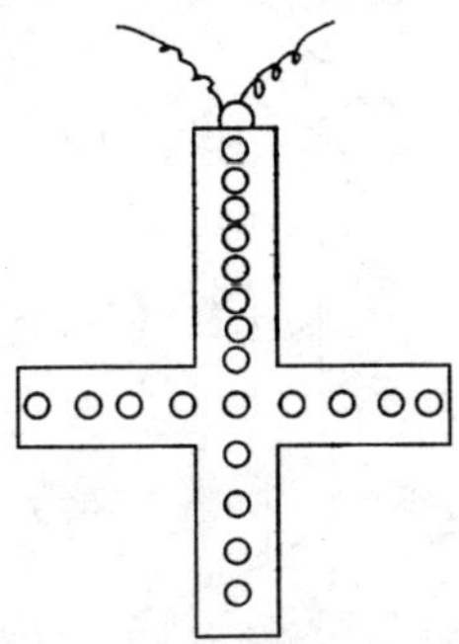

615：如下图，便做成 4 个与原来三角形面积相等的正三角形。

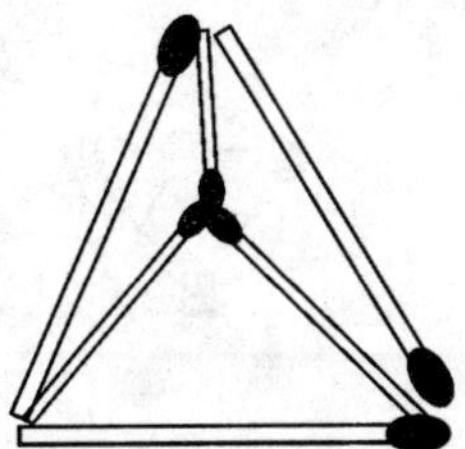

616：一次。把从左边数起的第二个杯子里的水，倒到从右边数起的第二个杯子里就可以了。

617：将图中打○的和打○的，打 × 的和打 × 的地方用火柴棒连接起来就可以了。

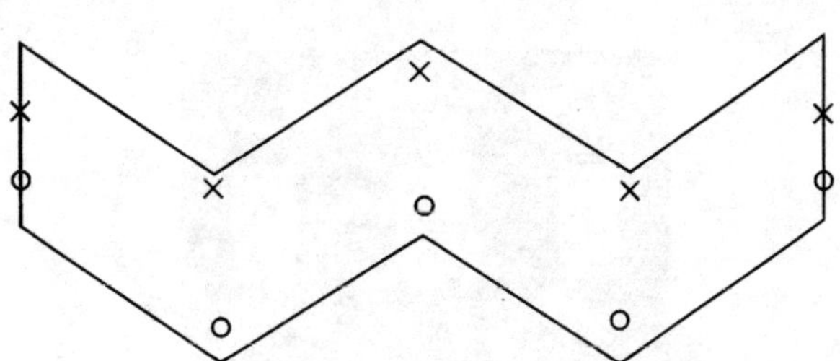

618：按照图中所示的移动方式。

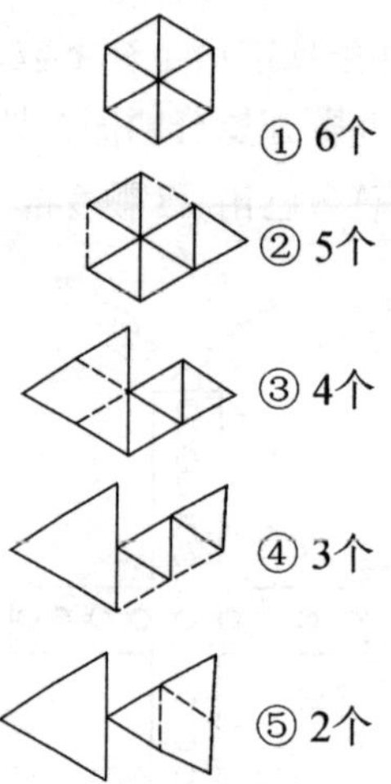

619：3支。7个烟蒂中的6个可以做成2支香烟，还剩下一个烟蒂；做成的2支香烟抽完变成2个烟蒂，于是，加上原来的那一个，一共有3个烟蒂，又可以做成另1支香烟。

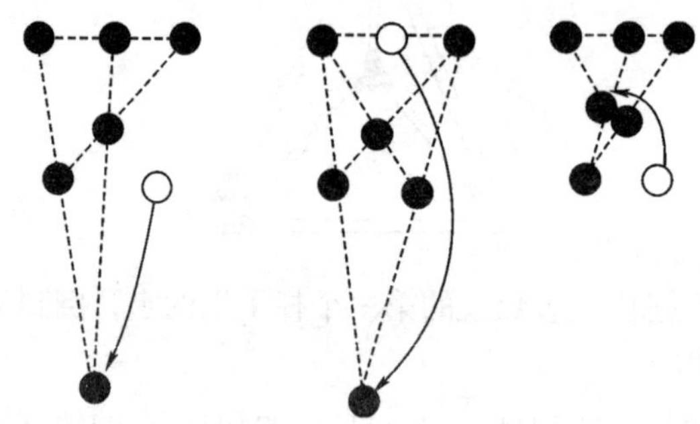

620：三位数字为129，这题的关键在于把“6”颠倒成“9”。如下图。

621：依照下图的方法，把横摆的名片对着直摆的名片排成两排，等到两者都刚好吻合的时候，再算算各自的张数。譬如由右图来看，上列的 3 张刚好等于下列的 5 张，因此 9×3=27，27 厘米刚好是 5 张直的名片的总宽度，所以 27÷5=5.4。也就是说，名片的宽度是 5.4 厘米。

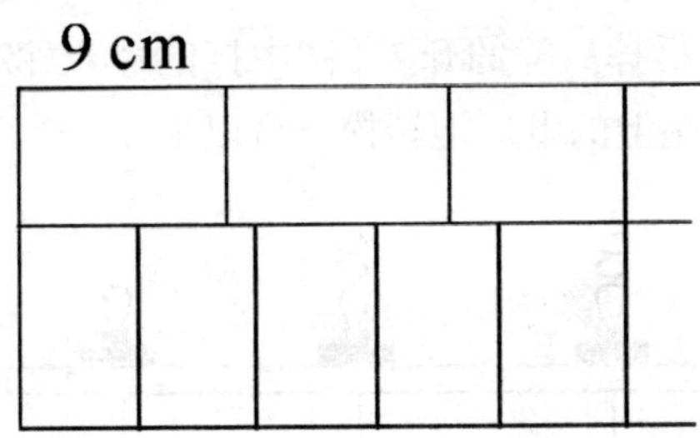

622：如图。

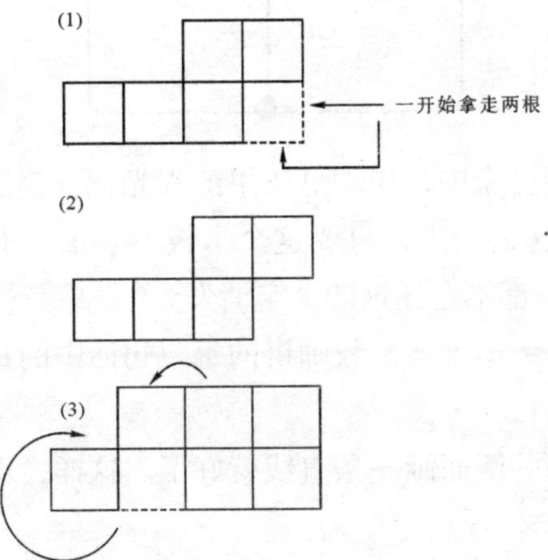

623：按下图的方式，把三角板竖立起来，然后在两侧各画一条线。也就是将三角板的厚度当成平行线之间的宽度。

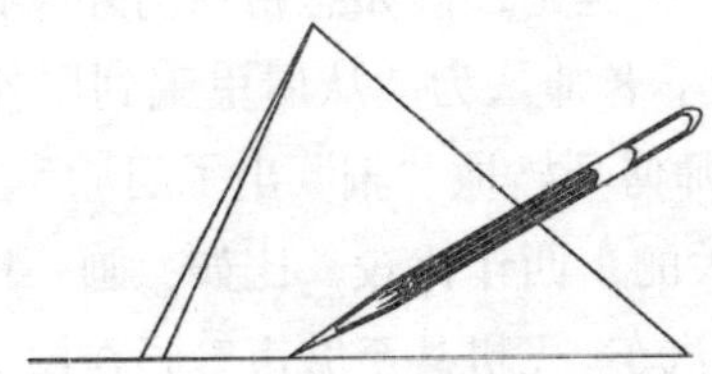

624：寄这封信的人在收信人地址的地方，先用铅笔轻轻地写上自己家的地址，然后随便在里面装一张纸就把信寄出去了，等第二天寄到自己家后，就用橡皮擦把自己家的地址擦掉，再用墨水写上老王家的地址，第二天再把当天的早报装进信封里，严密地封好后丢到老王家的信箱里就可以了。

625：非常简单，拆掉故障的开关（图中打记号），将两端的电线连起来，关的时候，只要把灯座上的电灯泡转松就可以了。

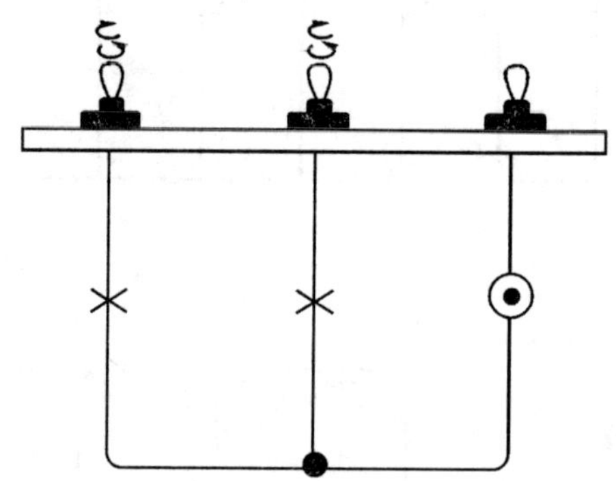

626：老李从自己家中，用幻灯机里的强光把“违法建筑”四个字打到隔壁家的木板上，这么一来，只要这个木板不拿走，不管是用擦的，或者是覆盖，或者挖掉，都不会让这四个字消失。

627：他寄的是一本字典。牧师讲的每一句话中的每一个字，字典里怎么会没有呢？

628：用笔在书的侧面画一条直线就好了。这样，也就在书的每一页上留下一个点了。

629：这个人买了一条船在河两岸间开展营运，金矿使渡船的人肯付高额的营运费，而且人们来往不断，他当然很快就发财了。

630：兔子坐到猴子的身上。猴子这下可没辙了。

631：孙膑说：“……但是，假如您站在门外，我肯定能将你从屋外骗到屋内。”孙膑是利用了老师认为“从屋里骗到屋外和从屋外骗到屋里是一样的”心理，从而将师傅巧妙地“骗”出了门。

632：用树和一些大的东西作比较。比如：画一棵树和一幢大楼一样高甚至比它更高；把楼房、汽车、飞机甚至城市等画在树上；大树根围住小地球，树干伸到宇宙中等等。有了这样的方法，咱们的大树岂不是想有多大就有多大吗？

633：她接道："写到这里，年轻的作家一把撕去稿纸。他不由得自言自语：'如此俗套无聊的老故事，怎会出自我的手笔呢！'"

634：他画了一幅《风竹图》，他利用人们的联想，通过画竹叶的倾斜方向，成功地表现了风的狂吹。

635：这和我们平常的想法恰恰相反，因为他们喝的都是一些价格昂贵的名酒，而且这是一家享誉全球的五星级酒店，在这样的酒店陈列上这样的酒，正是他们身份和地位的象征呢！

这个小小酒柜，不仅吸引了很多回头的老顾客，还吸引了一批慕名而来的新顾客呢！

636：其实，简单得很。他和网球冠军下的是象棋，和象棋冠军打的是网球。只是我们被惯性思维蒙蔽了眼睛而已。

637：哥伦布把鸡蛋的一端轻轻地敲破一点，就毫不费力地把鸡蛋竖着放在桌子上了。

638：$(9+9)\div 9$

639：往灯盏里面加水，油浮于水面而够着灯芯，灯会继续亮一段时间。

640：如图所示。

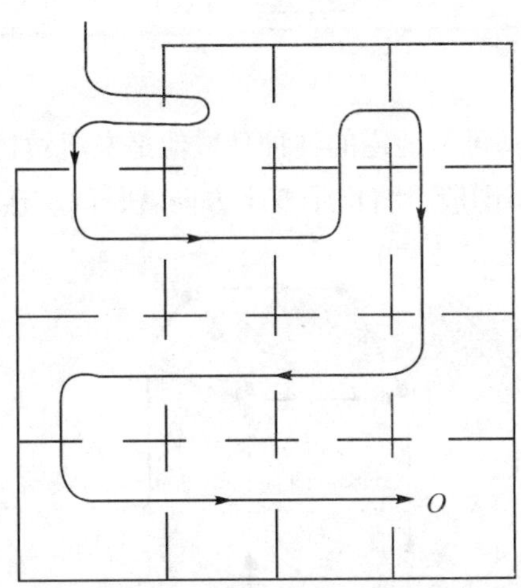

641：例如：下图①割一块细长形状的木块，再倒过来拼上去。下图②在准备做成圆洞的地方，挖出一个圆形的木块再填回原来的圆洞。

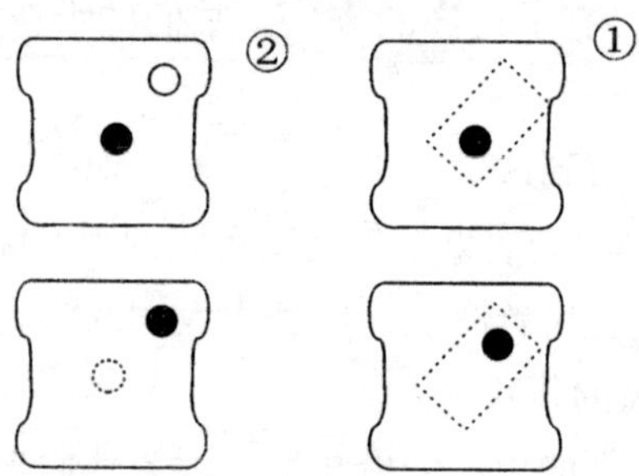

642：先把拿走的 4 颗放在一处，然后再将 3 颗放进去就行了。

643：画家把油墨涂在钱币外圈锯齿状部位上，然后朝纸上滚动动压去，就能印出许多“1”这个数字。

644：因为这只大葫芦挡住远处时钟台上的大钟，老爷爷必须稍稍推开它，才能看到时间。

645：如下图，老师用粗笔在图片上画了一条线。

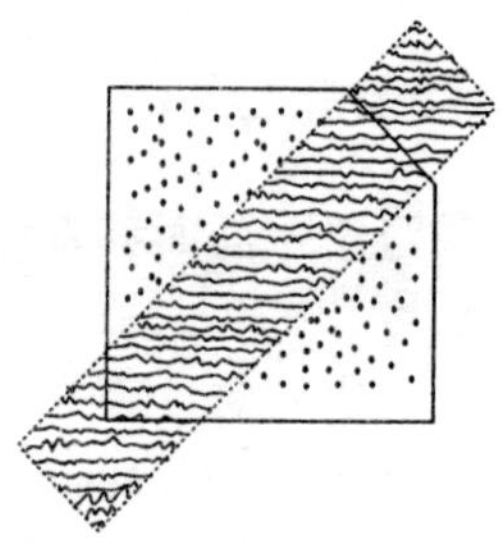

646：杰克骑的马可是地道的纯种马！他是专门做替马配种的生意。

647：0 根。如下图般，将房子变个方向就是两层楼的家了。

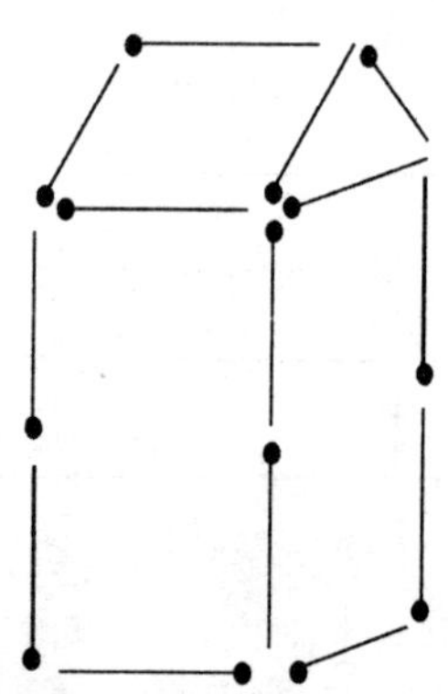

648：能。改成下图便可在 4 分钟内完成联络。（方框内的数字表示开始联络之后接到讯息时间。）

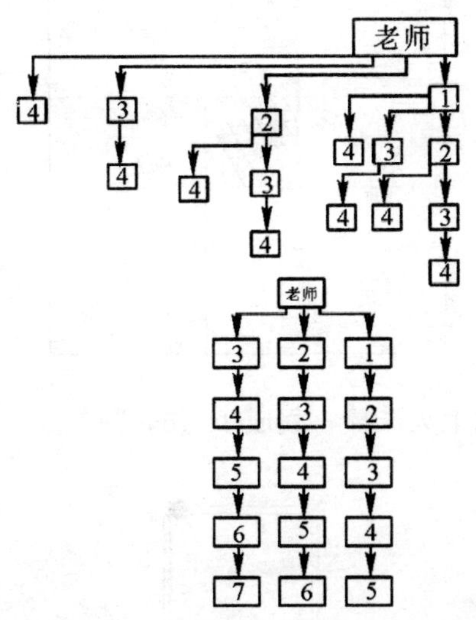

649：三个人事先做了以下的协议：吃了同样数量的小馒头之后，如果最后剩下一个，就给 A 先生吃，如果剩下两个，就给 B 先生和 C 先生吃。这么一来，任何一人能够吃到剩下的小馒头的几率都一样。

650：B 想喝热咖啡。他所说的数字代入电话键盘，就成为如图所示的“HOT”。

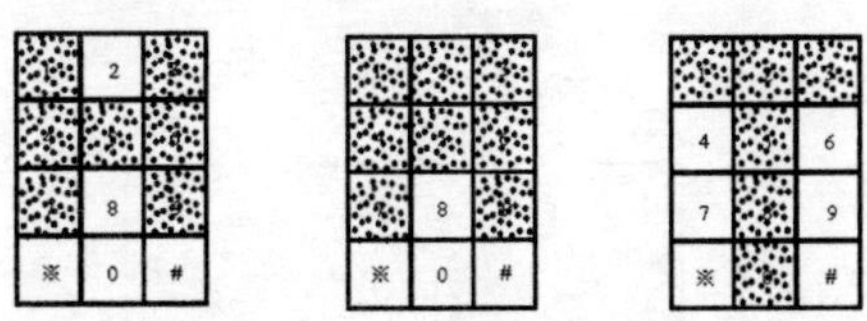

651：如图所示（把火柴棒竖起来当作小数点）。还可以将一根火柴棒放在等号上，变成“不等于”。

把火柴棒竖
起来当小数点

652：如图所示。

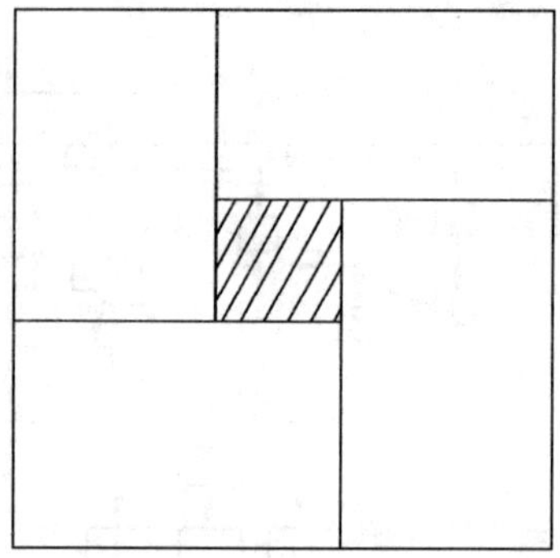

653：如图所示加上火柴棒，就成小写的“e”。

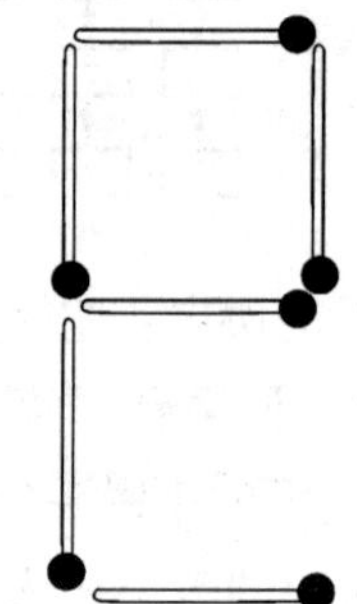

654：如图所示，只要加上根号将 2 变成，面积就会减半。

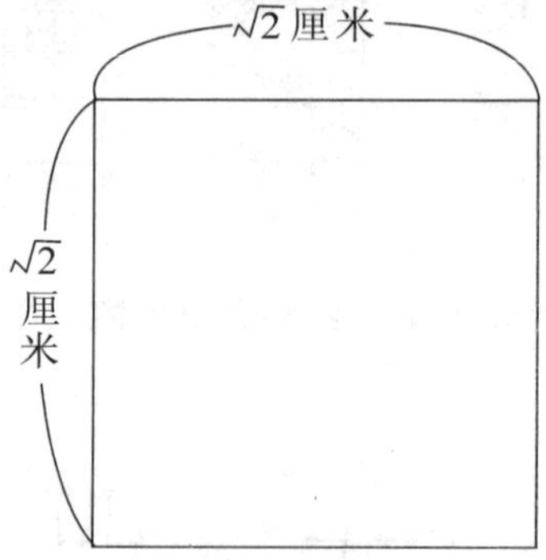

655：作成下图中所示那样，倒过来看就是扑克牌中的“王牌 A”（一点）。

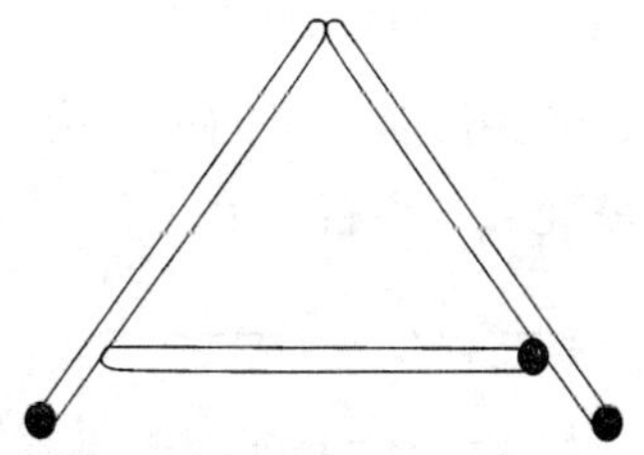

656：有可能。那个人像下图中所显示的一样画直线，所以留下一个“点”的简体字。

657：如图所示。

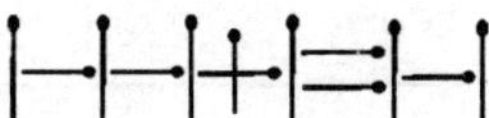

658：如图所示，可以直着切。

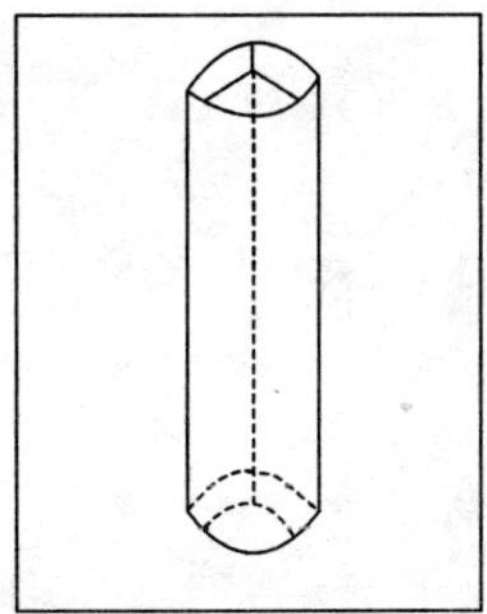

659：一个当然是走路时用来照射前方的。另一个则是出发时开着灯放

在帐篷里，作为回来时指引方向的标示灯。

660：高先生使用后，先用洗脸盆里的水洗后，然后才冲马桶。

661：像下图这样，就变成“小石”了。

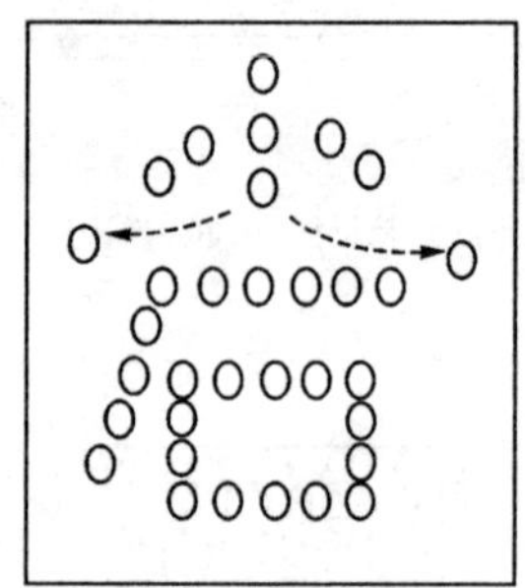

662：把火柴棒按照下图排列，就可以排出 25 个正方形。

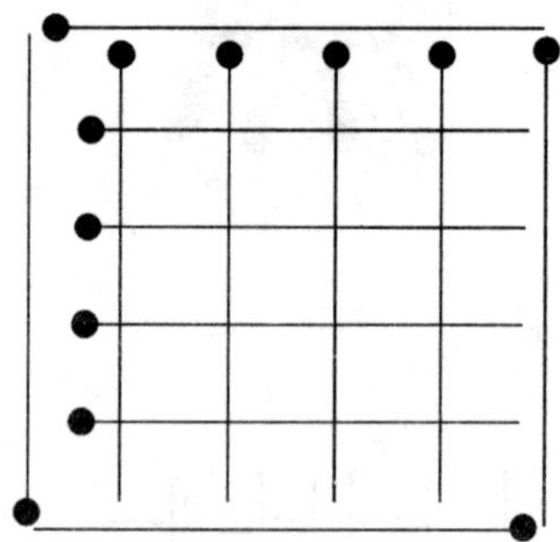

663：字母码用的单词是：P R O F I T A B L E；1 2 3 4 5 6 7 8 9 0

664：见下图。

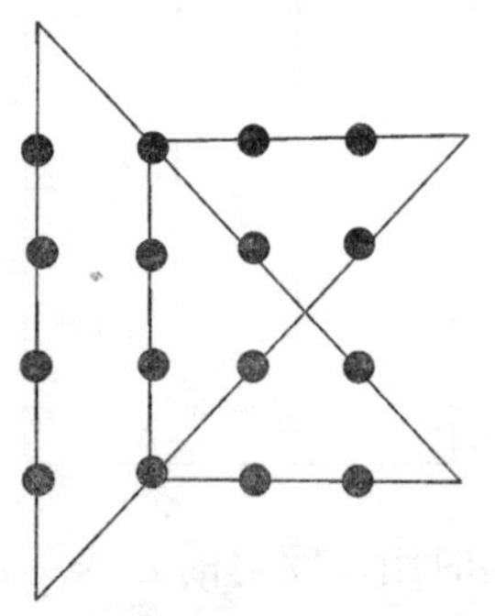

第 7 篇

665：他没办法问任何问题，因为他已经问了两个问题。

666：他可以用中国话传达。

667：因为这只狗受的是德语教育，它听不懂夫人所说的英文。

668：根据妇人说“我们夫妇每件事都意见不合”。既然如此，妻子想要离婚，她的丈夫一定会反对说不要。反过来，如果丈夫说要离婚，这名妇女也一定会拒绝。无论如何，这对夫妇要离婚是不太可能的事情。

669：因为无名指的字数最长（中文）；小指（2 字）；中指（2 字）；食指（2 字）；无名指（3 字）。

670：该句话为：现在你正在读这本书。

671：“天下”为“大”，“第一”者为头，“味”也可当菜讲，所以“天下第一味”是指“大头菜”。

672：各国军队列“阵”，托桃寓“脱逃”，合起来就是讽刺西太后当年“临阵脱逃”跑到西安。

673：上联缺“一”下联少“十”，就是谐音“缺衣少食”，所以郑板桥送来“及时雨”。

674：一合酥的“合”拆开，就是“一人一口酥”。

675：姓陈的穷人自称“陈旧”，县官也喊“陈旧”，财主听了却是“臣舅”，以为他们是亲戚，所以吓跑了。

676：“竹苞”拆开，就是“个个草包”。

677：朝字去掉左边，就是“朝左边去”，就是向西走喽。

678：杜甫《绝句》：“两个黄鹂鸣翠柳，一行白鹭上青天。窗含西岭千秋雪，门泊东吴万里船。”

679：谜底是“鲜”字。

680：谜底是镜子。

681：原来画里的谜底是“伏”字，就是年轻人的动作。

682：谜底是水壶。

683：关羽、项羽，都是羽，在户下边，就是“扇”。

684：谜底就是象棋。

685：因为王安石的谜底就是“用”字。

686：为什么他们第一次不敲门，第二次才敲门呢？门上写“心”就是“闷”字，表示主人心情不好，不要去打扰；门上写“木”字，表示主人现在闲着，可以接待来客。

687：王秀才出的是蛙，而曹著出的是蛇。

688：老师姓鲁，学生姓郭。

689：谜底就是“井”字。

690：“田”，鱼字去头尾，就是田字。

691：缺算（蒜）、少言（盐）、无缰（姜）、短将（酱）。

692：“雅闻起敬”漆完成了“牙门走苟”，就是“衙门走狗”的谐音。

693：原来谜底就是“日”字。

694：人加中，为“仲”，孔子名丘字仲尼。

695：就是把“一二三四五六七八九十百千万”填入括号中。

696：谜底是灯笼。

697：谜底是“晶”字。

698：“雨”的下面“山”睡倒了，不就是“雪”字吗？

699：这四幅画意思是说：妻（七）呀（鸭），好久（酒）不见了，想（象）死了，马上回家。

700：谜底就是“相”字。

701：谜底就是过去算账用的算盘。

702：就是“杜牧”之名。

703：原来女子的婆婆要的是灯笼。

704：他们猜的谜底分别是蚊子和蜘蛛。

705：“往”字左边去掉，就是去西边。

706：原来冯梦龙要的是酒桌。

707：孩童姓“王”，读作“一十一”岁。

708：谜底就是“米”字。

709：鲁迅对的是：比目鱼。

710：镰刀、石头、磨、花椒。

711：父亲的职业是挑水；母亲的职业是磨豆腐。

712：原来小姐请木匠是让他做“门”。

713：谜底是“一”字。

714：谜底是“菊妃杀女”。

715：一字千金。

716：画家说：“牡丹代表富贵，缺了边，意思是‘富贵无边’啊！”有这好事，还补什么边啊！

717：原来他在门上写了“主要入口处”5个醒目的字，顾客以为从这里进去才能买东西，所以都从这个门进来了。

718：商人的妻子指着画儿说：“这第一幅，画了7只鸭，就是在喊‘妻呀’；第二幅画是个大象死了，一只鹅在拉，意思是说‘想死我啦’；第三幅是5把勺子舀回10个汤圆，意思是说，他给我捎回10两银子；第四幅的意思是说他明年春就要回来了。”捎信人听后，忙把10两银子交了出来。

719：佛瑞迪在上面写着：“先生，我排在队伍的第21位，在您看到我之前，请千万别忙着作出决定。”

720：萧伯纳回信说：“如果我们俩结婚了，生下的孩子有你的头脑，有我的外表，那将有多么糟糕啊！”

721：下雨天，留客，天留，人不留。下雨天，留客天，留人不留？下雨天，留客天，留人？不留！

722：无盐（援）、少蒜（算）、缺姜（缰）、差酱（将）

723：他是该线铁路的经营者。

724：两名士兵在安全岛上面对面地站着。他们奉命执行这项任务时，长官只告诉他们监视两边的车道，并没有告诉他们一定要背对背地站着。

725：可能，因为现在除了我们常见的纸质烟卷外，还有用闻的和嚼的香烟。这个烟民抽的就是嚼在嘴里的香烟，这种香烟不需要打火。

726：参照图，请想想1—4四位父母亲之间的关系。2娶了1后，生下风子，然后离婚后和3结婚，生下了花子；3在生下了花子之后，就离婚和4结婚，然后生出雪子。所以风子和花子都是2的女儿，所以互为姐妹；花子和雪子又都是3的女儿，所以也互为姐妹，但是风子和雪子之间没有丝毫的姐妹关系。

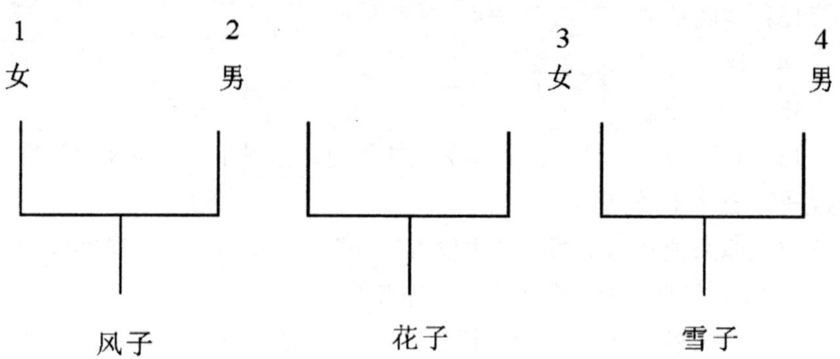

727：因为所饲养的黑色金鱼的数目是红色金鱼的三倍。

728: A儿童一元、五角、一角；B儿童一元、五角、一角；C儿童没带钱。

729：妻：2/5，男：2/5，女：1/5。

730：见图。用计算机计算一下。101×5=505，在显示幕上就像SOS，原来他在求救。

731：A带2万元，B一分钟也没有。对不太想赌的B来说，没带一分钱也是可以理解的。

732：这块土地就像图中所示只有5000平方公尺的大小。

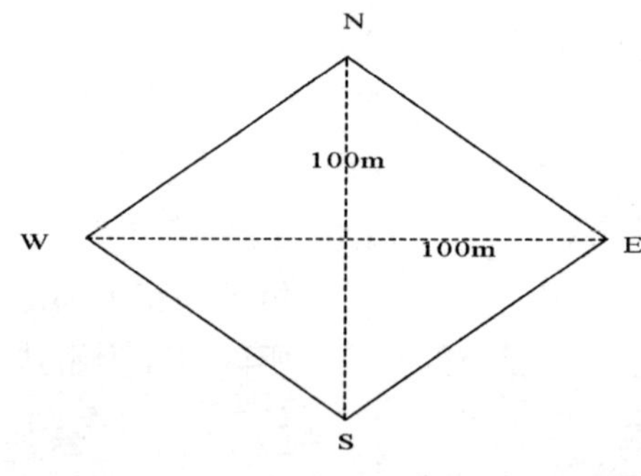

733：因为B君的母亲生前带着2位姐姐改嫁他人。

734：因为他买了 2 枚 100 元的纪念币或古钱。

735：因为约翰把一天分为起床与睡眠两个时段。即使是烟瘾再大的老烟枪，睡觉时也不可能抽烟吧！

736：因为杰克和彼得上的是不同学校，而彼得的学校比杰克近。

737：因为他们把苹果分两个阶段来买，例如：第一阶段：一个卖 20 元，A 卖 4 个、B 卖 5 个、C 卖 6 个。第二阶段：一个卖 10 元，A 卖 7 个、B 卖 5 个、C 卖 3 个。

738：因为这栋大厦是按照一楼到十楼、一楼和十一楼到二十楼、一楼和二十一楼到三十楼……一楼和五十一楼到六十楼的方式分配电梯，许多高层大楼都是使用这种方式。所以王某先到一楼再换搭直达电梯比较快。

739：邱先生的儿子虽有演奏乐器的天分，但是他唱歌却难听无比。送他吉他边弹边唱，会让人受不了。换成口琴的话，他就不能一边吹一边唱歌了。

740：因为停电 11 个小时又 50 分钟。

741：3，黑色圆点部分乃是时钟长针和短针的方向。如下图。

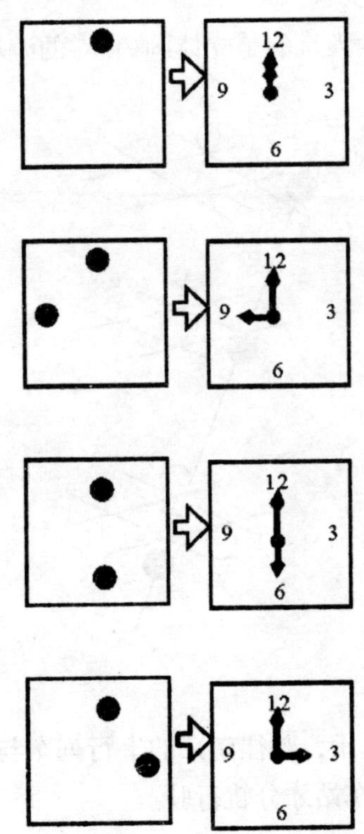

742：有。像图中的状况下来介绍车站或道路的话，就会发生这种事实。

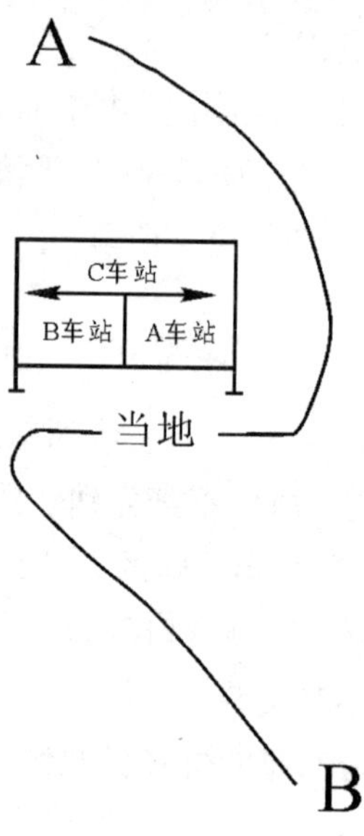

743：如图。因为两人玩的是立体画○ × 的游戏。

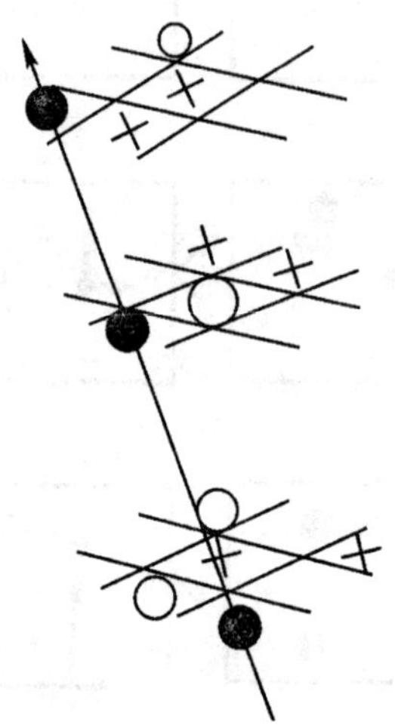

744：电话。

745：可能。如图所示，驶往南京的上行列车与驶离南京的下行列车都是由 A 车站发车，至 B 车站才分轨行驶。

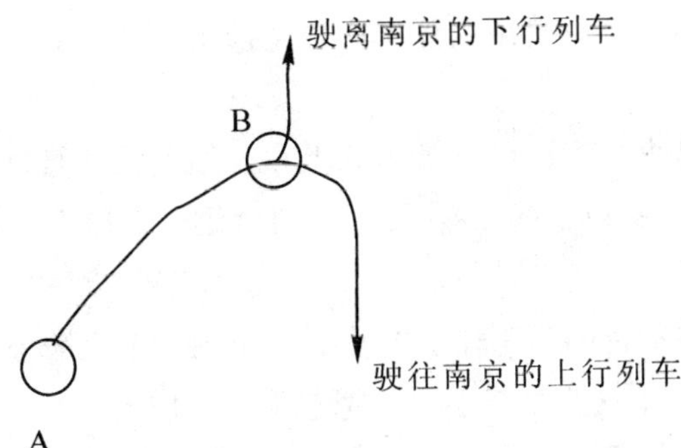

746：犯罪的成功率。

747：因为小云和小花都是高楼最顶楼的住户。

748：摩擦能产生电。贵夫人身上所穿的丝绸衣服与琥珀首饰摩擦能产生静电，静电能吸引微小物体，例如空气中的灰尘，这样灰尘就蒙在琥珀的表面上了。

749：因为气球已经胀满了整个房间，即使本身还能膨胀得更大，但是房间已经容纳不下了。

750：因为该蟑螂屋里面已经粘满了蟑螂，所以这只蟑螂踏着其他蟑螂而过，当然不会被粘住了。

751：因为小明比小强要胖，小明先进浴缸泡澡，满出浴缸而流掉的水，会比小强先使用浴缸的时候多，所以剩下来的水会比往常都少。

752：他和公司在同一栋楼，所以他返回公司拿钥匙，其实也用不了几分钟时间。

753：如图。只要将粉笔贴在黑板上，画出一道粗线即可。

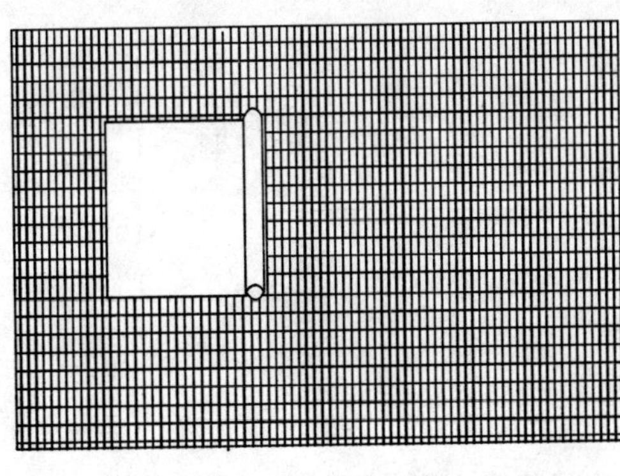

754：因为阿星是一自由落体，所以从他手中落下的炮弹，相对之下便好像静止不动。

755：小明是小学生，可以买半票上车，加上该铁路公司一概省略个位数字的零头不收，所以他去C站和E站的时候，中途下车再买一次票，会比一票到底更便宜。

756：小军的爸爸因为工作上的需要，单独一个人被公司调派到地球的另一边去工作。小军这边是晚上时，爸爸那边是白天。

757：弟弟的体重和哥哥一样，都是40公斤。两个人分别站到体重计上面时，指针都指向相同的数字，因此弟弟的体重和哥哥在学校量的体重相同，都是40公斤。

758：莎莎是一位绘画模特，一动也不动正是她的工作。

759：因为这个时候，时钟刚好比实际的时刻慢了六个小时。那座时钟是个传统式时钟，所以实际时刻和显示时刻的差不会比这更大了。虽然时钟会继续慢下去，但显示时刻反而更接近实际时刻，这个时候就不再是“时钟走得慢”，而是“时钟走得快”了。

760：阳光所造成的阴影。

761：阿旦使用咖啡杯之类有把手的杯子倒茶。而且，端茶给客人时故意将把手朝向客人的左手边，所以客人只好把杯子转了半圈，让把手朝右边，才能端起来喝。

762：小东的爸爸开印章店，专卖刻好的现成印章。

763：第二天，由于下雨之类的原因而停赛。

764：如图所示。

五　角　形
三　角　形

765：A市和B市之间有海，必须搭乘渡轮，乘渡轮的时间，车子不必用油，所以她可以用只能跑300公里的汽油到达距离400公里的B市。

766：告示上写："请直视前方，勿看他处"。看了这块告示的人已经没有遵守告示上提醒的事项。

767：与陶壶同样材质的碎片。所以这位人士在碎片中无法辨识装在里面的东西。

768：这口钟没有分针。

769：因为这名便衣警察正要逮捕一名假冒警察的小偷。

770：有可能。那个楼梯若像图中所示一样是奇数阶，而且由下往上在偶数阶有平台，就会变成像问题中的情况。从平台再上楼（或下楼）时，因为李先生习惯右脚先踏出，就会上楼右脚先到，下楼却左脚先到。

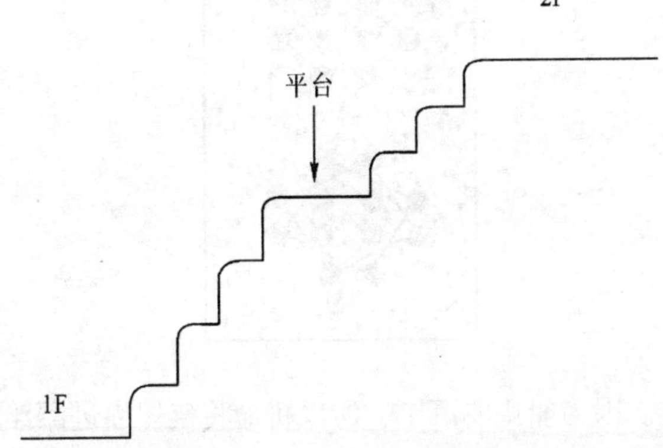

771：汽车的安全气囊。客户很想知道这个东西在紧急的时候能不能发挥功效，但是测试后无法重新使用，也就失去了试用的意义。

772：一张号码与被捡的一百元号码相连的一百元新钞。

773：如图所示，原因就是白木杆比黑木杆长。

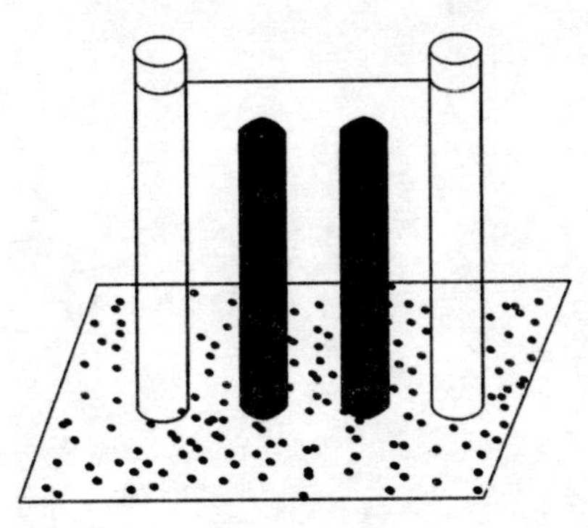

774：气球。

775：王先生一直睡到下一场电影开始演到他睡着前的那一幕才醒来。这就如同看了整部电影。

776：11 个。别忘了两个倾斜的大正方形。如图所示。

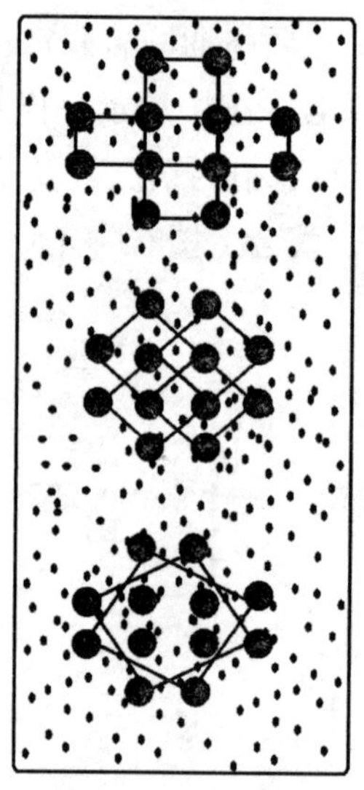

777：气体。因为船快要沉了，所以拼命将气体灌进漂浮袋或救生衣之类的东西里。